기업경제학

B U S I N E S S E C O N O M I C S

기업경제학

임상일 지음

자유아카데미

머리말

한국전쟁이 끝나고 태어난 소위 베이비부머 세대인 저자는 어린 시절 가난한 친구와 이웃을 많이 보고 자랐다. 우리나라의 일인당 국내총생산이 불과 100달러도 되지 않던 시절이었다. 기성회비를 내지 못해 학교를 못 다닌 친구, 점심 도시락을 싸가지고 오지 못해 미국 원조로 제공되는 옥수수빵으로 끼니를 때운 친구, 오빠나 남동생의 진학을 위해 중학교 진학을 포기하고 직업전선에 뛰어든 여자 동창 등이 한두 명이 아니었다. 하지만 그만큼 가난에서 벗어나려는 열망 또한 엄청난 시절이었다고 할 수 있다. 당시 귀가 따갑도록 들었던 방공·방첩 이야기 못지않게 수출, 도로 건설, 댐 건설, 차관도입 등 가난을 탈피하고자 몸부림치던 사람들의 모습 또한 아직까지 생생하게 떠오른다. 어린 마음에 모두가 경제적으로 잘 사는 나라를 만드는 데 기여하고 싶다는 바람을 품고 경제학을 공부하게 되었고, 많은 세월이 흘러 스스로와의 약속을 과연 얼마나 실천하였는가에 대해서는 회한도 많지만, 경제학이 사회발전에 기여하는 가치 있는 학문이라는 믿음에는 변함이 없다.

또한 저자는 경제학에 과학적 힘이 있다고 믿는다. 수학과 통계학을 기초로 하여 논리적이고 객관적으로 분석하는 연구방법에는 큰 매력이 있다. 그러면서도 늘 인간과 사회에 관심과 애정을 기울이고, 풍요로운 사회를 건설하기 위해 끊임없이 질문하며 해답을 제시하려는 실천력도 가지고 있는 학문이다. 케인즈는 경제학이 천재의 학문은 아니지만 그렇다고 누구나 쉽게 대가가 될 수는 없는 학문이라고 평가하면서 그 이유는 정치, 역사, 인문, 과학, 예술 등 다방면에 관심과 상당한 지식뿐 아니라 실천력까지 갖춘 사람에게 적합한 학문이기 때문이라고 하였는데, 이 말을 떠올릴 때마다 고개가 절로 끄덕여진다.

하지만 세상에 공짜는 없으며 무엇이든 좋을 수만은 없듯이 경제학에도 어두운 면이 있다. 기업을 추상화시켜 분석하기 때문에 현실과의 괴리가 생긴다. 기업을 구체적으로 분석 대상으로 삼는 미시경제학, 산업조직론, 게임이론, 노동경제학 등은 정치화(精緻化)된 이론 틀을 기초로 기업의 행동 원리와 성과를 분석한다. 하지만 하루하루 치열하게 살아가는 현실에서의 기업과는 동떨어져 있을 수밖에 없다. 이 때문에 비록 어렵지만 재미있게 공부한 기업이론에 회의를 느낄 때도 적지 않다. 학생들이 이러한 괴리 때문에 경제학에 흥미를 잃는 경우 또한 심심찮게 볼 수 있었다. 이론과 현실의 갭이라는 원초적 한계는 어쩔 수 없는 면이라고 인정하면서도, 그 간극을 조금이라도 줄여보고자 노력하였다. 이러한 노력의 일환으로 10년 전 저자는 경제학과 학생들에게 기본적인 이론을 소개하고 현실에서 볼 수 있는 예를 연결하는 '비스니스 경제학'이라는 과목을 개설하였으며 지금까지도 지속해오고 있다. 여기서 한 걸음 더 나아가 경영학과 학생이나 기업에 관심이 있는 학생 및 일반인들에게도 어렵지 않은, 경제학 원리에 기초하면서도 현실의 기업을 이해할 수 있는 책을 만들어야겠다는 결심을 하였다. 그 결과물이 바로 이 책이다.

주지하는 바와 같이 경제학의 출발점은 국가이다. 생산의 주체인 기업은 가계, 정부, 해외와 더불어 대상화되고 있다. 각 경제주체의 행동 원리는 물론 경제주체들 간의 조화와 균형도 분석 대상으로 삼으며, 큰 그림을 그리고 분석하는 학문이다. 이는 경제학의 큰 장점이라고 평가받는 요인 중 하나이다. 반면 경영학은 기업에 초점을 두고 다른 경제주체들을 외부요인으로 고려한다. 경제학은 사회적 후생을 극대화하려고 하는 학문인 반면 경영학은 기업 차원에서의 성장과 번영에 관심을 가지고 있어 경제학보다 현실적이고 실천력이 큰 학문이다. 이 책은 기업에 초점을 맞추어 경제학에서의 기업 행동 원리와 성과를 설명한 후 실제 현실에서 볼 수 있는 예를 추가함으로써 한층 현실감 있게 기업을 이해할 수 있도록 구성하였다.

저자는 경제활동 중에서 생산이 가장 중요하다고 본다. 분배와 소비가 중요하지 않다는 것이 아니다. 생산이 있어야 분배도 소비도 가능하기 때문이다. 맨큐 또한 "한 나라의 생활 수준은 그 나라의 생산능력에 달려 있다"라고 10대 경제원리 중 하나로 주장하고 있지 않은가? 생산의 주체인 기업의 중요성에 대해서는 아무리 강조하여도 지나침이 없을 것이다. 일인당 100달러도 되지 않던 시대에 헐벗고 굶주리던 우리가 3만 달러가 넘는 사회에 살 수 있게 된 뿌리에는 수많은 사람들의 피와 땀, 그리고 창의력이 생산물을 증대시켰기 때문이다.

경제학은 서양의학과 비슷하게 대상을 세분화하여 분석하는 측면도 있지만 한의학과 같이 통합적으로 분석해야 하는 측면도 같이 가지고 있다. 서양의학이 내과, 정형외과, 신경외과 등의 전문과로 세분화되면서 서로 간에 벽이 있듯이 경제학 또한 미시경제학, 거시경제학, 경제사 등으로 세분화되면서 약간의 벽이 있다. 하지만 전체적으로 바라보며 통합적으로 접근하는 태도가 필수적이다. 예를 들어 노동자를 고용할 때는 노동경제학, 동종 기업과 경쟁할 때는 산업조직론, 소비자를 대상으로 할 때는 소비자 경제학, 무역을 할 때는 국제무역론과 국제금융론, 투자를 고민할 때는 재무론과 금융론에 대한 이해가 필요하다. 따라서 기업만을 별개로 독립시켜 분석하는 것은 결코 쉽지 않다. 그래서 집필 과정에서 범위나 심도를 어디까지 할 것인가에 대해 많은 고민을 하였다. 큰 틀에서는 경제학의 범위를 벗어날 수가 없었다.

현실에서 볼 수 있는 적절한 예를 찾기 위해 통계청, 한국은행, 공정거래위원회, 고용노동부 등 정부기관의 자료는 물론 신문, TV, 라디오 등 많은 매체도 적극 활용하였다. 또 저자가 재직하고 있는 대전대 신문도 참고하였으며, 서문 앞 커피숍 시장 등 가까운 곳에서 찾으려고 노력하였다. 생산도 소비도 바로 이 순간에 일어나고 있으며 자신과 가까운 곳에서 자료를 찾고 배우고 궁리하고 하는 훈련이 학습의 첫 시작점이며, 가장 좋은 교재라고 믿고 있기 때문이다. 학생들에게 살갑게 다가가는 공부가 될 것이라고 본다.

지금까지 여러 권의 책이나 논문을 쓰면서 나름 많은 주의를 하였지만 불완전한 인간이 하는 일이라 책이 나온 후에도 오탈자가 발견되고 수정 혹은 보완되어야 할 부분을 발견할 때가 있었다. 이 책 역시 그럴 가능성이 있음을 예견하고 있다. 독자들의 양해를 미리 구하며, 추후 나올 수 있는 수정사항 등은 자유아카데미 홈페이지(www.freeaca.com) 자료실에 제공할 예정이니 참고 바란다.

보잘것없는 졸저가 나오기까지 여러 사람의 관심과 배려가 있었다. 지식재산권에 관한 좋은 예를 알려 주신 경익수 명예교수님과 회사 제도에 대해 조언을 해주신 송달섭 교수님께 특별히 감사의 글을 올린다. 미래 우리 사회의 건강한 모습에 대해 오랫동안 같이 고민하고 대화를 나누면서 저자에게 가르침을 주었던 이창기 교수, 송기한 교수, 김갑동 교수, 고광률 교수에게도 감사의 뜻을 표하고 싶다. 늘 저자를 응원해주고 있는 아내와 박승룡·임혜진 부부, 임찬혁·이가희 부부에게도 고마움을 남긴다. 세월이 흘러 박건휘·박리휘·임라윤에게도 부끄럽지 않은 책이 되지 않기를 희망해 본다. 마지막으로 저자를 집필의 세계로 이끌어주고 탁월한 편집을 통해 집필을 도와준 자유아카데미 여러분께도 감사의 글을 올린다. 이 책이 낙양지귀(洛陽紙貴), 요즈음 신조어로 북플레이션(BOOK+Inflation=BOOKflation)의 진원지가 되기를 희망해 본다.

2023년 9월

전민동 우거(寓居)에서

임상일

차례

프롤로그

1. 대한민국 경제의 위상

2019년 우리나라의 경제 규모는 약 1조 6,463억 달러로 세계 11대 경제대국이다.[1] 일인당 국내총생산 34,980달러로 세계 29위를 차지하고 있다. 인구 5천만 명 이상 되는 나라 중에서 일인당 국내총생산이 3만 달러를 넘는 나라는 우리나라를 포함하여 7개국에 불과하다. 우리 앞에는 세계 최강국 미국, 세계 대전을 2번이나 일으켰던 독일, 한반도를 넘어 동아시아까지도 영토를 넓혔던 일본, 해가 지지 않는 나라 영국, 유럽의 맹주 프랑스, 로마 제국의 이탈리아가 있을 뿐이다. 무적함대로 세계를 호령(號令)하던 스페인도 이 대열에 오르지 못하였다. 일인당 국민소득 100달러도 안 되던 시절에 태어난 저자의 눈에는 믿어지지 않을 정도이고 마치 꿈을 꾸는 기분이다.

〈표 0.1〉을 통해 우리나라의 위상을 알아보자. 무역액(수출액과 수입액의 합)은 1조 달러를 넘어 세계 9대 교역국이다. 원조받는 나라에서 원조하는 나라로 발전하였으며 유엔 무역 개발 회의(國際聯合貿易開發會議, United Nations Conference on Trade and Development, UNCTAD)가 1964년 설립된 이래 개도국에서 선진국 그룹으로 지위를 변경한 최초의 국가가 되었다. 세계 부국 모임인 G-7 회의에 게스트로 초대되는 지위에까지 올랐다. 실업률도 물가상승률도 상대적으로 낮은 편이고 인터넷 이용률은 95.9%로 최상위권이다. 좀 더 미시적으로 들어가 보면 반도체(메모리 부분), 디스플레이(모니터, TV), 조선 부문, 리튬이온배터리, 핸드폰 생산에서 세계

1 미국, 중국, 일본, 독일, 영국, 프랑스, 인도, 이탈리아, 브라질, 캐나다, 대한민국, 러시아 순이다.

1, 2위를 다투고 있으며 지하철 길이에서 세계 4위, 자동차(생산량 기준)에서는 세계 5위를 자랑하고 있다. 하지만 산업 재해 수를 보면 아직 갈 길이 멀다. 특히 노벨상 수상자 수가 아쉬운데, 인류의 미래를 위해 과학과 문화면에서 더 기여하는 국가로 발전할 필요가 있다.

표 0.1 한국과 주요 선진국의 거시 경제지표와 노벨상 수상자 수(2019년)

	총인구 (천 명)	GDP(10억$) 경상가격	1인당 GDP (경상가격, $)	경제 성장률 (%)	실업률 (%)	노벨상 수상자 수
한국	51,781	1,646.3	31,838	2.0	3.8	1(0)
일본	126,476	5,081.8	40,247	0.7	2.4	28(24)
미국	331,003	21,427.7	65,281	2.3	3.7	330(250)
프랑스	65,274	2,715.5	40,494	1.5	8.4	63(35)
독일	83,783	3,845.6	46,259	0.6	3.1	103(86)
이탈리아	60,462	2,001.2	33,190	0.3	10.6	20(12)
영국	67,886	2,827.1	42,300	1.4	3.7	116(86)

*( )은 과학 분야(생리/의학상, 물리학상, 화학상) 수상자 수이다.

	수출액 (100만$)	수입액 (100만$)	소비자물가 지수 (2010=100)	조강능력 (100M/T)	인터넷 이용률(%)	산업재해수*
한국	542,233	503,343	104.9	72,464	95.9	5.1
일본	705,671	721,078	105.5	104,319	84.6	2.0
미국	1,645,625	2,498,412	117.2	86,607	87.3	5.3
프랑스	569,742	651,145	110.0	15,387	82.0	1.0
독일	1,489,195	1,234,467	112.9	42,435	89.7	2.6
이탈리아	532,670	473,518	110.0	24,532	74.4	2.4
영국	475,719	641,630	119.6	7,268	94.9	–

*근로자 10만 명당 치명적 산업 재해 수이다. 한국, 일본, 미국은 2018년 자료에, 독일, 프랑스, 이탈리아는 2015년 자료에 기반하였다.

2. 국가의 기능, 경제발전 그리고 기업의 역할

먼저 인간의 생로병사와 연계해서 국가의 기능을 생각해 보자. 영아 사망률, 식자율(識字率)과 더불어 사회의 문명도를 나타내는 기본 척도인 기대수명을 보면 82.7세(남자: 79.7세, 여자: 85.7세)로 초고령화 사회에 이르렀다. 세종대왕이 53세에 별세하셨고 조선 시대 왕의 평균 수명이 47세였음을 상기하면 얼마나 놀라운 발전인지 더 이상 말이 필요 없을 것이다.

이와 같은 삶의 질 향상에는 교육과 의료가 큰 역할을 하였다. 그러면 향상된 교육과 의료는 어디에서 왔는가? 생산(生產, production)이 있어야 교육과 의료에 대한 지원이 가능하다. 생산이야말로 삶의 질을 향상시키는 출발점이다. 좀 더 확대해서 보면 생산, 분배, 소비라는 경제활동이 인간의 물질적·정신적 능력을 확대시킨 결과 삶의 질이 크게 향상된 것이다.

생산가능곡선(生產可能曲線, production possibility frontier, PPF)을 이용하여 설명해 보기로 하자. 생산가능곡선이란 한 경제가 모든 이용 가능한 자원들을 사용해 최대로 생산한 두 산출물의 모든 조합을 보여주는 직선이나 곡선을 말한다. 자동차와 컴퓨터 두 산출물만 있는 경제를 생각해 보자. 〈그림 0.1〉에서 볼 수 있듯이 X축에 자동차 생산량을, Y축에 컴퓨터 생산량을 나타내고 있다. 현시점에서 그려진 생산가

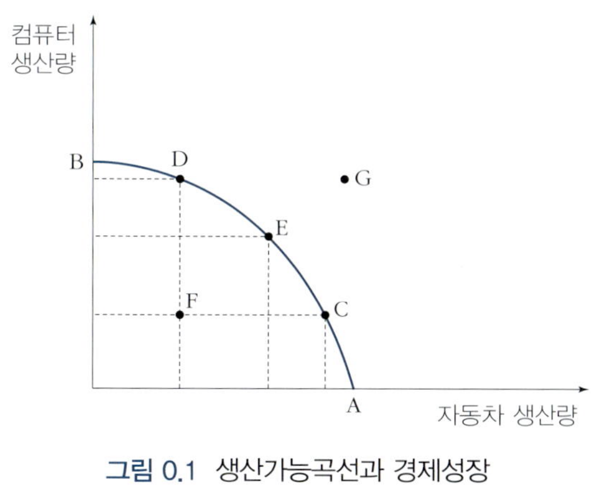

그림 0.1 생산가능곡선과 경제성장

능곡선은 A와 B를 잇는 원점에 대해 오목한 곡선으로 그릴 수 있다.[2] F점은 주어진 자원이 최대한 활용되지 않은 비효율적인 상태이고 G점은 현재의 기술 수준으로는 도달할 수 없는 상태이다. 생산가능곡선상에 있는 C, D, E점 중에서 어느 점을 선택하느냐의 문제이다. C는 상대적으로 자동차를, D는 상대적으로 컴퓨터를 더 생산하는 조합이고 E는 두 산출물이 비슷한 비율로 생산되는 조합을 나타내고 있다.

국민들은 현재보다는 미래 더 많은 자동차와 컴퓨터(G점)를 갖기를 희망한다. 이는 생산 증가, 생산가능곡선의 외연적 확대가 이루어져야 가능하다. 생산가능곡선이 G점에 이르게 하기 위해서는 인구 변화 및 다른 자원뿐만 아니라 기술 변화가 있어야 한다. 이런 변화는 새로운 생산기술, 원료, 조직, 생산 방식 등의 도입과 활용을 통해 일으킬 수 있다.

변화의 주체는 바로 그 나라 국민들이고 경제주체들의 피와 땀, 그리고 창의력에 의해 이루어진다. 교육이 밑바탕을 이루는 가운데 혁신적인 기업의 생산과 분배, 정부의 적절한 지원과 합리적 규제, 가계의 합리적인 소비가 서로 상승작용을 함으로써 비로소 가능한 일이다.

국내총생산(Gross Domestic Product, GDP)으로 설명해 볼 수 있다. 국내총생산이란 '일정 기간 동안에 한 국가 안에서 생산된 모든 최종 재화와 서비스의 시장가치'이다. 모든 경제주체가 생산 활동에 참여하여 창출한 부가가치(附加價値, value added) 또는 최종 생산물을 시장가격으로 평가한 합계이다. 자세한 내용은 아래와 같다.

첫째, '시장가치(market values)'로 측정된다.

둘째, '최종 재화와 서비스(final goods and services)'가 측정된다. 이중계산(二重計算, double counting)을 피해야 하므로 중간재(中間財, intermediate goods)로 사용된 재화와 서비스는 무시한다.

셋째, '한 국가 안에서 생산된(produced within a country)' 최종 재화와 서비스를 대상으로 측정한다.

2 생산가능곡선은 여러 형태로 그려진다. 직선, 볼록, 오목의 3가지로 그릴 수 있으며 원점에 대해 오목한 모양을 가장 보편적으로 사용한다.

넷째, '주어진 기간 동안에(given period of time)' 생산된 것만을 측정한다.

밀 생산 농민은 ① 밀 종자·농약·비료 등 중간 생산물 투입액 또는 원재료의 구입액에 40,000원을 ② 농기계 등에 대한 자본재 감가상각비로 10,000원을 ③ 토지·노동·자본 등 생산요소 고용에 30,000원을 ④ 본인의 이윤으로 20,000원을 합하여 밀 10kg을 제분업자에게 100,000원에 판매하였다. 제분업자는 밀을 100,000원에 구입한 후 감가상각비, 생산요소비용, 본인의 이윤을 합쳐 180,000원에 제빵업자에게 판매하였다. 제빵업자 역시 감가상각비, 생산요소비용, 본인의 이윤을 합쳐 300,000원에 판매하였다. 밀이 밀가루가 되고, 다시 빵이 되는 과정이 진행되고 있다.[3] 생산과정을 거치면서 아무도 먹으려 하지 않던 밀가루가 맛있는 빵으로 변신한 것이다. 인간의 노력이 투입된 결과이다. 각 단계를 거칠 때마다 가치가 증가하는데, 경제학에서는 이것을 '부가가치'라고 정의한다.

농민은 중간 생산물 구입비 4만 원과 감가상각비 1만 원을 합쳐 5만 원을 지불하여 수입으로 10만 원을 얻었다. 부가가치는 5만 원이다. 제분업자는 밀을 10만 원에 구입하여 밀가루를 생산하였고 수입으로 18만 원을 얻었다. 부가가치는 8만 원이다. 제빵업자는 밀가루를 18만 원에 구입하여 빵을 생산하였으며 수입으로 30만 원을 얻었다. 부가가치는 12만 원이다. 전체 부가가치는 4만 원(중간 생산물 투입액 또는 원재료) + 5만 원(농부) + 8만 원(제분업자) + 12만 원(제빵업자) = 29만 원이다. 총산출액은 4만 원 + 10만 원 + 18만 원 + 30만 원 = 62만 원이다. 감가상각비는 1만 원이고, 중간소비는 4만 원 + 10만 원 + 18만 원 = 32만 원이다. 부가가치는 총산출액(62만 원)에서 감가상각(1만 원)과 중간투입(32만 원)을 뺀 29만 원으로도 계산된다. 생산과정을 보면 부가가치가 생산요소 소유자에게 임금, 지대, 이자, 이윤의 형태로 분배되고 있음을 알 수 있다.

부가가치는 일정 기간 동안에 경제활동주체가 생산 활동에 참여하여 새로이 창출한 가치를 말하는데, 총산출에서 중간투입(소비)과 감가상각을 차감하여 구할 수 있다. 이를 다음과 같이 정리할 수 있다.

3 단순화를 위해 제분업자와 제빵업자에게는 감가상각비가 없다고 하자.

부가가치 = 총산출 − (중간소비 + 감가상각) = 임금 + 지대 + 이자 + 이윤

이 간단한 예를 통해 부가가치를 올리는 방법을 생각해 보자. 우수하고 생산성이 높은 생산요소들이 맛있는 빵을 많이 만들어 내면 된다. 여기서 말하는 생산요소는 다름 아닌 대한민국 국민이다.[4] 우수하고 생산성 높은 경제주체들이 능력껏 일할 수 있는 조직과 시스템을 만드는 일의 중요성에 대해서는 아무리 강조해도 지나침이 없을 것이다.

기업(企業)이 상품을 생산하고, 이 상품들은 요소공급자들(노동, 자본재[기계], 토지 및 경영 제공자)에게 대가로 임금, 이자, 지대, 그리고 이윤이나 배당 등의 소득으로 분배된다. 이들은 자신들에게 필요한 생산물을 구입하면서 분배받은 소득을 지출한다. 생산 측면에서 측정된 것을 생산 국민소득이라고 부르고, 분배 측면에서 측정된 것을 분배 국민소득이라 부르며, 생산 측면에서 측정된 것을 지출 국민소득이라고 부른다. 따라서 이 세 소득은 같을 수밖에 없다. 이를 3면 등가의 법칙이라고 부른다.

3면 등가의 법칙: 생산 국민소득 = 분배 국민소득 = 지출 국민소득

경제학자들은 경제발전, 완전고용, 그리고 물가안정을 추구한다. 한 나라의 국민들이 인간답고 풍요로운 삶을 살려면 국민소득이 뒷받침되어야 한다. 그 시작은 생산에 있다. 생산의 경제주체는 기업이다. 기업은 자본가와 노동자가 존재하는 곳이기 때문에 두 집단 간에 갈등이 없을 수 없다. 하지만 협업을 통한 생산성 향상이라는 대전제가 늘 바탕이 되어야 한다. 그래야만 기업이 발전하고 국가 또한 번영과 풍요의 길로 나아 갈 수 있다. 기업경제학을 공부하는 이유가 여기에 있다.

---

4 GDP가 분석 대상이기 때문에 정확하게 말하면 국내에서 생산에 참여하고 있는 사람이라고 해야 하지만, GDP 대부분을 대한민국 국민이 생산하기 때문에 대한민국 국민이라고 써도 큰 문제가 없을 것이다.

3. 유량과 저량, 파레토 효율

유량(流量, flow)과 저량(貯量, stock)

유량은 일정 기간 동안 측정한 값이다. 2022년 국민총생산, 2023년 상반기 매출액 등에서 보는 바와 같이 2022년 한 해, 2023년 상반기와 같이 일정 기간에 측정된 값이다. 저량은 일정 시점에서 측정한 값이다. 2023년 1월 1일 현재 국부, 외환보유고 등이 있다. 코로나 팬데믹 때를 예로 들어 보자. 2022년 1월 1일 0시에서 24시까지 발생 환자 수 통계는 유량 통계이고, 2022년 1월 1일 0시 기준 누적 발생 환자 수는 저량 통계이다.

효율성(efficiency)

파레토 효율(pareto efficiency)을 사용한다.[5] 어떤 자원배분 상태(A 상태)에 있다고 하자. 이 상태에서 벗어나(A 상태 이외의 상태로) 아무에게도 손해를 입히지 않으면서 누군가가 이득을 얻는 새로운 배분 상태로 갈 수 없는 경우, 그 배분 상태(A 상태)를 파레토 효율적이라고 부른다. 즉 더 이상 개선의 여지가 없는 상황을 말한다. 현재 상태에서 누이 좋고 매부 좋은 새로운 배분 상태로 갈 수 있다면 현재 상태는 파레토 효율적이 아니다.

예 1

처음 상태(A 상태)

- 김씨: 쌀 20kg, 소고기, 2kg, 만족 100
- 이씨: 쌀 5kg, 소고기, 25kg, 만족 100

쌀 5kg과 소고기 5kg을 교환

한 번 교환 후(B 상태)

- 김씨: 쌀 15kg, 소고기 7kg, 만족 150
- 이씨: 쌀 10kg, 소고기 20kg, 만족 160

5 파레토(Parero, 1848~1923): 이탈리아의 경제학자, 사회학자이다.

➡ B 상태로 옴으로써 김씨, 이씨 모두 만족(효용)이 증대하였다.
즉, A 상태는 파레토 효율적 자원배분 상태가 아니었음을 알 수 있다.
B 상태는 A 상태에 비해 파레토 우위상태라고 정의한다.

B 상태에서 김씨가 이씨에게 쌀 2㎏에 소고기 3㎏을 바꾸자고 제안

두 번 교환 후(C 상태)

- 김씨: 쌀 13㎏, 소고기 10㎏, 만족 170
- 이씨: 쌀 12㎏, 소고기 17㎏, 만족 140

➡ C 상태로 오면 김씨는 만족 증가, 이씨는 만족 감소.
B 상태는 파레토 효율적 자원배분 상태이다.
B 상태는 현실에 나타나지만 C 상태는 이씨의 반대로 현실에 나타나지 않는다.

예 2

비즈니스 경제학과 교양 국어 중간시험 하루 전날, 시험시간까지 수면시간을 제외하며 20시간이 남았다고 하자. 학생 나름대로 시간을 배분할 것이다.

- A 상태: 충분히 계획대로 공부하고 시험도 잘 친 편이다.
- B 상태: 계획대로 공부를 못하고 중간에 잠을 자는 바람에 시험을 망쳤다.

➡ 더 이상 미련이나 아쉬움이 없는 A 상태는 효율적인 상태이고, 그렇지 못하고 아쉬움이 많이 남는 상태인 B 상태는 효율적이지 못하다.

4. 고사성어와 기업[6]

경제, 경영, 기업 등에 적합한 고사성어(故事成語)는 상당히 많은 편이다. 여기에서는 그중에서 중요하다고 생각되는 7개만 골라 간단하게 소개해 보았다.

① 항산항심(恒産恒心): 소득과 재산의 중요성을 표현한 맹자의 말씀이다.

6 임상일, 『공자와 케인즈 맞장뜨기』, 지필미디어, 2014.

② 시도지교(市道之交): 시장이나 길에서 만난 관계는 믿을 것이 못 된다는 뜻으로 시장을 평가절하는 말이다. 요즘 시대에는 적용되지 않는 말이다. 오히려 시장의 움직임과 시장에서 얻는 정보를 잘 활용하는 사람이 성공하는 시대가 되었다. 또한 시장이 과거에 비해 더 글로벌화 되고 있음을 명심하여야 할 것이다.

③ 농단(壟斷): 비정상적인 방법으로 독점이 된 후 다른 사람에게 손해를 끼치는 행위이다.

④ 십시일반(十匙一飯): 밥 열 술이 한 그릇이 된다는 뜻으로 주식회사, 은행, 보험회사 등에 적용할 수 있다.

⑤ 도주지부(陶朱之富): 막대한 재산 또는 부자를 상징한다. 재산을 이웃이나 멀리 있는 형제에게 나누어주었다.

⑥ 역지사지(易地思之): 처지를 바꾸어 생각해본다는 뜻이다. 자본가와 노동자가 상대방의 입장에서, 공급자와 손님이 상대방의 입장에서 생각하고 행동해야 한다.

⑦ 과유불급(過猶不及): 너무 욕심을 내 무리한 투자를 하다가 오히려 기존의 사업까지도 곤경에 처하게 되는 경우가 있다.

연습문제

토론(같이 생각하고 이야기해 보기)

1. 기업의 중요성을 국가의 기능과 연계하여 이야기해 보자. (생산가능곡선 활용)

2. 기업에서 활용할 수 있는 고사성어를 2개 이상 들어 보고, 교훈을 이야기해 보자.

O X 문제

1. 우리나라는 국민 1인당 국내 총생산 3만 달러 이상과 인구 5천만 명이 넘는 국가가 되었다. (　　)

2. 우리나라는 원조받던 나라에서 원조하는 나라가 된 최초의 국가이다. (　　)

3. 실업자의 수는 저량인 반면 직업을 잃은 사람의 수는 유량이다. (　　)

단답형 문제

1. 경제성장이란 생산가능곡선의 (　　　)을 의미한다. (2글자)

2. 자원배분에 있어 효율적란 더 이상 (　　　)의 여지가 없을 때를 의미한다. (2글자)

용어설명

1. 국민 1인당 국내 총생산의 정의와 계산식을 쓰시오.

2. 생산가능곡선이란?

3. 부가가치란?

주관식 문제(제한 시간 10분)

1. 유량과 저량을 설명하시오.

2. 효율적 자원배분을 자신의 경험을 예로 들어 설명하시오. (2가지 이상)

제1장

경제학과 기업경제학

1. 경제학과 기본원리
2. 시장경제의 명암
3. 경제학의 기본원리
4. 경제학, 경영학과 기업경제학

인생을 결정짓는 다섯 가지 선택: 교육(more schooling), 직업(deciding on an occupation), 결혼(decisions about a partner), 자녀(parenting), 건강(health habits)

– 로버트 마이클[1]

"인생은 우연으로 시작하여 선택으로 이루어지는 것 아니겠나."[2] 삶의 모든 순간들은 우연으로 이루어져 있다. 하지만 그 우연들을 연결하는 것은 선택이며, 이 선택들이 모여 인생이 된다.

– 소설가 이금이

"최소의 비용으로 최대의 기업 건설"

– 포항제철(포스코 전신) 건설 사무실 구호

1 로버트 마이클, 안기순 역, 『인생을 결정 짓는 다섯 가지 선택』, 책세상, 2017.

2 이금이, 『얼음이 빛나는 순간』, 밤티, 2023.

TV쇼 '진품명품'에서 만나는 희소성

KBS 1 TV 일요일 10시에 방영되고 있는 TV쇼 '진품명품'은 예술품의 희소성을 공부해 볼 수 있는 프로그램이다. 3명의 출연자들이 추정한 값이 전문 감정위원이 추정한 값과 정확히 일치하면 인형 2개를, 가장 편차가 적은 사람에게는 인형 1개를 주는 게임 형식으로 진행된다. 각자 추정가를 부르기 전에 60초간의 질문 시간이 주어진다. 출연자들이 전문 감정위원에게 가장 많이 물어보는 질문이 '희소성'이다. "**선생님 작품이 많이 남아 있습니까?"

2016년 6월 13일 방송된 김홍도(1745~1806)의 공원춘효도(貢院春曉圖, 봄날 새벽의 과거 시험장)가 화제가 된 적이 있다. 이날 감정위원은 가격 책정이 불가능하다, 최소 10억 원은 된다고 말하면서 출연진 모두에게 인형 하나씩을 주었다. 이 그림은 1952년 미군이 부산에서 구입하여 그동안 베일에 싸였던 작품이었는데, 안산시가 2020년에 4억 9천만 원에 구입하였다.

1. 경제학과 기본원리

경제학에 대한 정의

경제학에 대한 정의로는 강조하는 관점에 따라 여러 가지가 있으나 노벨 경제학 수상자인 현대 경제학의 대가 새뮤얼슨(Samuelson, 1915~2009, 1970년 노벨 경제학상 수상자)은 그의 명저 『경제학(Economics)』에서 다음과 같은 정의를 내렸다.

> "사람과 사회가 여러 대안을 가지고 있는 희소한 자원을 (여러 사람과 사회 그룹 간에, 현재나 미래에) 다양한 상품을 생산하기 위해 어떻게 쓰고 생산물을 어떻게 나누느냐에 대한 학문이다"[3]

이 정의는 희소성(稀少性, scarcity)과 선택(選擇, choice)을 핵심어(keyword)로 삼고 있다. 희소성과 선택의 문제는 인간이 지구상에 살면서부터 극복해야 할 과제이며 모든 일상생활에서 직면하게 되는 원천적인 문제이기 때문에 1890년대 최고의 학자였던 마셜(Marshall, 1842~1924)은 명저 『경제학 원리(Principles of Economics)』에서 매우 광범위하게 정의를 내리고 있다.

> "경제학은 일상생활을 영위하고 있는 인간에 대한 연구이다. 이것은 개인적 및 사회적 행위 중에서 후생의 물질적 요건의 획득 및 사용과 극히 밀접하게 관련되고 있는 측면을 다루는 학문이다. 그래서 그것은 한편으로는 부를 연구하며, 다른 한편으로는 더 중요한 면인 인간을 연구 대상으로 한다(Political Economy or Economics is a study of mankind in the ordinary business of life)."[4]

---

3 Samuelson P.A and Nordhaus, W.D., 『Economics』, 12th ed., Mcgraw-hill, 1985 p.4

4 스웨덴 중앙은행 창립 300주년 기념으로 1969년부터 노벨 경제학상이 수여되고 있다(http://www.nobelprize.org/nobel_prizes/economics/). 다른 학문 수상자와 비교할 때 최연소 수상자 두플러(Duflo, 1972~)는 46세이고 최고령 수상자는 호르위츠(Leonid Hurwicz, 1917~2008)는 90세로서 수상자의 평균 연령도 67세로 노벨상 6개 부분에서 가장 높게 나타나고 있다. 미국인 비율이 절대적으로 높고 2022년까지 여성은 2명(2007년 오스트럼[Ostrom, 미국인], 2019년 두플러[Duflo, 프랑스인])뿐이다.

새뮤얼슨과 마셜의 정의는 큰 틀에서 같다고 볼 수 있지만, 마르크스·엥겔스의 정의는 역사성을 강조하고 있다는 점에서 다르다. 보통 마셜, 로빈스와 새뮤얼슨의 정의에 바탕을 둔 경제학을 주류 경제학(主流經濟學), 마르크스·엥겔스의 정의에 기초한 경제학을 비주류경제학(非主流經濟學) 혹은 정치경제학(政治經濟學)이라고 부른다.[5]

희소성은 자원은 유한한 반면 사람의 욕구는 주어진 자원의 크기보다 크거나 무한하기까지 하다는 부인할 수 없는 사실에서 발생한다. 〈표 1.1〉에서 보는 바와 같이 자원이 적다고 해도 필요로 하는 곳이 없으면 희소성이 있는 것은 아니다(경우 3). 반대로 자원이 많다고 해도 필요로 하는 곳이 그보다 훨씬 많으면 희소성이 없는 것은 아니다(경우 1). 희소성은 자원 및 욕구와 비교해서 상대적으로 판단하여야 한다.

한번 희소성 있는 자원이 영원히 희소성을 갖는 것은 아니다. 지구 생태계의 변화, 인간의 과학기술 발전 등으로 인해 희소한 자원이 변하고 있다. 희소성이 크게 증가한 재화로는 양식이 불가능한 어류(킹크랩, 명태, 오징어 등)를 들 수 있으며 희소성이 감소한 재화로는 자동차, TV, 컴퓨터, 핸드폰, 양식이 가능한 어류(광어, 장어, 전복 등)를 들 수 있다.

표 1.1 희소성

	자원	욕구	희소성		자원	욕구	희소성
경우 1	100	500	희소성 있음	경우 2	100	10	희소성 없음
경우 3	10	1	희소성 없음	경우 4	10	100	희소성 있음

5 20세기 최고의 경제학자인 케인즈(John Maynard Keynes, 1883~1946)의 견해는 매우 독특하다. 그는 "경제학은 논리학의 일종이며, 생각하는 방식인 것 같다.…(중략)…경제학은 본질적으로 자연과학이 아니라 도덕과학(moral science)이다. 그것은 내성과 가치판단을 한다."

육필화(肉筆畵) vs 우키요에(浮世畵)
희소성(稀少性) vs 대중화(大衆化)

육필화는 말 그대로 사람이 몸으로 그린 그림이다. 같은 화가가 꼭 같은 대상을 아침에 한 장, 저녁에 한 장을 그렸다고 하자. 혹자는 대상이 같으니까 같은 그림이 두 장이라고 말할지 모르나 아침과 저녁 풍경이 다르기 때문에 다른 그림으로 취급한다. 육필화 하나하나는 지구상에 각각 한 점밖에 존재하지 않는 희소한 존재다. 따라서 대가의 육필화는 예술성에 희소성이 더해지면서 비싼 값으로 평가받고 있다.

반면 일본의 미술로 17세기 후반부터 주목받기 시작한 우키요에는 대량생산이 가능한 채색판화(彩色版畫) 작품이다. 대가의 작품이라 해도 공급이 증가한 만큼 작품 하나하나의 가격은 낮게 책정된다는 위험을 감수해야 하지만, 결과적으로 이는 수요의 폭발적인 증가로 이어졌다. 서민 계층인 조닌(町人)까지도 미술 작품을 즐길 수 있게 되었다. 육필화가 소수 귀족의 전유물이라면 우키요에는 싼 가격에 불특정 다수의 사람들이 즐길 수 있게 해준다. 우키요에의 등장으로 그림 시장이 활성화되었으며 화가들도 직업인으로서 대우받게 되었다.

이렇게 대량생산된 우키요에는 도자기의 포장지로 쓰여 서양으로 유입되었다. 당시 인상파(印象派) 중심의 서양화가들은 이국적인 색감과 질감에 매료되어 우키요에를 자신의 그림에 응용하거나 직접 그리기도 했는데, 고흐(Gogh, 1853~1890, 네덜란드), 모네(Monet, 1840~1926, 프랑스), 스티븐스(Stevens, 1823~1906, 벨기에) 등이 대표적인 예이다. 고흐의 「탕기 영감」(1887)에는 후지산, 일본의 명소, 유녀 등이 그려져 있을 정도이다. 우기요에는 단순히 일본 미술의 울타리를 넘어 당시 서양에 '자포니즘(Japonism)'이라는 신조어를 만들어 낼 정도로 영향을 끼쳤다.

고흐의 「탕기 영감」

20세기 들어 대중문화에서 소재를 얻은 뒤 대량생산을 통해 미술과 예술산업에 큰 영향을 미친 인물로 앤디 워홀(Andy Warhol, 1928~1987)이 있다. 그는 실크 스크린이라는 인쇄 방법을 이용해서 작품을 대량으로 찍어냈다. 본인의 작업실을 '공장'이라고 불렀을 정도이다. 요즈음은 레플리카*가 발전하여 일반인들도 대가들의 작품을 손쉽게 만날 수 있다. 미술작품의 희소성과 대중성, 어느 쪽이 더 미술과 사회 발전에 기여하는지 질문을 던져 보았는데, 저자가 과문의 탓인지는 몰라도 질문 자체가 어리석은 것 같다는 결론이 나왔다. 사회 전체적으로 볼 때 희소성과 대중성이 조화를 이루어야 한다는 것이 정답에 가까울 것이다.

*레플리카: 그림 조각 등에서 원작을 복제한 작품을 말한다. 원작의 보존 또는 학습을 위한 것으로, 박물관에서 고대 그리스 조각품을 보존하면서 전시할 대체품을 만들기 위해 레플리카를 만든 것이 그 예이다.

미시경제학과 거시경제학

부분적으로는 옳다고 해도, 전체적으로 보면 옳지 않은 결과가 나타날 때 논리학에서는 구성의 오류(構成의 誤謬, The fallacy of composition)라고 부른다. 개인의 절약이 반드시 사회적으로 바람직한 결과를 낳을 수 있다는 절약의 모순(節約의 矛盾, The paradox of thrift)이 좋은 예이다.

세상살이에서 그렇듯 경제 현상을 파악할 때도 부분과 전체를 조화롭게 보아야 한다. 나무 하나하나를 면밀하게 보는 치밀함도 필요하지만 숲 전체를 조망해 볼 수 있는 능력도 필요하다. 경제학은 주로 부분을 분석 대상으로 하는 학문인 미시경제학(微視經濟學, microeconomics)과 전체를 조망하는 거시경제학(巨視經濟學, macroeconomics)으로 나누어진다.[6] 미시경제학은 개별소비자와 기업이 어떻게 의사결정을 하고 이들이 시장에서 어떻게 상호작용하는지를 연구하는 경제학의 한 분야이며, 거시경제학은 인플레이션, 실업, 경제성장 등 경제 전반에 관한 현상(집계량)을 연구하는 경제학의 한 분야이다. 미시경제학은 나무를, 거시경제학은 숲을 대상으로 하고 있으며 이 두 분야를 같이 공부함으로써 숲과 나무를 동시에 볼 수 있는 능력을

6 중국에서는 미시경제학을 미관경제학(微觀經濟學), 거시경제학을 광관경제학(廣觀經濟學)이라고 부르고 있다.

갖추게 된다. 먼 곳에서 숲을 전체적으로 조망하는 방법과 그 숲속에 들어가 나무 한 그루를 세밀히 관찰하는 방법이 서로 보완적이듯이 이 두 이론도 서로 보완적인 역할을 하면서 발전하고 있다.

20세기 들어 거시경제학을 제일 먼저 부각시킨 경제학자가 바로 케인즈(John Maynard Keynes, 1883~1946)이다. 그는 부분과 전체 간 부조화의 대표적인 예로 절약의 모순을 들었다. 그는 세계 대공황의 원인이 생산능력의 부족이 아니라(공장들은 생산능력을 잃지 않았다) 오히려 정상적인 생산수준을 뒷받침하기에 부족한 지출이라고 주장하면서 거시경제학의 새 지평을 열었다. 그의 이론은 케인즈 혁명(Keynesian Revolution)이라 불리며 그의 추종자들은 케인지안(Keynesian)이라고 불린다.

케인즈 이후 이론 경제학은 미시경제학과 거시경제학으로 나누어져 발전해 왔다. 〈표 1.2〉에 경제학과에서 배우는 미시경제학과 거시경제학의 과목의 내용과 관련 과목들을 나타내었다.[7]

표 1.2 미시경제학과 거시경제학의 과목

미시경제학 영역		거시경제학 영역	
미시경제학 내용	제1편 서론, 제2편 소비자이론, 제3편 생산자이론, 제4편 시장형태론, 제5편 분배이론, 제6편 일반균형 및 후생경제학, 제7편 시장실패	거시경제학 내용[8]	제1편 거시경제학 들어가기, 제2편 거시경제의 직관적 모형(제3장 거시경제의 수요 측면: 폐쇄경제 제4장 거시경제의 수요 측면: 개방경제 제5장 거시경제의 공급 측면 제6장 총수요, 총공급 균형과 거시경제정책 제7장 필립스곡선과 거시경제정책 제8장 금융과 거시경제), 제3편 거시경제학의 미시적 기초와 일반균형, 제4편 경기변동과 경제성장, 제5편 거시경제학의 최근 동향
미시경제학 관련 과목	산업조직론, 노동경제학, 공공경제학, 게임이론, 국제 무역론, 정보경제학, 법 경제학	거시경제학 관련 과목	화폐금융론, 국제금융론, 경제성장론

7 경제사와 정치경제학과 같이 이론 경제학 영역이 아닌 분야에서도 거시적이고 장기적인 안목을 배운다고 본다.

8 정운찬·김영식, 『거시경제학(제 9판)』, 율곡출판사, 2010.

미시경제학에서는 개별 상품 시장에서의 가격과 수량(생산량, 수요량, 거래량)에 초점을 맞추고 있어 가격론(價格論)이라고도 불리었다. 최근에는 과거에 비해 훨씬 분석범위가 넓어져 정보경제학, 법경제학 등 폭넓은 분야를 연구하고 있다. 또 시장경제에 대한 평가와 유인제도 등에 대해서도 연구하고 있다. 거시경제학에서는 개별 시장에서의 가격을 집합화한 물가(物價)와 수량을 총량화한 개념인 실업률(失業率)에 초점을 맞추어 분석하여 국민소득론(國民所得論)이라고도 불리었다. 국가의 역할이 더 다양해짐에 따라 경제성장, 경제안정 등도 연구의 대상으로 포함하고 있다.

경제학의 특성

경제학은 평균의 학문이다. 새뮤얼슨은 "경제학은 100% 정확도를 요하는 학문이 아니다. 경제학 이론은 평균적으로 옳으면 옳다고 할 수 있는 학문"이라고 자연과학과 같은 엄밀성을 가질 수 없는 한계를 인정하고 있다.[9]

경제학의 장점으로 다양한 설명 수단을 가지고 있음을 들 수 있다. 경제학은 〈표 1.3〉에서 보듯 그림, 표, 수식 등 다양한 분석 도구를 가지고 있다. 이런 수단을 경영학, 법학 등 다른 사회과학에서 적용한다면 한층 명쾌하고 논리적으로 현상을 분석할 수 있다.

표 1.3 해부학 도서, 경제학 도서, 법학 도서에서의 표현 수단 비교

	해부학(그레이, 39판)	경제학(맨큐)	경영학(신유근)	법학(박상기)
전체분량	1,549	1,034	569	615
사진	1,691	50	0	0
그림		200	84	12(상법에만 있음)
표	15	61	122	0
수식	0	62	0	0

* 해부학 도서는 사진과 그림을 합하여 나타냈다.
** 맨큐의 경제학에서 수식 하나하나를 세면 이보다 훨씬 더 많다.

9 Samuelson, ibid, p.10.

2. 시장경제의 명암

경제순환모형

경제주체(經濟主體)란 소비의 주체인 가계(家計, household), 생산의 주체인 기업(企業, firm), 소비와 생산의 주체인 정부(政府, government), 생산과 소비의 주체인 해외(海外, foreign)로 나뉜다. 정상적인 경제활동을 하는 사람은 필요에 따라 소비와 생산을 한다. 소비할 때는 가계로, 생산에 참여할 때는 기업으로 분류된다. 예를 들어 반도체 생산 기업에 참여하고 있는 S 그룹의 L 부회장은 자동차 소비자이다. 자동차 생산 기업에 참여하고 있는 H 자동차의 J 회장은 반도체 소비자이다. 한번 가계였다 해서 영원히 가계인 것은 아니고, 같은 이치로 기업이 영원히 기업인 것만은 아니다.

〈그림 1.1〉에서는 보는 바와 같이 가계와 기업이 시장(생산물시장과 생산요소시장)을 통해 재화와 서비스를 거래하는 과정을 그림으로 표현한 경제순환모형(circular-flow diagram)을 이용하여 경제주체들이 어떻게 상호작용을 하는지 쉽고 명확하게 파악할 수 있다. 원래 모형(模型, model)이란 복잡한 현실을 설명하기 위해 가장 중요한 요소만을 뽑아 서로 간의 관계를 쉽고 정확하게 알 수 있도록 한 도구이다. 경제학에서도 두루 쓰이는데, 그 중 대표적인 것이 바로 경제순환모형이다.

기업은 노동, 토지, 자본(건물과 생산설비)과 같은 생산요소(生產要素, factors of production)를 투입하여 재화와 서비스를 생산한다. 가계는 생산요소를 소유하며 기업에 공급하고 있으며 수입을 얻고 그 수입을 바탕으로 생산물시장(生產物市場, output market)에서 재화와 서비스를 소비한다. 재화(財貨, goods)와 서비스의 흐름은 실물의 흐름으로써 〈그림 1.1〉에 실선으로 표시되어 있다. 반면 이에 대한 대가는 돈(화폐)의 흐름으로 나타나며, 〈그림 1.1〉에 점선으로 표시되어 있다.

생산요소가 거래되는 시장은 생산요소시장(input market)이라고 부르고 생산물이 거래되는 시장은 생산물시장이라고 부른다. 가계는 생산요소시장에서는 생산요소 공급자이지만 생산물시장에서는 수요자이다. 반대로 기업은 생산요소시장에서는 생산요소 수요자지만 생산물시장에서는 공급자이다. 역지사지(易地思之)의 원리가 필

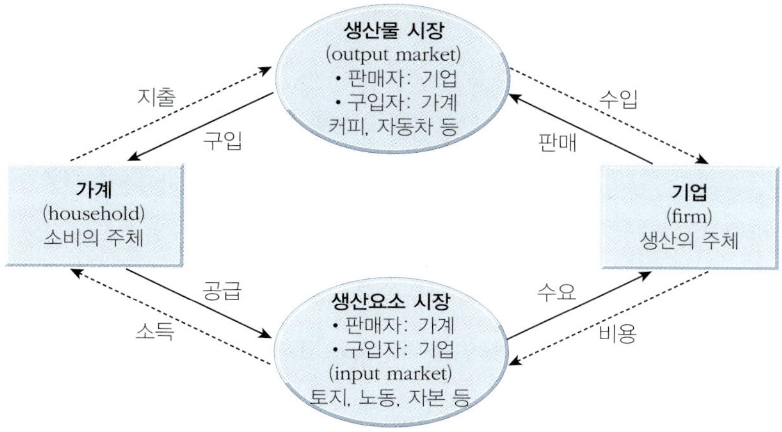

그림 1.1 경제순환모형

요한 이유가 여기에 있다.

세상에 존재하는 대부분의 자원은 인간이 필요로 하는 형태로 존재하는 것이 아니기 때문에 필요한 형태로 변환되어야 한다. 인류는 자연을 대상으로 채취(採取)나 수렵(狩獵)하는 단계에서 시작하여 이것들을 가공(加工)하여 한층 가치 있는 재화(財貨)로 바꾸어 간다. 볍씨 그 자체로는 인간에게 식품으로서의 유용성이 전혀 없다. 하지만 논에 뿌려져 벼로 변환되고, 정미 과정을 거쳐 쌀이 된다. 여기에 밥 짓는 노력이 추가되면 맛있는 쌀밥이 된다. 볍씨가 쌀로, 다시 쌀밥으로 변형되는 과정을 생산이라고 부르고 있으며 가치(價値)가 증가하는 일이 진행되고 있다. 즉 생산(生産, production)이란 재화와 서비스를 새롭게 만들거나 가치를 증대시키는 모든 활동이라고 정의된다. 생산 활동에 참여하여 가치를 증대시킨 만큼 대가를 받는 것을 분배(分配, distribution)라고 한다. 필요에 따라 재화나 서비스를 구입하거나 사용하는 활동을 소비(消費, consumption)라고 정의한다. 경제활동의 최종 목적이라고 할 수 있는 소비를 위해서는 생산과 분배가 밑바탕을 이루어야 한다. 생산·분배·소비는 서로 긴밀하게 연결되어 순환하고 있다.

일반적으로 시장(市場, market)은 교환이 이루어지고 있는 추상적인 장으로 정의되고 있다. 가계가 생산요소를 공급하고 얻은 대가(소득)를 기초로 생산물시장에서 재화나 서비스를 구입하고 대가를 지출한다. 기업은 생산요소를 구입하고, 생산 활동을 통해 부가가치(附加價値, valued add)를 창출하며, 생산물시장에서 재화나 서비스를 판매하여 수입을 얻는다. 큰 틀에서 보면 시장에서 'Give and Take'가 이루어지고 있다.

경제발전이란 시장의 확대와 노동시간의 단축을 의미한다고 해도 과언이 아니다. 과거 자급자족 시대와 오늘의 문명사회를 비교해 보면 과학기술의 발전, 정치적 민주화, 시장경제의 확대, 지식과 정보의 보편화 등에 따른 차이를 확인할 수 있을 것이다. 동양에 뒤처졌던 서양이 세계의 주도권을 쥐게 된 것은 대항해시대가 가져온 시장을 차지하려는 욕구가 작용했기 때문이다. 중국이 보여준 1978년 개방개혁 이후의 눈부신 경제성장과 베트남이 보여준 도이모이(Doi Moi) 정책 이후의 놀라운 성장은 물론이고 자력갱생을 목표로 삼아 온 북한 역시 장마당이 활성화되고 있다는 사실 또한 이제는 더 이상 화젯거리가 되지 않을 정도로 진부한 이야기이다. 그러나 시장의 확대는 눈부신 문명을 낳았지만 제국주의와 전쟁을 몰고 와 인류를 파멸의 직전으로 몰았다는 사실 역시 간과해서는 안 된다.

과거 유교문화권에서는 사농공상(士農工商)의 서열화가 뚜렷하였다. 맹자 어머니의 삼천지교(三遷之敎)에서 보듯, 시장(공상)보다 학교(학문)를 선택하는 것이 옳은 결정으로 여겨졌다. 중국에는 승관발재(升官發財)라는 말이 있는데, 관리가 되면 자연스레 돈을 벌거나 재물이 따라 들어온다는 뜻으로 벼슬이 곧 돈벌이라는 의미가 된다. 또 시장이나 길에서의 만남은 믿을 바가 못 된다는 시도지도(市道之道)에서 보듯 시장을 불신의 장소로 여겼다. 또 예로부터 재물은 탁(濁)하고 명예는 청(淸)한 것이라고 했다. 세상 이치로 볼 때 재물과 명예를 다 누리기는 어렵다는 얘기다. 동양 3국의 상인 정신에서 볼 수 있듯이 상인들은 나름대로 상도덕과 철학을 가지고 부를 쌓아 명성도 얻은 인물도 상당히 있다. 도주지부(陶朱之富)에서는 부를 칭송하는 의미로 쓰기도 하였다. 중국 완저우 상인들은 "하늘 아래 시장 아닌 곳이 없다"라고 말하면서 시장의 중요성을 인식하였고 확대에 열을 올렸다.

할머니는 "(시)장에 간다"라고 말씀하시며 장바구니를 챙기고, 엄마는 "쇼핑 간다"라고 말씀하시며 자동차 키를 찾고, 딸은 "쇼핑한다"라고 말하면서 스마트폰을 챙기는 시대에 살고 있다. 시장의 확대·확장이 지역적으로는 세계화로, 문화적으로는 금전화로, 대상도 다양화되는 변화를 보며 "여기도 시장, 저기도 시장, 화장실도 시장이다." "사람, 시장에서 왔다가 시장으로 가는 존재다"라고 정리할 수 있을 것이다.

경제체제란 소유와 분배를 포함한 경제활동 전반에 관한 한 사회·경제활동의 운영

북한의 시장경제 - 장마당 이야기

미국 존스홉킨스대학 한미연구소 커티스 멜빈(Curtis Melvin) 연구원에 따르면 2010년 북한 전역에 장마당 수는 약 200개였지만, 2017년엔 468개로 두 배 이상 늘어났습니다. 통일연구원에 따르면 북한 당국이 허용한 공식 시장만 400개가 넘고 종사자 수는 110만 명에 달하고요.

장마당 관련 종사자와 가족을 포함하면 북한 주민의 3분의 1 이상이 수입의 3분의 2 이상을 장마당에서 얻고 있는 셈이죠.

이런 설명을 듣는데 장마당에 있는 직군들의 단어 자체가 재밌었고, 이 직군들을 통해 장마당 안의 구도, 일상까지 볼 수 있더라고요. 그래서 8명의 캐릭터 얘기가 나왔죠. ① 메뚜기 장사꾼 ② 시장관리원(메뚜기 장사꾼 등을 쫓아내며 시장을 관리하는 사람) ③ 매대 상인(장세를 내고 합법적으로 일하는 사람) ④ 행방꾼(도와 도를 다니는 도매상) ⑤ 달리기꾼(행방꾼 물건을 떼다 파는 소매상) ⑥ 돈주(신흥 부자들, 사금융 역할을 하는 사람들) ⑦ 구르마꾼(짐을 나르는 유통서비스를 하는 사람) ⑧장마당 세대 이렇게 캐릭터를 체험해보는 전시였습니다.

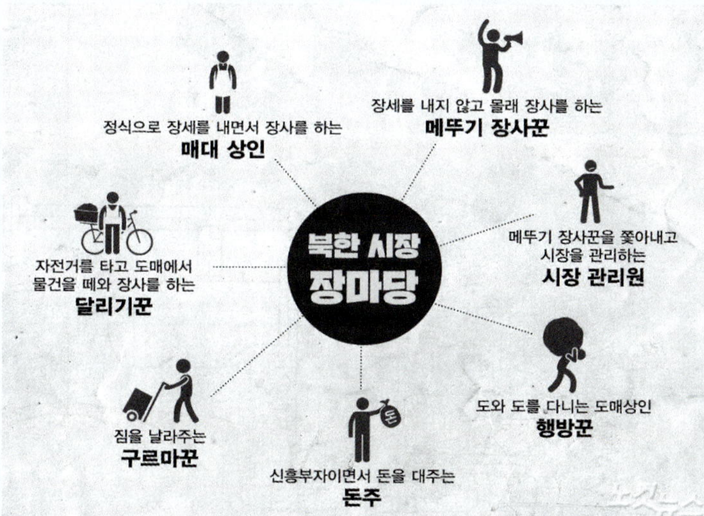

자료: 2019년 2월 26일 cbs 라디오 홍기자의 '쏘 왓'

양식과 제도의 총체라고 정의할 수 있다. 근대화 이전에는 전통에 따라 근대화 이후에는 시장을 통해 경제문제를 해결하는 시장경제 체제가 출현하였고, 사회주의 혁명을 통해 정부가 경제문제를 해결하는 계획경제 체제가 등장하였다.

시장경제에 대한 평가

대한민국헌법 제9장 경제

제119조 ① 대한민국의 경제 질서는 개인과 기업의 경제상의 자유와 창의를 존중함을 기본으로 한다.

② 국가는 균형 있는 국민경제의 성장 및 안정과 적정한 소득의 분배를 유지하고, 시장의 지배와 경제력의 남용을 방지하며, 경제주체 간의 조화를 통한 경제의 민주화를 위하여 경제에 관한 규제와 조정을 할 수 있다.

시장 경제사회에서는 'GIVE and TAKE'가 확실하다. 아담 스미스(Adam Smith, 1723~1790)가 1776년 쓴『국부의 형성과 그 본질에 관한 연구(An Inquiry into the Nature and Causes of the Wealth of Nations: 국부론』에서 시장에서 작용하는 이기심(利己心)과 보이지 않는 손(Invisible hand)의 위대함을 아래와 같이 쓰고 있다.

> "우리가 매일 식사를 마련할 수 있는 것은 푸줏간 주인과 양조장 주인, 그리고 빵집 주인의 자비심 때문이 아니라, 그들 자신의 이익을 위한 그들의 고려 때문이다."
>
> – 국부론 1편 2장 중에서

> "사람은 자신의 안전과 이익만을 추구한다. 다른 많은 사례에서와 같이 그가 의도하지 않았던 목적을 조장하는 '보이지 않는 손'에 의해 얻어지는 것이다. 그것은 사회에 최악의 해를 가져다주지 않는다. 자신의 이익을 추구함으로써 그가 실제로 사회의 이익을 위해 노력했을 때보다 더 많은 사회적 이익을 자주 더 효과적으로 조장할 수 있다."
>
> – 국부론 4편 2장 중에서

시장경제는 사유재산제도와 결합되면서 자본주의(資本主義, capitalism)의 근간이 되었고 인류 번영의 초석이 되었음을 누구도 부정하지 못한다. 시장경제는 효율성을 제도적으로 실현되게 하였으며 정의(正義) 실현에도 크게 기여하였다. 애로우와 데브루와 같은 경제학자들이 수학적으로 이 명제를 증명함으로써 굳은 믿음으로 자리 잡게 되었다.

동양 3국의 상인 정신

- 한국 5大 상인: 개성상인, 경성 상인, 의주 상인, 평양 상인, 동래상인
- 중국 3대 상인: 저장 상인, 광둥 상인, 원저우 상인
- 일본 3대 상인: 오사카 상인, 교토 상인, 오미(근강, 近江) 상인

• 개성상인

"상대방의 이익도 함께 고려하라"

1. 차인제 인사 수습 제도: 자식에게 경영수업을 시키기 위해 다른 상인의 상점에 수년간 취직시켜 일을 배우게 함
2. 사개송도치부법: 복식부기 회계장부(상거래의 관점을 신뢰라는 코드로 해석)
3. 삼도훈
   의(義): 함께 일하는 사람 및 동업자와 의리를 지키며 협력하는 것
   신(信): 고객에게 믿음을 주는 것
   실(實): 남의 눈을 의식하지 않고 근검절약하는 것

• 원저우 상인

"하늘 아래 시장 아닌 곳은 없다"

1. 소규모, 저비용, 다용도의 기동성 높은 비즈니스 선호

• 오사카 상인

"하늘이 두 쪽 나도 노렌(暖簾)은 지킨다"(품질에 대한 집착과 자존심)

1. 점포의 신용을 목숨처럼 중히 여기는 장인정신
2. 가족보다 가업(家業)의 연속성을 중시
3. 분점 독립을 통해 상인 간 네트워크 확대/브랜드 창출(일종의 사원 독립제도 개념: 한 가게에서 오래 일한 점원들에게 새로 가게를 내줄 때 상호를 쓰게 해주는 것)

그러나 시장이 태생적으로 원천적으로 가지고 있는 한계를 시장 실패라고 부른다.

시장 실패란 시장에서 효율성이 달성되지 않는 상태, 'GIVE and TAKE'가 제대로 작동되지 않는 상태를 일컫는다. 그 원인으로는 ① 독과점, ② 공공재(국방, 치안, 교육, 기초과학 투자 등), ③ 외부효과(공해 등), ④ 정보의 비대칭성(고급정보, 정확한 정보를 가진 사람과 그렇지 못한 사람과의 거래)을 들 수 있다.

한마디로 시장경제는 능력이 있는 체제이긴 하지만 전지전능(全知全能)하지는 않다. 이상은 미시적인 시장 실패이고 거시적으로 보면 여러 가지 문제가 있다. 경기

안정(인플레이션과 실업), 빈부 격차 해소, 금융 불안, 무역마찰, 경제성장 등 시장의 한계는 다방면에서 지속적으로 나타나고 있다.

이런 시장 실패를 극복하기 위해 정부의 역할이 강조되고 있다. 시장의 '보이지 않는 손'과 함께 정부의 '보이는 손'도 경제문제 해결을 위해 필요하게 되었다. 조세, 보조금, 무역정책, 환경정책 등은 미시적인 시장 실패를 보정하기 위한 정책이며 재정정책과 금융정책, 사회보장제도, 노사관계제도 등은 거시적인 시장 실패를 보정하기 위한 제도와 정책들이다.

그렇다면, 정부는 전지전능한가? 정부 역시 유한한 존재인 인간의 집합체이다. 이번에는 정부의 실패의 위험성에 직면해 있다. 스티글러(Stigler, 1911~1991, 1982년 노벨경제학상 수상자)는 정부가 이익단체에 포획되어 제 기능을 못 한다는 포획이론(捕獲理論, regulatory capture)으로 정부 역시 실패할 가능성이 있다고 주장하였다.

3. 경제학의 기본원리

경제학은 아담 스미스가 1776년에 쓴 『국부론』에서 시작되었다. 1776년은 영국에서는 제임스 왓드와 볼딩이 증기기관 특허를 획득한 해이며, 프랑스에서는 혁명의 조짐이 대두되던 해이고, 미국에서는 독립선언이 있었던 해이자, 조선에서는 정조대왕이 왕위에 오른 해이다. 세계사에서 평행이론이 적용되는 해이다.

맨큐의 경제학 원리

최근 미국에서 가장 인기 있는 맨큐의 경제학 원론에서 맨큐는 10대 경제학 기본원리를 제시하고 있다. 그는 크게 3개의 카테고리를 제시하였다. 첫째, 사람들이 어떻게 결정을 내리는가에 대한 원리, 둘째, 사람들은 어떻게 상호작용하는가에 대한 원리, 셋째, 나라 경제가 어떻게 작동하는가에 대한 원리이다. 대략적인 설명은 아래와 같다.

1) 사람들이 어떻게 결정을 내리는가에 대한 원리

① 모든 선택에는 대가가 있다. "공짜 점심 없다"

표 1.4 기회비용

	수업 출석	친구와 게임	낮잠 자기
만족 수준	100	70	50
기회비용	70	100	100
수업 출석 선택 후 기회비용	–	50	70

② 선택의 대가는 그것을 얻기 위해 포기한 그 무엇이다.

기회비용(機會費用, opportunity cost)이란 어떤 선택을 함으로써 포기해야 하는 다른 대안의 최고 가치를 말한다. 전체적으로 볼 때는 두 번째 대안의 가치, 눈에 직접 나타나지 않는다. 〈표 1.4〉에서 보는 바와 같이 용세에게 3가지 대안(경영경제학 수업 출석, 친구와 게임, 낮잠 자기)이 있다고 하자. 이 대안들은 각각 100, 70, 50에 해당하는 만족을 준다. 만족이 높은 순으로 선택을 한다면 경제경영학 수업 출석, 친구와 게임, 낮잠 자기 순이라고 쉽게 알 수 있다. 기회비용이 적은 대안 순이라면 경제경영 수업 출석이 가장 먼저 선택이 된다. 출석이 선택된 후에는 친구와 게임의 기회비용이 더 적기 때문에 선택하는 것이 합리적이다. 만족도 순서대로 선택하는 것과 기회비용이 적은 순서대로 선택하는 것이 같은 결론에 이른다는 사실을 확인할 수 있다.

③ 합리적 판단은 한계적(限界的, marginal)으로 이루어진다.

한계는 재화나 서비스 등의 변수를 아주 적은 양 증가시켰을 때, 그 변수에 의존하는 다른 변수의 추가 1단위당의 증가분 혹은 증가율을 나타낸다. 수학의 미분과 같은 개념이고, 그림상에서는 곡선의 기울기로 표시된다. 현재 상태에서 '조금 더 많게 또는 조금 더 적게'에 따른 득실을 따져 행동한다.

한계적 사고는 소비자의 합리적 행동에도 기업의 이윤극대화조건에도 사회 전체의 효율적 배분 원리에도 쓰이고 있다. 용세는 배가 고파 빵을 3개 먹은 후 하나를 더 먹을까 말까 고민하고 있다. 빵은 하나당 2,000원이다. 이미 시장기는 어느 정도 해결했기 때문에 추가로 빵을 하나 더 먹으면, 즉 4번째 빵을 먹으면 얻는 효용을 1,500원으로 평가한다고 하자. 2,000원을 지불하고 1,500원을 얻는 셈이니 손해 보는 일이 된다. 따라서 4번째 빵은 사지 않는 편이 현명하다. 이번에는 제빵점 주인의 입장에서 생각해 보자. 빵을 하나 더 만드는 데 2,500원이 드는데 시장에서는 2,000원에 거래된다면, 생산을 중단하는 편이 현명하다. 소비자와 생산자 모두 추가로 소비하거나 생산할 때 얻는 이익과 그 선택으로 인해 추가로 발생하는 비용을 비교하여 한계이득이 한계비용보다 크다면(작다면) 소비 또는 생산을 하게 된다(하지 않는다).

한계 원리로 행동하는 것이 합리적이라는 이 원리가 체계적으로 정립된 것은 19세기 후반이었다. 아담 스미스 이래 합리적으로 설명하지 못했던 '물과 다이아몬드의 역설', 즉 생명에 필수적인 물은 싸고 생명과 무관한 다이아몬드가 비싼 이유를 한계이론으로 설명한 것이다. 물은 풍부하여 그 한계효용이 제로에 가깝기 때문에 물의 가치를 거의 또는 전혀 인정하지 않는다. 물의 전체효용은 다이아몬드보다 크지만 한계효용은 다이아몬드가 물보다 크기 때문에, 교환에 있어서는 다이아몬드가 물보다 더 높이 평가되는 것이다.

경제학자들은 이를 한계혁명이라고 부른다. 혁명(革命, revolution)은 권력이나 조직 구조의 갑작스러운 변화를 의미한다. 이전의 관습이나 제도, 방식(법식) 따위를 단번에 깨뜨리고 질적으로 새로운 것을 급격하게 세우는 일이다. 사회나 정치 체제의 변화를 의미하는 경우가 일반적이지만 경제나 문화, 사상 등 여러 분야의 급격한 변화를 가리키는 말로도 사용한다. 혁명이라고 하면 흔히 절대왕정에 도전하여 왕을 처형한 영국의 청교도 혁명, 단두대 처형이 일상이던 프랑스혁명, 학생과 시민의 희생으로 한국 민주주의의 초석이 되었던 4·19혁명 등을 떠올릴 텐데 경제학에서 혁명이라니, 낯설고 의아할 것이다. 하지만 그만큼 얼마나 획기적인 발상의 전환이었기에 혁명이라고 했을까에 주목해 보자.

한계혁명은 경제학에 수학을 도입하는 길을 터주었고 과학성을 획기적으로 끌어올리는 데 결정적인 기여를 하였다. '여기도 한계, 저기도 한계'가 '여기도 수학, 저기도 수학'으로 나타난 것이다. 그러나 과유불급(過猶不及)이라는 말이 있듯 수학을 너무 무분별하게 사용한 나머지 경제학에 사상과 철학이 빠지고 수학의 유희장으로 변질되었다는 부작용도 있다.

어떤 선택을 함에 있어 제일 먼저 편익과 비용을 비교하여야 한다. 비용으로는 눈에 보이는 비용(회계적 비용)만 볼 것이 아니라 기회비용까지 고려하여야 한다. 또 편익을 계산할 때도 단기적인 편익만 볼 것이 아니라 멀리 볼 필요가 있다. 그러면 언제까지를 멀리라고 볼 것인가? 각자의 세계관이 결정적인 역할을 한다.

④ 사람들은 경제적 유인(誘因, incentive)에 반응한다.

유인에는 경제적 요인과 비경제적 요인(명예, 인간적인 자부심, 사랑, 의리 등)이 있다. 쓰레기 종량제는 경제적 요인의 대표적인 예이다. 소위 '열정 페이(pay)'는 비경제적 요인이라고 볼 수 있다. 한계가 있기 때문에 노사 합의가 중요한 변수로 작용한다. 또 유인의 반대말로는 비유인(disincentive)이 있다. 당근(carrot)이 유인이라면 채찍(stick)은 디스인센티브이다. 비유인도 경제적인 비유인과 비경제적인 비유인으로 나눌 수 있다. 공해를 야기한 기업에 벌금을 부과하는 것은 경제적인 비유인의 예이고 관련된 사람을 신체적으로 구속하는 것은 비경제적인 비유인의 예이다.

2) 사람들은 어떻게 상호작용하는가에 대한 원리

⑤ 자유 거래는 모든 사람을 이롭게 한다.

⑥ 일반적으로 시장이 경제활동을 조직하는 좋은 수단이다.

시장거래를 통해 효율적인 자원배분이 이루어진다. 시장에서 작동하는 '보이지 않는 손'에 대한 평가이다. 경제주체들은 비교우위(比較優位, comparative advantage)에 근거한 특화와 교환을 시장에서 실현함으로써 풍요를 누릴 수 있다. 역으로 시장이 제대로 작동한다는 전제와 믿음이 있어야 경제주체들이 특화를 한다.

⑦ 경우에 따라 정부가 시장 성과를 개선할 수 있다.

독과점, 외부효과(공해), 공공재(국방), 정보의 비대칭성(중고차 거래)이 존재하는 경우 시장에서 효율적 자원배분(資源配分, allocation)은 달성되지 않는다.[10] 이런 현상을 시장 실패(市場失敗, market failure)라고 정의한다. 이에 대한 보정책(補正策)으로 정부가 시장에 개입하면 실패의 정도를 줄일 수 있다고 보는 것이다. 하지만 정부

---

10 배분(配分, allocation)은 생산에 필요한 자원을 각 산업에 투입하는 것이고, 분배(分配, distribution)는 생산의 결과물인 소득을 참여한 경제주체들에게 나눠주는 것이다. 재분배(再分配, redistribution)는 분배되었던 자원이 다시 나누어지는 것이다.

도 결국 사람의 집합체이기 때문에 잘못된 개입을 할 가능성도 있다. 이를 정부의 실패라고 부른다.

3) 나라경제는 어떻게 작동하는가

⑧ 한 나라의 생활수준은 그 나라의 생산능력에 달려 있다.

연암 박지원(朴趾源)이 1783년 『열하일기』를 쓰던 시절에는 한양에서 북경까지 약 6개월이 걸린 것으로 전해지고 있다. 요즈음에는 하루면 갈 수 있을 것이다. 1905년 경부선 철도개통 이전에는 부산에서 서울까지 가는 데 보름 정도가 소요되었으나 개통 후에는 20시간으로 대폭 줄었으며, 요즈음에는 KTX를 이용하면 불과 3시간이면 갈 수 있게 되었다. 비행장, 고속도로, 고속전철을 건설할 수 있는 토목건설 능력의 발전에 더하여 대형 비행기, 자동차, 고속 열차를 생산할 수 있는 기술력이 뒤를 받쳐주기 때문에 가능한 일이다. 여기에 타이어, 철강, 시멘트 등을 생산할 수 있는 능력도 있어야 한다. 추가적으로는 보험, 의료, 여행업 등 소프트웨어 산업 또한 하드웨어 산업의 발전에 부응하는 발전을 이루어야 한다. 생산능력이 증가하면 파급효과가 경제에 나타나고 연관산업도 부응 발전함으로써 국민들의 삶의 질이 향상된다.

⑨ 물가는 정부가 돈을 찍어내면 낼수록 상승한다.

정부가 돈을 찍어내면 수요가 증가한다. 공급은 한순간에 증가시킬 수 없다는 물리적 특성 때문에 물가가 상승하게 된다. 물가가 상승하면 사람들의 기대 심리가 계속 올라가는 악순환이 발생하여 인플레이션이 가속화될 위험성이 있다. 대부분 경제학자들은 "인플레이션은 공공의 적 1호다"라고 주장한다.

⑩ 물가안정과 고용 안정을 동시에 달성하기가 매우 어렵다.

돈을 찍으면 단기적으로는 경제가 성장(고용증대)하지만 장기적으로는 인플레이션을 야기시킬 수 있다. 이렇게 하나를 얻으면 다른 것을 잃어야 하는 경우, 한꺼번에 두 마리를 잡을 수 없는 경우를 상충관계(相衝關係, trade-off)라고 부른다. 10대 경제학 원리 중 1, 2(모든 선택은 대가가 있다. 그 대가는 포기한 것이다)와 같은 원리이다. 경제에서는 인플레이션을 잡는 동시에 실업률도 낮출 수 있다면 가장 좋겠지만, 현실에서는 인플레이션을 잡기 위해 경기침체(실업률 상승)를 각오하여야 한다. 현재 세계 각국에서는 코로나 때문에 돈을 풀었고, 여기에 우크라이나 전쟁까지 겹쳐 인플레이션이 크게 발생하고 있다. 따라서 중앙은행에서는 물가를 잡기 위해 금리를 올리고 있다. 그 결과 경기둔화를 겪고 있다. 큰 문제가 될 수 있는 인플레이션을 잡기 위해 경기침체를 수용하고 있는 것이다.

버냉키·프랭크 경제학의 경제원리[11]

- 희소성의 원리(scarcity principle): 사람들의 필요와 욕구는 무한하지만 주어진 자원은 유한하다. 따라서 하나를 많이 가지면 다른 것을 적게 가져야 한다.
- 비용–편익의 원리(cost–benefit principle): 개인(기업 혹은 사회)은 특정 행동을 선택했을 때 발생하는 추가적인 편익이 추가적인 비용보다 작지 않을 경우에 한해서 그 행동을 선택하여야 한다.
- 유인의 원리(incentive principle): 한 행동의 편익이 증가하면 그 행동을 선택할 가능성은 증가하고, 반면에 한 행동의 비용이 증가하면 그 행동을 선택할 가능성은 감소한다.
- 비교우위의 원리(principle of comparative advantage): 각 사람(국가)이 다른 사람과 비교하여 자신의 기회비용이 가장 낮은 일에 특화할 때 최선의 결과가 얻어진다.
- 기회비용 체증의 원리(principle of increasing opportunity cost): 한 재화의 생산을 늘릴 경우 기회비용이 낮은 자원을 먼저 사용하고, 기회비용이 높은 자원은 나중에 사용하여야 한다.
- 효율성의 원리(efficiency principle): 효율성이 증가하면 경제 전체의 파이가 커져 모든 사람이 더 큰 조각의 파이를 가질 수 있기 때문에 효율성은 매우 중요한 사회적 목표이다.
- 균형의 원리(equilibrium principle): 시장균형에서는 개인 차원에서 활용되지 않는 기회는 존재하지 않는다. 그러나 집단적 행동을 통해서 얻을 수 있는 모든 이득을 다 활용하지 못할 수 있다.

11 버냉키·프랭크, 곽노선·왕규호 역, 『버냉키·프랭크 경제학의 경제원리』, 한국맥그로힐, 2010.

단풍 든 숲속에 두 갈래 길이 있었습니다.

몸이 하나니 두 길을 가지 못하는 것을 안타까워하며 한참을 서서

...

숲 속에 두 갈래 길이 있었고

나는 사람들이 적게 간 길을 택했다고 그리고 그것이 내 모든 것을

바꿔 놓았다고

– 로버트 리 프로스트, 「가지 않은 길(The Road Not Taken)」 중에서

이 시는 로버트 리 프로스트(1874~1963)가 쓴 '가지 않은 길'이라는 시의 처음과 마지막 부분이다. '사람들이 적게 간 길'을 택함으로써 얻은 것도 있지만, 다른 길 즉 '사람들이 많이 간 길'을 택했더라면 얻었을 것에 대한 아쉬움도 담고 있는 시이다. 다른 길에서 얻었을 것이 기회비용이다.

"조심해서 나쁜 건 없지만, 문제는 그 '조심'이 공짜가 아니며, 그를 위해서 치러야 하는 대가가 있다는 것이다. 의료자원은 한정되어 있고 한쪽에 과잉 투입하면 다른 쪽은 반드시 부족해진다."

– 2020년 2월 27일 코로나19가 창궐할 때 서울대 대학병원 최원영 간호사가 한 말

"희생이 적은 쪽을 택했다."

– 프로 야구선수 추신수가 2021년 국내로 복귀하면서 한 말

4. 경제학, 경영학과 기업경제학

경제학과 경영학

경제학과 가장 근접한 학문으로 경영학(經營學, business administration, business management)을 들 수 있다. 일반인들은 경제학과 경영학의 차이를 잘 모르는 경우가 많다. 경영학은 조직체를 성공적으로 이끌어갈 수 있는 전문적인 지식과 아이디

어를 배우는 학문이며, 미래 전문경영인으로서의 능력향상, 조직체를 성공적으로 이끌어가는 지식의 습득, 그리고 조직체 발전을 통한 사회 발전의 도모를 목적으로 하고 있다.[12] 경영학은 경제학에 비해 역사도 짧으나 실용적인 면이 강하며, 기업을 비롯한 조직체의 이익을 바탕으로 사회에 기여하는 학문이다. 경제학 원리가 현실 경영에 적용되는 바를 경영학을 통해 확인할 수 있는 면이 있는 반면 반대로 현실 경영에서 발견할 수 있는 원리가 경제학 발전에 기여하는 바도 있다. 즉 경제학이 더 상류(上流)에 있는 학문으로서 경영학 이론의 기초를 제공하는 측면도 있지만 경영의 현실감을 받아들여 상아탑의 이론의 블랙박스에서 벗어나 문제 해결 능력을 키워가고 있다. 두 학문은 개별 문제에 있어 다른 입장을 띨 수 있지만 전체 큰 틀에서 볼 때 상호 보완적 관계에 있다고 보는 것이 옳다. 미국의 유수 경영대학원에는 경제학 전공자가 있다는 사실은 두 학문 간의 보완성을 보여주는 좋은 예라고 본다.

경영학의 효시는 1954년 출간된 드러커의 저서『경영의 실무(The Practice of Management)』로 알려져 있다. 그는 "경영은 과학이 아니라 실무(practice)다"라며 현실성을 강조하였다.

경영학의 분석 대상은 선 기업 후 사회인 반면 경제학은 선 사회 후 기업이라고 부를 수 있다.

경영학은 기업의 입장에서 의사결정을 연구하지만 경제학은 소비자와 생산자, 노동자와 자본가 등을 같이 고려하며 경제 주체들 간의 균형도 중시하고 있다.

경영학은 기업의 효율성을 최우선으로 삼지만 경제학은 기업은 물론 모든 경제주체의 효율성과 형평성도 고려한다.

경제학은 사회 전체적인 시각으로 희소한 자원을 얼마나, 어떻게, 누구를 위해 배분할 것인가를 연구 학습하는 학문이다. 소비(가계), 생산(기업), 정부, 해외 등의 경제주체들의 행동을 사회 전체적인 눈으로 분석하고 있다. 경제학은 1776년부터 시작되어 250년의 역사를 자랑하고 있으며 1969년부터는 노벨상도 수여되고 있다.

한편 경영학은 1950년대 미국에서 시작된 신생 학문으로서 주로 기업의 입장에서 생산과 지출을 연구하고 있다. 자연히 기업과 관련된 여러 용어나 개념을 활용하는

12 신유근,『경영학원론』, 제 3판, 다산출판사, 2011,pp.11-20.

데, 이 과정에서 경제학에서 발전시켜 놓은 것들을 공부하게 된다. 또한 좀 더 넓게는 경제학적 시각에서도 기업과 사회를 보는 안목도 길러야 한다.

피터 퍼디낸드 드러커(Peter Ferdinand Drucker, 1909~2005)

자료: Jeff McNeill, via Wikimedia Commons

오스트리아 빈에서 태어나 프랑크푸르트 대학에서 국제 법학 박사학위를 받았으며, 이후 영국에서 금융기관 애널리스트로 활약하였다. 1938년 미국으로 이민 간 후 뉴욕대학 등 유수의 대학에서 강의했으며 GM, GE 등 세계적인 기업의 컨설팅을 담당했다. 현대 경영학의 아버지로 추앙받고 있으나 스스로는 '사회생태학자(social ecologist)'라고 불렀다. 그의 저서들은 학문적으로나 대중적으로나 널리 읽혔는데, 주로 인간이 어떻게 사업, 정부 기관, 비영리단체를 통해 조직화되는지를 탐구한 내용이었다. 또한 20세기 후반의 많은 변화들, 이를테면 민영화와 분권화, 일본 경제의 발전, 사업에서 마케팅의 중요성, 정보화 사회의 발현과 평생교육의 필요성들을 예측·역설하였다.

1959년에 피터 드러커는 지식 노동자(knowledge worker)라는 개념을 고안하였으며, 만년에는 다음 세대 경영에서의 지식 노동의 생산성에 대해 고찰하였다. 그는 지식 노동자와 그들의 생산성이 비즈니스 세계이든 아니든 가장 중요한 자산이 될 것이라고 예측하였다: "the most valuable asset of a 21st-century institution, whether business or non-business, will be its knowledge workers and their productivity."[13]

슘페터는 그의 아버지의 제자이었으며 미국에서 1950년 슘페터가 죽기 닷새 전에 만나 그로부터 큰 영향을 받았다고 한다.[14] 그는 특별히 강조한 이슈는 아래와 같다.

- 블루칼라(blue collar)의 소멸
- 거시경제학에 대한 회의
- 탈중앙화와 단순화
- 비영리 단체의 영향력 증대

피터 드러커는 수많은 베스트셀러 저서를 남긴 것으로도 유명하다.

---

13 Peter Drucker(1957). Landmarks of Tomorrow. New York: Harper & Row. p.122.

14 드러커 저, 이재규 옮김, 『프로페셔널의 조건』, 청림출판, 2007.

경제학은 경영학에 비해 이론적, 추상적, 수리적인 측면이 강하고 가치 추구도 고려하고 있다. 경영학은 경제학에 비해 현실적이고 현장 중심적이며 실용성을 중시한다. 따라서 두 학문은 서로 부족한 점을 보완해 가는 지혜가 필요하다고 본다.

채만식의 소설에서 만나는 경제학

채만식(蔡萬植, 1902~1950)이 1938년 발표한 소설 「치숙(痴叔)」에는 일본에서 경제학 공부를 하고 온 고모부가 나온다. 주인공의 눈에는 특별한 직업 없이 고모에게 얹혀사는 고모부가 매우 무능하고 나쁜 사람으로 보인다. 스스로 일을 해 돈을 벌 생각보다는 사회주의 사상에 기초하여 평등한 세상을 꿈꾸는 몽상가로 매우 부정적으로 묘사된다. 고모부는 "경제학은 이재학(理財學)이 아니야"라고 조카의 그릇된 사고를 고치려는 장면이 나온다.

기업 경제학

1) 정의

managerial economics 혹은 business economics을 경영경제학, 관리경제학, 비즈니스 경제학이라고 번역하고 있다.

- 경영경제학(經營經濟學, managerial economics): 경영목적을 가장 효율적으로 달성하기 위해 희소한 자원을 어떻게 관리할 것인가에 대한 학문이다. 매우 광범위한 정의라고 할 수 있다. (정 p.4)
- 관리경제학(管理經濟學, managerial economics): 비용을 효율적으로 관리하기 위하여 희소한 자원을 어떻게 배분할 것인가를 연구하는 학문이다.
- 비즈니스 경제학(business economics): 비즈니스 현장에서 일어나고 있는 여러 가지 현상을 체계적으로 정리하여 그것을 조망할 수 있는 시각을 제공하는 것이다. 여기서 '비즈니스'란 기업의 활동, 경쟁, 전략, 비즈니스 시스템과 산업을 포함하여 매우 넓은 분야를 다루고 있다.
- 기업경제학(firm economics): 기업과 관련된 환경과 기업의 행동 원리를 경제학

이론을 적용하여 체계적으로 분석하여 기업과 사회의 발전을 도모하는 학문 분야라고 정의할 수 있다.

경영경제학, 관리경제학, 비즈니스 경제학은 주로 경영자 중심으로 구성되어 있다. 이 책은 기업이 경영자와 노동자의 조직체이고, 정부 및 해외 부문에도 영향을 받는다는 사실에 주목하여 기업 경제학이라고 제목을 붙였다. 따라서 경영경제학, 관리경제학, 비즈니스 경제학의 범위보다는 조금 더 넓은 범위를 다루게 될 것이다.

2) 분야

정형(定型)화되어 있지 않기 때문에 저자의 관심이나 능력에 따라 상당히 다른 범위와 내용을 보인다. 대부분의 교과서들은 경영자의 여러 기능 중 이윤 극대화를 위해 주로 가격 결정자, 전략 결정자 측면을 중심으로 삼고 있다. 즉 주로 생산물 시장에서의 역할을 대상으로 하고 있다.

대상이 기업이기 때문에 미시경제학, 게임이론, 산업조직론, 노동경제학, 조세론, 국제무역론, 국제금융론, 정보이론 등이 주로 기초를 이루고 있다. 하지만 경제와 경영을 제도와 역사적 관점에서도 봐야 할 필요가 있기 때문에 마르크스 경제학 내용도 담아야 한다고 판단했다. 경영학에서는 경영전략론, 마케팅이론, 재무론, 회계이론까지 포함하고 있다. 저자의 능력의 한계로 경제학 이론을 기본으로 하여 약간의 제도, 역사, 경영이론을 추가하였다.

기업의 SWOT

손자병법에서 강조하고 있는 지피지기(知彼知己)란 현대 경영 전략론의 용어를 빌려 표현한다면 SWOT 분석을 말한다고 할 수 있겠다.[15] 이 분석은 기업 차원에서는 물론 국가 차원, 개인 차원, 대학 차원, 병원 차원 등 조직마다 가능하다.

SWOT 분석은 외부환경 분석에서 파악된 기회(機會, **Opportunity**)와 위협(威脅, **Threat**)요인, 내부역량 분석에서 파악된 강점(强點, **Strength**)과 약점(弱點, **Weakness**) 요인을 매칭시킴으로써 상황별 전략과제를 도출하고 대응 전략을 파악하기 위한 분석이다. 먼저 강점·약점·기회·위협 요인들을 사전에 철저하게 파악하여야 한다. 〈표 1.5〉에 우리나라의 SWOT를 개략적으로 파악하여 보았다. 먼저 강점으로는 우수한 인적자본, 진취적인 사회 분위기를, 약점으로는 빈약한 천연자원, 높은 인구 밀도, 좁은 내수시장, 고령화, 저출산을, 기회로는 중국 시장의 성장과 남북한 경제협력을, 위협요인으로 북한의 위협과 중국의 도전을 들 수 있겠다.

표 1.5 우리나라의 SWOT

Strength	Weakness
• 우수한 인적자본 • 진취적인 사회분위기	• 빈약한 천연자원 • 높은 인구 밀도, 고령화, 저출산 • 좁은 내수시장, 지정학적 위험
Opportunity	**Threat**
• 중국성장 • 남북한 경제협력	• 중국의 도전 • 북한의 위협

15 이 기법은 Stanford University의 Albert Humphrey에 의해 개발되어 의사결정 때 널리 쓰이고 있다.

SWOT를 근거로 〈표 1.6〉에서 보는 바와 같이 4개의 전략, 즉 SO 전략, WO 전략, ST 전략, WT 전략으로 분류할 수 있다. 현재 기업이 처한 위치, 장래 목표, 앞으로의 여건 변화 등을 신중히 고려하여 바람직한 대안을 선택한다.

표 1.6 SWOT 매트릭스와 전략 (자료: 설성수 외 5인, 『기술가치평가』, 한국기업기술가치평가협회, 2019, p.191)

	강점(Strength)	약점(Weakness)
기회 (Opportunity)	• SO 전략: maxi–maxi 전략 기회의 이익을 얻기 위해 강점을 이용하는 전략	• WO 전략: mini–maxi 전략 약점을 극복하기 위해 기회를 활용하는 전략
위협 (Threat)	• ST 전략: maxi–mini 전략 위협을 줄이기 위해 강점을 활용하는 전략	• WT 전략: mini–mini 전략 위협을 줄이고 약점을 최소화하는 전략

연습문제

토론(같이 생각하고 이야기해 보기)

1. 경제학이란? 경영학이란 무엇이고 경제학과는 어떤 차이가 있으며, 왜 경제학 공부를 하여야 하는가? 경제주체의 종류와 역할에 대해 토론해 보자.

2. 마샬이 말한 경제학도의 바람직한 자세에 대해 토론해 보자.

3. 자신의 직장 혹은 거주하고 있는 도시의 SWOT를 토론해 보자.

4. 드러커가 경영학에 미친 영향에 대해 토론해 보자.

5. 예술품에 대한 희소성 추구와 대중화의 장단점에 대해 이야기해 보고 바람직한 양자의 관계에 대해 토론해 보자.

6. 경제순환모델이란? 유용성에 대해 토론해 보자.

O×문제

1. 일본인 출신 노벨 경제학상 수상자가 있다. (　　)

2. 노벨 경제학상은 1901년 처음 노벨상이 창설될 때부터 있었다. (　　)

3. 경제학은 다른 사회과학에 비해 표현·분석 수단이 많은 학문이다. (　　)

단답형 문제

1. 가장 핵심적인 경제문제는 바로 (　　　)의 문제다. (3글자)

2. 경제학과 경영학은 (　　　)관계라고 보는 것이 옳다. (2글자)

3. 인간 욕구가 실제로 생산되어 충족될 자원의 수준을 넘어서는 경우 발생하는 현상을 무엇이라고 하는가? (   ) (3글자)

4. 합리적 판단은 (   )으로 이루어진다. (3글자)

용어설명

1. 미시경제학과 거시경제학이란?

2. 시장실패의 4가지 원인?

3. 경제주체의 분류와 역할?

주관식 문제

1. 기회비용이란? 일상생활에서 경험을 근거로 설명하시오.

2. 맨큐의 10대 경제원리를 개략적으로 설명하고 그 중에서 자신의 경험과 관련지어 설명하시오.

3. 상충관계란? 예를 들어 설명하시오.

영화나 소설을 통해 공부해보기

채만식의 《치숙》이 발표된 시기의 세계 경제 상황과 경제학에 대한 아저씨의 주장에 대해 이야기해 보기로 하자.

제2장

수요공급과 시장균형

1. 수요공급 법칙
2. 시장균형
3. 응용
4. 합리적인 소비와 생산 결정
5. 소비자 잉여, 생산자 잉여, 사회 총잉여
6. 정부에 의한 가격 통제

"거래는 인간의 본성 중 하나이며 언어만큼이나 오랜 역사를 갖고 있다."

– 아담 스미스

"보통의 재화, 아무리 맛있는 음식도 어느 수준이 되면 질리는데, 돈은 그렇지 않더라", "돈의 노예가 되는 일이 미치는 거다. 나도 돈이 생기니까 미치겠어서 살려고 도망간 거다."

– 채현규 이사장(효암학원)

"소비는 필요에 의해서가 아니라 과시(誇示)를 목적으로 행해진다." "개인은 사회의 산물이다". "인간의 합리성은 제도에 의해 형성된다."

– 베블렌

인생, 시장에서 왔다가 시장으로 간다.

1990년대 이전만 하더라도 인간의 생로병사와 인륜지대사인 결혼식을 보면 필요한 재화나 서비스의 약간만 시장에서 거래되었다. 출산은 동네 조산원 아주머니의 도움을 받아 집에서 이루어졌다. 이 과정에서 약간의 수고비가 거래되었다. 결혼식을 앞두고는 양복점에서 양복을 맞추고, 가봉(假縫)을 하고, 결혼식 2, 3일 전에 완성복을 입을 수가 있었다. 온 동네의 부인들이 잔치 음식을 만드느라고 총동원되었다. 솜 집에서 솜과 이불을 사는 수고는 어른들이 도맡아 하였다. 신혼집은 신부가 신랑 집으로 입주하는 것으로 끝난다. 여기서 '시집살이'라는 용어가 탄생하였다. 병이 나면 근처 약국이나 병원을 이용하였지만 시골에서는 쉽지 않은 일이었다. 장례식은 집에서 준비하고 이루어졌다. 갑자기 당한 일이라 허둥지둥할 수밖에 없었고 묘소는 선산에 마련하였다.

요즘은 다르다. 아이는 산부인과에서 태어나고 산모는 산후조리원을 이용한다. 결혼식 양복은 기성복을 구입하고 음식은 뷔페식당으로 해결하면 된다. 일인당 가격에 식권 수를 곱하면 계산이 끝난다. 신혼집은 따로 장만해야 한다. 병이 나면 병원에 가고 진료비와 약값에 대해서는 개인이 지출하고 있던 보험금의 혜택을 받는다. 장례식은 전문 장례식장에서 치르고 전문 상조회사 직원이 장례 절차를 돕는다. 공원묘지를 이용하기 때문에 일정 기간 동안 관리비를 지불해야 한다. 생로병사와 결혼식이 대부분 시장거래로 이루어지고 있다.

경제학을 공부하는 이들이라면 누구나 『맨큐의 경제학』[1]에 대해 들어보았을 것이다.

---

1 그레고리 맨큐, 김경환 옮김, 『맨큐의 경제학』, 한티에듀, 2021

『맨큐의 경제학』에 수록된 예시 2가지를 여기서 잠깐 소개해 보겠다. 우선, 에스키모 부인과 남편의 이야기이다. 남편이 눈콘(snow cones)을 만들어 팔려고 나가자, 부인이 이렇게 소리 지르며 만류한다. "해럴드, 날 믿어줘, 공급 또는(or) 수요가 아니라 공급과(and) 수요라니까."

또 다른 하나는 우산 장수 이야기이다. 이 우산 장수가 처음에 부른 우산 가격은 2달러였다. 그런데 비가 몇 방울 떨어지기 시작하자, 32.5%나 인상한 가격인 2.75달러를 눈 한번 깜빡하지 않고 당당하게 부른다.

에스키모 부부 일화는 만들기가 쉬운 눈 콘을 아무리 만들어 봤자 누구도 사지 않으니, 즉 수요가 없으니 장사를 그만두라는 메시지를 담고 있다. 그래서 "공급 또는(or) 수요가 아니라 공급과(and) 수요라니까"를 외치는 것이다. 우산 장수 일화는 가격이 생산비에 의해 결정되는 것이 아니라 소비자의 효용에 따라 결정된다는 사실을 보여주고 있다.

인생이 시장이고 시장이 대세인 세계에 살고 있다.

1. 수요공급 법칙

수요공급 법칙을 공부하기 위해서는 시장 수요(공급) 함수와 시장 수요(공급) 곡선에 대한 이해가 필요하다. 이를 위해서는 먼저 시장 수요 함수와 시장 수요 곡선을 공부한 후 공급 함수와 공급 곡선을 공부하는 순서를 밟는다. 시장 수요는 무수히 많은 사람들의 행동의 결과물이기 때문에 분석하기가 어려워, 시장의 구성원인 합리적인 한 개인의 수요에서 출발한다. 그런 후 시장으로 확대하는 과정을 밟는다.

수요 함수와 수요 곡선

한 개인이 해당 상품의 가격과 다른 요인들에 따라 그 상품의 수요가 어떻게 결정되는가를 함수로 나타낸 것이 개인 수요 함수(需要函數, demand function)이다. 수요 함수는

$$Q^d = f(P,\ p_S,\ p_C,\ M,\ T)$$

로 나타낼 수 있다. P는 해당 상품의 가격, p_S는 대체재의 가격, p_C는 보완재의 가격, M은 소득, T는 선호를 나타내고 있다. 예를 들어 커피가 분석 대상이라면 P는 커피 가격, p_S는 녹차의 가격, p_C는 설탕의 가격, M은 소득, T는 선호를 나타낸다.[2]

경제학에서는 수요 함수를 도입한 후 해당 상품의 가격 이외의 변수들은 변하지 않는다는 가정, 즉 다른 조건은 변함이 없다는 가정을 한다.[3] 이렇게 되면 수요 함수는 2차원 평면에서 분석할 수 있게 되고 가격과 수요량과의 관계를 그림으로 나타낸 것이 수요 곡선(需要曲線, demand curve)이 된다. 즉 수요 곡선이란 각각의 가격이 주어질 때 소비자가 해당 상품을 얼마나 사고 싶어 할지를 나타내는 곡선이다. 가격이 오르면 수요량은 감소하고 가격이 내리면 수요량은 증가한다. 가격과 수요량은 반비

---

2 만약 주택에 대한 수요라면 집 수요자는 소득이나 재산을 담보로 대출을 내야 한다. 이때 정부가 주택 시장의 안정을 위해 도입한 LTV, DTI, DSR가 소득 측면에서의 제약조건이라고 할 수 있다.

3 이러한 분석방법을 그리스어로 *ceteris paribus*(*other things unchanged*) 가정이라고 부른다.

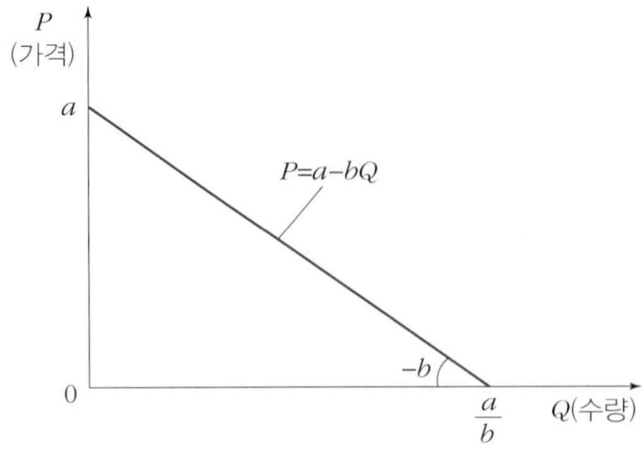

그림 2.1 수요 곡선

례하며 〈그림 2.1〉에서처럼 수요 곡선은 우하향하는 모양을 갖는다. 이런 관계를 수요(需要)의 법칙(法則)이라고 부른다.

경제학자들은 수요 곡선의 기울기를 설명할 때 효용(效用, utility)이라는 개념을 사용한다. 한계효용(限界效用, marginal utility, MU)이란 한 단위 더 소비함에 따라 변화(증가)하는 효용(만족)의 정도를 말한다. 일정 기간 동안 어떤 제품을 점점 더 많이 소비할수록 추가로 소비되는 한 단위로부터 얻는 효용은 점점 줄어든다. 굶주린 상태에서 밥상을 받았을 때, 처음에는 허겁지겁 밥을 먹지만 한참 먹고 나면 배가 불러 수저를 내려놓는 경험을 누구나 해보았을 것이다. 이렇게 소비를 더 함에 따라 전체 만족도(효용)는 증가하지만, 증가하는 정도(한계효용)는 점점 줄어드는 현상을 한계효용 체감(限界效用遞減)의 법칙(法則, law of diminishing marginal utility)이라고 부른다. 계속해서 추가되는 한 단위의 가치가 점점 더 작아지면 그 한 단위에 대해 소비자가 지불할 용의가 있는 금액도 작아지게 된다. 따라서 수요 곡선이 우하향하는 모습을 띠게 된다.

해당 상품의 가격이 변화함에 따라 발생한 수요의 변화를 '수요 곡선상의 이동(movement along the demand curve)'이라고 부르며 이때 나타나는 구매 수량의 변화를 '수요량의 변화(quantity demanded)'라고 부른다. 한편 해당 상품의 가격 이외의 변수가 변하여 수요가 변화한 경우를 '수요 곡선의 이동(shift of demand)'이라고 부르는데, 이때 나타나는 구매 수량의 변화를 '수요(demand)의 변화'라고 부르며 앞의 경우와 구별하고 있다.

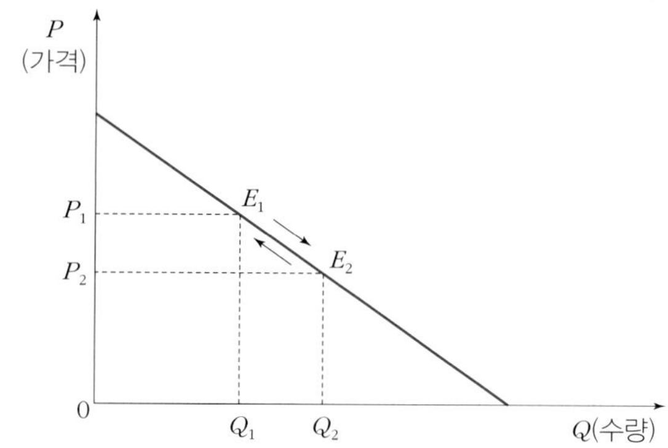

그림 2.2 수요 곡선상의 움직임

수요 곡선을 $P=a-bQ_d$로 표기하였을 때 가격이 오르면($P_2 \rightarrow P_1$) 수요량이 감소하는 것은($Q_2 \rightarrow Q_1$) 〈그림 2.2〉의 E_2 점에서 E_1 점으로 움직이는 것으로 그려지며, 반대로 가격이 내리면($P_1 \rightarrow P_2$) 수요량이 증가하는($Q_1 \rightarrow Q_2$) 것은 E_1점에서 E_2점으로 움직이는 것으로 그려진다. 이를 수요 곡선상의 움직임이라고 부른다.

또 a의 증가(감소)는 〈그림 2.3〉에서 수요 곡선의 이동($D_0 \rightarrow D_1$)으로 그려진다. P_S(대체재의 가격)의 상승(하락), P_C(보완재의 가격)의 하락(상승), M(소득)의 증가(감소), T(선호)의 증가(감소)가 나타날 때 나타난다.

이제 시장수요 함수와 시장 수요 곡선에 대해 공부해 보기로 하자. 어떤 상품에 대한 시장의 수요 곡선은 그 시장에서 구매하는 모든 사람의 수요를 단순히 합한 것이

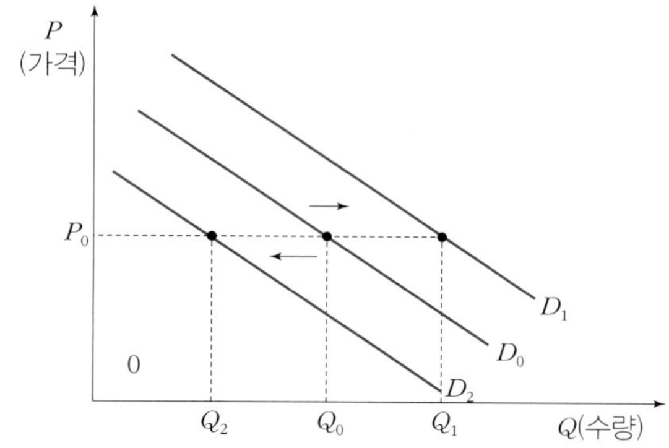

그림 2.3 수요 곡선의 이동

다. 시장 수요 함수는 개인의 수요 함수에 수요자의 수(N)을 추가하면 된다.[4] 이를 다음과 같이 나타낼 수 있다.

$$Q^{md}=f(P,\ p_S,\ p_C,\ M,\ T,\ N)$$

시장의 수요 곡선은 개인 수요 곡선을 수평으로 합한 것이다.[5] 즉, 각 가격에서 나타나는 개별 수요량을 합한 것이다. 〈그림 2.4〉에서 보듯이 가격이 100일 때 A의 수요량은 50이고, B의 수요량은 80이다. 시장 수요는 130(=50+80)이 되며, 가격이 50일 때 A의 수요량은 60이고, B의 수요량은 140이다. 시장 수요는 200(=60+140)이 된다. 시장 수요 곡선은 개인 수요 곡선보다 더 완만한 기울기를 보인다.

〈표 2.1〉로 변화에 따른 수요 곡선의 이동 방향을 정리해 놓았다. 정상재(normal goods)는 소득이 증가함에 따라 수요가 증가하는 재화이며, 열등재(inferior goods)는 소득이 증가함에 따라 수요가 감소하는 재화이다. 대부분의 재화는 정상재이다. 정상재 중에서도 소득 증가분 이상으로 수요가 증가하는 재화를 사치재(luxury goods)로 분류하고 있다. 따라서 사치재 시장에 선점하는 지혜가 필요하다. 대체재(substitutes)는 어떤 재화와 충분히 비슷한 성격을 가지고 있어 그 재화 대신 구매될 수 있는 재화이고, 보완재(substitutes)는 어떤 한 재화와 함께 소비되기 때문에 그 재화를 구매하면 그것과 함께 구매할 가능성이 높은 재화를 말한다.

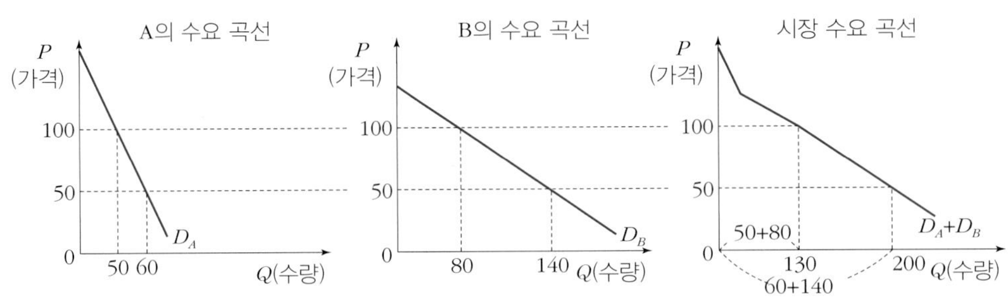

그림 2.4 시장 수요 곡선

4 소비자의 수도 중요하지만, 구성도 중요하게 작용한다. 세대에 따라 다른 소비성향을 보이기 때문이다. 한국전쟁을 경험했던 세대, 베이비 부머 세대, 소위 X세대, MZ세대 등으로 표현되는 세대에 따라 다른 세대와는 다른 가치관을 가지며 이는 소비로도 나타나고 있다.

5 예외적으로 공공재(公共財, public goods)의 시장 수요 곡선은 개인 수요 곡선을 수직으로 합한 것이다.

표 2.1 수요변화의 요인

수요변화의 요인		수요변화	수요 곡선의 이동 방향
소득수준 향상	정상재	증가	우측 이동(shift)
	열등재	감소	좌측 이동(shift)
다른 재화의 가격상승	대체재	증가	우측 이동(shift)
	보완재	감소	좌측 이동(shift)
선호의 증가		증가	우측 이동(shift)
인구 증가		증가	우측 이동(shift)
소비자의 가격 인상 예상		증가	우측 이동(shift)

공급 함수와 공급 곡선

다음으로는 공급 함수와 공급 곡선에 대해 알아보기로 하자. 한 기업의 공급에서 출발한다. 해당 상품의 가격과 다른 요인들에 따라 그 상품의 공급이 어떻게 결정되는가를 함수로 나타낸 것이 공급 함수(supply function)이다. 이는 다음과 같이 쓸 수 있다.

$$Q^S = g(P, p_m, w, r, M, T_e)$$

P는 해당 상품의 가격, p_m는 다른 상품의 가격, w는 임금, r은 이자율(임대료), T_e는 기술을 나타낸다. 분석 대상이 커피라면 P는 커피 가격, p_m는 녹차의 가격, w는 임금, r은 이자율(임대료), T_e는 커피 생산기술을 나타낼 것이다. 다른 변수의 변화가 없다고 가정하면, 공급 함수는 2차원 평면에 공급 곡선으로 그려질 수 있다. 공급 곡선(供給曲線, supply curve)은 각각의 가격이 주어질 때 판매자가 해당 상품을 얼마나 팔고 싶어 할지를 나타내는 곡선이다. 가격이 오르면 공급량은 증가하고 가격이 내리면 공급량은 감소한다. 가격과 공급량은 비례하며 〈그림 2.5〉에서처럼 공급 곡선은 우상향하는 모양을 갖는다. 이런 관계를 공급(供給)의 법칙(法則)이라고 부른다. 개별 기업의 공급능력은 단기적으로는 기존 생산능력 또는 생산 규모에 의해 제약받는다. 공산품의 경우 재고의 양에 따라 공급량이 영향을 받지만, 서비스의 경우는 사람의 몸이 하나이기 때문에 더 큰 제약을 받게 된다. 여기에서 시간이 공급량에 관한 의사결정에 상당히 중요한 역할을 한다는 사실과 재화나 서비스의 성격도 공급

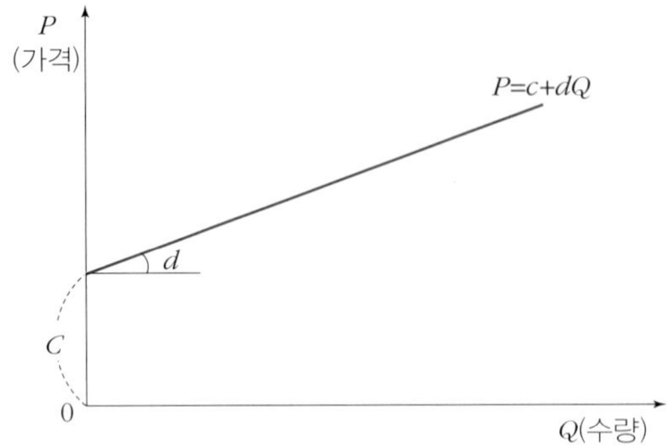

그림 2.5 공급 곡선

량에 영향을 미칠 수 있다는 사실을 명심하여야 할 것이다.

해당 상품의 가격이 변화함에 따라 발생한 공급의 변화를 '공급 곡선상의 움직임(movement along the supply curve)'이라고 부르며 이때 나타나는 판매 수량의 변화를 '공급량의 변화(quantity supplied)'라고 부른다. 한편 해당 상품의 가격 이외의 변수가 변하여 공급이 변화한 경우를 '공급 곡선의 이동(shift of supply)'이라고 부르며 이 경우 나타나는 판매 수량의 변화를 앞의 경우와 구별하여 '공급(supply)의 변화'라고 부른다.

공급 곡선을 $P=c+dQ_S$로 표기하였을 때 가격이 오르면($P_3 \rightarrow P_4$) 공급량이 증가하는 것은($Q_3 \rightarrow Q_4$) 〈그림 2.6〉에서 E_3 점에서 E_4 점으로 움직이는 것으로 그려지며, 반대로 가격이 내리면($P_4 \rightarrow P_3$) 공급량이 감소하는($Q_4 \rightarrow Q_3$) 것은 E_4 점에서 E_3 점으로 움직이는 것으로 그려진다. 이를 공급 곡선상의 움직임이라고 부른다. 또 c의 증가는

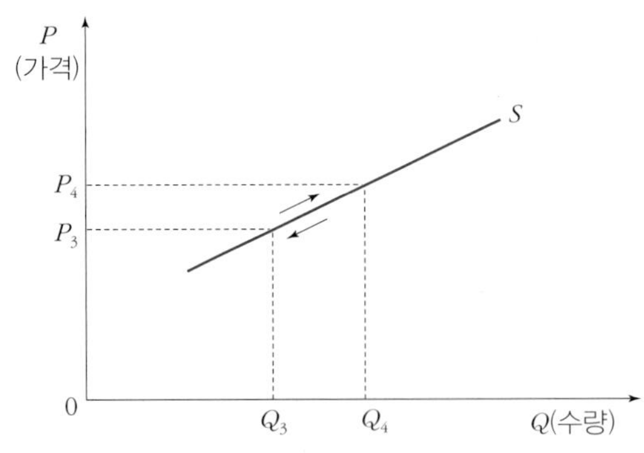

그림 2.6 공급 곡선상의 움직임

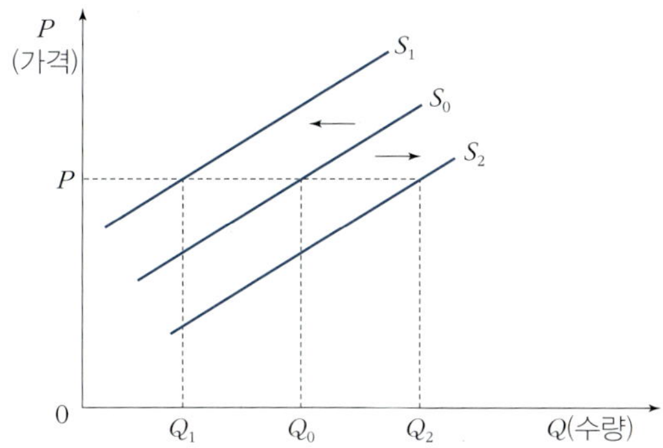

그림 2.7 공급 곡선의 이동

P_m(대체재의 가격)의 상승, w(노동자의 임금)의 상승이 나타날 때 나타난다. 〈그림 2.7〉에서 c의 증가는 공급 곡선의 이동($S_0 \rightarrow S_2$)으로 그려진다. 반대로 P_m(대체재의 가격)의 하락, w(노동자의 임금)의 하락으로 나타나는 c의 감소는 〈그림 2.7〉에서 공급 곡선의 이동($S_0 \rightarrow S_1$)으로 그려진다. 〈표 2.2〉에 공급변화의 요인 변화에 따른 공급 곡선의 이동방향을 정리해 놓았다.

이제 시장 공급 함수와 시장 공급 곡선에 대해 공부해 보기로 하자. 시장 공급 함수는 기업의 공급 함수에 공급자의 수(G)를 추가하면 된다. 이는 다음과 같이 쓸 수 있다.

$$Q^{mS} = g(P,\ p_m,\ w,\ M,\ T_e,\ G)$$

표 2.2 공급변화의 요인

공급변화의 요인	공급변화	공급 곡선의 이동 방향
기술 진보	증가	우측 이동(shift)
생산요소 가격의 하락 (임금, 이자율, 임대료 등)	증가	우측 이동(shift)
생산원재료 가격의 하락 (전기, 수도, 석유 등)	증가	우측 이동(shift)
공급자의 수	증가	우측 이동(shift)
보조금 지급	증가	우측 이동(shift)
경기 전망 낙관	증가	우측 이동(shift)
조세 부과	감소	좌측 이동(shift)

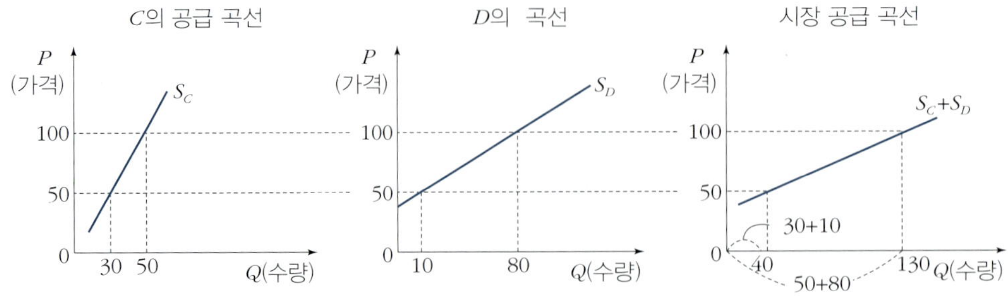

그림 2.8 시장 공급 곡선

어떤 상품에 대한 시장의 공급 곡선은 그 시장에서 공급하는 모든 기업의 공급을 단순히 수평으로 합한 것이다. 즉 각 가격에서 나타나는 개별 공급량을 합한 것이다. 〈그림 2.8〉에서 보듯이 가격이 100일 때 C의 공급량은 50이고, D의 공급량은 80이다. 시장 공급은 130(=50+80)이 되며, 가격이 50일 때 C의 공급량은 30이고, D의 공급량은 10이다. 시장 공급은 40(=30+10)이 된다. 시장 공급 곡선은 기업 공급 곡선보다 더 완만한 기울기를 보인다.

2. 시장균형

균형가격과 균형거래량

시장 수요 곡선은 $P=a-bQ(a,b>0)$로, 시장 공급 곡선은 $P=c+dQ(c,d>0)$로 나타내 보자. 균형가격과 균형거래량을 다음과 같이 구할 수 있다.[6,7]

$$P^E = \frac{ad+bc}{b+d},\quad Q^E = \frac{a-c}{b+d}$$

6 균형(均衡, equilibrium)이란 외부적인 충격이 없는 한 현재 상태가 계속 유지되는 상태를 의미한다.

7 앞 절에서 개인 수요 곡선을 $P=a-bQ$로, 개인 공급 곡선을 $P=c+dQ$로 표기하였다. 앞 절의 연장선상에서 보면 시장 수요공급 곡선이 다르게 표기되어야 옳지만, 설명의 편의상 앞 절의 개인 수요공급 곡선과 다른 시장 수요공급 곡선으로 취급하였다. 독자들의 착오 없기를 바란다.

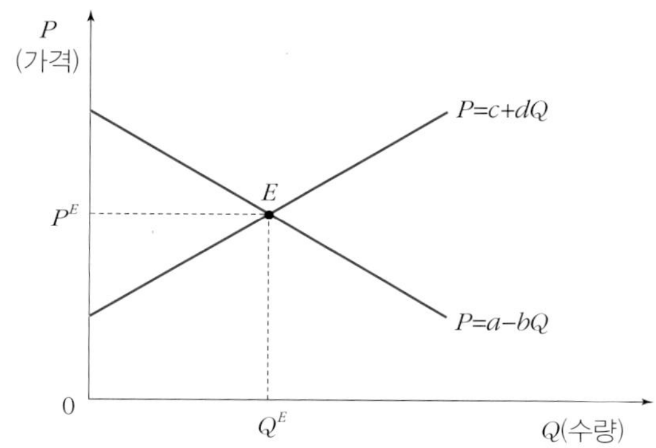

그림 2.9 시장의 균형

이제 수요변화 요인들이 변한 경우 균형가격과 거래량에는 어떤 변화가 나타나는지를 분석해 보기로 하자.[8] 〈표 2.1〉에서 보여준 바와 같이 소득수준 향상(정상재), 대체재의 가격상승, 보완재의 가격하락, 선호 증가, 인구 증가, 예상 가격상승 등이 나타나면 〈그림 2.10〉 수요 증가에 따른 가격과 거래량 변화에서 보는 바와 같이 수요 곡선이 우측으로 이동하여, 균형점은 E_0에서 E_1으로 이동하였고 균형가격과 균형거래량은 상승한다는 것을 나타낸다. 초기 균형가격(P_0)에서 수요 증가 요인이 발생

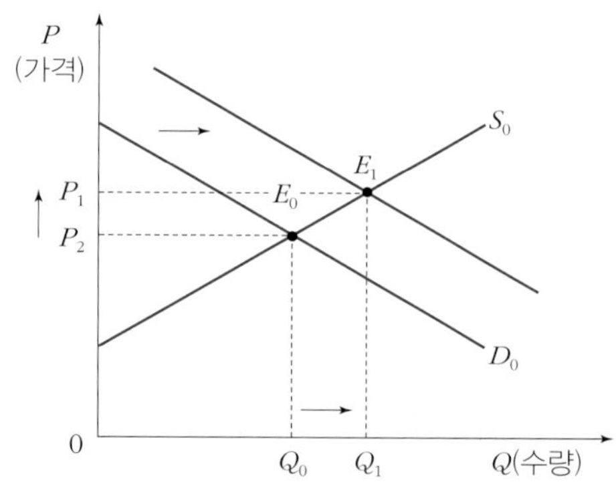

그림 2.10 수요 증가에 따른 균형 변화

8 이처럼 초기의 균형과 외부 환경의 변화로 인해 나타난 새로운 균형을 서로 비교하여 분석하는 것을 비교정학(比較靜學, comparative statics) 또는 비교정태분석(比較靜態分析)이라고 부르며 경제학에서 중요한 분석 방법이다.

한 후 새로운 가격은 P_1으로 상승하였다. 또 초기 균형거래량(Q_0)에서 수요 증가 요인이 발생한 후 새로운 거래량은 Q_1으로 증가하였다. 이에 따라 공급자의 매출액은 직사각형($OP_0E_0Q_0$)에서 직사각형($OP_1E_1Q_1$)으로 증가하였다.

이제 공급변화 요인들이 변한 경우 균형가격과 거래량에는 어떤 변화가 나타나는지를 분석해 보기로 하자. 〈표 2.2〉에서 보여준 바와 같이 기술 진보, 생산요소 가격 하락, 생산원재료값 하락, 공급자 수 증가, 보조금 지급, 경기 전망 낙관, 면세 확대 등이 나타나면 〈그림 2.11〉 공급 증가에 따른 가격과 거래량 변화에서 보는 바와 같이 공급 곡선이 우측으로 이동하여, 균형점은 E_0에서 E_2으로 이동하였다. 초기 균형가격(P_0)에서 공급 증가 요인이 발생한 후 새로운 가격은 P_2으로 하락하였다. 또 초기 균형거래량(Q_0)에서 공급 증가 요인이 발생한 후 새로운 거래량은 Q_2으로 증가하였다. 이에 따라 공급자의 매출액은 직사각형($OP_0E_0Q_0$)에서 직사각형($OP_2E_2Q_2$)로 변하였다. 증가하였는지 감소하였는지를 단언할 수 없다. 하락한 가격의 정도와 증가한 거래량의 상대적 크기에 따라 달라진다. 가격하락 폭이 상대적으로 더 크다면(적다면) 매출이 감소(증가)하였을 것이다.

위에서 공부한 내용을 변호사, 의사, 한의사, 치과의사 등 전문직에 적용해 보자. 공급의 변화가 없는 상태에서 수요의 변화(예, 국민 소득 증가, a의 증가)는 이들에게 수입을 증진시키는 방향으로 작용할 것이다. 한편 수요의 변화가 없는 상태에서 법학 전문대학원 증원, 의대·한의대 정원 증가 등과 같은 공급 증가(c의 감소)에 대해서는 변협, 의협, 한의사협회가 매우 민감한 반응을 보인다. 그 이유를 쉽게 유추할

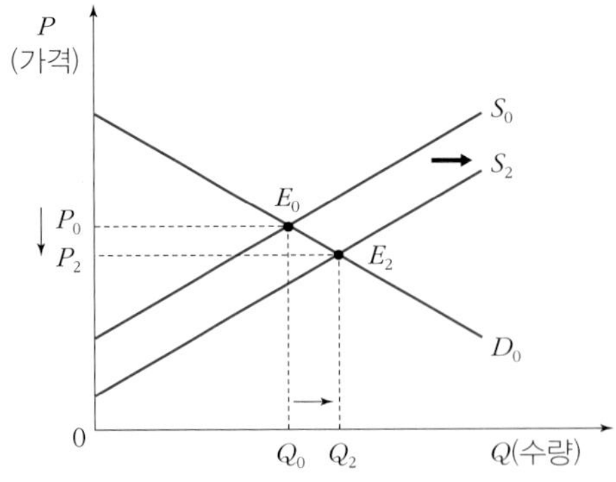

그림 2.11 공급 증가에 따른 균형 변화

표 2.3 수요와 공급의 동시 변화의 효과

변화의 원인	가격 변화	거래량 변화
수요의 증가(a 증가)+공급 증가(c 감소)	모호	증가
수요의 감소(a 감소)+공급 감소(c 증가)	모호	감소
수요의 증가(a 증가)+공급 감소(c 증가)	증가	모호
수요의 감소(a 감소)+공급 증가(c 감소)	감소	모호

수 있을 것이다.

수요와 공급이 동시에 변할 때 균형가격과 거래량, 그리고 매출액(수입, 지출액)이 어떻게 변하는가에 대해 〈표 2.3〉으로 정리해 보았다.

수요의 가격 탄력도와 총 수입

수요나 공급변화에 따라 균형가격, 거래량, 매출액의 변화는 〈표 2.3〉에서 보는 바와 같이 모호한 경우가 발생한다. 수요의 가격 탄력도(ε)를 이용하면 이러한 모호함을 해소할 수 있다.

$$\text{수요의 가격 탄력도}(\varepsilon) = -\frac{(\frac{\Delta Q}{Q})\times 100}{(\frac{\Delta P}{P})\times 100} = -\frac{\Delta Q}{\Delta P}\times\frac{P}{Q}$$

수요량의 변화율(또는 백분율)/가격의 변화율(또는 백분율)로 계산된다. 가격과 수요량은 반비례하기 때문에 공식 앞에 –를 붙여 수요의 가격 탄력도를 +로 만들어 쓰고 있다. 마지막 식에서 ($\frac{\Delta Q}{\Delta P}$)는 수요 곡선 기울기의 역수라는 사실을 기억하길 바란다.[9]

수요의 가격 탄력도는 0에서 무한대 사이의 값이며, 1을 기준으로 1보다 크면 탄력적, 작으면 비탄력적이라고 부른다. 수요 곡선이 수직선이면 수요의 가격 탄력도는 0, 수평선이면 ∞, 그리고 직각쌍곡선이면 모든 점에서 1이 된다. 〈표 2.4〉에 수요의

9 수요 곡선이 직선일 때 기울기는 어느 점에서나 같지만, 수요의 가격 탄력도는 다르다.

표 2.4 수요의 가격 탄력도의 크기와 예

수요의 가격 탄력도 크기	용어	예
$\varepsilon=0$	완전 비탄력적	수요 곡선이 수직선
$0<\varepsilon<1$	비탄력적	대부분 필수재
$\varepsilon=1$	단위 탄력적	수요 곡선이 직각 쌍곡선
$1<\varepsilon<\infty$	탄력적	대부분 사치재
$\varepsilon=\infty$	완전 탄력적	수요 곡선이 수평선

가격 탄력도의 크기와 예를 보여주고 있다.

기업의 총수입(total revenue, TR)은 가격(price) × 수량(quantity)으로 정의된다. 이 금액은 소비자의 입장에서 보면 소비자의 총지출이 된다. 개별 기업(소비자)으로도 시장 전체로도 계산할 수 있다.

가격변화가 수입에 미치는 영향은 〈표 2.5〉에서 보듯 수요의 가격 탄력성에 따라 달라진다. 단위 탄력적일 때는 가격의 변화율과 수요량의 변화율이 같기 때문에 가격 변화에 수입의 변화는 나타나지 않는다. 탄력적 수요에서 총수입은 판매량 (Q)와 같은 방향으로 움직이고 비탄력적 수요에서 총수입은 가격 (P)와 같은 방향으로 움직인다는 사실을 꼭 이해하고 기억하길 바란다. 또 이 사실을 가격 결정에 활용할 수 있음을 명심하여야 할 것이다.[10] 예를 들어 박리다매(薄利多賣)는 수요의 가격 탄력도가 높은 경우, 사용하면 총수입이 증가한다. 가격이 낮아져 마이너스 요인으로 작용하지만 수요의 탄력도가 높아 수요량이 대단히 많이 증가한다면 가격 인하에서 손해

표 2.5 수요의 가격 탄력도와 총수입

	총수입	
	가격하락 시	가격상승 시
$0<\varepsilon<1$	감소(경우 1)	증가(경우 2)
$\varepsilon=1$	불변(경우 3)	불변(경우 4)
$\varepsilon>1$	증가(경우 5)	감소(경우 6)

10 2023년 3월경 전기차의 선두주자인 테슬라가 가격을 대폭 내리자 수요량이 크게 증가하였다. 매출액도 증가하였다. 하지만 영업이익은 줄어들었다고 한다.

본 것을 만회하고도 남음이 있는 것이다. 이는 〈표 2.5〉의 (경우 5)에 해당한다.

3. 응용

서문 앞 커피숍 시장

D 대학교 서문 앞 커피숍 시장을 분석해 보기로 하자. 신축 건물이 건설되기 전인 2010년경 5개 커피숍이 있었고 개별 매장의 매출은 1억 2천 원, 전체 매출액은 6억 원이었다고 하자. 학생 7천 명과 주민 3천 명, 1만 명이 수요자였다(〈그림 2.12〉의 E_0). 2015년경 신축 건물(융합관, 국제기숙사, 산학 협력관 건설)이 건설되었고 학생 1만 명과 주민 3천 명, 1만 3천 명으로 수요자가 증가하였다. 하지만 커피숍은 종전과 같이 5개 그대로였다. 수요 증가로 인해 개별 매장의 매출 1억 8천 원으로 상승하였고 전체 매출도 9억 원으로 증가하였다. 즉 수요가 증가하여 〈그림 2.12〉에서 E_1으로 균형이 옮겨와 가격상승, 전체 매출 증가, 각 커피숍 매출과 이윤 증가로 이어졌다.

2017년이 되자 커피숍이 8개로 증가하였다(S_2으로 이동). 장사가 잘된다는 소문이 나자 진입이 발생한 것이다. 이번에는 수요는 변화가 없는데(학생과 주민 1만 3천 명), 공급이 증가하였다. 전체 시장 매출의 증감 여부는 단언할 수 없지만 한정된 매출을 8개 매장(5개 기존 기업과 3개 진입기업)이 나누어 갖게 되는 일이 발생한 것이다. 시간이 지남에 따라 균형점이 E_2으로 옮겨가 균형가격은 하락하고(처음 상태로

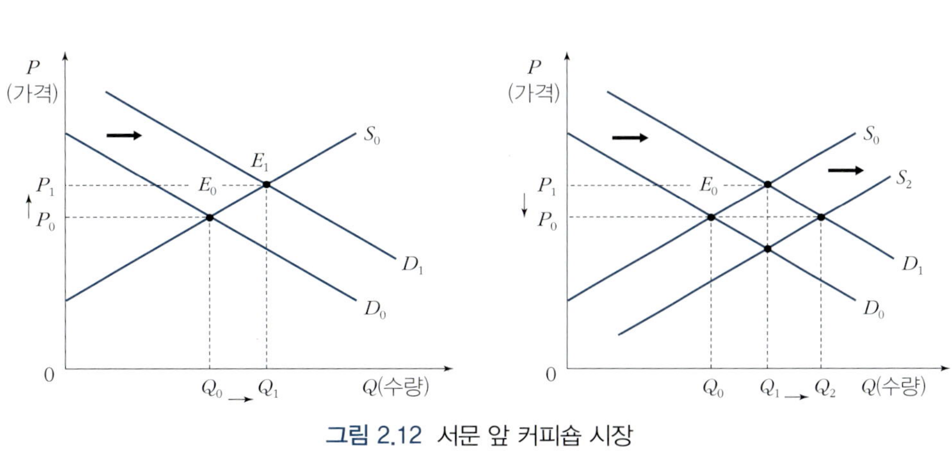

그림 2.12 서문 앞 커피숍 시장

돌아옴), 전체 매출 변화 없고, 각 커피숍 매출과 이윤 감소로 나타나고 있다. 이 중에는 차별화에 성공하여 상당한 매출과 이윤을 발생시킨 숍이 있는 반면, 그렇지 못해 퇴출된 숍도 있다. 시장을 잘 획정짓고 현재의 영업상태, 미래 수요와 공급의 변화, 상권의 변화에 대해 면밀한 검토가 필요하다.

석유 시장

〈그림 2.13〉에서 수요 곡선(D_1)과 공급 곡선(S_1)이 만나 균형가격(P_0)과 균형거래량(Q_0)을 이루고 있다. 만약 산유국에서 공급량을 줄이겠다고 결정하면 공급 곡선이 위쪽(S_1)으로 상승하여 석유 가격은 P_1으로 오르고 거래량은 Q_1으로 감소한다. 석유 수요가 비탄력적이기 때문에(수요 곡선의 기울기가 가파르게 그려져 있음) 석유회사의 매출액은 □$OP_0E_0Q_0$에서 □$OP_1E_1Q_1$로 증가하는 것이다. 이는 소비자들의 부담이 증가한다는 의미가 된다.

대체재인 쉐일 가스(shale gas)가 원유시장에 미치는 영향에 대해 분석해 보기로 하자. 이 가스는 넓은 지역에 수평으로 분포되어 있어 경제성이 낮았으나 1998년부터 새로운 기술이 개발되면서 미국과 캐나다를 중심으로 본격적으로 채굴이 이루어졌다. 하지만 채굴 비용은 석유보다 비싸다. 쉐일 가스의 경제성은 텍사스 중질류의 가격이 배럴당 50달러 이상이 될 때 확보될 것으로 추측된다. 쉐일 가스 공급자 입장에서는 원유가에 종속된 시장으로서 수요가 불안정하기 때문에 석유가가 낮을 때는 원유시장의 공급 증가 요인으로 그리 위협적이지 못하다.

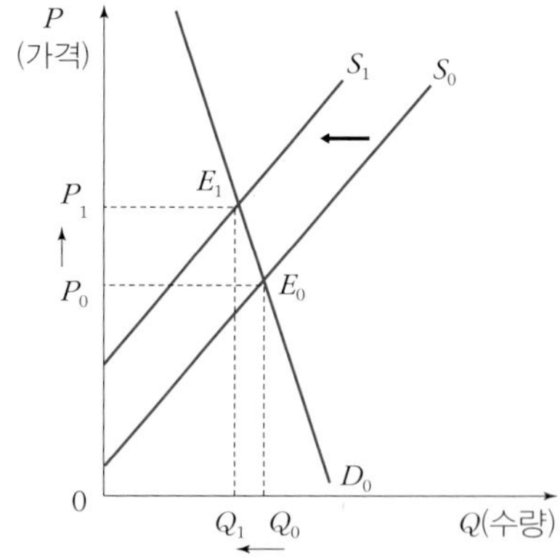

그림 2.13 석유 시장

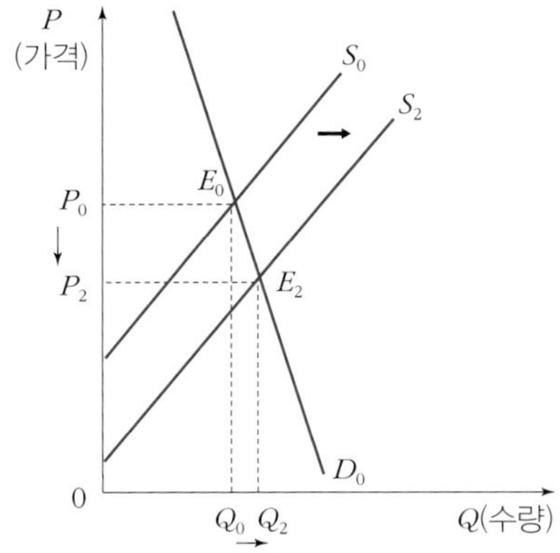

그림 2.14 김장배추 시장에서의 풍년

김장배추 시장

〈그림 2.14〉에서 볼 수 있듯이 만약 김장배추가 풍년이 들면 공급 곡선이 S_0에서 S_2으로 이동한다. 농산물의 특성상 수요는 비탄력적이고 공급 역시 비탄력적이다. 아래쪽으로 하락하여 배추 가격은 크게 하락하지만, 거래량은 그리 크게 증가하지 않는다. 즉, 배추 장사의 매출액은 $\square OP_0E_0Q_0$에서 $\square OP_2E_2Q_2$로 감소한다. 풍년이 들면 농부들이 기뻐하는 것이 아니라 오히려 한숨을 짓는 이유가 여기에 있다.

슈퍼스타 시장

〈그림 2.15〉를 이용하여 슈퍼스타 현상을 설명해 보기로 하자. 공급자가 1명이기 때문에 연봉(임금)은 W_1에서 결정된다. 이 수준은 이미 다른 보통 사람보다 더 높은 수준이다. 만약 수요의 증가로 수요 곡선이 D_1에서 D_2로 증가한다면 임금은 그대로 수직 상승하여 W_2가 된다. 보통 사람의 임금이 W_1과 W_2 사이에서 결정되는 것과 사뭇 다르다. 결론적으로 슈퍼스타 현상이란 극소수의 재능 있는 자에게 나타나는 현상으로, 특히 수요 증가의 편익이 바로 한 사람에게 집중되는 현상이다. 손흥민 선수나 김연경 선수를 대체할 선수가 없기 때문에 발생하는 고가격(연봉) 현상이다. 이런 임금의 상승에 대해 정당성을 부여하는 쪽은 효용가치설을 주장하는 반면 사회적 생산에 기여하지 않고 얻는 부당한 경제적 지대라고 비판하는 학자도 많다. 대부분의 나라에서는 누적과세로 이 문제를 풀고 있다.

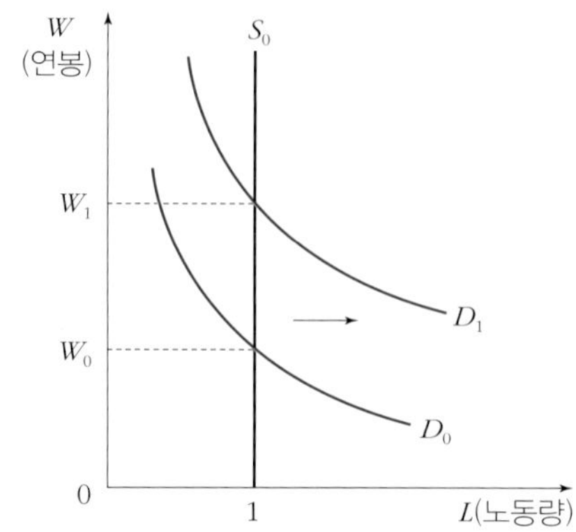

그림 2.15 슈퍼스타 현상

공급이 지극히 한정되어 있는 상태에서 수요의 증가는 그대로 경제적 지대가 된다. 다른 사람으로 대체하는 경우 그 가치가 폭락하거나 할 수 없는 경우이다. 예로는 스포츠 스타, 톱 연예인을 들 수 있다.

암표 시장

〈그림 2.16〉에서 보듯, 야구장의 공급 곡선은 ˩ 형태를 가지고 있다. 홈팀이 10연패를 한다면 수요는 수용인원 제한에 한참 못 미치는 수준이 될 것이고 입장료는 P_0가 될 것이다. 만약 10연승을 한 후 홈경기를 갖는다면 수요 곡선은 우측으로 이동하여 만원을 이루고, 입장료는 P_0가 될 것이다. 그러나 한국 시리즈에 진출하여 1차전

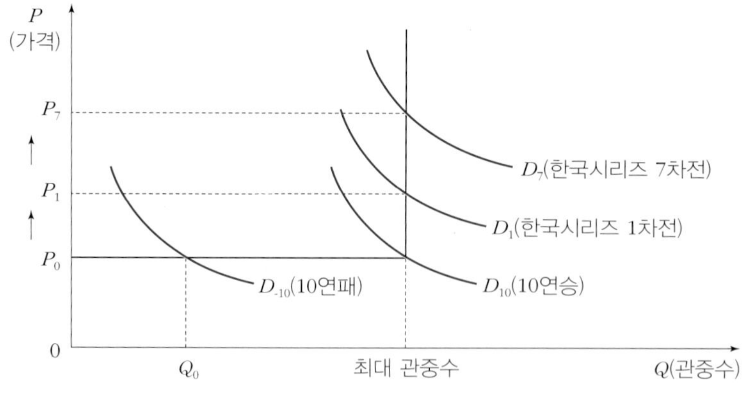

그림 2.16 암표 시장

을 치른다고 해보자. 극단적인 경우 7차전을 치른다고 해보자. 입장료는 천정부지로 올라 P_7까지 오른다.[11] 암표 장사가 등장하여 이득을 챙겨간다. 암표 장사의 금전적 이익은 암표 가격에서 공식 입장료를 뺀 금액에 판매한 암표 수를 곱하면 얻어진다. 암표를 산 사람은 기회비용이 암표 가격보다 큰 이득이 있다고 믿는 사람일 것이다. 우리나라에서는 암표상을 경범죄로 처벌하고 있다.

야구장처럼 공급의 규모가 한정되어 있는 재화, 예를 들어 체육관, 영화관, 공연장, 교통 운송 수단 등은 특이한 공급 곡선을 보인다. 수용인원까지는 다른 재화와

'김연경 효과' 여자배구, 관중 38% 증가…남자부는 34% 감소

한국배구연맹이 발표한 자료에 따르면, 코로나19 사태 발생 전인 2018~2019시즌과 비교했을 때 남자부 관중은 34% 감소한 반면 여자부 관중은 38% 증가한 것으로 나타났다. 지난 시즌 평균 TV 시청률에서도 여자부가 1.23%를 기록하며 0.62%에 그친 남자부를 크게 앞섰다. 지난 6일 여자부 흥국생명과 도로공사의 챔피언결정전 마지막 5차전 시청률은 3.40%로 역대 V리그 1위 신기록을 썼다.

이 모든 게 '김연경 효과'였다. 김연경의 개인 기록을 보면 공수에서 팀의 중심을 단단히 받치고 있음을 알 수 있다. 정규리그에서 국내 선수 중 가장 많은 669득점(전체 5위)을 기록했다. 공격 성공률은 45.76%로 1위에 올랐다. 공격뿐만이 아니었다. 수비에서도 리시브 효율 8위(46.80%), 디그 10위(세트당 3.713개) 등을 기록하며 '톱 10'에 진입했다. 김연경의 포지션은 아웃사이드 히터다. 2명 이상의 몫을 하기에 팀으로선 더 많은 선수를 데리고 리그를 치르는 것 같은 효과를 톡톡히 누렸다.

김연경은 V리그의 흥행을 이끌었다. 흥국생명의 홈구장인 인천삼산월드체육관은 매 경기 팬들로 붐볐다. 올 시즌 18번의 홈경기에서 8만 1,708명을 동원했다. 평균 관중은 4,539명이다. 여자부 평균 관중 2,500명과 2,000명 이상 차이가 난다. 흥국생명이 원정경기를 치를 때면 홈팀들이 김연경의 덕을 보기도 했다.

김연경은 시즌 후 열린 V리그 시상식에서 마침내 정규리그 최우수선수(MVP)를 차지했다. 단독 후보로 선정된 김연경은 기자단 투표 31표 중 만장일치로 MVP에 선정됐다. 2018~2019시즌 흥국생명 이재영 이후 V리그 역대 두 번째이자 단독 후보로는 첫 만장일치 MVP다. 김연경이 MVP가 된 건 어찌 보면 당연한 결과였다.

연합뉴스TV 2023년 4월 13일.

11 세계에서 암표의 가격이 가장 높아질 때는 미식축구 결승전(단판 승부)인 슈퍼볼이 열릴 때이다. 800~1,200달러(89~134만 원)인 입장료가 인터넷 경매에서는 2,000~1만 5천 달러(223~1,677만 원)에 거래되었다.

큰 차이를 보이지 않지만, 그 선을 넘어가면 수직 형태로 나타난다. 앞에서 본 슈퍼스타 현상과 비슷한 현상이 나타난다. 또 일시에 수요가 폭발하였다가 일순간 수요가 0이 되는 특이점도 가지고 있다. 희소성이 극에 달한 상태에 나타나는 것이다.

4. 합리적인 소비와 생산 결정

가성비

소비자는 주어진 예산제약하에서 효용 극대화를 추구한다. X, Y 두 재화만 있고 P_X는 X의 가격, P_Y는 Y의 가격, MU_X는 X의 한계효용, MU_Y는 Y의 한계효용이라고 하면 효용극대화 조건인 '원당 한계효용 균등의 법칙'은 아래와 같이 쓰인다(λ는 원당 한계효용).

$$\frac{MU_X}{P_X} = \frac{MU_Y}{P_Y} = \lambda$$

이 식의 원당 한계효용은 바로 가성비(價性比)이다. 그리고 가성비가 높은 순서대로 재화를 소비한다는 결론에 도달하게 된다. 수요 곡선은 바로 소비자가 추가 단위에 지불할 의사가 있는 최고가격을 나타낸다.

생산자도 주어진 비용제약하에서 이윤극대화를 추구한다. L, K 두 생산요소만 있고 w는 L(노동)의 가격, r은 K(자본) 서비스의 가격(임대료), MPP_L는 노동의 한계생산력, MPP_K는 자본 서비스의 한계생산력이라고 하면 이윤극대화 조건인 '원당 한계생산력 균등의 법칙'은 아래와 같이 쓰인다(θ는 원당 한계생산력).

$$\frac{MPP_L}{w} = \frac{MPP_K}{r} = \theta$$

이 식의 원당 한계생산력은 바로 가성비(價性比)이다. 그리고 가성비가 높은 순서대로 생산요소를 투입한다는 결론에 도달하게 된다. 공급 곡선은 (경쟁시장에서의) 정의에 의해서 각 단위를 생산하는 경쟁적 기업의 한계비용을 의미한다.

짬뽕과 자장면 사이에서 고민하는 이유: 가성비의 경제학

짬뽕을 시킬까 / 자장면을 시킬까 / 중국집에 시킬 때면 / 헷갈린다 헷갈려
짬뽕을 시키면 / 자장면이 먹고 싶고 / 자장면을 시키면 / 짬뽕이 먹고 싶네
한두 번 / 시키는 것도 아닌데 / 시킬 때마다 / 내 마음이 흔들려

이남이가 작사·작곡하고 직접 부른 〈짬뽕과 자장면〉이라는 노래의 가사다. 선택하기 전(시키기 전)에 고민하고 소비하기 전(시킨 후 또는 먹기 전)에 고민하는 모습을 잘 나타내고 있다. 이런 고민은 자장면과 짬뽕이 값이 비슷하고 맛도 비슷하기 때문이다. 한 마디로 가성비(價性比)가 거의 같기 때문이다.

한 그릇에 6,000원인 자장면 한 그릇을 먹으면 12,000원만큼의 만족을 느끼고 7,000원인 짬뽕 한 그릇을 먹으면 13,000원만큼의 만족을 느끼는 사람이 있다고 하자. 맛으로만 보면 짬뽕을, 싸게 먹으려면 자장면을 먹는 것이 현명한 일이지만 자장면은 1원당 2의 만족을 주고 짬뽕은 1원당 1.86의 만족을 주고 있다. 이 경우 가성비 2인 자장면을 선택하는 것이 현명하다. 가성비 1.86인 짬뽕보다 같은 값(비용)에 더 많은 만족을 주기 때문이다. 만약 짬뽕 값이 6,000원으로 하락한다면 가성비가 2.2로 상승하기 때문에 마음을 바꾸어 짬뽕을 선택한다.

비합리적인 소비와 의식 있는 소비

지금까지 경제학에서 가장 토대가 되는 합리적인 경제인을 대상으로 소비이론을 전개하였다. 하지만 인간은 사회적 동물일뿐더러 기업에서 쏟아내는 여러 광고 및 판매촉진책에 영향을 받기에 언제나 합리적인 소비만을 하지는 않는다.

1) 밴드 웨곤 효과, 베블런 효과, 속물효과

미국의 경제학자 베블런(Veblen, 1857~1929)은 그의 저서 『유한계급론(有閑階級論), Leisure Class』에서 당시 유행하던 과시적 소비(誇示的 消費, conspicuous consumption), 즉 남에게 과시하기 위해 자신의 분수를 넘는 사치성 소비를 일삼는 세태를 비난하였다. 가격이 상승하면 수요량이 감소하는 수요의 법칙에 반하는 재화를 베블런재라 부른다. 사치재 또는 명품 등이 이에 해당하는데 이러한 재화는 가격이 비쌀수록 소비가 증가하는 경향이 있다. 이러한 과시 욕구를 반영한 소비현상을 베

블런효과(Veblen's effect)라고 부르고 있다.

밴드 웨곤(악대차) 소비(bandwagon consumption)는 별다른 의식 없이 남을 따라 소비하는 행동이 미국 서부에서의 금광을 향해 별다른 의식 없이 너도나도 따라가는 행동과 비슷하다고 하여 라이벤스타인(Leibrnstein)이 붙인 이름이다. 소비자들이 유행에 동조함으로써 타인들과의 관계에서 소외되지 않으려는 비이성적인 심리에서 비롯된다. 주식시장이나 부동산시장의 거품 형성과 붕괴 현상도 이 효과로 설명할 수 있다. 2023년 6월, 그동안 침체해있던 일본 증시가 초호황을 누리고 있다. 그 이유로 일본 정부의 양적 완화정책과 중국경제 회복에 따른 일본이 얻은 반사적 이익이 제기되고 있지만, 투자의 귀재라고 불리는 워런 버핏이 일본 종합상사 주식을 많이 샀다는 것 또한 하나의 원인으로 분석된다. 이를 밴드 웨곤 효과라고 볼 수 있다.

반면 남들과 차별하기 위해 대중적으로 소비되는 재화를 일부러 구매하지 않는 경향도 나타난다. 심지어 자신의 옷과 똑같은 옷을 입은 사람을 보면 그 옷을 더 이상 입지 않기도 한다. 명품 브랜드 소비에서 흔히 일어나는 현상인데 이런 소비를 속물효과 또는 스놉 효과(snob effect)라고 부른다. 명품 브랜드 소비에서 흔히 일어나는 현상이다.

정치 소비, 보복 소비와 가치 소비

정치 소비란 정치적인 이유로 소비의 변화를 가져오는 경우를 말한다. 2019년 일본의 무역제재에 맞선 일본 상품에 대한 불매운동(NO JAPAN)을 들 수 있다. 2018년 일본 맥주 수입은 8만 6,711톤으로 1위를 차지했으나, 2019년에는 5만 902톤으로 2위로 하락하였고, 2020년에는 7,174톤으로 전년 대비 85.9%나 하락하여 9위가 되었다. 또한 일본 술(청주)도 크게 감소하였는데, 2019년 3,365톤에서 2020년에는 1,515톤으로 전년 대비 45.0% 감소하였다. 일본산 맥주와 청주의 수입 감소로 인해 2020년 우리나라 맥주 수입은 전년 대비 22.8%가 감소하였고 청주 수입은 45.4% 감소하였다. 반면 와인은 30.4% 상승하였다. 수입 일본 맥주의 빈자리를 어느 나라 맥주가 채웠을까? 2019년 5위였던 네덜란드 수입 맥주가 31.8% 상승한 5만 4,072톤이 수입되어 1위로 등극하였다. 자동차시장은 독일제가 그 자리를 대신했다. 당시 일본 아베 수상은 네덜란드 맥주와 독일 자동차 영업사원 노릇을 한 꼴이었다.

보복 소비란 외부적 요인으로 감소했던 소비가 그 요인이 완화 또는 없어지면서 그 동안 과거의 몫까지 소비하는 형태를 말한다. 코로나 이후 억눌렸던 외식, 공연, 여행수요 등 야외 활동 수요가 증가하는 예를 들 수 있다.

가치 소비란 제품을 살 때 품질이나 디자인, 가격뿐 아니라, 이 제품을 만드는 과정에서 환경을 파괴하지는 않았는지, 동물 실험을 했는지 등 본인의 신념에 따라 소비를 결정하는 소비행태를 말한다. 즉, 추구하는 가치나 신념에 부합하는 제품을 구매하는 것이 바로 가치 소비이다. 친환경, 동물 보호, 사회적 약자 후원 등이 가치 소비의 대표적인 예이다. 그 중심엔 20~30대 MZ세대가 있다.

최근 한 기업(롯데 멤버스)이 1,500명을 대상으로 한 설문조사에서 응답자의 83.5%가 가치 소비를 경험해봤다고 답했고 특히 MZ세대 응답자 10명 중 8명은 가치 소비가 필요하고, 점차 늘어날 것이라 응답했다. 〈그림 2.17〉에서 가장 왼쪽 사진은 호텔에서 직접 수거한 페트병이다. 중간 사진은 화장품 용기로 재생산되는 과정이며, 마지막 사진은 호텔에서 화장품 용기로 재활용되기 위해 포장되는 장면이다.

그림 2.17 페트병의 재활용 (자료: 2023년 4월 9일 mbc 뉴스)

5. 소비자 잉여, 생산자 잉여, 사회 총잉여

소비자 잉여(消費者剩餘, consumer's surplus, CS)는 소비자가 지불하고자 한 금액에서 실제 지불한 금액을 뺀 금액으로 정의된다. 소비자 잉여는 가격이 낮을수록 커진다. 〈그림 2.18〉에서 Q_0만큼의 소비에서 얻는 효용은 $(A+B)$이고 지불할 용의가 있는 최대금액이다, 실제 지불한 금액은 B만큼이다. A만큼 소비자 잉여가 발생한 것이다. 참외를 10개 사면서 2만 원을 지불할 용의가 있었지만 시장에서 1만 2천 원에 구입하였다면, 소비자 잉여는 2만 원에서 1만 2천 원을 뺀 8천 원이 된다.

소비자 잉여는 시장을 통한 교환에서 소비자가 얻는 이득의 크기를 화폐액으로 측정한 것이다. 가격이 낮을수록 소비자 잉여는 증가한다.

생산자 잉여(生産者剩餘, producer's surplus, PS)는 생산자의 수입에서 생산자가 받으려 한 금액을 뺀 금액으로 정의된다. 생산자 잉여는 가격이 높을수록 커진다. 〈그림 2.19〉에서 Q_0만큼의 판매에서 최소한 받아야겠다고 생각하는 금액은 D이다, 시장에서 실제 벌어들인 금액은 $(C+D)$만큼이다. C만큼 생산자 잉여가 발생한 것이다. 참외를 10개 팔면서 최소한 9천 원은 받으려고 했는데 시장에서 1만 2천 원에 판매하였다면, 생산자 잉여는 1만 2천 원에서 9천 원을 뺀 3천 원이 된다. 생산자 잉여는 시장을 통한 교환에서 생산자가 얻는 이득의 크기를 화폐액으로 측정한 것이다. 가격이 높을수록 생산자 잉여는 증가한다.

경제학자들은 소비자 잉여와 생산자 잉여의 합인 사회적 총잉여의 극대화를 추구

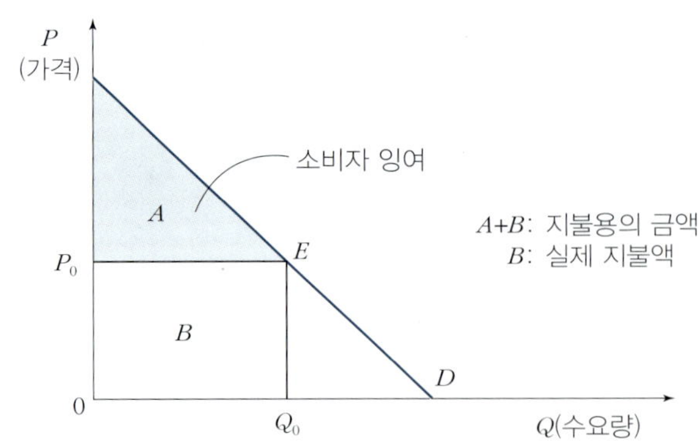

그림 2.18 소비자 잉여

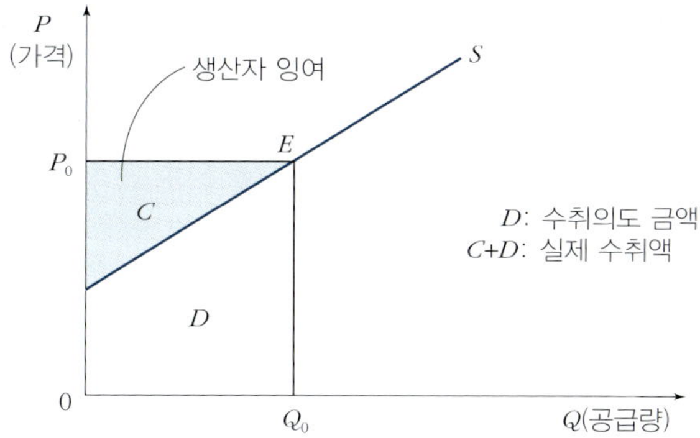

그림 2.19 생산자 잉여

한다. 사회적 잉여(social surplus)는 재화나 서비스의 교환에 모든 사람이 참가함으로써 받게 되는 총편익이다. 〈그림 2.20〉에서 보는 바와 같이 소비자 잉여(A)와 생산자 잉여(C)의 합으로 구해진다. $A+B=A+C+D$가 소비자가 평가하는 가치이고 D가 생산자의 생산비임을 생각하면 사회적 총잉여는 소비자가 평가하는 가치에서 생산자의 생산비를 뺀 값이 된다.

가격이 낮으면 소비자 잉여는 증가하지만 생산자 잉여는 감소한다. 가격이 높으면 반대로 생산자 잉여는 증가하지만 소비자 잉여는 감소한다. 소비자 잉여와 생산자 잉여의 합을 극대화하는 최적 가격이 존재할 것이다. 경제학자들은 수많은 공급자와 수요자가 정보를 완전히 가지고 언제든지 진입이 있을 수 있고 반대로 퇴출이 있을 수 있다고 상정하는 완전경쟁시장에서 사회적 총잉여를 극대화하는 최적 가격이 결

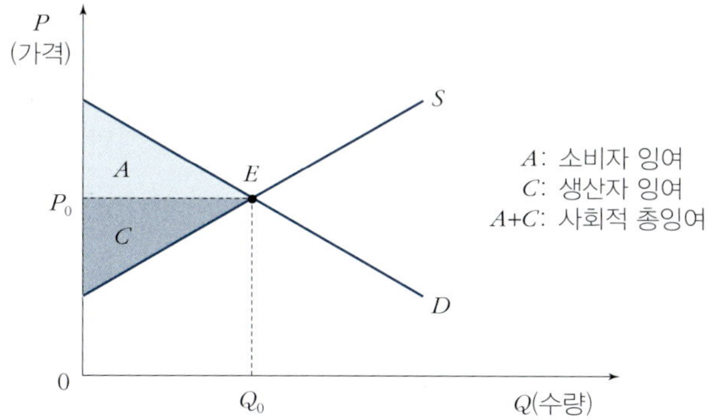

그림 2.20 사회적 총잉여

정된다고 주장하고 있다. 아담 스미스가 말한 '보이지 않는 손'의 위력을 확인할 수 있다.

6. 정부에 의한 가격 통제

가격 통제란 정부가 어떤 특수한 목적을 달성하기 위하여 직접적으로 가격 형성에 간섭하는 행동을 말한다. 최고 가격제와 최소 가격제가 대표적인 예이다.

가격상한제

가격상한제(최고 가격제, price ceiling)란 시장에서 결정된 가격이 너무 높다고 판단한 정부가 최고가격을 설정하고, 설정된 최고가격 이상을 받지 못하도록 강제하는 제도이다. 이 제도는 물가안정과 소비자 보호를 위하여 실시하는 가격 통제의 한 수단이다. 이자제한법,[12] 아파트 분양가 상한제, 임대료 규제 등을 들 수 있다. 이 제도가 실시되면 소비자들은 균형가격보다 싼 가격에 소비를 할 수 있다. 하지만 단점도 만만치 않은 것이 현실이다.

정부가 개입하지 않은 상태에서 형성되는 시장 가격을 〈그림 2.21〉의 P_0이라고 해보자. 너무 높다고 판단한 정부는 이보다 낮은 P_1을 최고가격으로 설정하였다고 하자. Q_1Q_2만큼의 초과수요(공급부족)가 발생한다. 암시장(暗市場)이 출현하게 될 것이며 생산량은 Q_1으로 감소하게 되고 공급 곡선이 M 점에서 수직선이 되어 P_1MS_1으로 변한다. 암시장 가격은 P_2가 될 것이다. 최고 가격제 실시 전후에 사회적 총후생을 비교하면 $A+B$만큼이 감소하며 실시 전에는 생산자 잉여였던 C가 소비자 잉여로 옮겨간다.[13] 단기적으로는 가격이 하락하는 현상이 나타나겠지만 장기적으로 볼 때 부정적인 효과가 더 크게 나타날 가능성이 있음을 유의할 필요가 있다. 공급자들의 잉여가 줄어들기 때문에 공급자들은 공급을 줄이려고 할 것이다. 오히려 소비자들에게

12 2023년 6월 현재 우리나라에서 최고 이자율은 연 20%이다.

13 $A+B$는 누구에게도 배분되지 않는 사중합(dead weight loss)이라고 부른다.

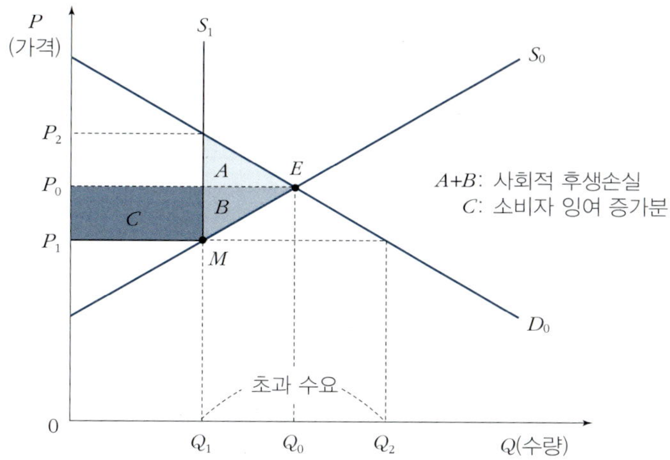

그림 2.21 최고 가격제

도 손해가 발생할 가능성도 있다고 지적하고 있다.

이 제도가 실시될 때 재화를 배분하는 방법으로 주로 선착순방법과 배급제도가 쓰이고 있다. 선착순방법은 먼저 오는 소비자에게 순서대로 상품이 떨어질 때까지 판매하는 방식이다. 소비자의 선호가 반영된다는 장점이 있지만 재화의 배분이 불공평하다는 단점을 가지고 있다. 반대로 배급제도는 먼저 배급표(coupon)를 발행하고 배급표를 가진 소비자에게만 구입할 수 있게 하는 방식이다. 재화의 배분이 공평하다는 장점을 가지고 있으나 소비자의 선호가 반영되지 않는다는 단점도 있다. 그러나 두 방법 모두 암시장을 유발할 수 있다. 선착순방법에서는 뒤에 온 소비자들이 불만을 가지고 암시장을 노크할 것이고, 배급방식에서는 구매한 양에 불만이 있는 소비자도 암시장을 노크할 것이 뻔하기 때문이다.

가격하한제[14]

가격하한제(최저 가격제, price floor)란 정부가 최저가격을 설정하고, 설정된 최저가격 이하를 받지 못하도록 강제하는 제도이다. 이 제도는 공급자를 보호하기 위하여 실시하는 가격 통제의 한 수단이다. 농산물가격 지지제와 최저임금제(minimum

14 자세한 내용은 본서 제9장 노동과 임금편을 참고하길 바란다.

wage)가 대표적인 예이다. 이 제도가 실시되면 공급자들은 균형가격보다 높은 가격에 공급할 수 있다. 하지만 단점도 만만치 않은 것이 현실이다.

정부가 개입하지 않은 상태에서 형성되는 시장 임금을 〈그림 2.22〉에서 w_0이라고 해보자. 너무 낮다고 판단한 정부는 이보다 높은 w_1을 최저가격으로 설정하였다고 하자. L_1L_2만큼의 초과공급(비자발적 실업)이 발생한다.[15] 이 중에서 L_1L_0만큼은 해고가 발생한 것이고, L_0L_2만큼은 노동 공급의 증가로 실업이 발생한 것이다. 노동의 공급 곡선은 w_1NRS_0로 변한다. 이 제도의 수혜를 받는 노동자들은 A만큼 소득이 증가하지만 해고되는 노동자들의 소득은 B만큼 감소한다. 이 제도는 노동자 사이에 득을 보는 노동자와 손해를 보는 노동자를 나누는 결과를 낳을 수 있다. 따라서 이 제도는 신중하게 접근하여 실시해야 한다. 노동수요의 임금 탄력성[16]이 낮아 임금 인상률이 고용량 감소율보다 크다면 총노동소득은 증가한다. 물론 최저임금제의 혜택을 받는 노동자의 임금이 늘어나는 이 경우에도 신규 노동자, 특히 비숙련노동자의 취업 기회는 좁아질 가능성이 크다는 사실을 유념하여야 할 것이다. 장기적으로 보아 늘어난 임금소득으로(A가 B보다 크다면) 총수요가 늘어 경기가 활성화된다면 실업

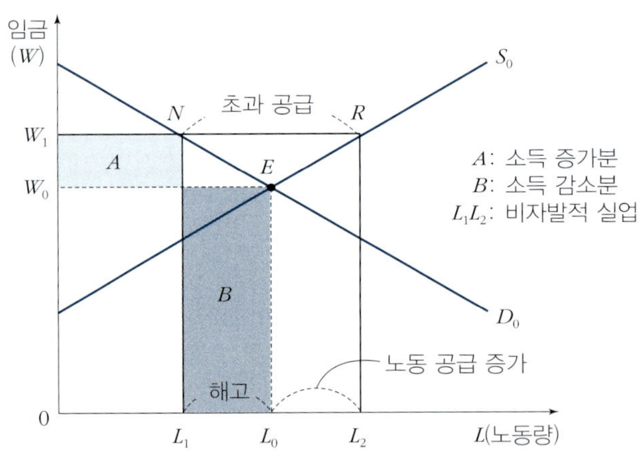

그림 2.22 최저 가격제

15 만약 농산물가격 지지제도가 시행되는 농산물 시장이라면 이만큼의 초과공급에 대해 정부가 농산물비축기금을 이용하여 구입하는 방법도 있다.

16 노동수요의 임금탄력도는 (노동수요량이 변화율/임금변화율)로 계산된다.

도 감소할 수 있지만 이런 분수효과(噴水效果, foundation effect)[17]는 오랜 시간이 걸리고 인과관계도 명확하지 않기 때문에 최저임금제도를 둘러싼 논쟁은 언제나 진행 중이다.

역사적으로도 시장을 인위적으로 통제하려는 시도는 번번이 실패하였다. 1920년 1월 6일부터 미국에서는 18번째 헌법개정을 통해 금주령이 내려졌다. 이는 밀주가 성행하는 결과를 만들었다. 이에 따라 가격이 올랐으며 품질이 떨어지는 술을 마시고 죽는 사람도 나타났다. 그럼에도 누구도 책임지지 않았다. 1945년 프랑스 파리에서는 매매춘을 금지하였는데, 이에 따라 암시장이 성행하게 되었고 위생 상태가 엉망이 되었으며 선의의 경쟁도 없어졌다.

"도시를 파괴하는 가장 효과적인 수단은 첫째는 폭격이고, 둘째는 임대료를 규제하는 것이다." 스웨덴의 경제학자 아사르 린드벡의 말을 새겨들을 필요가 있다. 따라서 시장에 정부가 규제를 가하는 것은 극히 예외적인 상황에 한하여야 한다.

곡소리나는 마스크 시장

2019년 11월 중국 우한에서 발생한 코로나19는 2020년 1월 우리나라에 첫 감염자가 나오면서 퍼지기 시작했다. 마스크 착용은 3월부터 의무화되었다. 갑자기 수요가 폭발적으로 증가하자, 마스크 가격이 올랐으며, 줄을 서야 살 수 있는 귀한 몸이 되었다. 일인당 구매량도 제한되었다. 2020년 9월 15일 '마스크 긴급수급 조정 조치' 법률이 시행되었다. 수급 명령권은 식약청장에게 있었다. 주가를 보면 엘크론의 주가가 1,000원에서 9,030원으로 급등하였다가 다시 3,970원으로 하락하였다.

약 1억 5천만 원~2억 원 정도를 투자하면 마스크를 생산할 수 있다. 또 특별한 기술을 필요로 하지 않기 때문에 진입장벽도 낮은 시장이다. 2020년 1월 137개였던 생산업자가 2022년 3월 1,595개로 급증하였다가(1,079%) 다시 급감하였다. 약국에서 생일에 따라 배급되었으며 일인당 구매량도 제한되었다.

정체였던 시장에 외부 쇼크(코로나 발생)가 발생하여 수요가 급증하였으며, 한정된 공급여

17 고소득층에 대한 감세효과(법인세, 소득세, 종합부동산세, 상속증여세 등)와 규제완화가 경제 활성화에 기여한다는 이른바 낙수효과(洛水效果, trickle-down effect)와 반대되는 개념으로 소비성향이 높은 저소득층에게 유리한 정책이 경제 활성화에 기여한다는 이론이다.

건하에서 가격이 폭등하고 생산기업의 이윤도 주가도 폭등하였다. 이 산업은 비교적 적은 자본으로 창업 또는 생산능력 확대가 가능하고, 특별한 기술이 필요하지 않아 진입장벽이 낮다. 따라서 많은 기업들이 진입하였는데 이에 따라 기존 기업과 진입기업의 수익성은 급속히 하락하게 되었다. 여기에 더해 코로나19의 위력이 감소함에 따라 참여했던 거의 모든 기업이 코로나 전으로, 심지어 어떤 기업은 더 못한 상태로 회귀하였다. 완전경쟁시장과 비슷한 시장 여건, 구조를 가지고 있는 시장(산업)에서 볼 수 있는 전형적인 예이다. 2020년 2월 넷째 주 4,221원이던 마스크 가격이 2023년 3월 셋째 주(대중교통에서도 마스크 착용 의무가 해지된 첫 주) 634원으로 하락하였다. 이제는 과잉 공급이 문제가 된 것이다.

마스크 시장은 원래 수익성과 성장성이 낮은 레드오션(red ocean) 시장이었으나 예기치 않은 코로나로 인해 수요가 폭발하면서 수익성과 성장성이 높은 블루오션(blue ocean) 시장으로 변했다가 코로나가 진정되면서 원래의 레드오션으로 회귀하였다.

(자료: 한국마스크산업협회 http://119mask.net)

LTV, DTI, DSR: 주택수요 규제의 3 총사[18]

• 주택담보대출비율(住宅擔保貸出比率, loan-to-value ratio, LTV)

은행이나 보험사와 같은 금융기관이 주택을 담보로 대출해 줄 때 담보물인 주택의 가격에 대비하여 인정해주는 최대 대출 가능 금액의 한도이다. 담보인정비율이라고도 부른다. 대출자의 입장에서 본다면 주택 등 담보물 가격에 대비하여 최대한 빌릴 수 있는 금액의 비율이다. 예를 들어 이 비율이 70%라면 감정가격 5억 원하는 주택을 담보로 최대 3억 5천만 원까지 빌릴 수 있다는 것이다.

LTV는 주택의 종류 또는 소재 지역에 따라 이 비율이 다르다. 주택수요에 대한 제약조건인 셈이다. 과도한 부동산 담보 대출을 억제하고 부동산 투기를 막는 효과가 있다.

정부가 이 비율을 몇 %로 하는지, 혹은 몇 % 올리는지 내리는지에 따라 주택수요의 변화가 나타난다. 이 비율을 높이면(낮추면) 대출 가능 금액이 증가(감소)하여 주택수요 증가가 증가(감소)한다. 또 금융기관의 건전성에도 영향을 미친다. LTV가 낮을수록 주택가가 하락한다고 할지라도 금융기관이 입는 손해 리스크는 줄어든다. 예를 들어 감정가 5억 원 주택에 대해 LTV가 70%일 때는 최대 3억 5천만 원까지 빌려주었다. 만약 주택 감정가가 3억 원으로 하락한다면 금융기관은 5천만 원 손해를 볼 수 있다. 하지만 LTV가 50%일 때는 주택 감정가가 3억 원으로 하락하였다 할지라도 금융기관은 손해를 보지 않는다.

18 한국은행 홈페이지의 경제용어사전을 참고하였음.

• **총부채상환비율(總負債 償還 比率, debt to income, DTI)**

주택담보대출 차주의 원리금 상환능력을 감안하여 주택담보대출 한도를 설정하기 위해 도입된 규제 비율이며, 'DTI=(해당 주택담보대출의 연간 원리금 상환액+기타부채의 연간 이자상환액) / 연소득×100' 방식으로 산정된다. 이 규제는 LTV 규제가 차주의 소득수준과 관계없이 주택가격에 비례하여 주택담보대출 한도가 결정된다는 문제점을 보완하고자 2005년 8월 도입된 것이다. 이 수치가 낮을수록 부채를 갚을 능력이 높다고 평가할 수 있다. 특히 과도한 가계부채의 증가 억제 및 주택자금 수요 축소 등을 위해 DTI 비율을 특정 수준 이내로 제한하기도 한다. 한편, DTI는 LTV와 함께 대표적인 거시건전성 정책의 수단으로서 통화신용정책과 상호 보완적인 관계에 있다. 예를 들어 저금리하에서 주택가격 상승세가 확대될 경우 DTI 및 LTV 규제를 강화하면 주택담보대출 한도가 축소되어 주택시장 과열을 억제하는 효과를 기대할 수 있다.

• **총부채원리금상환비율(總負債元利金償還比率, debt service ratio, DSR)**

차주의 상환능력 대비 원리금 상환부담을 나타내는 지표로서, 차주가 보유한 모든 대출의 연간 원리금 상환액을 연간소득으로 나누어 산출된다. 대출에는 마이너스통장, 신용대출, 전세자금 대출, 자동차 할부금융 등이 모두 포함된다. 한편, 유사한 개념인 총부채상환비율(DTI)과 비교할 때, DTI는 원금상환액 중 주택담보대출 원금상환액만 포함하는 반면, 이 비율은 주택담보대출을 포함한 모든 대출의 원금상환액을 포함한다는 점에서 차이가 있다. 2018년 하반기부터 차주의 부채상환 능력을 더욱 포괄적으로 판단할 수 있는 DSR을 금융기관의 여신심사 과정에서 활용하도록 하는 방안을 발표하였다.

연습문제

토론(같이 생각하고 이야기해 보기)

1. 최대 수요인원 3만 명인 경기장을 생각해 보자. 입장료는 1만 원이라고 하자.

개막 10연패 한 후, 한국시리즈 1차전, 한국시리즈 7차전

만약 암표가 거래된다면 암표 값의 크기를 그래프로 설명하시오. 암표 100장을 가지고 모두 판매한 암표상의 수입을 그래프로 설명하시오. 암표 장사를 경범죄(輕犯罪)로 처벌하고 있다. 옳다고 생각하는가? 암표 장사와 주식 브로커와는 어떻게 다른가?

○×문제

1. 수요 곡선은 우하향한다. (　　)

2. 슈퍼스타 현상은 공급은 무한한데 수요가 한정되어 나타나는 현상이다. (　　)

3. 가격이 높을수록 생산자 잉여는 증가하고 소비자 잉여는 감소한다. (　　)

4. 최저임금제는 실업을 야기시키기 때문에 시행해서는 안 된다. (　　)

단답형 문제(5분)

1. 정부가 균형가격보다 가격을 높게 받게 하는 강제할 때 이 가격을 (　　　)라고 부른다. (4글자)

2. 암표는 (　　　)에 의해 자연히 발생하는 현상이지만 (　　　)이라는 점이 강조되고 있다. (7글자 / 4글자)

3. 사회적 총잉여는 (   )잉여와 (   )의 합이다. (3글자 / 3글자)

용어설명(15분)

1. 정상재, 열등재 및 사치재란 무엇인가? 대표적인 예를 들어 설명하시오.

2. 가성비란? 일상생활에서 경험을 근거로 설명하시오.

3. 한계효용체감의 법칙이란 무엇인가? 예를 들어 설명하시오. 수요 곡선과의 관계를 설명하시오.

주관식 문제(40분)

1. 신축 아파트단지 주변의 커피 시장의 가격과 거래량 변화를 설명하시오. 입주 초기, 입주가 진행되는 과정, 입주가 완성된 후로 나누어 시장 전체의 입장과 한 카페의 입장에서 수입의 변화를 나누어 설명하시오. 카페 주인의 입장에서 수입 증가 혹은 이윤 증가를 위해 어떤 노력이 필요한가?

2. 추석 배 시장에서 '배' 값과 거래량 변화를 설명하시오. 시장 전체의 입장과 한 과일 판매상 입장에서 수입의 변화를 나누어 설명하시오(과일 판매상의 증가 없음).

3. 로스쿨의 도입에 따른 변호사 시장의 변화에 대해 설명하시오.

4. 흡연율을 낮추기 위해 가격 인상과 담뱃갑에 혐오 경고 확대가 이용되고 있다. 그 효과를 분석하시오.

5. 마약을 줄이기 위해 공급자에 대한 강력한 처벌을 요구하는 주장이 있는가 하면 소비자에 대한 교육과 계도를 중시하는 주장이 있다. 각각의 효과를 분석하시오.

6. 세계에서 가장 암표가 비싸게 거래되는 시장은 어느 때이며 그 이유는 무엇인가?

7. 수요 곡선 $P=10-Q$, 공급 곡선 $P=1+2Q$이라 하자. 균형가격과 균형거래량을 구하시오. 소득이 증가하여 수요 곡선의 절편이 10에서 11로 증가한 경우 균형가격과 균형거래량을 구하시오.

8. 2023년 정부는 한전의 적자를 보전하기 위해 전기요금을 올렸다. 전기라는 재화의 성격을 바탕으로 이 결정에 대해 평가하시오.

영화나 소설을 통해 공부해보기(제한 시간 20분)

영화 《머니 볼》을 보고 경제학적 사고와 분석이 스포츠 시장에서 어떻게 적용될 수 있는가에 대해 생각해보기로 하자.

제3장

기업의 존재 원리, 생산과 비용

1. 기업이란
2. 생산
3. 비용과 여러 가지 경제성
4. 수입
5. 기업의 목적

"기업은 한 가지 중요한 조직화 원리에 따라 움직인다. 그것은 바로 이윤이다."

– 전 미국 재무장관 로버트 루빈(Robert E. Rubin)

"기업은 시장이란 무질서의 바다에 떠 있는 계획의 섬이다."

"뚜렷한 위계질서 하에서 계획대로 운용되는 존재가 기업이다. 국가 전체의 운용은 또 다른 문제이다."

기업에 대한 국민 호감도

(자료: 대한상공회의소 홈페이지[http://www.korcham.net])

기업에 대한 우리 국민의 호감도는 10년 전과 비교해 크게 올랐다. 특히 기업의 사회공헌 활동을 부정적으로 바라보던 국민들의 시선도 긍정적으로 바뀌었다.

대한상공회의소(회장 최태원)는 50주년 상공의 날을 맞아 전국 20세 이상 남녀 1,000명을 대상으로 '우리 기업에 대한 국민의 호감인식'을 조사하여 '기업호감지수'를 산출한 결과, 55.9를 기록했다고 2023년 3월 14일 밝혔다. 10년 전인 2013년 상반기의 호감지수 48.6에 비해 7.3점 증가하였으며, 이는 조사를 시작한 2003년 이래 가장 높은 수치다.

각 세부 요소별로 10년간 지수변화를 살펴보면 '사회공헌활동'(40.9→53.7)과 'ESG경영 실천'(23.7→36.5)이 12.8p씩 가장 높게 상승했고, '생산성·기술 향상'(61.7→73.3), '국가 경제 기여'(51.2→58.6)도 각각 11.6p, 7.4p 상승한 것으로 나타났다. 가장 높

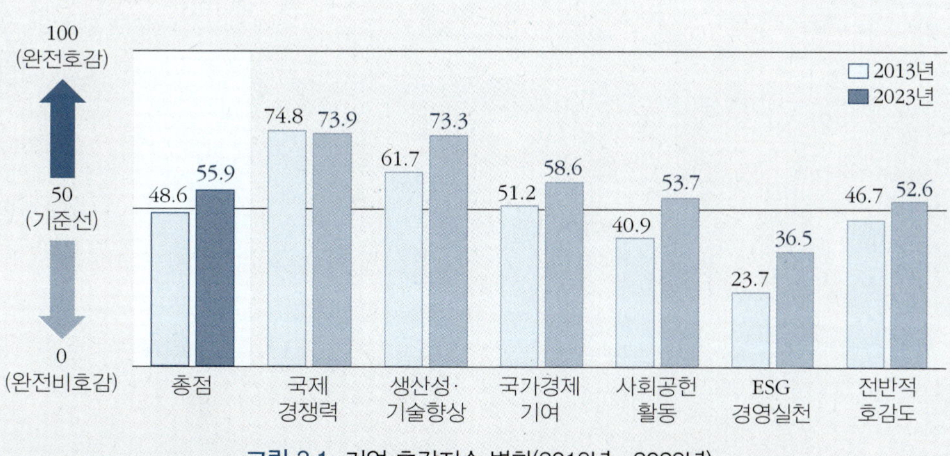

그림 3.1 기업 호감지수 변화(2013년~2023년)

은 수치를 보여왔던 '국제 경쟁력'(74.8→73.9) 항목은 10년 전보다 소폭 하락했다.

기업에 호감이 가는 이유로는 과반수의 응답자들이 '국가 경제에 기여'(55.4%)를 꼽았고, 이어 '일자리 창출'(29.4%), '소비자 만족 증진'(10.2%), '사회공헌 등 사회적 책임 수행'(2.8%), '준법·윤리경영'(2.2%) 순이었다.

기업에 호감이 가지 않은 이유로 국민들은 '준법·윤리경영 미흡'(64.3%)을 가장 많이 응답했고, '일자리 창출 노력 부족'(13.5%), '소비자 만족 미흡'(10.3%), '사회적 공헌 미흡'(5.6%), '국가 경제 기여 미진'(4.8%) 등을 꼽았다. 기타는 1.5%였다.

1. 기업이란

국력을 가름하는 잣대로 여러 가지 기준이 있을 수 있다. 핵무기, 미사일, 항공모함 등과 같은 군사력, 노벨상 수상자의 수, 국제기구에서의 발언권 등이 대표적이다. 존 미클스웨이트(John Micklethwait)는 그의 저서 『THE COMPANY』에서[1] 이렇게 말했다.

> "오늘날 한 국가가 자랑할 수 있는 사기업의 숫자가 그 나라가 동원할 수 있는 군함의 숫자보다 국력을 가늠하는 잣대로서 보편타당하다고 주장하고 있다."

> "만약 세계정벌을 꿈꾸는 젊은 나폴레옹이 다시 태어난다면 정당에 참여하거나 군에 지원하는 것보다 기업에 투신하는 것이 목표 달성을 위해서는 훨씬 지름길이 될 것이라고 생각해 본다."

기업의 수, 대표 기업의 수, 기업가의 역량과 자질이 그 경제의 수준을 대표하는 시대가 되었다. 어느 지역의 경제가 빈약하다는 말은 그 지역 기업의 수가 적고, 따라서 대표 기업의 수도, 기업가의 역량과 자질도 미미하다는 말과 동일하게 쓰이고 있다. 기업은 경제의 엔진이다.

기업의 정의와 위상

1) 정의

경제주체는 소비의 주체인 가계(家計, household), 생산의 주체인 기업(企業, firm), 소비와 생산의 주체인 정부(政府, government), 소비와 생산의 주체인 해외(海外, foreign)로 나누어진다. 기업이란 '영리를 목적으로 재화나 용역을 생산하고 판매하는 조직체'라고 개념화시킬 수 있다.

---

1 존 미클스웨이트·에이드리언 올드리지 지음/유경찬 옮김, 『기업, 인류최고의 발명품』, 을유문화사, 2011, p.21과 p.23.

2) 위상

제1장 제2절 〈경제순환모형〉에서 기업의 위상을 공부하였다. 기업은 생산물 시장에서는 공급자 역할을 함과 동시에 생산요소시장에서는 생산요소에 대한 수요자 역할을 한다. 기업은 생산물 시장에서는 소비자를 상대로 다른 공급자들과 경쟁 관계에 있는 동시에 생산요소시장에서는 요소 공급자(가계)를 상대로 다른 수요자들과 경쟁 관계에 있다. 따라서 생산물 시장에서 기업은 소비자와의 거래에서는 힘의 우위를 가질 가능성이 높으며 경쟁 공급자와는 대립 관계이면서 합심하여 전제의 이익을 취하는 노력을 할 가능성도 많이 가지고 있다. 한편 생산요소시장에서 기업은 요소 공급자와의 거래에서는 힘의 우위를 가질 가능성이 높으며, 다른 기업과는 대립하면서도 전제의 이익을 취하는 노력을 할 가능성도 많이 가지고 있다.

기업은 생산과정에서 부가가치를 생산하고 있다. 부가가치란 생산물의 판매액에서 투입한 중간재의 구입 가격을 뺀 값이며 지대, 임금, 이자, 이윤의 합이다. 노동은 임금 소득을, 자본은 이자 소득을, 토지는 지대 소득을, 기업가의 역량은 이윤을, 지식은 지식 소득(로얄티, 기술 시용료 등)을 분배받는다. 임금, 이자, 지대 계약에 따라 미리 결정되고 있지만 이윤(利潤)은 잉여(剩餘)로서 사전(事前)에 알 수 없는 불확실한 것이다. 잔여소득(殘餘所得, residual income)이라는 점이 다른 소득과 다른 점이다.

현대 자본주의 사회에 사는 경제주체들은 시장과 기업을 통해 서로 의존적(依存的) 관계를 맺고 있다. 경제발전이란 이러한 의존적 관계가 더 확대되는 것을 의미한다고 해도 과언이 아닐 것이다. 기업은 일자리를 제공하는 고용의 주체이며 세금을 감당함으로써 국가 재정과 소득 재분배에 일조하고, 투자를 통해 경제성장에 기여한다. 또 세계가 글로벌화됨에 따라 기업의 중요성은 국내외로 점점 더 증가하고 있다.

이것이 바로 기업이 시장경제의 심장 혹은 기관차라고 불리는 이유이다. 대통령이 되기 전에 자타가 인정하는 친노동자 입장이었던 노무현 대통령이 인도 방문 후에 아래와 같은 이야기를 해서 화제가 된 적이 있다.

> "인도에 가니 인도사람들이 한국이 어떤 나라인지, 한국 대통령이 누구인지 아는 사람이 별로 없었지만, 현대, LG는 모르는 사람이 없었다. 그래서 기업의 힘을 느낄 수 있었다."

응용 미시경제학의 한 분야인 산업조직론(産業組織論, industrial organization)에서 가장 중요한 이론적 틀로 이용되고 있는 기본조건(基本條件, basic condition), 구조(構造, structure), 행동(行動, conduct), 성과(成果, performance)로 기업과 산업을 개략적으로 분석해 보자. 〈그림 3.2〉에서 보는 바와 같이 SCP 패러다임(paradigm)이라고 부른다.

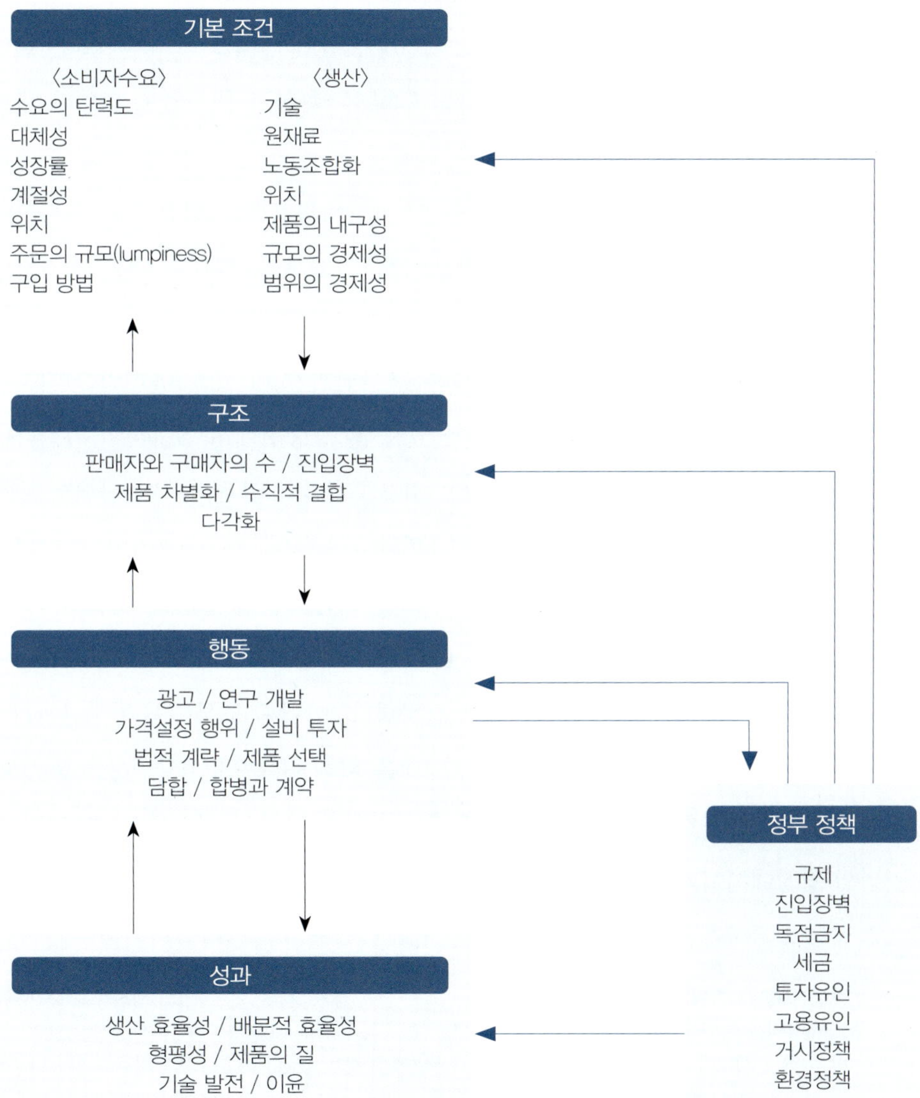

그림 3.2 기업 및 산업 성과의 결정 요인

기본조건은 크게 수요 측면과 공급 측면으로 나누어진다. 먼저 수요 측면을 보면 상품의 물리적 특성에 대한 소비자들의 선호가 가장 중요하다. 수요의 탄력도, 대체성, 계절성, 위치, 구입 규모와 방법 등이 중요하게 작용한다. 공급 측면에서는 생산기술이 가장 중요한 요소이고, 제품의 내구성, 규모의 경제성, 범위의 경제성 등이 중요한 요인으로 작용한다.

상품의 성격에 따라 기본조건이 다르다. 자동차와 음료수는 전혀 다른 상품이기 때문에 기본조건에서 큰 차이가 난다. 자동차 산업 내에서도 내연기관 자동차와 전기차는 같은 조건도 많지만 다른 조건도 상당히 있다. 관련 산업도 크게 다르다. 내연기관차는 주유소가 필수조건이지만 전기차는 그렇지 않다. 부품산업도 차이가 나며 보험업에서도 차이가 난다.

산업 연관 효과를 고려하면 기업의 위상은 더 복잡해지고 중요해진다. 자동차산업이 정상적으로 가동되기 위해서는 먼저 철강산업, 기계산업, 타이어산업, 전자산업 등이 발전되어 있어야 한다. 도로, 운전자·보행자의 의식과 능력, 보험, 병원, 법 등 관련 산업의 적절한 발전이 절대적으로 필요하다.[2] 연비가 리터당 20km인 전기자동차가 생산된다고 할지라도 도로가 포장되어 있지 않고 충전에 4, 5시간이 걸린다면 전기자동차산업은 큰 난관에 부딪히게 된다. 자율주행차가 보편화되기 위해서는 사고 시 책임소재를 정확하게 판단할 수 있는 사회적 시스템이 갖추어져 있어야 한다.

다음으로는 시장구조를 들 수 있다. 시장구조는 기본조건에 영향을 받지만, 판매자와 구입자의 수, 기업 간 능력의 차이를 나타내는 대칭성, 진입장벽, 다각화 등에 따라 시장에서의 경쟁 정도 및 독점 정도가 결정된다. 이런 구조하에서 기업은 가격, 품질, 광고, 연구개발, 담합 등 개별 기업의 이익을 위해 단독으로 혹은 다른 동종 기업과 협조적으로 행동하게 된다. 이런 맥락에서 기업과 산업의 성과가 나타난다. 개별 기업의 입장에서는 이윤, 성장, 기술 발전 등에서 나타나는 성과가 관심의 대상이

---

2 전방연관효과(前方聯關效果, forward linkage effect)는 한 산업의 발전이 그 산업의 생산물을 중간투입물로 사용하는 여타산업을 발전시키는 효과를 말한다. 자동차산업의 발전으로 주유소, 보험업, 의료업 등이 누리는 혜택이 좋은 예이다. 후방연관효과(後方聯關效果, backward)는 전방연관효과와 반대로 어떤 산업의 생산 증가가 그 산업의 생산 증가에 필요한 중간재나 원료를 공급하는 다른 모든 산업 부문의 생산에 미치는 경제적인 효과를 말한다. 자동차산업이 발전하게 되면 자동차 부품산업도 동시에 발전한다.

된다. 그러나 사회적 후생 극대화를 목적으로 경제학적 눈에서는 개별 기업의 성과에 대해 다른 판단을 할 수 있다. 시장구조를 중시하는 경제학자들은 SCP 패러다임에서 구조→행동→성과로 향하는 화살표를 중시하였으나(구조론자) 반대의 가능성도 무시할 수 없다는 주장(행동론자) 역시 설득력이 있다고 인정받는다. 그래서 독과점 문제가 발생한 경우 일방적으로 구조론이나 행동론을 취할 것이 아니라 개별 산업과 기업에 대한 면밀하고 객관적인 판단이 요망된다.

정부 정책에 의해 산업 및 기업이 영향을 받는 예로는 먼저 기본 금리(이자율), 환율 등의 변화와 같은 거시정책을 들 수 있다. 기업결합 심사와 같은 공정거래정책은 물론 환경정책도 근래에 와서는 큰 영향을 미치고 있다. 탄소중립을 목표에 잘 적응하는 기업과 그렇지 않은 기업과는 행동과 성과에 큰 차이가 나타난다. 또 이와 관련하여 정부의 보조정책(예를 들어 친환경 자동차 보조금 여부와 정도)에 따라서도 기업과 산업을 둘러싼 여건은 크게 변할 수 있다. 기아의 &모델 전기차는 2022년 1월에 1,237대 판매를 보였지만 2023년 1월에는 한 대도 판매되지 않았다. 중앙정부와 지방정부의 보조금이 결정되지 않아 발생한 일시적 현상이었지만 이 예에서 정부 정책이 시장과 기업에 미치는 영향을 확인할 수 있었다.

우리나라의 무역정책은 물론 외국의 무역정책에도 영향을 받는다. 이러한 영향력은 점점 그 정도가 심해지고 있다. 예를 들어 외국산 맥주 수입이 확대되면서 국내 맥주 시장이 상당히 달라졌다. 시장이 세계화됨에 따라 다른 나라의 정책에 의해서도 우리 시장이 영향을 받기 때문이다. 또한 미국이 인플레이션 감축법을 실시하면서 펼친 자국 산업 보호정책, 대표적으로 미국에서 생산된 자동차만이 전기자동차 보조금을 받을 수 있다는 조항으로 인해 우리나라는 물론 세계 모든 나라가 영향을 받고 있는 실정이다. 대한 항공과 아시아나 합병과 같이 우리나라 기업 간의 합병도 외국기업의 동의가 있어야만 가능하다. 이처럼 시장의 글로벌화에 따라 과거와는 상당히 다른 환경에 처하게 되었다. 모든 경제 주체들이 이러한 변화에 현명하게 대처해야 한다는 과제를 새롭게 떠안았지만, 그중에서도 특히 시장 일선에 있는 기업의 역할이 더욱 중요해졌다고 할 수 있다.

현대 경영 전략론의 대가 포터(Michael Eugene Porter)는 '다섯 가지 힘 모델(five forces model)'을 주창하였다. 그는 시장의 경쟁 정도와 매력을 결정하는 요인으로 5

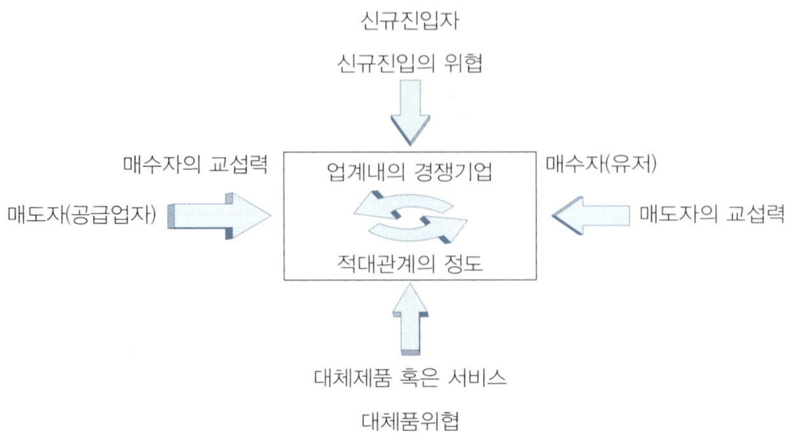

그림 3.3 기업을 둘러싼 다섯 가지 힘

(자료: 그리비스 매니지먼트 인스티튜트 지음 김영환 옮김, 『전략기획』, 21세기 북스, 2005, p.161.)

가지 요인을 들고 있다. 〈그림 3.3〉에 기업을 둘러싼 다섯 가지 힘을 보여주고 있다. ① 같은 시장 내 경쟁업체의 위협(Intensity of competitive rivalry) ② 신규 기업의 위협(Threat of new competition) ③ 대체품의 위협(Threat of substitute products or services) ④ 매도자(공급업자)의 교섭력(Bargaining power of suppliers) ⑤ 매수자(수요자)의 교섭력(Bargaining power of customers (buyers))이 다섯 가지 힘이다. 같은 시장 내 업체와의 경쟁을 협의의 경쟁이라고 부르며 그 시장을 둘러싸고 있는 환경의 압력을 포함한 경쟁을 광의의 경쟁이라고 할 수 있다. 포터는 이 광의의 경쟁 환경이 바로 업체의 수익성을 규정한다고 증명하였다. 기업이 성공하기 위해서는 자신을 둘러싸고 있는 다섯 가지 힘에 대해 정확한 분석과 대처가 필요하다.

기업 존재 원리

기업은 필요한 원료를 크게 3가지 방법(시장에서 구입하는 방법, 자신이 생산하는 방법, 계약을 통해 구입하는 방법) 중에서 택한다. 시장에서 언제든지 저렴하게 얼마든지 구입할 수 있다면 시장을 이용하는 방법이 가장 현명할 것이다. 하지만 그렇지 못한 경우, 자신이 생산할까, 계약을 맺어 구매할까를 고민하게 된다. 또 생산물을 팔 때도 3가지 방법을 놓고 고민하게 된다.

1) 거래 비용 절감설

거래 비용(去來費用, transaction cost)은 대상 상품의 가격 이외에도 거래 상대를 발견하는 데 드는 탐색 비용(探索費用, search cost), 거래조건을 알려주고 교환이 이루어지도록 하기까지 협의하여 계약서를 작성하는 데 드는 협상 비용(協商費用, bargaining cost), 계약조건이 준수되는지 확인하는 데 드는 드는 강제이행비용(强制移行費用 enforcement cost)까지 고려한다. 즉, 물류비용뿐만 아니고 정보 비용, 협상 비용, 이행감시 비용, 계약 강제 비용 등을 포함하는 것이다. 물리학의 마찰(摩擦)과 비슷하다고 평하고 있다.

거래 비용을 줄이기 위해 내부화(內部化, internalization), 즉 기업이 만들어진다. 완성차 (조립)기업이 핵심 부품인 엔진을 같이 생산하면 서로 정보도 잘 교류할 수

거래 비용의 예

• 거래 비용의 절감(금융거래에서)

금융위원회는 2023년 5월 31일부터 은행, 저축은행, 카드·캐피털 사에서 기존에 받은 신용대출 정보를 조회해 더 유리한 조건으로 대환(갈아타기)할 수 있다고 30일 밝혔다. 대상은 53개 금융사에서 받은 10억 원 이하 직장인대출이나 마이너스통장 등 보증과 담보가 없는 신용대출이다. 장기카드대출(카드론)은 오는 7월부터 조회 및 대환대출이 가능하다. 다만 연체가 있거나 분쟁 중인 대출, 압류 및 정지 상태인 거래는 다른 상품으로 갈아탈 수 없다.

금융당국은 온라인·원스톱 대환대출 인프라가 만들어지면서 대환대출에 필요한 시간이 '최소 2영업일'에서 '15분 이내'로 줄어들 것으로 예상했다. 최대 이동 가능 자산은 금융사당 연간 신규대출 한도가 4,000억 원이고 서비스 대상 금융사가 53곳이라는 점을 고려하면 약 21조 2,000억 원이다.

• 설 차례상 차림에서 나타나는 거래 비용

2023년 대전 소상공인중앙회에서 조사한 바에 의하면 설 차례상(4인 기준)을 차리는 데 전통 시장에서는 27만 656원, 대형마트에서는 32만 9,473원 백화점에서는 53만 원이 드는 것으로 조사되었다. 대형마트나 백화점이 훨씬 더 비싼데도 이용자가 적지 않은 것은 거래 비용까지 고려하면 대형마트나 백화점이 크게 더 비싸게 여겨지지 않기 때문이다. 소비자들이 거래처를 고르는 판단 기준은 눈에 보이는 가격만이 아니다. 즉 차례상 차리는 비용과 거래 비용(주차, 통행, 운반, 편의성 등)을 같이 고려하면 흔히 생각하는 것과는 달리 대형마트나 백화점에서 지출하는 비용이 적당하다고 느끼게 된다.

표 3.1 거래 협상에 영향을 주는 요인 (자료: Cooter & Ulen,『Law and Economics』, 5ed. p.90)

거래 비용을 낮추는 요인	거래 비용을 높이는 요인
1. 표준화된 재화나 서비스	1. 유일한 재화나 서비스
2. 분명하고 단순한 권리	2. 불확실하고 복잡한 권리
3. 적은 당사자	3. 많은 당사자
4. 우호적 당사자	4. 비우호적 당사자
5. 친근한 당사자	5. 친근감 없는 당사자
6. 합리적 행동	6. 비합리적 행동
7. 즉각적인 교환	7. 지연된 교환
8. 조건부 거래 없음	8. 많은 조건부 거래
9. 모니터링 비용 적음	9. 모니터링 비용 높음
10. 낮은 처벌 비용	10. 높은 처벌 비용

있고 기회주의적 행동으로 인한 피해도 줄일 수 있다. 〈표 3.1〉 거래 협상에 영향을 주는 요인을 보면 표준화되어 있고 단순한 것일수록 거래비용이 적게 들고 있음을 확인할 수 있다.

반도체는 8대 공정(웨이퍼, 산화, 포토, 식각, 박막, 금속배선, EDS[전기적 특성 검사를 통해 웨이퍼 상태인 각각의 칩들이 원하는 품질 수준에 도달하는지 체크하고 양품이 될 가능 여부를 판단하는 과정], 패키징)을 거쳐 생산된다. 만약 각 공정을 주인이 다른 기업에서 생산한다면 효율성은 크게 떨어질 것이다. 하나의 기업이 모든 공정을 가지고 생산하는 것이 거래 비용을 줄일 수 있다. 이 이론은 수직적(垂直的) 관계를 잘 설명하는 이론이다.

2) 팀 생산설

여러 사람이 분업과 협업을 통해 생산하면 생산성과 효율성이 높아진다는 이론이다. '백지장도 맞들면 낫다'라는 소박한 격언으로 많은 것이 설명된다. 그러나 각자 생산했을 때보다 더 많이 생산된 잉여분을 놓고 갈등의 소지가 존재한다. 예를 들어, 책임회피(責任回避, shirking), 무임승차자(無賃 乘車者, free rider), 불확실한 정보, 소수의 거래 등과 같은 여러 문제가 발생할 수 있다. 위계(位階)질서를 통한 체계적인 모니터링 및 감시·감독으로 해결할 수 있으나 완벽한 방법은 아니다. 따라서 합리적인 조직구성과 운영의 필요성이 대두된다. 책임의 위임과 통제 등 새로운 노사문제가 발생할 가능성도 커지고 조직의 성장에 따라 관료제의 폐단이 발생할 수도 있다. 여기서 수평적 확장을 지지하는 가설이 나온다. "우리 모두를 합친 것보다 현명한 사람은 아무도 없다". 스포츠에서 '팀보다 강한 선수는 없다'라는 격언이 이 가설의 정수를 대변한다. 이 장의 〈분업론〉에는 아담 스미스의 핀 공장에서의 분업, 일본 우키요에 제작에서의 분업, 실학자 유수원의 분업론을 소개한다.

3) 계약(契約)

그때그때 계약을 통해 구매와 판매가 이루어지는 경우, 단기, 중기, 장기 등 여러 형태가 있다. 구내식당이 없는 직장에서 동네 식당과 말을 맞춰 한 달 동안 이용한 후 월말에 한꺼번에 정산하는 방식이 한 예이다. 방송국에서 축구 월드컵을 중계할 때 프리랜서 아나운서를 대회 기간에만 고용하는 것도 이에 속한다. 최근에는 군사기업 바그너가 화제였다. 또 유명 방송 PD들이 독립 제작소를 설립하여 독자적으로 영업하면서 방송국에 드라마나 다큐 등을 납품하는 경우도 흔히 볼 수 있다. 방송국 입장에서는 시장거래인 외주(外注)를 통해 방송의 전문성과 효율성을 제고하고 있다.

〈표 3.2〉에서 볼 수 있듯이 완성차 기업은 부품을 조달할 때 크게 3가지 수단(시장거래, 부품생산자와의 계약, 내부생산) 중 자신의 여건과 능력을 고려하여 가장 효율적인 방법을 선택할 것이다.

표 3.2 부품 조달 방법의 장단점

	장점	단점
시장거래	• 전문화된 부품업체와의 계약이 가능 • 다양한 대안 이용 가능	• 매번 결정을 내려야 함 • 비용이 많이 들 가능성이 높음
부품업체와 계약	• 안정적인 부품 조달이 가능 • 가격이 인하될 가능성이 높음	• 기회주의적 행동에 속수무책 • 부품의 다양성 하락 • 기업비밀 누설 위험성 높음
내부생산	• 거래비용 절감 • 시간 절약 • 안정적인 부품 조달 가능 • 가격하락(이중거래 회피) 가능성이 높음	• 전문성 하락 • 노사문제 발생 가능성 높음 • 건설·관리 비용 많이 듦 • 인력수급의 유연성 저하

규모 결정과 방법

기업의 규모는 크게 3가지 방향으로 분류할 수 있다. 수평적 확장(水平的擴張, horizon extension), 수직적 확장(垂直的擴張, vertical extension), 비관련(非關聯) 분야(分野)로의 확장(擴張)으로 나누어진다. 수평적 확장은 현재 생산하고 있는 산업과 같은 산업으로 확장하는 것이다. 자체적인 증설이나 동종업체 인수합병이 그 예로, 〈그림 3.4〉에서 보면 완제품 생산기업이 다른 품목을 추가로 생산하는 것이다. 수직적 확장에는 완제품 생산기업이 부품이나 반제품 생산을 추가하는 후방확장(後方擴張, backward extention)과 유통 쪽으로 진출하는 전방확장(前方擴張, forward extention)이 있다. 마지막으로 비관련 분야로의 확장인데, 현재 생산하고 있는 산업과 당장은 연관성이 없는 산업으로 확장하는 것이다.

확장의 방법으로는 투자(자기자본, 타인자본), 동업(삼성 창업주 이병철[3]과 효성

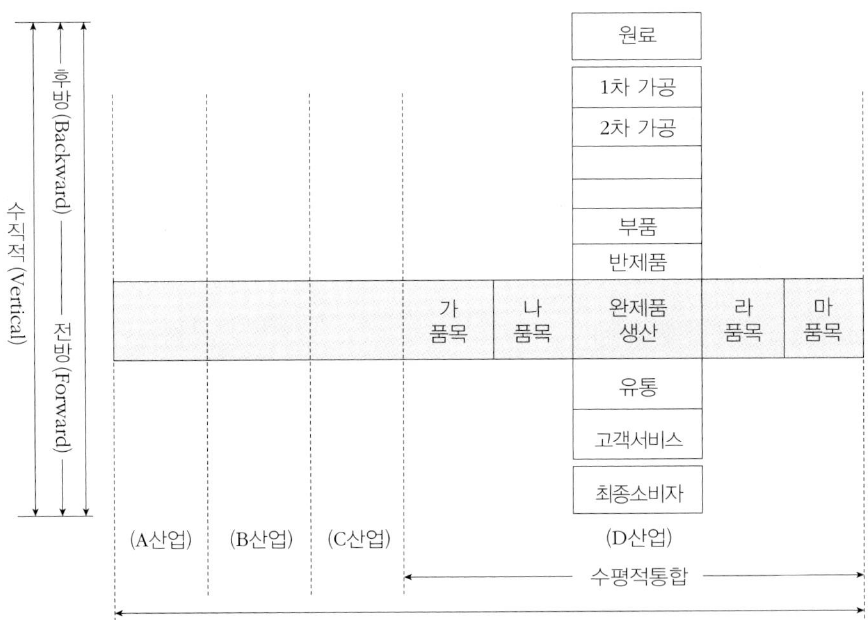

그림 3.4 기업 활동의 통합의 유형 (자료: 매일경제신문사, 『경제·경영핵심정리』, 2014, p.304.)

3 이병철(1910~1987, 경남)은 1938년 대구에 삼성상회를 창업하였고 제당과 모직산업에서 성공을 거둔 후 1968년 반대에도 불구하고 전자산업에 진출하였다. 삼성에서 파생된 그룹으로는 신세계, 호텔 신라, CJ, 중앙일보 등이 있다.

창업주 조홍제[4], LG 창업자 구인회[5]와 허만식[6]), 합병인수(合倂引受, merger and acquisition, M&A, 현대자동차의 기아자동차 인수) 등이 있다. 규모의 경제나 범위의 경제와 같은 물리적인 법칙이 작용하고 있으며 기업가나 경영자의 의지 또는 전략이 작용하고 있다. 새로운 산업이나 시장으로의 진출을 위한 새로운 도전도 있다.

2. 생산

"기술은 신의 선물, 아마 생명이라는 선물 다음으로 신이 준 가장 큰 선물일 것이다. 기술은 문명, 예술, 과학의 어머니다."

– 프리먼 다이슨(Freeman Dyson)

"충분히 발달한 기술은 마법과 구별할 수 없다."

– 아서 클라크(Arthur Clarke)

"인류의 최대 단점은 지수함수를 이해하지 못한다는 것이다."

– 엘버트 바틀릿(Albert Bartlett)

생산의 정의[7]

생산과 관련된 주요 개념과 용어를 정리해 보았다. 상품(商品, commodity)은 소비자를 위한 것이든 생산에 투입하려는 사업가를 위한 것이든 돈을 벌기 위해 판매할 의도를 가지고 생산되는 물건이나 서비스를 뜻한다. 상품생산은 물건을 사고팔 수

4 조홍제(1906~1984, 경남)는 삼성 창업주 이병철 형의 친구로서 초창기 공동 출자하였고 경영에도 참여하였으나 1962년 독립하여 효성그룹을 창업하였다.

5 구인회(1907~1969, 경남)는 진주에서 포목점으로 시작하여 부산에서 생활필수품사업으로 큰 성공을 거둔 후 전기, 전자, 화학, 정유 등에 진출하여 큰 성공을 거두었다. 오늘날 LG그룹으로 발전하였다.

6 허만식은 구인회의 장인이자 동업자로 큰 성공을 이루었다. 2005년 허씨 일가는 GS그룹으로 독립하였다.

7 새뮤얼 보울스 외 2인, 최정규 외 2인 역, 『자본주의 이해하기』, 후마니타스, p.192.

있는 시장의 존재를 전제로 하고 있다. 생산(生産, production)은 재화와 서비스를 산출하는 노동과정이다. 여기서 노동과정(勞動過程, labor process)이란 무엇인가를 생산하려는 의도를 가지고, 즉 목적 의식적으로 노동을 수행하는 인간의 행위를 말한다. 기술(技術, technology)은 노동과정에서 투입 요소와 산출물과의 관계이며, 기술진보(技術進步, technical process)는 같은 양의 산출물을 생산하는 데 동원된 노동이나 투입 요소가 이전보다 적게 들어가게 되는 변화를 의미한다.

수확체감의 법칙(한계생산물 체감의 법칙)

평균생산성(平均生産性, average physical product of labor, APP_L)은 생산량을 노동량으로 나눈 값으로 $APP_L = \frac{Q}{L}$로 쓸 수 있다. 한계생산성(限界生産性, marginal physical product of labor, MPP_L)은 노동이 한 단위 더 투입됨에 따라 증가하는 생산량으로 $MPP_L = \frac{dQ}{dL}$로 쓸 수 있다.

평균생산성은 〈그림 3.5〉에서 볼 때 투입된 노동량과 생산량을 잇는 원점에서 생산량까지의 기울기로 나타나며 한계생산성은 투입된 노동량과 생산량을 나타내는 점에서 접선의 기울기로 나타난다. 평균생산성은 완만하게 상승하였다가 최고점에 도달한 후 완만하게 하락하는 곡선으로 그려지며 한계생산성은 가파르게 상승하였다가 최고점에 도달한 후 가파르게 하락하는 곡선으로 그려진다. 한계생산성의 최고점은 평균생산성의 최고점보다 노동량이 덜 투입되는 점에 위치한다.

한계생산력체감(限界生産力遞減)의 법칙(法則)(the law of diminishing marginal productivity)이란 생산요소가 더 투입됨에 따라 총생산은 증가하지만 증가하는 정도는 점점 줄어드는 현상을 일컫는다. 이를 수확체감(收穫遞減)의 법칙(the law of diminishing returns)이라고도 부른다. 이 법칙은 다른 자원(예, 토지)의 투입량은 일정(fixed amount)한 상태에서 노동이 투입되면 생산량(수확량)은 계속 증가하지만 증가하는 정도는 점점 감소한다는 경제적·기술적 제약을 말한다. 일반적으로 수확체감은 초기의 한계수익이 증가한 이후의 현상을 설명하는 것이다. 따라서, 그것이 보편적인 법칙이라고 할 수는 없다.

생산량을 무엇으로 측정할 것인가? 각 산업에는 생산량을 계산하는 기준과 단위가

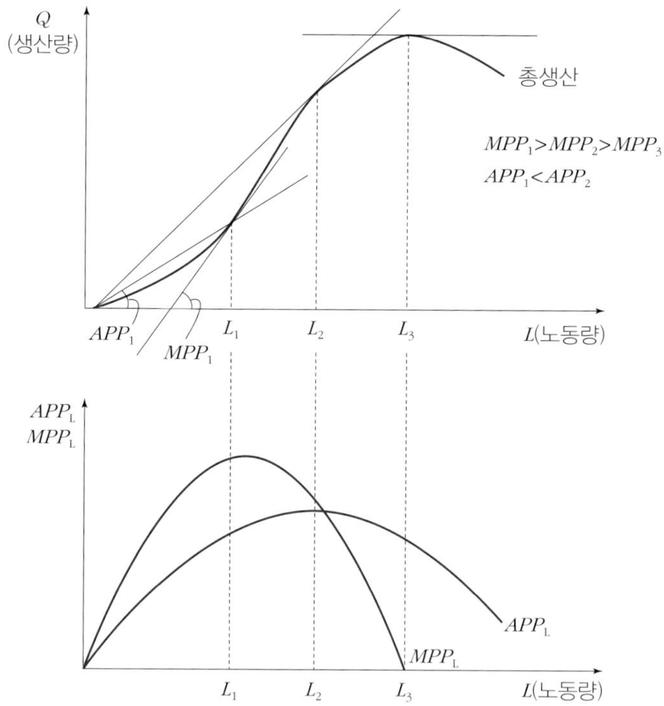

그림 3.5 수확체감의 법칙

있다. 예를 들어 쌀은 섬 혹은 kg(ton)으로, 자동차는 대수로, 커피숍은 잔으로, 식당은 손님 수, 병원은 환자 수(입원과 외래), 프로 스포츠는 관중 수(홈 관중과 원정 관중) 등 각각 독특한 대상을 단위 삼아 측정한다.

수확체증의 법칙(한계생산물 체증의 법칙)

한계생산력체증(限界生産力 遞增)의 법칙(法則)이란 생산량이 증가할수록 단위당 생산비가 줄어드는 현상을 일컫는다. 이용자 수가 많아질수록 기업의 생산비는 급격히 하락해 한계비용이 0에 가까운 상황이 발생한다. 이미 이런 생산성 효과를 향유하고 있는 기업에 경쟁해야 하는 다른 기업은 시장진입에 비용상 장벽을 감수하여야만 한다. 일반적으로 대부분 산업에서는 생산량이 적을 때는 수확체증의 법칙이 나타나다가 어느 수준이나 단계(문턱)를 넘으면 수확체감의 법칙이 나타나지만, IT 산업이나 그 응용산업에서는 지속적으로 수확체증현상이 나타난다.

3. 비용과 여러 가지 경제성

하나의 상품이 생산되는 과정을 생각해 보기로 하자. 〈그림 3.6〉에서 볼 수 있듯이 크게 제조(생산), 판매, 소비의 단계를 거친다.

가장 중요하게 작용하는 곳은 제조(생산) 단계이다. 따라서 경제학에서는 주로 생산 비용을 다루고 있다. 조금 더 기업의 입장에서 보면 비용을 생각할 때 제조(생산) 비용 뿐 아니라 조직 운영, 광고, 운송물류비용까지 합하여야 한다. 심지어는 생산 이전에 들어간 비용(예를 들어 시설비, 연구개발비 등)도 장기적으로는 고려되어야 한다. 마지막으로 소비자 입장에서의 구입 가격은 최종 판매자의 입장도 포함된다. 요인마다 규모의 경제가 나타나는 것이 사실이지만 서로 단위가 다를 수 있기 때문에 최대공약수를 찾는 노력이 필요하다. 일단 생산비용을 중심으로 공부해 보기로 하자.

여러 가지 생산 비용

총비용(總費用, total cost, TC)은 고정비용(固定費用, fixed cost, FC)과 가변비용(可變費用, variable cost, VC)의 합이다. 고정비용이란 생산량의 변화에 무관한 비용이고 가변비용은 생산량의 변화에 따라 변하는 비용이다. 고정비용은 ① 생산에 직접 관계되고 고정급으로 지급되는 직원의 봉급 ② 기계의 소모비(표준적 감가상각비) ③ 건물 유지비 ④ 공장이 설치·운영되는 토지 유지비 등이 해당된다. 가변비용은 ① 생산량과 함께 변하는 직접 노동의 임금 ② 원료대 ③ 기계의 가동비 등이 해당한다.

여러 가지 유용한 비용을 구할 수 있다.

생산	최종 판매자	소비자
생산 원가 출고가	구입가 판매가	구입가
관리운영비, 광고비, 물류·운송비 등	관리운영비, 광고비, 물류·운송비 등	

그림 3.6 상품의 흐름과 비용

- 평균고정비용(average fixed cost, AFC): 총고정비용을 생산량으로 나눈 값으로 $AFC = \frac{FC}{Q}$이다. 분자인 FC가 고정된 상태에서 계속 생산량이 증가하면 AFC는 계속 하락하는 모양을 띠게 된다.
- 평균가변비용(average variable cost, AVC): 총가변비용을 생산량으로 나눈 값으로 $AVC = \frac{VC}{Q}$이다.
- 평균비용(平均費用, average cost, AC): 한 단위 생산비용을 말하며 총비용(TC)을 산출량(Q)으로 나눈 값이다. $AC = \frac{TC(Q)}{Q}$
- 한계비용(限界費用, marginal cost, MC)은 생산량이 한 단위 더 증가할 때 늘어나는 총비용이다. $MC = \frac{dTC(Q)}{dQ}$

평균비용 곡선[8]이 U자형인 경우 총비용함수는 3차방정식으로 $C(Q) = a + b_1Q - b_2Q^2 + b_3Q^3$으로 쓸 수 있다.[9] 총고정비용($FC$)은 a이고 총가변비용은 $VC = b_1Q - b_2Q^2 + b_3Q^3$이다.

평균고정비용(AFC)은 총고정비용을 생산량으로 나눈 값으로 다음과 같이 쓸 수 있다.

$$AFC = \frac{a}{Q}$$

평균가변비용(AVC)은 총가변비용을 생산량으로 나눈 값으로 다음과 같다.

$$AVC = \frac{b_1Q - b_2Q^2 + b_3Q^3}{Q} = b_1 - b_2Q + b_3Q^2$$

평균비용(AC)은 총비용을 생산량으로 나눈 값으로

$$AC = \frac{a + b_1Q - b_2Q^2 + b_3Q^3}{Q} = \frac{a}{Q} + b_1 - b_2Q + b_3Q^2$$

8 비용곡선은 비용극소화의 결과에서 얻어지는 생산량(Q)과 비용과의 관계를 2차원 평면에 나타낸 곡선이다.

9 임상일, 『경제경영수학』, 한티에듀, 2018, p..260~265.

가 되고, 한계비용(MC)은 총비용을 미분한 값으로

$$MC = \frac{dC}{dQ} = b_1 - 2b_2Q + 3b_3Q^2$$

로 구해진다.

〈그림 3.7〉에 그려진 바와 같이 한계비용곡선은 생산량 증가에 따라 빠르게 하락하고 최저점을 도달한 후(평균비용 최저점보다는 작은 생산량), 빠르게 상승하여 반드시 평균비용 곡선의 최저점을 지난다.

총비용은 두 가지 방법으로 구할 수 있다. 한계비용을 적분한 값에 고정비용을 더하여 얻을 수 있다. $TC(Q) = AC \times Q = \int_0^{Q^*} MC\,dQ + FC$ 혹은 평균비용 × 생산량($TC = AC \times Q$)으로도 얻을 수 있다. 전자는 그림에서 MC 곡선을 적분한 면적에 고정비용을 더하면 얻을 수 있다. 후자는 직사각형 면적이다. 평균비용을 이용하는 것이 더 쉽기 때문에 총비용을 구할 때 주로 쓰이고 있다.

사실 경제학에서 사용하는 비용은 이외에도 많이 있다. 그중에서도 생산자 측에서 드는 비용으로 매몰비용과 메뉴비용, 그리고 주로 소비자가 경험하게 되는 전환비용을 아래에 설명하였다.

- 매몰비용(埋沒費用, sunk cost)

이미 지불되어 되돌려 받거나 회수할 수 없는 비용으로, 다음에 무엇을 해야 할지

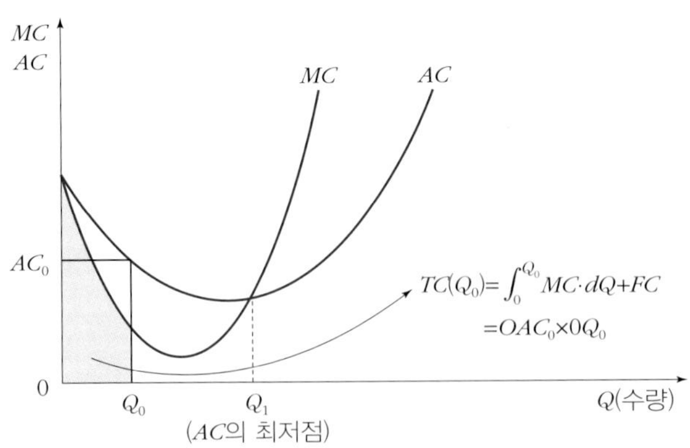

그림 3.7 U자형 평균비용 곡선과 한계비용곡선

에 대한 한계적 결정에 영향을 미치지 않는다. 사람들은 매몰비용을 비합리적으로 계산에 넣기 때문에 오류를 범하는 경우를 흔히 볼 수 있다. 뷔페식당에 간 경우를 생각해 보자. 소위 '본전'을 찾겠다고 너무 과식했다가는 속탈이 나서 병원 신세를 질 수 있다. 병상에서 "정도껏 먹었어야 했는데……."라고 후회할 수 있다. 이미 입장료를 냈으니 여러 음식을 맛보면서 감당할 수 있는 만큼만 먹는 것이 현명한데, 돈이 아깝다고 그만 과식을 해서 탈이 난 경험이 누구나 한 번쯤 있을 것이다. 뷔페 주인은 병원비에 대한 책임이 전혀 없으며, 음식을 많이 먹었다고 페널티를 주지 않듯이 적게 먹었다고 해서 돈을 돌려주지도 않는다. 뷔페에 입장하는 순간, "본전 뽑아야 하니 많이 먹자"가 아닌 "맛있게 뒤탈 안 나게 양껏 먹자"가 되어야 한다. 또 대표적인 예로 콩고드 오류(concorde fallacy)를 들 수 있다. 에어버스(Air Bus)사가 미국의 보잉과의 경쟁에서 우위를 점하기 위하여 무리하게 초음속 여객기(콩코드)를 개발하였다. 전문가들은 경제적 효율성이 떨어지기 때문에 개발을 중단할 것을 조언했지만 에어버스는 이를 무시하고 계속 밀어붙여 개발까지는 성공하였지만, 소음, 비싼 요금, 과도한 연료 소모, 소수의 승객 등으로 인해 역사의 뒤편으로 사라졌다.

• 메뉴비용(menu cost)

주로 생산자나 판매자가 가격을 변화시킬 때 드는 비용을 은유적으로 표현한 것이다. 예를 들어 가격에 변동이 생긴다면 기업은 제품의 가격표를 전부 새로 붙여야 하고, 소비자에게 변동된 제품의 가격을 알리기 위해 카탈로그도 새로 만들어 배부해야 하며, 판매담당자에게도 새로운 가격목록을 보내야 하는 등 추가적인 비용이 든다. 이를 메뉴비용이라고 한다.

• 전환비용(轉換費用, switching cost)

경제주체가 지금까지와는 다른 방식 혹은 제품을 사용하려면 드는 비용으로, 특정 공급자에 대한 소비자의 고착 정도를 나타낸다. 이는 진입장벽의 중요한 요소이다. 전환비용의 예로는 아래와 같은 것들을 들 수 있다.

① 휴대전화를 바꾸었을 때, 특히 기기(器機)를 바꾸었을 때 발생하는 불편함과 추가적인 비용.

② 우리나라는 약 100년간 쓰던 번지 주소를 거리 주소로 변경하였다. 이 과정에서 생긴 비용.

③ 우리나라는 보행자의 통행 방향을 2010년부터 우측 통행으로 바꾸었다. 이에 따라 발생하는 비용.

④ 스웨덴은 300년을 이어져 온 좌측 통행 전통을 1967년 9월 3일부터 우측 통행으로 바꾸기로 했다. 이후 130~196건씩 일어나던 일요일 교통사고가 125건으로 줄었다. 평소보다 교통사고가 감소한 것이다. 국민적 합의를 위해 40년간 기다리고, 4년간 철저하게 준비한 스웨덴의 지혜와 인내가 전환비용을 낮추었다고 평가할 수 있다.

⑤ 처음 영자 타자기가 탄생할 때 제일 윗줄을 QWERTY로 시작하였다. 특별한 의미가 있었던 것은 아니었고 TYPE WRITER를 앞뒤 바꾸어 한 줄에 배열한 것이다. 이후 미 해군에서 과학적으로 연구하여 AOEUIDHTNS로 시작하는 Dvorak 방식을 개발하였지만 이미 QWERTY에 익숙해진 타이피스트들이 Dvorak 방식을 기피하였다. 이를 전환비용으로 설명할 수 있다.

⑥ 일본 소니(Sony)는 세계 최초로 β 방식 VCR을 개발하여 두각을 나타내었다. 후발주자들이 시기적으로도 품질 면으로도 소니에게 뒤지게 되자 긴 녹화 시간과 낮은 가격을 내세워 제품 공급을 시도하였다. 소비자들은 후발주자 제품을 선호하고 활발하게 교환하기 시작했다. 이에 따라 소니와의 교환비용은 증가한 반면 서로 간의 교환비용은 낮아지게 되었고 소니는 결국 시장에서 퇴출되는 비운을 맞았다. 소니가 기술표준을 빼앗긴 셈이다. 품질이 우수해도 전환비용이 많이 들면 의외로 어려움에 봉착할 수 있음을 보여주는 예이다.

규모의 경제와 범위의 경제

1) 규모의 경제(economies of scale)[10]

① 발생 이유

실물적(實物的, real) 규모의 경제와 금전적(金錢的, pecuniary) 규모의 경제로 나누

10 꾸조니아니스 저, 정병휴 역, 『현대미시경제학』, 박영사, 1981, p. 163~176.

어 볼 수 있다. 실물적 규모의 경제는 생산량의 증가에 따라 생산요소(노동, 자본 등)의 투입이 줄어드는 현상이고, 금전적 규모의 경제는 대량 구매에 따르는 생산요소의 구매 단가가 하락하는 현상이다. 반대로 규모의 불경제성이 있다.

먼저 실물적 규모의 경제는 생산요소의 물리적 양, 원료, 여러 가지 노동 및 여러 가지 자본(고정자본 또는 유동자본)의 감소와 관련되는 경제성이다. 유형으로는 생산의 경제성, 판매 또는 마케팅의 경제성, 경영의 경제성, 수송 및 저장의 경제성이다.

구체적인 원인으로 첫째, 생산량이 증가하면 고정 설치비용이 분산되기 때문에 경제성이 나타난다. 대학 강의동은 대표적인 고정 설비로, 학생 수가 증가함에 따라 일인당 설비비용은 감소한다. 둘째, 범용기계설비가 있는 경우 여러 목적으로 활용이 된다. 대학교 도서관이 대표적인 예이다. 셋째, 물리 법칙상 자연스럽게 발생한다. 예를 들어 집을 짓는다고 하자. 기초공사에 2억 원이 들고 한 층을 더 지으려면 1억 원이 추가로 발생한다고 하자. 또 한 층에 방을 5개를 들일 수 있다고 하자. 만약 1층을 지으면 3억 원 공사비에 방 5개를 얻는다. 방 하나에 6천만 원의 평균비용이 든 것이다. 만약 3층을 짓는다고 하면, 5억 원 공사비에 방 15개를 얻는다. 방 하나의 평균비용은 3천 3백만 원으로 반으로 떨어진다. 방은 3배 더 얻었지만 비용은 2배로 증가한다. 층수를 더 올리면 평균비용은 더 하락한다. 왜 용적률을 올리려고 노력하는지를 다음에 설명하겠다.

넷째, 작업자가 동일한 제품을 반복적으로 생산하는 과정에서 작업 방법의 개선이나 노하우 축적, 숙련도의 향상으로 이전보다 작업시간이 일정한 정도로 줄어드는 현상인 학습곡선(學習曲線)으로 설명하고 있다. 이것은 제조업뿐만 아니라 건설업, 유통 부문, 서비스, 나아가 금융, 보험, 행정업무 등 '지적 노동'에도 포괄적으로 적용될 수 있는 개념으로 확장되어 왔다. 일부 학자들은 누적생산량(累積生産量)과 제품 단위당 실질 비용과의 관계를 경험곡선(learning curve)이라고 하고 이를 학습곡선과 구별하여 사용하는 경우도 적지 않다. 학습효과에 의한 기업 경쟁력 차이는 대형여객기 제조업에서 잘 나타난다고 분석하고 있으며 보잉(Boeing)사가 대형여객기 시장에서 누리는 시장지배력을 설명하는 근거로 사용되고 있다.[11] 따라서 기업의 역사, 특

11 Cabral, 『Intriduction to Industrial Organization』, MIT Press, 2000, p.44.

정 제품의 누적생산량 등 자랑하는 광고를 볼 수 있다. 현대 소나타는 2018년 12월 현재 제7세대까지 누적 8,584,822대를 생산 판매하였다. 많은 시행착오 끝에 완벽하고 생산성 높은 차를 생산할 수 있게 된 것이다.

마지막으로 대수의 법칙(the law of large numbers)을 들 수 있다. 100억 원 공사일 때의 예비비는 1/10인 10억 원이 필요하지만 1,000억 원 공사일 때의 예비비는 1/20인 50억 원이면 충분하다. 규모는 10배 차이가 나는데 예비비는 5배밖에 나지 않는다. 생산량이 클수록 절약이 발생하고 경제성이 증가한다.

금전적 규모의 경제는 대형 할인매장이나 피트니스 클럽 등에서 흔히 볼 수 있는 규모의 경제성이다. 필요한 제품을 총계한 후 대량으로 구입하기 때문에 교섭력을 갖고 상대적으로 낮은 단가(평균비용)로 구입할 수 있다. 그리고 묶음으로 판매하는 박리다매 전략을 적극 활용하고 있다. 예를 들어 피트니스 클럽에서는 일회 이용권은 5만 원이지만 10회 이용권은 40만 원, 20회 이용권은 70만 원과 같은 방식으로 다회 이용을 하면 단가를 낮게 책정한다.

② 현실에서의 비용

평균비용 곡선은 생산량이 적을 때는 규모의 경제가 현저히 나타나 빠르게 하락하지만 어느 생산량이 되면 규모의 경제성이 소진되어 일정한 수준이 된다. 평균비용 곡선은 생산량에 따라 L자 모양을 취한다고 알려져 있다. 이때 장기평균비용이 최적화되는 최저생산량인 MES(minimum efficient scale, 최저 효율 규모)를 정의할 수 있다. 이것은 산업 전체 수요와 비교하여 적정기업 수를 정하는 데 중요한 역할을 한다.[12] 예를 들어 자동차 생산에서 MES가 연 생산량 50만 대라고 추정되는 상태에서, 국내 수요가 아직 10만 대 수준이라고 하면 국제 경쟁력을 가지고 있지 못하다고 판단할 수 있다. 당분간 국내 생산을 포기하고 수입을 할 것인가? 국내 산업 보호를 위한 정책을 쓸 것인가? 수출지향적인 전략으로 MES에 도달하게 할 것인가? 하는 국가나 기업 차원의 전략적 대책이 필요하다.

12 자동차, 철강, 석유화학 등 대규모 장치산업의 최소효율 수준은 매우 크기 때문에 우리나라 5천만 인구의 수요만으론 경제성을 확보하기 어렵다. 따라서 수출지향적인 전략을 가지게 되었다.

이상에서는 주로 생산에서 나타나는 비용을 다루었지만 생산뿐만 아니라, 광고, 물류비용까지 총비용이 규모의 경제를 결정한다. 부문마다 경제성을 나타내는 규모가 다를 수 있기 때문에 최소 공배수를 찾는 지혜가 필요하다.

③ 건폐율과 용적률: 규모의 경제

건폐율(建蔽率, building coverage)은 건축 용어로 '대지면적에 대한 건축면적[13](대지에 건축물이 둘 이상 있는 경우에는 이들 연면적[延面積, gross floor area, GFA])[14]의 비율'로 정의된다. 건축물의 용적률(容積率, floor area ratio, FAR)은 '대지면적에 대한 연면적(대지에 건축물이 둘 이상 있는 경우에는 이들 연면적의 합계로 한다)의 비율'로 정의되며 건폐율과 용적률은 각각 대한민국 국토의 계획 및 이용에 관한 법률 제77조와 78조에 따라 도시관리계획에 따른 용도지역별로 최대한도가 규정되어 있고, 지역별로 적용되는 상한 비율은 지방자치단체의 조례로 정해지고 있다.

$$\text{건폐율} = (\text{건축면적}(m^2)\ /\ \text{대지면적}(m^2)) \times 100\ (\%)$$

$$\text{용적률} = (\text{건물 연면적}(m^2)\ /\ \text{대지면적}(m^2)) \times 100\ (\%)$$

건폐율은 정의상으로 볼 때 100%를 넘을 수 없지만 용적률은 100%를 넘을 수 있다. 도시지역 상업지역의 건폐율은 최대 90%이고 용적률은 최대 1,500%까지 가능하다. 만약 어느 도시 상업지역의 용적률이 1,000%에서 1,500%로 증가한다면 대지면적 100평에 10층 건물을 15층까지 지을 수 있다. 5층을 증축시키는 데 추가적인 비용(한계비용)에 비해 추가로 얻을 수 있는 수입(한계수입)이 훨씬 더 클 가능성이 있다. 증축함에 따라 규모의 경제가 발생하기 때문에 나타나는 자연적인 현상이다. 상가를 지을 때나 아파트 재건축 때 건축회사나 아파트 주민이 용적률 상향조정을 강력하게 요구하는 이유가 된다. 김원장 기자는 용적률을 하늘의 공간을 더 쓸 수 있는 합법적

---

13 대한민국 건축법 시행령 제119조(면적 등의 산정방법)에서 말하는 건축면적은 건축물의 외벽의 중심선으로 둘러싸인 부분의 수평 투영 면적을 말한다. 단, 외벽이 없는 경우에는 외곽 부분의 기둥을 말한다.

14 연면적은 대지에 들어선 건축물의 바닥면적을 모두 합한 것을 말한다.

인 기준이며, 황금보따리에 비유한다.[15]

2) 범위(範圍)의 경제(economies of scope)[16]

① 정의

여러 가지 생산물을 여러 생산 주체가 각각 생산할 때(하나의 기업이 한 상품만 생산)보다 (통합된) 하나의 기업이 생산할 때 비용이 적게 드는 경우를 범위의 경제라고 정의한다. 다생생산(多生産物) 기업에 대한 경제성을 설명하는 개념으로 쓰인다.

만약 상품(1과 2)을 두 개의 기업(*A*와 *B*)이 각각 Q_1과 Q_2를 생산한다면 비용의 합은 $C_A(Q_1, 0) + C_B(0, Q_2)$가 된다.[17] 이때 두 기업 비용의 합이 사회적 비용이다. 만약 하나의 기업(*C*)이 Q_1과 Q_2를 생산한다면 비용은 $C_C(Q_1, Q_2)$이다.[18] 만약 $C_A(Q_1, 0) + C_B(0, Q_2) > C_C(Q_1, Q_2)$가 성립한다면 범위의 경제가 나타나고 있다고 정의하고 있다. 이유는 공동 생산요소(common inputs)가 있기 때문이다. 일종의 기업 내의 공공재(public input)라고 말할 수 있다.

기업의 활동을 단계별로 나누어 볼 때, 기획·연구개발→구입→생산→판매의 과정을 거치게 된다. 이 과정에서 공통요소를 갖는 상품끼리 결합이 된다면 비용절감이 가능하다. 예를 들어 소주 회사가 맥주까지 생산한다면 소주 전문회사나 맥주 전문회사보다 판매 측면에서 시너지 효과를 얻어 유리한 고지를 점할 수 있다. 또한 포괄적 생산요소인 경영, 리더쉽과 같은 요소들은 소진성이 적기 때문에 두루 쓰인다.[19] 경제학자들은 주로 실질(물)적인 생산성 증가와 비용하락에 의미를 부여하고 있는 반면 경영학자들은 시너지 효과(synergy effect)를 경제학자들보다 넓게 인정하려는 경향이 있다.

규모의 경제는 특화(特化, specialization)나 전문화(專門化)에 따른 대량생산의 장

---

15 김원장, 『집값의 거짓말』, 해냄, 2020, p.97.

16 Baumol, Willian J., John c. Panzar, and Robert D. Willig, 『Contestable Markets and The Theory of Industry Structure』, New York ; Harcourt Brace Jovanovich, 1982

17 상품 1과 2가 다르기 때문에 벡타식으로 표현하여야 한다. 따라서 $C_A(Q_1) + C_B(Q_2)$가 아닌 $C_A(Q_1, 0) + C_B(0, Q_2)$로 표기하였다.

18 1과 2가 다른 상품이기 때문에 두 상품을 같이 생산하는 비용을 $C_C(Q_1 + Q_2)$로 표시하면 틀리게 된다.

19 기업은 가끔 마케팅과 유통에서 범위의 경제를 갖기 위해 많은 생산물을 생산한다.

점을 향유할 수 있으며, 범위의 경제는 시너지 효과를 누릴 수 있다는 장점이 있다. 규모의 경제와 마찬가지로 범위의 경제를 전략적으로 활용할 수 있다. 하지만 과유불급(過猶不及, 정도가 지나치면 미치지 못한 바와 같다)이라고, 규모가 너무 커지면 규모의 불경제가 있듯이 기업이 감당하기 어려울 정도로 여러 상품을 생산하는 경우 오히려 범위의 불경제도 나타날 수 있다. 전문성의 상실로 인해 손해라고 말할 수 있다.

하나의 품목을 전문적으로 파는 식당(삼계탕 전문 식당, 곰탕 전문 식당 등)은 규모의 경제가 나타나는 좋은 예이다. 하지만 전문 음식을 싫어하는 고객에게는 규모의 불경제가 나타난다. 분식집에서 가면 메뉴가 상당히 많다. 한식에 중식까지 파는 분식집은 범위의 경제로 평가할 수 있지만 한식, 중식, 경양식 등 너무 많은 메뉴가 공급되는 분식집은 범위의 불경제가 나타날 가능성이 높다.

② 범위의 경제를 갖는 산업의 예[20]

- 신문(주간지 + 일간지 + 월간지 + 스포츠 신문 + …)
- 음식료품(사이다 + 콜라 + 스포츠음료 + 과즙음료 + …)
- 종합병원(내과 + 외과 + 산부인과 + …)
- 항공운수업(국내선 + 미주선 + 유럽선 + …)
- 종합대학(문과대학 + 정경대학 + 경영대학 + 공과대학 + …)
- 주류(소주 + 맥주 + 생수 + 기타 비알콜음료 + 포장용 유리용기 + …)

국내 주류시장 매출액 1위인 하이트진로는 처음에는 맥주(조선맥주)에서 시작하였으나 지금은 소주의 절대강자 진로를 인수하여 소주와 맥주를 같이 생산하는 주류시장 절대강자로 우뚝 서게 되었다. 롯데주조도 두산으로부터 소주 회사를 인수하고 맥주 시장에 진출하여 하이트진로에 이어 상당한 시장지배력을 가지고 있다. 이 두 회사가 범위의 경제를 향유하면서 지방 소주 회사들은 더 어려움에 처하게 되었다.

---

20 주력상품의 생산액/(기업 전체의) 생산액 = 특화율이라고 부른다. 이렇게 보면 '종합'이라고 붙은 곳은 범위의 경제를 추구하고 있다고 봐도 과언이 아닐 것이다.

건물주가 의도적으로 진료 과목이 다른 의원을 입주시켜 건물 전체가 범위의 경제를 향유하게 하는 경우도 있다. 또 웨딩 빌딩을 지어 결혼식장, 사진, 미용, 피로연 등을 한 건물에서 할 수 있게끔 하여 범위의 경제를 향유하는 경우도 있다.

이론적으로는 규모의 경제와 범위의 경제를 구별할 수가 있지만 현실에서는 구별하기가 쉽지 않다. 예를 들어 삼성전자는 범위의 경제와 규모의 경제를 같이 향유하고 있음을 쉽게 알 수 있다. 대부분의 대기업은 처음에는 전문화 기업으로 출발하였더라도 규모가 커지면서 규모의 경제와 범위의 경제가 공존하게 된다. 지주회사로 확대해 보면 더욱 쉽게 이런 현상을 확인할 수 있다. 소위 선단식경영(船團式經營)으로 나타나는 근거로 작용하고 있다.

네트워크 효과

1) 정의

소비에서 나타나는 규모의 경제를 말한다. 〈그림 3.8〉에서 보는 바와 같이 사용자 수가 많으면 많을수록 경제성이 증가하는 현상이다. 대표적인 예인 전화 산업을 들어 보기로 하자. 소비자가 3명일 때는 최대 6통화가 가능했지만 소비자가 4명으로 늘면 최대 12통화까지 가능해진다. 불과 한 명 더 늘어날 뿐인데 통화 수가 6이나 증가한 것이다. 일반적으로 소비자 수가 한 명 더 늘면 최대 가능 통화 수는 $2(n-1)$ 증가한다. 네트워크 효과(network externality)는 통신망 사용자에 대한 효용성을 나타내는 망의 가치는 대체로 사용자 수의 제곱에 비례한다는 메칼프의 법칙(Metcalfe's law)에 잘 나타나 있다. 경제성의 원인을 규모의 경제와 범위의 경제는 주로 생산 측

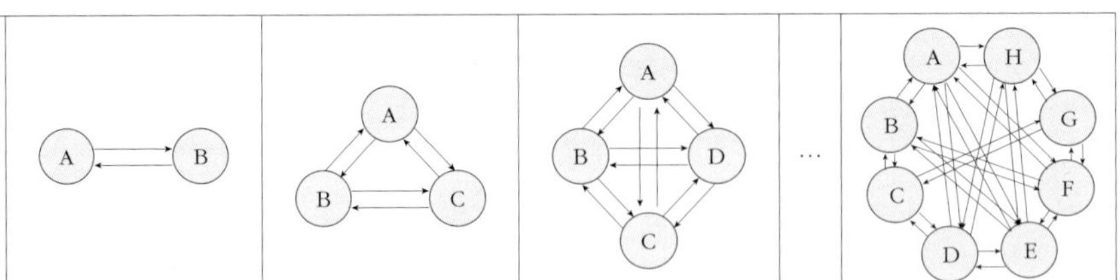

소비자 수	2	3	4		N
상품 수	2	6	12		${}_N C_2 \times 2 = N(N-1)$

그림 3.8 네트워크효과

면에서 찾고 있지만 네트워크 효과는 수요 측면에 더 두고 있다.

2) 네트워크 효과와 백화점 시장

네트워크 효과가 효과적으로 발휘되기 위해서는 매장 수(노드, node)가 많아야 한다. 서울에 사는 자식이 어버이날을 맞이하여 부모님께 커피 선물을 하려 한다고 하자. 대전에 사는 부모님의 편의를 고려하여 부모님이 쉽게 접근할 수 있는 곳에 입점한 대형 커피점의 쿠폰을 구매할 것이다. 듣도 보도 못한 브랜드에 상당한 거리까지 있는 매장을 이용하려면 부모님이 불편을 느낄 것이 뻔하기 때문이다. 여기서 중요한 결정요소는 거래비용이다. 네트워크 효과가 선순환을 이루면서 생산자에게는 큰 이익을 가져다주고 소비자에게는 편익을 가져다준다. 이것을 시장원리로 보면 네크워크 효과를 향유하고 있는 대기업 커피점은 자연스럽게 승승장구하게 되고, 네트워크 효과가 적은 동네 커피점은 쇠퇴할 수밖에 없다. 대기업은 그저 정상적인 이윤극대화 노력을 하고 소비자 역시 합리적인 소비활동을 할 뿐인데 동네 커피점은 장사가 안된다고 아우성이다.

2022년 우리나라 5대 백화점 매출액 순위 상위 20대 점포의 내역을 〈표 3.3〉에 정리해 보여주고 있다. 신세계 강남점이 2조 8,398억 원의 매출을 기록하여 1위를 차지

표 3.3 상위 20대 백화점 매출액(2022년) (단위: 억 원)

순위	점포명	매출액	순위	점포명	매출액
1	신세계 강남점	28,398	11	신세계 본점	11,438
2	롯데 잠실점	25,982	12	더현대 서울점	9,509
3	롯데 본점	19,343	13	신세계 대전점	8,647
4	신세계 센텀시티점	18,449	14	신세계 광주점	8,444
5	현대 판교점	14,532	15	롯데 인천 터미널점	7,481
6	신세계 대구점	14,391	16	갤러리아 타임월드점	7,362
7	현대 본점	12,375	17	현대 목동점	6,595
8	갤러리아 명품점	12,260	18	신세계 타임스퀘어점	6,515
9	현대 무역센터점	12,244	19	신세계 경기점	6,442
10	롯데 부산점	12,214	20	갤러리아 광교점	6,191

하였고, 이어서 롯데 잠실점이 2조 5,982억 원으로 2위를 기록하고 있다. 70개 점포의 매출을 합산한 결과 총 38조 9,515억 원으로 조사되었다.

크게 롯데, 신세계, 현대, 갤러리아(한화), AK(애경) 등 재벌 백화점이 지배하고 있는 구조를 보인다. 롯데는 32개 점포에서 매출액 13조 6,716억 원, 점유율 35.1%, 신세계는 13개 점포에서 매출액 11조 5,670억 원, 점유율 27.7%, 현대는 16개 점포에서 매출액 9조 3,998억 원, 점유율 24.1%, 갤러리아는 5개 점포에서 매출액 2조 1,908억 원, 점유율 5.6%, AK는 4개 점포에서 매출액 1조 2,229억 원, 점유율 3.2%를 보인다.

10여 년 전 대전에서는 동양백화점(한화그룹에 인수되어 갤러리아 타임월드로 상호변경), 대전백화점, 세이 백화점 등 지역자본이 투자된 백화점이 있었으나 롯데백화점이 진출하고 2021년 신세계가 진출함에 따라 이 백화점들은 문을 닫게 되었다. 이런 사정은 대전뿐만이 아니다. 〈표 3.4〉에서 볼 수 있듯이 대구의 경우 그 정도가 심한데, 1992년에는 대구백화점은 전국 2위, 동아백화점 쇼핑점은 11위, 동아백화점 본점은 12위에 기록될 정도로 지방 백화점도 위상을 차지하였으나 재벌 백화점에 밀려 자취를 감추게 되었다. 그 이유로는 좁은 국토에 교통이 편리하면서 생산과 소비에서 나타나는 네트워크효과가 크게 작용하고 있으며 편리한 주차장과 화려한 내부

표 3.4 상위 20대 백화점 매출액(1992년) (단위: 백만 원)

순위	점포명	매출액	순위	점포명	매출액
1	롯데 본점	606,000	11	대구 동아백화점쇼핑점	181,300
2	대구백화점 본점	341,690	12	대구 동아백화점 본점	148,100
3	신세계 본점	341,500	13	부산 태화백화점	148,000
4	롯데 잠실점	337,000	14	미도파 명동점	143,000
5	현대 본점	297,357	15	진로유통	141,269
6	뉴코아 본점	285,000	16	신세계 미아점	124,000
7	현대 본점	240,000	17	갤러리아 압구정점	107,800
8	롯데 영등포점	211,600	18	삼풍백화점	105,000
9	현대 무역센터점	205,010	19	대전 동양백화점	103,400
10	그랜드백화점	183,000	20	울산 주리원백화점	101,200

시설 등 모든 면에서 재벌 백화점이 앞서기 때문이다. 어버이날, 스승의 날, 설날, 추석, 생일 등 선물을 할 때 지방 백화점보다는 전국적인 네트워크를 가진 백화점 상품권을 선호하는 까닭은 소비자 또한 네트워크의 경제성을 알기 때문이다. 생산 측면에서 대량 구입 시 발생하는 규모의 경제도 또 하나의 원인으로 지적할 수 있다.

재벌 백화점은 네트워크 효과와 막강한 자본력이라는 좋은 엔진에 진취적으로 공격적인 무기를 장착하여 지방 백화점을 공략하였고, 그 결과 지역(향토)자본에 기반한 백화점은 역사의 뒤편으로 사라지게 되었다.

최근에는 모바일 쿠폰 선물이 많이 이용되고 있다. 여기에서도 전국적으로 매장을 많이 가지고 있는 재벌 기업이 절대적 우위를 보인다. 저자가 받아 본 선물 쿠폰 대부분이 재벌 기업의 것이다. 재벌 백화점은 네트워크를 활용한 공격적 마케팅이라고 평가받는 이면에는 지방 유통업의 몰락이 있다는 사실에 마음이 편치 않다.

4. 수입(收入, revenue)

어느 한 기업의 총수입(總收入, total revenue, TR)은 판매가격(price)과 판매량(quantity)을 곱한 값이고, 평균수입(平均收入, average revenue, AR)은 총수입(TR)에서 판매량(Q)을 나눈 값이다. 한계수입(限界收入, marginal revenue, MR)은 상품을 한 단위 더 공급(판매)할 때 얻는 추가 수입이다. 이 세 수입 개념 사이의 관계는 아래와 같다.

$$총수입(TR) = 판매가격(P) \times 판매량(Q) : TR = P \times Q$$

$$평균수입(AR) = 총수입(TR) \ / \ 판매량(Q) : AR = \frac{TR}{Q}$$

$$한계수입(MR) = 추가수입(\Delta TR) \ / \ 추가판매량(\Delta Q) : MR = \frac{\Delta TR}{\Delta Q} = \frac{dTR}{dQ}$$

프로야구, 객단가 1만 5,000원 시대 열었다

2023년 개막 후 93경기에 954,053명의 관중이 입장하여 149억 원의 매출을 기록하였다. 한 경기당 1만 259명의 관중이 입장하였고 객단가(좌석 1개당 매출액)는 15,718원으로 2022년의 객단가 14,818원에 비해 6% 상승하였으며 이는 코로나 이전 해인 2019년 11,780원에 비해 25%(3,978원) 증가한 값이다. 총매출액은 총수입(*TR*)과 같은 개념이고 주로 서비스업에서 쓰이는 객단가(客單價, customer transaction)란 일정 기간의 판매 금액을 그 기간의 고객 수로 나눈 값으로 고객 1인당 평균 매입액이다. 평균수입(*AR*)과 같은 개념이다.

한겨레 2023년 4월 24일 기사를 근거로 작성

여기에서 가격은 이 기업 판매 상품에 대한 시장가격이고 판매량은 이 기업의 판매량이다. 그런데 시장가격은 기업의 시장지배력에 따라 달라진다. 만약 기업이 완전경쟁시장에 있는 가격수용자(價格順應者, price taker)라면 시장균형가격(P_0)이 될 것이고 독점기업이라면 가격설정자(價格設定者, price maker)가 되어 독점가격($P_M > P_0$)을 설정할 것이다. 현실에서 기업은 완전경쟁시장과 독점시장 사이에 존재하기 때문에 기업의 판매가격(P)은 ($P_0 \leq P \leq P_M$)로 나타난다. 한편 기업의 판매량은 생산함수와 연계되어 있다. 생산성이 높은 기업일수록 생산량이 많고 (총)수입도 클 것이다. 기업의 (총)수입을 높이기 위해서는 생산물 시장에서 독점력(시장지배력)을 올리고 생산과정에서 생산성을 올리려는 노력이 필수적이라는 가장 기초적인 원리에 쉽게 도달할 수 있다.

5. 기업의 목적

여러 가지 기업의 목적

기업을 광범위하게 재화와 용역을 생산하고 판매하는 경제주체로 정의한다면 기업의 목적이 무엇인가에 대한 질문이 자연히 뒤따른다. 이에 대한 대답은 왜 생산하느냐라는 의문으로 옮겨간다.

지리산을 오르는 세 사람이 있다. A는 심마니, B는 산악인이고 C는 일반 등산객이라고 하자. A는 산삼이 있는 곳을 찾아, B는 정상을 향해, C는 경치와 전망이 좋은 곳을 찾아 길을 걸을 것이다. 목적이 다르면 행동이 다를 수밖에 없다. 하지만 세 사람 모두 주어진 제약조건에 따라 가장 효율적인 길을 찾아가는 데는 같은 행태를 보인다. 이와 같은 이치로 현실에서 기업은 설립목적이 다르면 다양한 행동을 한다. 그러나 영리를 추구하지 못하게끔 규제받고 있는 기업도 활동하는 과정에서 수입과 비용이 동시에 발생한다. 그 차액이 이익인데 이 크기가 클수록 기업은 좋은 성과를 얻는 것이다. 소위 공익을 추구하는 조직도 수입을 올리고 비용을 절감하는 노력을 최대한의 노력을 기울여야 한다. 즉 '착한 적자'도 용인할 수 있는 정도가 있는 것이다. 따라서 이윤극대화를 기업의 목적으로 설정하는 것이 100% 현실에 맞는 설정이라고 할 수는 없지만 대부분의 기업은 '최소의 비용으로 최대의 성과'를 얻으려는 노력을 하고 있다는 점에서는 무리 없는 설정이라고 할 수 있다. 이윤보다는 매출액을 극대화하려고 한다는 가설(매출액 극대화가설), 성장극대화 가설도 있으나 이런 가설에서는 이윤극대화일 때보다 매출은 크고 이윤은 적게 나타나는 경향을 보인다.

이윤극대화 조건

1) 이윤이란

이윤(利潤, profit)은 생산물이 팔린 뒤에, 생산에 투입된 요소(원료, 기계의 마모분, 노동)에 대한 보수를 모두 지불하고 난 후 고용주에게 남는 부분(잔여분), 즉 잉여를 의미한다. 여기에서 말하는 이윤은 '벌어들인(earned)' 것이 아니라 '창출된(made)' 것을 가리키는 개념이다.

이윤(利潤)극대화를 구해 보기로 하자. 이윤은 수입(收入)에서 비용(費用)을 뺀 값이다. 여기에서 총비용(費用)은 실제로 지불되는 보이는 기회비용과 보이지 않는 기회비용을 모두 포함한다. 실제로 지불되는 비용은 명시적 비용(明示的 費用, explicit cost) 또는 회계적 비용(會計的 費用, accounting cost)이라고 부른다. 보이지 않는 기회비용을 간단히 기회비용이라고 부르기도 하고 묵시적 비용(implicit cost)이라고도 부른다. 경제적 비용(총기회비용)은 보이는 기회비용과 보이지 않는 기회비용의 합

또는 경제적 비용(총기회비용)은 명시적 비용(혹은 회계적비용)과 기회비용(묵시적 비용)의 합으로 정의된다.

따라서 경제적 이윤은 총수입에서 총기회비용(보이는 기회비용과 보이지 않는 기회비용의 합)을 뺀 값 혹은 총수입에서 총기회비용(명시적 비용[혹은 회계적 비용]과 기회비용[묵시적 비용]의 합)을 뺀 값이 된다. 항상 경제적 비용이 회계 비용보다 크며 경제적 이윤은 회계 이윤보다 적다.

경제학에서 이윤을 정상이윤(定常利潤, normal profit)과 초과이윤(超過利潤, excess profit)으로 구별하여 사용하고 있다. 정상이윤이란 현재의 자원을 다른 곳에 투입하였을 때 얻을 수 있는 수입을 말한다. 초과이윤은 기업가의 능률향상, 혁신, 위험부담 등에 대한 대가이다. 이것이 기업, 기업가를 움직이는 원동력이다. 경제학에서 이윤이 0이라는 말은 초과이윤이 없다는 의미이지 회계장부에 이윤이 없다는 것을 의미하지는 않는다. 경제학에서 언급하는 이윤은 항상 경제적 이윤을 의미하며, 경제적 이윤이 진정한 이윤이라는 사실을 꼭 명심하여야 할 것이다.

연봉 5천만 원인 용세는 저축했던 1억 원을 찾아 카페를 개업하였다. 분석의 편의를 위해 커피만을 판매하고 있으며 한 잔에 5천 원이고 일 년에 3만 잔을 팔았다고 하자. 원두커피 재료로 4천만 원, 임금으로 3천만 원, 임대료 2천만 원, 기타 비용 2천만 원을 지불하였다. 은행예금 이자율은 연 5%이다(〈표 3.5〉).

수입은 1억 5천만 원이고 명시적(회계상) 비용은 1억 1천만 원으로 회계상 이윤은 4천만 원으로 계산된다. 하지만 용세는 다니던 직장을 포기하고 이 카페를 개업하였기 때문에 5천만 원이 기회비용으로 추가 계산되어야 하며, 또 저축한 돈 1억 원에 대한 이자 500만 원을 포기하였기 때문에 경제적 비용은 1억 6천 5백만 원으로 증가한다. 경제적 이윤은 1천 5백만 원 손실(1억5천 원－1억 6천 5백만 원)이 발생한다.

경제학에서는 단기와 장기로 나누어 분석하는 경우를 많이 볼 수 있다. 회계학이나 금융 분야에서는 대개 1년을 기준으로 단기와 장기로 나누는 예를 자주 볼 수 있으나 실물을 주로 다루는 분야(예를 들어 생산, 판매 등)에서는 물리적인 변화(예, 공장 규모 변화)가 있어야 하기 때문에 일률적으로 정할 수 없다. 단기(短期, short run)는 생산요소 중 적어도 하나의 투입량이 고정되어 있거나 새로운 기업의 시장진입 또는 기존 기업의 시장 철수가 없는 기간을 말한다. 장기(長期, long run)는 모든 생산요소

표 3.5 용세 카페의 총수입, 총비용, 이윤의 계산

수입	(3만 잔×5천 원) 1억 5천만 원	
비용	원두커피: 4천만 원 / 임금: 3천만 원 / 임대료: 2천만 원 / 기타 비용: 2천만 원	
	회계 비용	1억 1천만 원
	경제적 비용	1억 1천만 원+5천만 원(용세의 기회비용)+ 5백만 원(1억 원×5%)=1억 6천 5백만 원
이윤	회계 이윤	1억 5천-1억 1천만 원=4천만 원
	경제적 이윤	1억 5천-1억 6천 5백만 원=-1천 5백만 원

의 투입량을 마음대로 조정할 수 있는 기간, 기업이 생산 규모를 줄이거나 늘릴 수 있고 새로운 기업의 시장진입 또는 기존 기업의 시장 철수가 가능한 기간을 말한다.

한국방송공사의 방송법과 삼성전자의 정관 비교

〈표 3.6〉을 통해 한국방송공사의 방송법과 삼성전자의 정관을 비교해 보자. 첫째, 설립목적이 다르다. 한국방송공사는 공익을 추구하고 있고, 삼성전자는 사익을 추구하고 있다. 둘째, 자본금 모금 방법이 다르다. 한국방송공사는 정부가 전액 출자하는 형식이지만, 삼성전자는 주식발행을 통해서이다. 그럼에도 불구하고 한국방송공사는 '효율적 방송'을 규정하고 있다. 아무리 공익을 추구하는 공영방송이라도 국민의 혈세가 낭비되어서는 안 되기 때문이다. 삼성전자는 굳이 규정하지 않아도 당연한 것이다.

표 3.6 한국방송공사의 방송법과 삼성전자의 정관

기업	내용
	방송법
한국방송공사	제4장 한국방송공사 제43조(설치등) ① 공정하고 건전한 방송문화를 정착시키고 국내외 방송을 효율적으로 실시하기 위하여 국가기간방송으로서 한국방송공사를 설립한다. 방송문화발전, 공공부문 ⑤ 공사의 자본금은 3천억 원으로 하고 그 전액을 정부가 출자한다.
	정관
삼성전자	제1조(상호) 이 회사는 삼성전자주식회사라 하고 영문으로는 SAMSUNG ELECTRONICS CO., LTD.라 표기한다. 제2조(목적) 이 회사는 다음의 사업을 경영함을 목적으로 한다. 1. 전자전기기계기구 및 관련기기와 그 부품의 제작, 판매, 수금대행 및 임대, 서비스업 2. 통신기계기구 및 관련기기와 그 부품의 제작, 판매, 수금대행 및 임대, 서비스업 3. 의료기기의 제작 및 판매업 4. 광디스크 및 광원응용기계기구와 그 부품의 제작, 판매, 서비스업 5. 광섬유, 케이블 및 관련기기의 제조, 판매, 임대, 서비스업 제5조(수권자본)이 회사가 발행할 주식의 총수는 이백오십억주로 한다. 제6조(일주의 금액) 이 회사가 발행하는 주식의 일주 금액은 일백원으로 한다.

연습문제

토론(같이 생각하고 이야기해 보기)

1. 팀 생산설을 근거로 기업이 존재하는 이유를 설명하시오. 또 무임승차, 모니터링, 위계조직을 설명하시오.

2. 여럿이 같이 외식을 하는 경우 일본 사람들은 우리나라 사람보다 더 야박한 경향을 보이고 있다. 이 사실을 '평균비용'과 '한계비용'을 이용하여 설명하시오.

3. 네트워크 효과란? 이것이 생기게 된 이유는 무엇인가? 소비에서 예를 들어 설명하시오. 앞으로 이 효과에 대한 전망을 쓰시오. 우리는 어떤 대처를 하여야 할 것인가?

O X 문제

1. 공급곡선이 우상향하는 것은 한계생산력 체감의 법칙이 작용하기 때문이다. ( )

2. 거래비용설을 이용하면 기업의 수평적 확장을 설명하는 데 설득력을 가질 수 있다. ( )

3. 이윤극대화 조건은 AR=AC이다. ( )

4. 전환비용이 큰 시장은 새롭게 진입하려는 기업에게 유리한 환경이 형성되어 있다. ( )

5. 규모의 경제란 생산량이 증가함에 따라 평균비용이 하락하는 현상이다. ( )

6. 한계생산력 체감의 법칙이란 생산량이 증가함에 따라 생산량은 증가하지만 그 증가하는 정도는 줄어드는 현상을 말한다. ( )

7. 경제학에서는 일반적으로 기업의 목적을 수입극대화로 보고 있다. ( )

8. 경제적 이윤과 회계 이윤은 말만 다르지 같은 개념이다. ( )

용어설명

1. 수확체감의 법칙이란? 예를 들어 설명하시오.

2. 전환비용이란? 진입장벽과 관련지어 설명하시오.

3. 고정비용이란? 가변비용이란?

4. 학습곡선이란?

주관식 문제

1. 평균비용 함수가 $AC=10-q$일 때 총비용과 한계비용을 구하시오.

2. 이윤극대화 조건을 쓰시오.

3. TV 프로그램 중 아웃소싱으로 제작되는 프로의 실례를 들어 보시오.

4. 매몰비용이란? 콩코드기의 실패를 들어 설명하시오. 또 일상생활에서 볼 수 있는 예를 들어 보시오.

5. 범위의 경제란 무엇인가? 종합병원 혹은 클리닉 병원의 집단화를 예로 들어 설명하시오. 또 일상생활에서 볼 수 있는 예를 들어 보시오.

6. 규모의 불경제란? 범위의 불경제란?

7. 평균비용이란? 규모의 경제란 무엇인가? 대형마트를 예로 들어 설명하시오.

8. 전환비용이란 무엇인가? 예를 들어 설명하시오. 이로부터 얻을 수 있는 교훈은 무엇인가?

9. 추석 제사상 차림을 하기 위해 전통 시장에서의 비용이 대형마트에서의 비용보다 더 싼데도 사람들은 대형마트를 더 이용하고 있다. 이 사실을 '거래비용'을 이용하여 설명하시오.

10. 100평의 대지에 1층부터 5층까지 모두 40평인 건물인 경우의 용적률과 건폐율을 구하시오.

제4장

기업, 회사, 시장 및 산업

1. 현실에서의 기업
2. 회사
3. 시장과 산업

“주식회사야말로 근대사에 있어서 가장 뛰어난 걸작품이다. 증기기관이나 전기마저도 주식회사의 지원이 없었더라면 아무런 가치를 발휘하지 못했을 것이다.”

– 니컬러스 머레이 버틀러(N.M. Butler)[1]

“우리가 자영업 지옥에 살고 있음이 너무 자명하다.”

“기업의, 기업에 의한, 기업을 위한 정부일 뿐 더 이상 국민의, 국민에 의한, 국민을 위한 정부는 없다.”

– 미국 19대 러더퍼드 헤이스 대통령(Rutherford B. Hayes)[2]

---

1 니컬러스 머레이 버틀러(N.M. Butler, 1862~1947)는 미국의 철학자, 외교관, 교육자, 1931년 노벨평화상 수상자이다. 존 미클스웨이트·에이드리언 울드리지 지음/유경찬 옮김, 『기업, 인류최고의 발명품』, 을유문화사, 2011, p.21에서 인용하였음.

2 존 미클스웨이트·에이드리언 울드리지 지음/유경찬 옮김, 앞의 책, p.13.

유니콘(unicorn) 기업

기업 가치가 10억 달러(=1조 원) 이상이고 창업한 지 10년 이하인 비상장 스타트업 기업을 말한다. 2013년 벤처 투자자인 에일린 리(Aileen Lee)가 뿔이 하나 달린 말처럼 생긴 전설상의 동물인 유니콘처럼 성공하기가 매우 어렵다는 뜻으로 쓰기 시작하였다. CB Insights는 2022년 기준으로 세계적으로 1,170개 유니콘 기업이 있다고 보고하였다. 〈표 4.1〉에 국가별 유니콘 기업의 수를 보여주고 있는데, 미국이 644개, 중국이 302개, 인도가 108개 순이다. 우리나라는 16개로 10위에, 인도네시아는 11개로 12위, 일본은 6개로 20위에 위치한다.

한국에서는 야놀자, 비바리퍼블리카(토스), 엘로우모바일, 컬리, 당근마켓, 트리

표 4.1 국가별 유니콘 기업의 수(2022년 현재) (자료: 위키피디아)

순위	나라명	개수	순위	나라명	개수
1	미국	644	11	싱가포르	13
2	중국	302	12	인도네시아	11
3	인도	108	13	오스트레리아	8
4	영국	46	13	멕시코	8
5	독일	29	15	스웨덴	8
6	프랑스	24	16	홍콩	7
7	이스라엘	22	16	네델란드	7
8	캐나다	19	16	아일랜드	7
9	브라질	16	19	일본	6
9	한국	16	19	스위스	6

지, 무신사, L&P코스메틱, 위메프, 메가존, 두마무, 지그방, 버켓플레이스, 지피클럽, 에이프로젠, 쏘카 등이 있다. 또 쿠팡과 Krafton은 기업공개로 Woowa Brothers는 다른 기업에 인수되어서 명단에서 빠지게 되었다. 현재 가장 높은 평가를 받고 있는 유니콘 기업은 중국 장일명(張一鳴, 1983~, 마이크로일렉트로닉스(Microelectronics)을 전공한 엔지니어)이 2012년에 창업한 ByteDance이다. 글로벌 숏폼 비디오 플랫폼인 TikTok을 소유하고 있는 기업이다. 2위는 일론 머스크가 창업한 SpaceX이다. 미국의 우버, Facebook, 에어비앤비, 중국의 샤오미, 디디추싱, 알리바바 등 역시 유니콘 기업에 속하였지만 기업 공개를 하면서 명단에서 제외되었다.

한편 기업 가치가 100억 달러(=10조 원) 이상인 비상장 스타트업 기업을 '데카콘(decacorn)'이라고 부른다. 미국의 경제통신사인 블룸버그가 처음 사용한 용어이다. 데카콘 기업에는 미국의 우버, 에어비앤비, 중국의 샤오미, 디디추싱 등이 있다. 동향으로는 공유경제, 전자상거래, 혁신적인 비즈니스 등을 들 수 있다.

1. 현실에서의 기업

기준에 따라 여러 가지로 분류할 수 있다. 주체별 분류로는 공기업, 사기업, 규모별 분류로는 대기업, 중소기업, 지배관계로는 지주회사, 자회사, 기타 분류로는 합동조합, 벤처기업 등으로 분류할 수 있다.

대기업과 중소기업

우리나라에서는 중소기업기본법 제2조에서 업종별로 매출액 또는 자산총액 등이 대통령령으로 정하는 기준에 맞을 것과 지분 소유나 출자 관계 등 소유와 경영의 실질적인 독립성이 대통령령으로 정하는 기준에 맞을 것을 기준으로 정하고 있다. 중소기업(SMEs, small and medium-sized enterprises) 기준은 영리기업 또는 비영리 사회적 기업을 대상으로 적용하며, 규모 기준과 독립성 기준을 모두 충족해야 중소기업에 해당한다.[3] 〈표 4.2〉에 중소기업 범위 기준을 보여주고 있다. 총 43개 업종에

표 4.2 중소기업 범위 기준

1. 규모 기준(외형적 판단기준)		
업종별 규모 기준 (평균 매출액 등)	1,500억 원 이하	전기장비제조업 등 제조업 6개 업종
	1,000억 원 이하	식료품 등 12개 제조업, 건설업 등 16개 업종
	800억 원 이하	음료제조업 등 6개 제조업, 정보통신업 등 9개 업종
	600억 원 이하	보건업 및 사회복지서비스업 등 6개 업종
	400억 원 이하	금융 및 보험업 등 5개 업종
상한 기준	업종별 규모 기준을 충족하더라도 재무상태표상 자산총계(자본총계+부채총계)가 5,000억 원 미만인 기업	
2. 독립성 기준		
• 「독점규제 및 공정거래에 관한 법률」에 따른 공시대상기업집단에 속하는 회사 • 자산총액 5천억 원 이상인 법인의 피출자기업 • 관계기업에 속한 기업 ① 지배종속·관계에 따른 관계기업 파악 ② 관계기업의 평균매출액등 산정		

3 중소기업벤처부, 『알기 쉽게 풀어 쓴 중소기업 범위 해설(2022년 개정판)』을 참고하였음.

표 4.3 소기업 범위 기준

업종	매출액 기준
식료품제조업, 전기장비 제조업, 자동차 및 트레일러 제조업 등 17개 업종	120억 원
농업·임업 및 어업, 건설업, 금융 및 보험업 등 14개 업종	80억 원
도매 및 소매업과 정보통신업 2개 업종	50억 원
부동산업, 전문과학 및 기술 서비스업 등 5개 업종	30억 원
숙박 및 음식업, 교육서비스업, 보건업 및 사회복지 서비스업 등 5개 업종	10억 원

적용되고 있다.

중소기업은 규모가 다양하므로, 그 규모에 따라 중기업, 소기업, 소상공인으로 구분되고 있다. 소기업은 중소기업 중에서 아래의 기준(〈표 4.3〉)을 충족하는 기업이며, 중기업은 중소기업 중에서 소기업을 제외한 기업을 말한다.

소상공인이란, 소기업 중 소상공인 기준을 충족하는 기업을 의미한다(「소상공인기본법」 제2조). 소상공인의 구분은 상시 근로자 수로 판단하며, 이는 관계기업을 고려하지 않은 해당 기업만의 근로자 수이다. 광업·제조업·건설업·운수업 상시 근로자 수 10명 미만이고 그 밖의 업종 상시 근로자 수 5명 미만이 기준이다.

중견(中堅)기업이란 대기업과 중소기업의 중간에 위치하는 기업을 가리키는 말인데 공식적 기준은 없다. 중견기업연합회는 이를 "30대 그룹에 들지 않으면서 상시종업원이 3백 명 이상으로 중소기업의 범위를 벗어난 기업"으로 정의하고 있다. 또 은행들은 기업여신관행 개선작업을 추진하면서 중견기업의 범위를 "자회사를 2개 이상 거느리거나 은행 빚이 1백억~2천억 원인 기업"으로 잡고 있으며, 「중견기업 성장촉진 및 경쟁력 강화에 관한 특별법(약칭: 중견기업법)」이 2021년 12월 31일부터 시행되고 있다. 2021년 현재 제조업 중견기업은 1,989개이고 종업원은 630,558명, 매출액은 약 429조에 달하고 있다.[4]

대대로 물려받은 집안의 생업인 가업(家業) 계승도 증가하고 있다. 「조세특례제한법」에서는 중소기업 또는 규모의 확대 등으로 중소기업에 해당하지 아니하게 된 매

4 통계청, 중견기업 제조업(중분류) 기업 수, 종사자 수 및 매출액.

표 4.4 우리나라 중소기업의 비중

	구분	2017	2018	2019	2020
사업체 수	합계	6,301,013	6,643,756	6,898,958	7,295,393
	중소기업(%)	6,296,210 (99.9%)	6,634,694 (99.9%)	6,890,203 (99.9%)	7,286,023 (99.9%)
	대기업(%)	4,803 (0.1%)	5,062 (0.1%)	8,755 (0.1%)	9,370 (0.1%)
종업원 수	합계	20,094,913	20,591,641	21,254,650	21,580,496
	중소기업(%)	16,689,525 (83.1%)	17,103,938 (83.1%)	17,273,909 (81.3%)	17,541,182 (81.3%)
	대기업(%)	3,405,388 (16.9%)	3,487,703 (16.9%)	3,980,741 (18.7%)	4,039,314 (18.7%)

출액 3천억 원 미만의 기업(상호출자제한 기업집단 내 기업은 제외)으로서 피상속인 또는 증여자가 10년 이상 계속 경영한 기업이라고 정의하고 있다.

〈표 4.4〉를 보면 중소기업은 사업체 수에서는 99.9%를, 종업원 수에서는 81.3%를 차지하고 있다.

일본 장수기업의 비결

역사가 200년 이상 되는 기업이 세계 41개국에 5,586개가 존재하는 것으로 조사되었다. 일본기업이 3,146개로 56.3%를 차지하였고 독일 837개 15.0%, 네덜란드 222개 4.0%, 프랑스 196개 3.5%, 영국 186개 3.3%, 러시아 149개 2.7%, 오스트리아 142개 2.5%, 이탈리아 104개 1.9%, 중국 58개 1.1%를 차지하고 있다.

일본 장수기업의 내부적 요인으로는 본업중시, 신뢰 기반 형성, 투철한 장인정신, 혈연을 초월한 기업승계, 보수적 자금 운용으로 리스크 회피 등을 들 수 있다. 외부적 요인으로는 외부로부터의 침략이 없었고 짧은 내전으로 평화의 지속, 장인 중시 문화, 높은 교육열이 원인으로 지적되고 있다.

우리나라에서는 200년 이상 된 기업은 없고 1896년 설립된 두산(박승직, 1864~1950)과 1897년에 설립된 동화약품공업사(부채표 활명수)가 있다. 역사가 짧은 미국에서는 코닝사가 1868년, 듀폰사가 1802년, GE사가 1890년 창업하였다.

정후식, 「일본기업의 장수비결을 알아본다」, 한국은행, 2008.

지주회사

「독점규제 및 공정거래에 관한 법률」에서는 지주회사(持株會社, holding company)를 '주식(지분을 포함한다)의 소유를 통하여 국내 회사의 사업내용을 지배하는 것을 주된 사업으로 하는 회사로서 자산총액이 대통령령으로 정하는 금액 이상인 회사'라고 말한다. 또 '자회사'란 지주회사로부터 대통령령으로 정하는 기준에 따라 그 사업내용을 지배받는 국내 회사로 정의하고 있다.

지주회사는 다른 회사의 주식 보유만을 목적으로 하는 순수지주회사와 자신도 사업을 영위하는 사업지주회사로 나누어진다. 지주회사의 장점으로는 첫째, 소유구조가 단순·투명하여 경영감시가 용이하다. 둘째, 분사화를 통해 한계기업을 분리 매각할 수 있는 등 구조조정을 쉽게 한다. 셋째, 유사 업종의 계열회사를 효율적으로 관리할 수 있다. 단점으로는 첫째, 소액자본으로 다수의 기업들을 쉽게 지배할 수 있기 때문에 기업집단의 계열 확장의 수단으로 이용될 수 있다는 점이 지적되고 있다. 지주회사를 통해 기업은 피라미드식 지배가 가능하게 된다. 둘째, 경영자의 권한 남용, 다수결의 남용, 유한책임제도의 남용으로 소액주주와 채권자의 권익이 침해당할 수 있다. 셋째, 과도한 차입경영으로 기업재무구조가 악화될 위험성이 존재한다. 단점에 대해 우려가 컸던 우리나라에서는 1999년 4월 조건부로 설립을 허용하였다.[5]

업종은 크게 금융지주회사와 일반지주회사(비금융지주회사)로 나뉜다. 2021년 12월 말 현재 우리나라에는 일반지주회사가 158개, 금융지주회사가 10개로 총 168개 지주회사가 존재하고 있다. 재벌(財閥)은 총수를 비롯한 그 가족에 의하여 소유·지배되는 기업집단으로 정의되며 학술용어는 아니다. 원조는 일본이었으나 패전 이후에는 해체되어 소수에 의한 지배가 거의 존재하지 않는다. 요즈음은 우리나라 대기업집단을 지칭하는 용어로 쓰이고 있으며 옥스퍼드 사전에도 우리말 재벌을 발음대로 'chaebol'이라 등록되어 있어 화제가 된 적이 있다. 공정거래법상 '대규모기업집단'과 유사한 존재이다. 금산분리법(金産分離法, 은행을 소유할 수 없게 하는 법), 출자총액제한(出資總額制限), 상호출자채무보증제한(相互出資債務保證制限)을 통해 무분

5 이규억 이성순, 『기업과 시장』, 지민사, 2005, p.328.

별한 확장을 규제하고 있다.

벤처기업

첨단 신기술이나 참신한 아이디어를 사업화하여 신규시장을 개척함으로써 경영의 위험성은 크지만 성공할 경우 높은 수익이 기대되는 중소기업으로, 통상적으로 벤처기업, 벤처비즈니스, 모험기업, 신기술사업, 기술집약적, 지식집약적 중소기업, 연구개발형기업, 하이테크기업 등의 다양한 용어로 사용되고 있다. 우리나라에서는 「벤처기업육성에관한특별조치법」 제2조에서 벤처기업이라 함은 「중소기업기본법」 제2조의 규정에 의한 중소기업으로서, 벤처캐피탈투자기업, 연구개발투자기업, 신기술개발기업, 우수기술평가기업으로 규정하고 있다.

벤처기업의 특성으로는 첫째, 소수의 기술 창업자가 기술 혁신의 아이디어를 상업화하기 위해 설립한 신생기업이다. 둘째, 높은 위험부담을 갖고 있지만 성공할 경우 높은 기대 이익이 예상된다. 셋째, 왕성한 기업가정신을 가진 기업가에 의해 주도된다는 점을 들 수 있다. 과거에는 독립된 기업의 형태를 띠었지만 최근 들어 벤처기업에 대한 관심과 중요성이 높아짐에 따라 대기업이 참여하고 다양한 종류의 자본 투자가 이루어져 여러 형태의 벤처 비즈니스가 나타나고 있다.

사회적 기업[6]

사회적 기업(social enterprise)이란 영리 기업과 비영리 기업의 중간 형태로, 사회적 목적을 우선으로 추구하면서 재화·서비스의 생산·판매 등 영업활동을 수행하는 기업(조직)을 말한다. 「사회적 기업 육성법」에서는 사회적 기업을 취약 계층에게 사회서비스 또는 일자리를 제공하여 지역주민의 삶의 질을 높이는 등의 사회적 목적을 추구하면서 재화 및 서비스의 생산·판매 등 영업활동을 하는 기업으로서 고용노동부 장관의 인증을 받은 기관으로 정의하고 있다. 영리기업이 주주나 소유자를 위해 이윤을 추구하는 것과는 달리, 사회적 기업은 사회서비스를 제공하고 취약 계층에게

6 한국사회적기업진흥원(www.socialenterprise.or.kr)

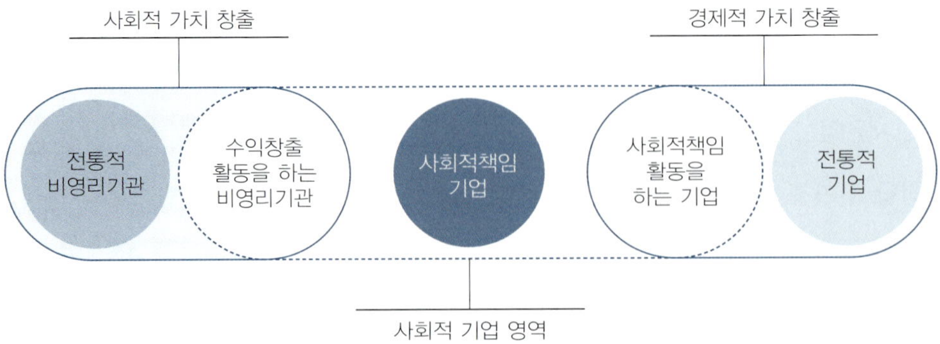

그림 4.1 사회적 기업의 위상

일자리를 창출하는 등 사회적 목적을 조직의 주된 목적으로 추구한다는 점에서 차이가 있다(〈그림 4.1〉 참고). 노벨평화상 수상자이자 경제학자인 무함마드유누스는 "사회 문제 해결을 위해 창립되고 설계된 사업"이라고 정의한다. 협동조합과 함께 사회적 경제를 대표하는 형태 중 하나다.

2023년 3월까지 84차에 걸쳐 총 4,296개 기업이 인증되었고 현재 3,568개소 활동 중이다. 한빛 예술단, (사)충남교육 연구소, 영셰프, (재)아름다운 가게, 홍성유기농 영농조합법인 등이 대표적인 사회적 기업들이다.

한계기업(좀비기업)

재무구조가 부실해 영업활동으로 창출된 이익으로 이자 비용조차 감당하지 못하는 기업을 뜻한다. 사실상 경쟁력을 잃어 성장은커녕 지속조차 할 수 없는 기업을 의미한다. 현실에서는 통상 3년 연속 이자보상비율(영업이익/이자 비용)이 1보다 작은 기업을 한계기업으로 판단한다.

전국경제인연합회가 코스피와 코스닥에 상장된 2,347개 기업(코스피 797개와 코스닥 1,550개)을 분석한 결과 〈그림 4.2〉에서 볼 수 있는 바와 같이 2022년 말 기준 17.5%가 한계기업인 것으로 나타났다. 2016년 9.3%에서 두 배 가까이 증가한 수치이다. 2016년 9.3%로 같았던 코스피와 코스닥 상장사의 한계기업 비율이 2022년에는 코스피의 한계기업 비율은 11.5%로 2.2%p 증가하는 것에 그쳤으나 코스닥은 11.2%p 증가한 20.5%를 기록했다. 코스닥 기업들이 '코로나와 고금리'라는 외부 충

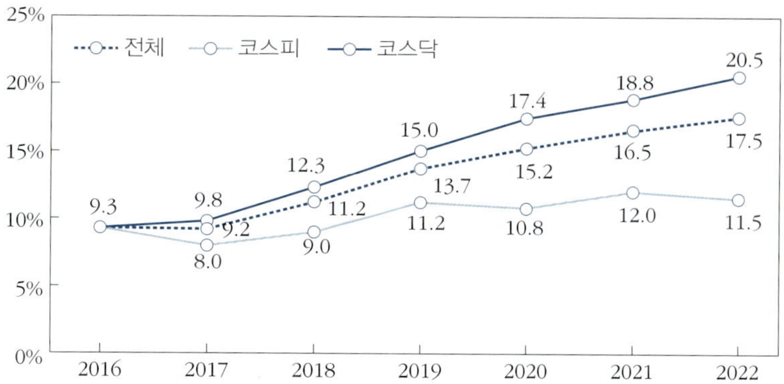

그림 4.2 거래소별 상장사 한계기업 비율 추이

(자료: 전국경제인연합회, 상장사 한계기업 비중 추이 분석, 2023년 5월 22일)

격에 취약했기 때문인 것으로 보인다.

연구소 기업

정부출연연구기관·전문생산기술연구소·대학 등 공공 연구기관이 개발한 기술을 사업화하기 위해 설립 자본금 중 20% 이상을 직접 출자해 연구개발특구 안에 설립하는 기업을 연구소 기업(社會的 企業)이라고 정의하고 있다. 정부는 이들 기업에 3년간 100%, 2년간 50%(최대 5년)의 법인세 감면 혜택을 준다. 2020년 기준 총매출액은 9,494억 원, 고용인원은 5,103명으로 탁월한 성과를 나타내고 있어 창업을 선도하는 연구개발특구의 고유 모델이 되고 있다.

2. 회사

회사의 정의

회사(會社, company)란 광의로는 사람의 자발적인 모임, 군 집단, 비즈니스(사업) 주체, 은행을 비롯한 금융기관을 지칭한다. 상법 제169조에 '회사'란 상행위나 그 밖의 영리를 목적으로 하여 설립한 법인을 말한다고 규정되어 있다. 목적, 자금조달, 운영, 배분, 정리의 내용에 따라 여러 회사로 분류된다.

company의 어원

'com'은 '같이', 'pan'은 '빵', 'y'는 '사람'으로 빵을 나누어 먹는 사람이라는 뜻이다. 라틴어 companio(one who eats bread with you)에서 나온 말이다.

라이벌(rival)의 어원

rival의 어원은 라틴어 river이다. 같은 강에 사는 상류, 중류, 하류에 사는 사람들의 관계를 생각하면 rival의 의미가 더 실감나게 느껴질 것이다. 때로는 협조자, 때로는 경쟁자로 살아가야 한다. 이해관계가 얽힌 상대가 있기에 어느 한쪽이 일방적으로 행동할 수 없는 관계이다.

회사의 종류

1) 상법 회사와 사원의 구성

현재 대한민국의 상법에서는 회사를 다섯 종류로 분류하고 있다.

① 합명회사(合名會社, partnership)

각 사원이 회사의 채권자에 대하여 직접 책임을 지기 때문에 대외적으로 인적 신용이 중시되고, 내부적으로 사원 상호 간의 신뢰관계를 필요로 한다. 자본적인 색채보다도 가족적, 인적 결합의 색채가 짙은 특징이 있다. 따라서 인적 신뢰관계가 있는 소수의 인원으로 구성되는 공동기업에 적당한 회사이다.

인적회사로 법인세법의 적용을 받는다. 법무, 회계, 경영 컨설팅 등 특정 분야의 전문가들이 모여 만들기에 적합한 회사 형태다. 공동으로 무한책임을 지는 전문가 구성원들이 서로 감시함으로써 신뢰받는 회사 운영을 할 수 있다.

② 합자회사(合資會社, limited partnership)

합명회사와 마찬가지로 주주총회나 사원총회와 같은 의사기관이 존재하지 않고, 각 무한책임사원이 업무를 집행하고 회사를 대표한다. 유한책임사원은 업무를 집행할 수 없지만 제한적인 감시권을 가지고 있다. 합명회사와 같이, 구성원들의 인적 신뢰관계가 바탕이 되기에 소수 인원으로 한 공동기업에 적합하다.

각 1명 이상의 무한책임사원과 유한책임사원으로 조직된다. 개인의 인적 신뢰관계를 기초로 하는 인적회사이므로 대부분의 합명회사 규정이 준용된다.

③ 유한회사(有限會社, limited company)

주식회사와 달리 지분을 증권화할 수 없으며 주식회사보다 이해관계자가 적어 엄격한 규정이 완화되어 있다. 주식회사와 구조가 비슷하지만 주식회사보다는 소규모의 폐쇄적인 회사이다. 대기업보다는 벤처기업이나 중소기업에 적합하며, 많은 외국계 대기업이 한국지사로 유한회사를 설립하고 있다. 유한책임사원으로만 구성된다.

④ 유한책임회사(有限責任會社, limited liability company)

기존의 폐쇄적인 유한회사를 발전시켜 소규모 기업, 지식기반 산업 등 소유와 경영이 개인에 집중되어 있고, 인적자산의 수용이 더 중요한 기업의 경우를 배려하기 위하여 도입되었다. 기관을 설치 운영할 필요가 없으며, 출자금액에 상관없이 이익분배를 달리할 수 있기 때문에 사원의 인지능력을 활용하는 데 한층 효과적이다. 유한회사와 마찬가지로 지분을 증권화할 수 없고, 자유로운 지분양도를 정관에서 정할 수 있다.

벤처기업, 사모펀드, 법무법인, 회계법인 등의 회사 형태에 적합하다. 업무집행기관은 회사의 중요한 의사결정을 내리는 임원의 역할을 수행하며 사원 또는 사원 아닌 제3자도 가능하다.

⑤ 주식회사(株式會社, corporation)[7]

전형적인 물적 회사로, 사원의 개성이 전혀 문제가 되지 않는 대규모 회사에 적합한 회사이다. 다른 회사들과 다르게 지분을 주권(株券, equity)으로 발행하여 투자자들의 자금을 모은 후 직접 투자를 함으로써 이윤을 얻는 조직이다. 주주는 주권을 자유롭게 양도할 수 있어 자본이득을 얻을 수 있다.

주주의 수가 많기에 이사를 선출하여 이사회를 만들고, 이사회를 통한 업무 집행이

7 중국의 고분유한공사(股扮有限公司)가 주식회사에 해당하는 회사이다.

이루어진다. 2011년 상법 개정으로 경영과 감독을 분리해 이사회가 감독 역할에 더욱 집중할 수 있게 초점을 둔 집행임원제도가 도입되었다. 장점(대규모 자금모집의 용이성, 위험 분산, 수익성이 잘 결합되는 조직)이 많지만, 이해관계자가 많기 때문에 많은 규제를 받는다.

2) 각 회사의 내부적 관계와 외부적 관계

〈표 4.5〉에서 출자, 지분, 손익 분배, 업무 집행, 정관변경, 경업피지의무, 자기거래제한 등에 관한 내용을 보여주고 있다. 또한 〈표 4.6〉에서 회사의 대표와 사원의 책임 등에 관한 내용을 보여주고 있다.

표 4.5 각 회사의 내부적 관계

내부적 관계	합명회사	합자회사	유한회사	유한책임회사	주식회사
출자	재산, 노무, 신용	재산, 노무, 신용 (유한책임사원→재산)	금전 및 재산	금전 및 재산	금전 및 재산
지분 양도	사원 전원의 승인	• 무한책임사원 →사원 전원 • 유한책임사원 →무한책임사원 전원	자유	사원 전원의 동의 (정관에 따로 지정 가능)	자유 (비상장회사 정관규정에 의한 양도제한 가능)
손익 분배	정관 또는 각 사원의 출자액 비례분배	정관 또는 각 사원의 출자액 비례분배	정관 또는 각 사원의 출자자 수에 따름	잉여금의 분배 (순자산액으로부터 자본금의 액을 뺀 액)	순자산액으로부터 공제한 금액을 한도로 하여 주주 총회의 결의로 이익배당
업무 집행	사원 전원 가능	• 무한책임사원→가능 • 유한책임사원→불가 (정관으로 부여 가능)	정관을 따르며 없을 시 사원총회	업무집행사원 (사원 또는 사원이 아닌 자)	대표이사
정관 변경	사원 전원의 동의	무한책임사원의 동의	사원 총회의 결의	총 사원의 동의	주주총회의 특별결의

내부적 관계	합명회사	합자회사	유한회사	유한책임회사	주식회사
겸업 기피 의무	있음 (타 사원 전원의 동의)	• 무한책임사원 있음 →타 사원 전원의 동의 • 유한책임사원 없음 →다른 사원의 동의 없이 가능	있음 (사원총회의 승인)	있음 (사원 전원의 동의)	있음 (이사회의 승인)
자기 거래 제한	있음 (타 사원 과반수의 동의)	있음 • 무한책임사원 →타 사원 과반수의 동의 • 유한책임사원 →무한책임사원의 동의	있음 (사원총회의 승인)	있음 (타 사원 과반수의 결의)	있음 (3분의 2 이상의 이사회 승인)

표 4.6 각 회사의 외부적 관계

외부적 관계	합명회사	합자회사	유한회사	유한책임회사	주식회사
회사의 대표	2인 이상 무한책임사원	무한책임사원	대표이사	업무집행자	대표이사 또는 대표집행임원 (집행임원 설치회사)
사원의 책임	무한책임사원이 회사 채권자에 대해서 직접·연대·무한 책임을 짐	무한책임사원이 회사 채권자에 대해서 직접·연대·무한 책임을 지고, 유한책임사원은 출자액을 한도로 하여 유한책임을 지는 복합 조직적 구조	사원이 회사에 대해 출자금액을 한도로 책임을 질 뿐, 회사채권자에 대하여 아무 책임도 지지 않음	사원이 자기가 출자한 지분만큼만 책임을 진다. 회사채권자에 대하여 아무 책임도 지지 않음	사원(주주)의 출자에 의한 자본을 가지고, 자본은 균일한 단위인 주식에 의해 분할되며, 사원은 그가 인수한 주식금액을 한도로 하여 회사에 대해서만 책임을 지고 회사채권자에 대해서는 아무런 책임을 지지 않음

회사와 관련되는 중요한 개념

① 개인회사(個人會社, individual entrepreneurship or proprietorship)

개인 기업은 개인이 독자적으로 출자하여 출자자인 동시에, 경영자로서 직접 기업을 운영하는 형태의 기업을 말한다. 그러므로 사업 활동에 대한 모든 권리와 의무의 법률효과는 대표자 개인에게 모두 귀속된다. 발생하는 소득 또한 개인에게 귀속된다.

개인 기업은 소유와 경영이 일치하는 단독기업으로서, 기업 내에 법률상의 기관이 분화되어 있지 않고 회사의 규칙이라 할 수 있는 정관도 없다. 자연인으로서 개인은 권리능력에 아무런 제한이 없기 때문에 연령, 성별, 행위능력 등과 관계없이 누구나 개인 기업을 설립할 수 있다. 세법상 법인세법이 아닌 소득세법에 의하여 세금을 납부한다. 사업주는 채권자에 대해 무한책임을 진다. 법인 형태로 회사를 설립하고자 금융기관으로부터 자금을 차입하여 이를 주금의 납입으로 가장하는 '가장납입'라는 윤리적 문제가 발생하곤 한다. 또 채권자에 대한 무한책임을 회피하고자 개인회사에서 1인주주회사 형태의 법인으로 전환하는 편법도 이용되고 있다.

개인 기업을 설립하는 데는 별도의 상업등기가 필요 없이 사업장을 갖추고 사업장 소재지 관할 세무서에 사업자 등록 신청을 하여 영업을 개시하면 된다. 다만 영위하고자 하는 업종이 법령에 의한 허가사업일 경우는 사업자등록 신청 전에 사업허가증을 발급받아야만 한다. "주인이 곧 기업이다."

② 상장회사(上場會社, listed company)

증권거래소가 정하는 상장심사기준을 충족시켜 그 발행주식이 증권거래소에서 매매되는 회사이다. 상장희망회사의 신청을 바탕으로 하여 심사하는데, 상장심사기준은 당일결제거래 및 특약일결제거래에 상장되는 주권과 통거래(매매계약 체결 후 3일째 되는 날에 주권과 대금의 교환이 이루어지는 거래) 및 발행일결제거래에 상장되는 주권에 따라서 차이가 있다.

한국에서의 보통거래의 경우는 ① 납입자본금 5억 원 이상, ② 회사 설립 경과 연수 3년 이상, ③ 최근 2기간(1년 결산회사인 경우에는 1기간)에 연 1년 만기 정기예금 금리의 50% 이상의 배당실적이 있고, 또한 계속하여 이를 달성할 수 있는 가망이 있을 것, ④ 총발행주식이 5만 주 이상일 것, ⑤ 부채비율이 500% 미만 또는 상장법인 동업종의 1.5배 미만일 것, ⑥ 공모전 주당 자산가치가 액면 가액의 50%를 초과할 것, ⑦ 신용평점 60점 이상일 것, ⑧ 모집 또는 매출 실적이 공개 후 자본금의 30% 이상일 것, ⑨ 최근 6년 이내 부도 발생이 없을 것, ⑩ 계류 중인 소송사건이 없을 것 등이 그 심사 기준이 된다. 상장회사는 증권거래소에 사업보고서 제출, 상장 수수료 납입 등의 의무를 진다.

③ 분식회계(粉飾會計)

회사가 자산이나 이익을 실제보다 부풀릴 목적으로 부당한 방법을 통해 재무제표의 수치를 고의로 왜곡시키는 작업이다. 범죄행위로서 처벌받게 된다.

④ 기업의 자금 조달 방법

- 주식발행: 주주에게 주식을 발행하고 자금을 모은다. 조달된 자금을 상환할 필요가 없기 때문에 기업의 재무구조를 개선시킨다. 기업의 부담을 줄여준다. 안정적으로 자금을 확보할 수 있으나 배당을 지급해야 한다. 주주들이 경영간섭을 하게 된다(주주와 경영권 공유). 주주들은 배당 수입을 얻을 수 있고 주식을 팔아 자본소득도 얻을 수 있다. 주식회사가 망할 경우 주식은 휴지 조각에 불과하다.
- 채권발행: 회사채를 발행하여 채권자로부터 자금을 모은다. 채권자에게 일정한 이자를 지급하여야 하고 원금을 상환하여야 한다. 채권자들은 이자 수입을 얻을 수 있고 채권을 팔아 자본소득도 얻을 수 있다. 채권자들의 경영간섭이 없다. 다양한 조건으로 발행된다. 기업이 파산하는 경우 채권은 휴지 조각에 불과하다.
- 은행차입: 은행을 비롯한 금융기관에서 기업이 담보를 제공하고 대출을 받는 것이다. 비교적 쉽게 자금을 조달할 수 있다. 매달 이자를 지불해야 하므로 초창기에 부담(부채)으로 작용한다. 기업이 파산한 경우 은행은 담보를 근거로 기업의 자산을 처분할 권리를 갖는다. 우리나라는 다른 선진국에 비해 은행 대출 비율이 높은 편에 속한다.

⑤ 기업의 자산

자산은 크게 비금융자산과 금융자산/부채로 구분된다.[8] 먼저 〈표 4.7〉에서 보는 바와 같이 비금융자산은 금융자산이 아닌 모든 자산을 말하며 사람의 생산활동 결과물인지 아닌지에 따라 생산자산과 비생산자산으로 구분된다. 생산자원은 사람의 노력으로 생산된 주택, 도로, 자동차, 기계류, 연구개발 등과 같이 유·무형 비금융자산을 말한다. 반면 비생산 자원은 생산과정을 거치지 않고 자연 상태로 존재하는 토지, 지

8 한국은행, 국민대차대조표, p.81에서 인용하였음.

표 4.7 비금융자산의 종류 (자료: 한국은행, 국민대차대조표, p.81)

대분류	중분류	소분류
생산자산	건설자산	주거용건물, 비주거용 건물, 토목건설
	설비자산	운송장비, 기계류, 육성생산자원
	지식재산생산물	연구개발, 기타지식재산생산물
	재고자산	원재료, 재공품 등
비생산자산	토지자산	(비)주거용 건물 부속토지, 농경지, 임야 등
	지하자원	금속광물·천연가스, 비금속광물
	임목자산	침엽수림, 활엽수림, 혼효림

하자원, 임목자산 등을 말한다.

한편 금융자산/부채는 개별 경제주체가 경제활동을 하는 과정에서 취득하거나 발행한 모든 금융자산/부채를 말한다. 중앙은행이 보유하고 있는 금과 IMF 특별인출권[9], 현금통화와 예금, 채권, 대출금, 주식 및 출자지분, 파생금융상품, 기타 금융상품 등이 이에 속한다. 금융자산의 경우 한 경제주체가 보유하고 있는 자산은 다른 경제주체에는 같은 금액의 부채가 된다. 예금은 가계의 자산으로 분류되지만, 은행에는 부채로 분류된다. 비금융자산은 금융자산과는 달리 상응하는 부채가 없다. 예를 들어 가계가 소유하고 있는 주택은 그 가계의 자산이지만 어느 누구의 부채도 아니다. 전세 또는 월세로 임차하는 경우라도 이는 임대인과 임차인 간의 금융자산 및 금융부채로 처리된다.

〈표 4.8〉에서 보는 바와 같이 1967년에는 주식회사가 85.1%, 유한회사가 0.9%, 합자회사가 11.2%, 합명회사가 2.9%였으나 2012년에는 주식회사가 94.8%, 유한회사가 4.3%, 합자회사가 0.7%, 합명회사가 0.2%로 주식회사와 유한회사의 비율이 크게 증가하였다.

9 IMF 특별인출권(Special Drawing Rights, SDR)은 국제통화기금(IMF)가맹국이 국제 수지 악화 때 담보 없이 필요한 만큼의 외화를 인출할 수 있는 권리 또는 통화이다. 1969년 창설되었으며 미국의 달러화, 유로화, 중국인민화, 일본엔화, 영국파운드화로 구성되어 있다.

표 4.8 법인 종류별 기업수 변천과정 (자료: 김영용, 『기업』, 프리이코노미스쿨, 2014, p.39)

	총계	주식회사	유한회사	합자회사	합명회사
1967	6,750	5,742	58	755	195
1976	14,640	13,268	157	1,056	169
1986	36,483	32,989	909	2,213	372
1990	66,545	61,354	2,154	2,644	393
2000	227,973	214,248	7,697	5,008	1,020
2006	345,749	329,111	12,091	3,806	741
2010	440,023	417,876	17,554	3,750	843
2012	482,574	452,665	20,565	3,559	785

3. 시장과 산업

산업의 정의

산업(産業, industry)은 '유사한 성질을 갖는 산업 활동에 주로 종사하는 생산 단위의 집합'이라 정의되며, 산업 활동이란 '각 생산 단위가 노동, 자본, 원료 등 자원을 투입하여 재화 또는 서비스를 생산 또는 제공하는 일련의 활동 과정'이라 정의된다. 산업 활동의 범위에는 영리적, 비영리적 활동이 모두 포함되나, 가정 내의 가사 활동은 제외된다. 표준 산업분류로 분류하고 있다.

생산 단위의 산업 활동은 그 생산 단위가 수행하는 주된 산업 활동(판매 또는 제공되는 재화 및 서비스)의 종류에 따라 결정된다. 이러한 주된 산업 활동은 산출물(재화 또는 서비스)에 대한 부가가치(액)의 크기에 따라 결정되어야 하나, 부가가치(액)의 측정이 어려운 경우에는 산출액에 의하여 결정한다.

시장(市場, market)이란 교환이 이루어지는 추상적인 장이다. 공정거래법 제2조에서 '일정한 거래 분야'라고 획정(劃定)되는 범위가 시장과 가장 유사한 개념이라고 생각할 수 있다. '일정한 거래 분야'라 함은 거래의 객체별·단계별 또는 지역별로 경쟁관계에 있거나 경쟁관계가 성립될 수 있는 분야를 말한다.

업종을 이야기할 때는 객체에, 상권을 이야기할 때는 지역에 초점을 맞춘다. 따라

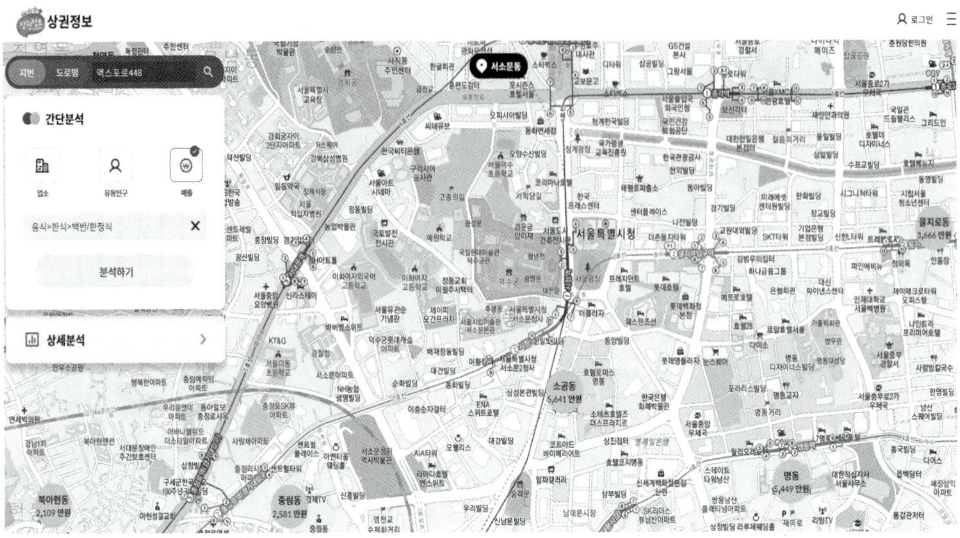

그림 4.3 상권분석(서울 광화문 근처 한식당의 매출액) (자료: 소상공인 상권정보시스템, sg.sbiz.or.kr)

서 상권이 형성되려면 일정 지역에서 다양한 업종(동일 업종, 보완 업종 등)이 하나의 생태계를 이루어야 한다. 〈그림 4.3〉에서는 서울 광화문 근처 한식당의 매출액 정보를 보여주고 있다. 큰 틀에서 식당을 객체로 삼은 후 한식당으로 범위를 좁혔으며, 장소로는 광화문 근처를 선택한 것이다. 식당이므로 도소매를 구별하는 것이 의미가 없지만 굳이 분류하면 소매에 해당한다.

- 객체: 식당, 커피, 자동차, 소주, 책, 주택 등
  식당:: 한식당, 중식당, 일식당, 이탈리아 식당 등
- 지역: 서울 광화문 근처, 서울 남대문 근처, 대전대 서문 근처 등
- 단계: 도매, 소매로 나누어진다. 일반적으로 도매와 소매는 경쟁관계에 있지 않지만, 도소매를 겸하는 경우에는 경쟁관계에 놓이게 된다.

시장구조면에서 한의(韓醫)와 양의(洋醫)를 비교해 보자. 양의는 1차 동네의원, 2차 중형병원, 3차 종합병원으로 구분되어 있으며 단계를 거쳐 상급병원으로 옮겨간다. 서로 약간씩 경쟁관계이지만 보완관계도 가지고 있다. 동네의원 의사가 "빨리 큰 병원에 가보십시오"라고 종합병원행을 먼저 독촉할 때도 있다. 하지만 한의에서는 종

합병원이 없고 의원과 병원 간에는 경쟁관계가 주를 이루며 양의와 달리 보완관계는 거의 찾아볼 수 없다.

급속한 기술 발전과 세계화로 시장과 산업은 빠르게 변하고 있다. 기존의 산업이 분리 혹은 융합되면서 새로운 시장과 산업이 탄생하고 있으며, 4차, 5차, 6차 산업이 등장하고 있다.

- 농업은 6차 산업이다(생산〈1차〉+가공제조업〈2차〉+펜션〈3차〉).
- 대전의 유명 제과점 성심당은 3차 산업으로 분류되지만, 내부를 들여다보면 생산 비중이 매우 크기 때문에 5차 산업(생산제조업〈2차〉+매장 판매〈3차〉)이라고 불러도 무관할 것이다.

교통·통신의 눈부신 발전으로 인해 국내에서는 소위 쿠팡의 로켓배송(계속 적자를 보여 오다가 2022년 3분기부터 흑자로 전환하여, 두 분기 연속 흑자를 기록하였다. 2022년 3분기 흑자 약 1,300억 원, 4분기는 이보다 약간 적지만 1,300억 원의 흑자를 기록하였다)과 같은 배달업이 발전함에 따라 중간, 소매 시장의 붕괴하였고 해외직구도 그 일환이다. 통계청 발표 2023년 1월 온라인 식품(음·식료품, 농축 수산물) 거래액은 3조 6천 216억 원으로 집계되었다.

표준 산업분류

통계청에서는 체계적으로 산업을 분류하고 있으며, 표준산업분류(標準産業分類, KSIC, Korea standard industry classification)라고 부른다. 과학기술이 발전함에 따라 기존 산업이 소멸하기도 하고 새로운 산업이 나타나기도 한다. 현재까지 10차에 걸쳐 개정해 오고 있다. 또 경제·사회 구조변화에 탄력적으로 대응하기 위해 특정 분야에 해당하는 표준분류 항목을 발췌 또는 재분류하여 만든 특수 목적 분류를 특수산업 분류도 실시하고 있다.[10]

---

10 공간정보산업분류 등 19개의 특수산업분류가 있다. https://kssc.kostat.go.kr:8443/ksscNew_web/index.jsp# 참고.

한국(2017년 10차 개정)의 산업분류를 보면 대분류 21, 중분류 77, 소분류 232, 세분류 495, 세세 분류 1,196으로 구성되어 있다. 분류구조는 대분류(알파벳 문자 사용/section), 중분류(2자리 숫자 사용/division), 소분류(3자리 숫자 사용/group), 세분류(4자리 숫자 사용/class), 세세 분류(5자리 숫자 사용/sub-class) 5단계로 구성된다. 앞으로 산업이 융합되는 경향을 보이고 있음을 잘 주시하여야 한다. 산업 혹은 시장의 흐름을 잘 읽는 눈을 가져야 성공할 수 있다.

승용차 제조 산업(완성차), 동네 커피숍 시장, 대학 교육 간의 비교

승용차 제조 산업(완성차)

투입 요소 공장, 노동자, 설비기계, 부품, 외주업체 인력, 물, 전기 등

기능

- 공장 차원: 인력계획, 기술개발, 시설관리, 일정계획 등
- 본사 차원: 인력계획, 기술개발, 시설관리, 일정계획, 장기 발전계획, 판매 등

생산물 완성차

기본조건

- 수요: 내구재, 고가품, 다양한 소비(중간재+최종소비재), 국내시장+해외시장
- 공급: 막대한 자금 소요, 고도의 기술, 사회간접자본 필요(도로), 보험, 타이어산업 수직적 관계(부품), 딜러 필요, 주식회사, 획기적인 대체 산업 등장 가능성 (전기차, 자율주행차), 약한 지역밀착성

구조 소수의 기업, 글로벌 경쟁, 높은 진입장벽→글로벌 과점시장

행동 가격경쟁, 품질경쟁, 다자인 경쟁, 판매 조건 경쟁, 연구개발, 높은 담합 가능성

성과 큰 이윤(큰 적자), 산업 연관 효과와 사회 기여도 큼, 신기술 및 신차 개발

산업분류

C. 제조업, 30. 자동차 및 트레일러 제조업, 301. 자동차용 엔진 및 자동차 제조업, 3012.자동차 제조업, 30121. 승용차 및 기타 여객용 자동차 제조업

동네 커피숍 시장

투입 요소 가게(사업장), 노동자, 기계, 원료(원두커피), 물, 전기 등

기능 구매, 판매, 서비스 등

생산물 커피

기본조건

- 수요: 최종소비재, 저가품, 즉시소비재, 지역시장, 비가격 요인(인테리어, 서비스)
- 공급: 적은 자금 소요, 특별한 기술 불필요, 개인회사(혹은 프랜차이즈), 수입 원두
  강한 지역 밀착성(위치), 서비스 중요

구조 수많은 기업, 진입장벽 낮음→지역성이 강한 독점적 경쟁시장

행동 가격경쟁, 품질경쟁, 인테리어 경쟁, 판매 조건 경쟁, 낮은 담합 가능성

성과 작은 이윤(작은 적자)

산업분류

I. 숙박 및 음식점업, 56. 음식점 및 주점업, 562. 주점 및 비알코올 음료점업, 5622. 비알코올 음료점업, 56221. 커피 전문점

대학 교육

투입 요소 캠퍼스, 교수, 직원, 학습 기자재, 학생 등

기능 인력관리, 시설관리, 학사관리, 강의와 실험 실습 등

생산물 교육 서비스

* 학생은 생산요소인 동시에 소비자인 이중적인 존재이며, 교육의 성과가 실현되는 존재이다.

기본조건

- 일정 연령층에 한정, 전국적인 관심
- 공급: 고급인력, 사립대학과 국립대학 간의 이분성, 캠퍼스

구조 전국과 지역성이 혼재, 상위 대학 집중도 강, 진입장벽 높음→전국적 과점시장

행동 가격경쟁, 품질경쟁, 인테리어 경쟁, 판매 조건 경쟁, 낮은 담합 가능성, 연구개발 등

성과 인재 배출, 사회 기여, 신지식 및 발명

산업분류

P. 교육 서비스업, 85. 교육 서비스업, 853. 고등 교육기관, 8530. 고등 교육기관, 85301. 전문대학, 85302. 대학교, 85303. 대학원

세 시장을 비교해 보았다.

완성차시장에서 산업 연관 효과가 크고 국민 경제에 미치는 영향력이 지대하다. 재고(在庫, inventory)는 안정적인 생산과 노사관계를 유지하는 데 기반이 될 수 있으며 생산시스템에 와닿은 외부로부터의 충격 흡수하여 전략변수가 될 수 있다. 그러나 창고와 이자 부담이 있어 짐이 될 수 있다. 커피숍은 커피 생산과 서비스를 제공하는 5차 산업이다. 대학 교육은 순수 서비스 제공형(예, 이발소, 의원 등)이며 학생이 생산요소이자 생산물이다.

연습문제

토론(같이 생각하고 이야기해 보기)

1. 자신이 가장 관심 있는 산업의 표준산업분류를 체계적으로 찾아 적고 왜 그 산업을 선택하였는지 그 이유를 쓰시오.

2. 본인에게 관심이 있는 유니콘 기업은 어느 기업인가? 성장 과정과 비전에 대해 이야기해 보자.

3. 우리나라, 미국, 중국, 일본의 회사 제도의 유사점과 차이점을 설명하시오.

○×문제

1. 기업 가치가 100억 달러(=10조 원) 이상인 비상장 스타트업 기업을 '데카콘(decacorn)'이라고 부른다. ( )

2. 중견기업이란 대기업과 중소기업의 중간에 위치하는 기업을 가리키는 말인데, 공식적 기준은 없다. ( )

3. 일본 기업의 장수 비결은 외부의 침략이 적었다는 사실이 크게 작용한다. ( )

4. 기업을 둘러싸고 있는 5가지 동인 모델을 개발한 학자는 카터 교수이다. ( )

5. 한계기업은 상장을 바로 목전에 두고 있는 기업을 일컫는 개념이다. ( )

단답형 문제

1. 하나의 모회사가 여러 자회사를 거느리고 있는 회사를 무엇이라고 하는가?

2. 기술 발전으로 인해 산업의 경계가 무너져 새롭게 분류한 산업분류를 무엇이라 고 부르는가? (   )분류 (4글자)

3. 기업을 둘러싸고 있는 5가지 힘은 기존 기업과의 경쟁, 구매자의 교섭력, 공급자의 교섭력, 대체재의 위협, 그리고 (   )이다. (9글자)

용어설명

1. 연구소 기업이란?

2. 한계기업이란?

3. 사회적 기업이란?

4. 벤처기업이란?

주관식 문제

1. 주식회사의 장단점을 설명하시오.

2. 공정거래법상 '일정한 거래 분야'에 대해 설명하시오.

3. 기업의 자금 조달 방법을 쓰시오.

4. 상법에서 규정하고 있는 회사들의 손익 분배에 대한 차이를 쓰시오.

제5장

기업가와 기업가정신

1. 서론
2. 기업과 기업가의 위상
3. 기업가정신에 대한 이론적 고찰
4. 요약과 결론

"나는 저녁 식사 후에도 독서, 카드놀이, 연극 구경을 하지 않고 오직 사업만 생각했다."

– 로스차일드 네이선(Nathan Mayer Rothschild, 1777~1836)[1]

"나는 대한민국에서 최고 부자 노동자다."

– 정주영(鄭周永)

"노동을 필요로 하지 않는 사회제도는 결코 생겨나지 않을 것이다. 일을 통해서 우리는 분별력과 자존심을 지키며, 구원에 이를 수 있다. 일은 저주가 아니라 가장 큰 축복이다. 정확한 사회정의는 정직한 일에서 나온다."

– 헨리 포드(Henry Ford(1863~1947)

"이윤의 40%는 재투자에, 30%는 주주들에게, 나머지 30%는 종업원들의 몫이다."

– 신신자 회장((주)장충동 왕족발 대표)

1 독일에서 태어나 영국으로 이민 간 후 은행업으로 대부호가 된 인물로서 로스차일드 은행 가문의 시조라고 불린다.

영리 추구와 노동을 바라보는 동양의 시각과 서양의 시각

주지하는 바와 같이 공자(孔子)는 근검과 청빈의 정신과 안빈낙도(安貧樂道)로 주장하였다. 물질적 풍요를 추구하는 인간의 노력에 대해서는 부정적인 견해를 보였다. 이와 같은 사상이 동양의 침체의 한 원인으로 평가받고 있다. 근검절약이 개인에게는 선이 될 수 있지만 모두가 근검절약하면 총수요가 줄어들어 생산에도 분배에도 나쁜 영향을 줄 수 있음을 간과한 것이다. 이와 같은 개인의 근검절약이 거시 경제적으로는 나쁜 영향을 가지고 올 가능성을 '구성(構成)의 모순(矛盾)(The fallacy of composition)'으로 설명할 수 있다.[2]

맹자(孟子)는 항산항심(恒産恒心)을 주장하였지만 영리 추구를 권장한 것은 아니다. 항산항심이란 "백성이 살아가는 도는 일정하게 먹고살 방도가 있어야 떳떳한 마음이 있고, 일정하게 먹고살 방도가 없으면 떳떳한 마음이 없는 법"이니, 백성에게 먹고살아 갈 방도를 확보해주는 것이 중요하다고 주장한 것이다.

조선시대 기본 철학인 성리학(性理學)에서는 "도덕은 근본(本)이고 재물은 말(末)"이라고 강조하면서 농업은 본업(本業)으로 보고 장려하였지만 영리를 추구하는 상업은 말업(末業)으로 여겨 억제하였다. 그러나 조선 후기 실학자 박제가(朴齊家, 1750~1805)는 소비는 단순한 소비에 그치는 것이 아니라 재생산을 자극하는 것이라고 주장하면서, 생산과 소비의 유기적 관계를 해명함으로써 상업이 발달하면 농업과

---

2 '절약(節約)의 모순(矛盾)(The fallacy of thrift)'은 구성의 오류를 잘 보여주는 예이다. 저축의 주체는 가계이지만, 투자의 주체는 기업이다. 저축과 투자의 주체가 다르기 때문에 불균형이 발생할 수 있다. 투자가는 불확실성에 직면해 있기 때문에 저축과 투자가 일치하지 않는 경우가 발생할 수 있다.

수공업도 아울러 발달한다는 중상적 경제이론을 폈다. "재물은 비유하자면 우물이다. 우물에서 물을 퍼내면 물이 (다시) 가득 차지만 길어내지 않으면 물이 (아예) 말라 버린다. 마찬가지로 비단옷을 입지 않으므로 나라에는 비단을 짜는 사람이 없고 그 결과로 여성의 기술이 피폐해졌다."라고 주장하였다. 즉 충분한 소비가 있어야 생산이 증가하고 기술이 발전하고 경제가 활성화된다고 주장한 것이다. 하지만 안타깝게도 정책으로 실현되지 못하였다.[3]

묵자(墨子)는 노동이 존중받는 사회, 노동과정에 공정하게 참여할 수 있는 사회, 노도의 결과는 공평하게 분배받는 사회를 추구하였다.[4] 막스 웨버는 『프로테스탄트 윤리와 자본주의 정신』에서 프로테스탄트의 근검절약, 청빈 정신과 영리 추구 정신이 자본주의 발전을 가져왔다고 주장하였다. 보통 사람들은 근검절약을 미덕으로 생각하였지만 버나드 맨더빌(Bernard Mandevillem, 1670~1733)은 "욕심이나 사치를 악덕이라고들 하는데, 그는 바로 이 악덕 때문에 나라가 잘살게 되는 것이고, 진짜로 이 악덕을 다 없애고 미덕만을 갖게 된다면 가난해진다고 했다. 또한 미덕이라고 하는 것이 죄다 이기심에 허울을 씌운 위선에 지나지 않는다고 했다."[5]

보통 미덕이라고 여기는 개인의 근검절약이 사회적으로 보아 총수요를 위축시키기 때문에 꼭 미덕으로만 볼 수 없는 면이 있다. 따라서 미시적 논리와 거시적 논리가 다를 수 있음을 염두에 둔 경제행위와 정책이 필요하다. 영리 추구를 허용하고 잘 조절하는 사회가 물질적 풍요를 가져왔다는 결론에 이른다.

---

3 정병석, 『조선은 왜 무너졌는가』, 시공사, 2016, p.394.

4 김승석, 『묵자, 노동이 존중받는 사회를 꿈꾸다』, 북 코리아, 2022, p.76.

5 버나드 맨더빌저, 최윤재번역, 『꿀벌의 우화: 개인의 악덕 사회의 이익』, 2014, p.7.

1. 서론

일반적으로 미국에서 사업은 가장 존경받는 활동으로 여겨지고 있다. 세계 최강대국의 뿌리도 이러한 사회 분위기와 무관하지 않다. 하지만 우리나라는 세계 13위 정도의 경제대국임에도 전통적으로 이어진 사농공상(士農工商)의 직업의식을 아직 간직하고 있고, IMF 경제위기 이후 또 최근 경제안정기에 접어들면서 안정적인 직업을 선호하려는 경향으로 인해 성장엔진이 꺼져가고 있다는 평가를 듣고 있다.

우리 경제는 새로운 도전에 직면해 있다. 과거 선진국을 추격하던 역할에서 이제는 선도하는 역할을 하여야 한다. 이 위기를 극복하고 안정적인 경제토대를 만들기 위해서는 각 경제주체들의 분발과 의식개혁이 필요하지만 정부의 중요성에 대해 아무리 강조해도 지나침이 없을 것이다. 하지만 실제 혁신의 주체는 기업이며 기업의 새로운 역할이 이 난국을 극복할 수 있는 최고의 주체이다.

우리나라에서 자영업자의 비중이 증가하고 있으나[6] 그들의 몫은 상대적으로 감소하고 있다. 이런 어려움을 돌파하기 위해서는 여러 가지 방안이 있으나 기업가정신으로 무장된 혁신도 하나의 대안이 될 수 있다고 본다.

생산요소의 사용 대가인 지대(地代), 임금(賃金), 이자(利子)는 계약에 따라 미리 정해지는 것이 보통이지만, 이윤(利潤)은 기업 활동의 대가로 얻은 수입에서 제반 생산요소 비용을 공제한 후의 잉여(剩餘)로서 사전(事前)에 알 수 없는 불확실한 것이다. 이렇게 보면 이윤을 배분받는 경제주체가 가장 불확실한 수입을 얻는다. 개인기업인 경우 주인(오너), 주식회사인 경우 주주가 된다. 오너가 대표이사가 되어 상대적으로 안정적인 임금 소득을 얻고 주주로서 배당받는 경우도 많다.

---

6 우리나라 전체 노동자 중 자영업자 비중은 27.4%로 OECD 국가 중에서 그리스, 터키, 멕시코에 이어 4번째로 높다. 장하성, 『왜 분노해야 하는가』, 헤이북스, 2015. p.247.

2. 기업과 기업가의 위상

기업가는 여러 면에서 볼 때 선망(羨望)의 대상이다. 우선 그들의 부가 선망의 대상이다. 2015년 기준 군주와 왕족을 뺀 세계 10대 부자를 〈표 5.1〉에 나타내 보았다. 빌게이츠의 재산은 약 95조원에 가깝다. 우리나라 중앙정부 예산이 약 470조원임을 감안할 때 그 크기를 상상할 수 있을 것이다.

포브스 선정 세계 10대 영향력 있는 사람을 보면 대국(미국, 중국, 러시아, 인도, 영국, 독일)의 정치지도자가 6명, 교황 1명, 미국 연방은행 의장 1명, 기업가인 빌 게이츠(Bill Gates, 1955~)와 구글의 공동 창업자 래리 페이지(Larry Page, 1973~)다.

2015년 기준으로 한국의 10대 부자를 〈표 5.2〉에 나타내 보았다. 우리나라 부자는 대부분 상속형임을 알 수 있다. 상위 10위 중 김범수 의장만이 자수성가형(自手成家, self-made)형이고 나머지는 모두 상속자(相續, inherited)들이다. 좀 더 자세히 보면 세계 400대 부자 중 자수성가형 비율은 자수성가 259명(65%)이고 상속 141명(35%)이었다. 나라별로 볼 때 미국 125명 중 89명(71%), 중국 29명 중 28명(97%) 일본 5명

표 5.1 세계의 10대 부자(2015년) (단위: 10억 달러)

순위	이름	나이	국적	순자산	재산의 원천	순위 변동 여부
1	Bill Gates	59	미국	$79.2	MicroSoft	변동 없음
2	Carlos Slim	75	멕시코	$77.1	Telmex, Grupo Carso	변동 없음
3	Warren Buffett	84	미국	$72.7	Berkshire Hathaway	상승
4	Amancio Ortega	78	프랑스	$64.5	Inditex Group	하락
5	Larry Ellison	70	미국	$54.3	Oracle Corporation	변동없음
6	Charles Koch	79	미국	$42.9	Koch Industries	변동없음
7	Steady David Koch	74	미국	$42.9	Koch Industries	변동없음
8	Christy Walton	60	미국	$41.7	Wal-Mart,	상승
9	Jim Walton	66	미국	$40.6	Wal-Mart	상승
10	Liliane Bettencourt	92	프랑스	$40.1	L'Oreal	상승

표 5.2 한국의 10대 부자(2015년) (자료: 블룸버그 2015년 12월 31일자. ( )안은 세계 순위임)

	이름	직위	재산	비고
1(83)	이건희	삼성전자 회장	12조 3,838억 원 (117억 달러)	삼성전자 창업주 이병철의 아들
2(191)	이재용	삼성전자 부회장	7조 8,021억 원 (66억 달러)	삼성전자 창업주 이병철의 손자, 이건희의 아들
3(154)	서경배	아모레 퍼시픽 회장	6조 8,627억 원 (79억 달러)	아모레 퍼시픽 창업주 서성환의 아들
4(302)	정몽구	현대자동차 그룹 회장	6조 6,067억 원 (47억 달러)	현대자동차 창업주 정주영의 아들
5	정의선	현대자동차 그룹 회장	4조 6,406억 원	현대자동차 창업주 정주영의 손자, 정몽구의 아들
6(374)	최태원	SK그룹 회장	3조 5,757억 원 (41억 달러)	SK그룹 최종현의 아들
7	김범수	다음카카오의장	3조 1,794억 원	자수성가
8	신창재	교보회장	3조 1,365억 원	교보생명 창업주 신용호의 아들
9	이부진	호텔신라사장	2조 3,701억 원	삼성전자 창업주 이병철의 손녀, 이건희의 딸
10	이서현	제일제당사장	2조 2,701억 원	삼성전자 창업주 이병철의 손녀, 이건희의 딸

중 5명(100%)인 것으로 나타났다. 하지만 한국 5명 중 0명(0%)이었다. 이런 결과에 대한 원인으로 기업가정신의 부족을 들 수 있다. 저자는 국내시장 규모의 차이가 중요한 요인으로 설명되어야 한다고 본다. 미국이나 중국의 내수시장 1위 기업과 창업주는 자연스럽게 세계 상위권에 들어가게 된다(〈표 5.3〉 참고).

기업을 보는 눈은 곱지 않다. 국내 기업에 대한 정서를 보면 민망할 정도로 반기업 정서가 높다. 더 놀라운 것은 이 결과가 전문인을 대상으로 한 결과라는 점이다.[7] 사실 반기업 정서의 내막을 보면 일반적인 기업과 기업인에 대한 것이 아니라 소수의 악덕 자본가나 그 후손들이다.

7 반 기업정서에 대한 실체와 중고교 교과서 내용에 대해서는 김영용, 『기업』, 프리이코노미스쿨, 2014, pp.144~161를 참고바람.

표 5.3 세계 400대 부호 중 대표적인 자수성가형 (자료:블룸버그[2015년 12월 31일 기준])

순위	이름	국적	직업(직위)	재산(달러)
1위	빌 게이츠	미국	MS 공동 창업자	838억
2위	아만시오 오르테가	스페인	인디텍스그룹 ZARA 회장	729억
3위	워런 버핏	미국	버크셔 헤서웨이 회장	623억
4위	제프 베조스	미국	아마존 회장	597억
5위	카를로스 슬림	멕시코	텔멕스텔레콤 회장	523억
6위	데이비드 코크	미국	코크인더스트리스 부사장	504억
7위	찰스 코크	미국	코크인더스트리스 회장	504억
8위	마크 저커버그	미국	페이스북 CEO	458억
9위	래리 페이지	미국	구글 CEO	399억
10위	래리 엘리슨	미국	오라클 창업자	397억
12위	잉바르 캄프라드	스웨덴	이케아 창업자	372억
13위	왕젠린	중국	완다그룹 회장	365억
21위	리카싱	홍콩	청쿵그룹 회장	299억
22위	마윈	중국	알리바바 회장	297억
39위	야나이 다다시	일본	유니클로 회장	182억

3. 기업가정신에 대한 이론적 고찰

불확실성과 위험

위험과 불확실성에 대한 정확한 개념을 도입한 학자는 프랭크 나이트(Frank Knight, 1885~1972)이다. 1921년 발간한 『위험, 불확실성, 그리고 이윤(Risk, Uncertainty, and Profit)』에서 이 두 개념을 확실히 구별하였는데, 그의 정의에 따르면 '미래에 나타날 상황에 대해 정확한 정보를 알 수 없거나 어떤 상황이 발생할 가능성을 명확히 측정할 수 없는 상태'는 불확실성(不確實性, uncertainty), 발생확률과 분포가 알려져 있고 계산할 수 있는 상황은 위험(危險, risk)이라고 한다. 이에 대해서는 보험으로 대처할 수 있다.

그는 불확정한 상황을 3가지 형태로 분류하였다. 제1의 11형태는 선험적(先驗的) 확률이다. 예를 들어 로또, 주사위, 동전 던지기 등에서 볼 수 있는 불확실성이다. 주사위를 던졌을 때 무엇이 나올지는 아무도 모른다. 하지만 경우의 수가 6개이고 각 확률은 $\frac{1}{6}$이라는 사실을 누구나 알 수 있고 동의한다. 수학 조합이론에 근거하는 확률이다. 제2의 형태는 통계적(統計的) 확률이다. 무엇이 나타날지는 모르지만, 경험 데이터를 기초로 하여 사건의 확률을 계산할 수 있다. 예를 들어 남녀별·연령별의 평균여명, 챔피언 결정전에서 첫 시합에서 승리한 팀이 우승할 확률과 같이 과거의 자료를 근거로 확률을 계산해 보는 것이다. 마지막으로 제3의 형태는 추정(推定)이다. 이 형태의 최대 특징은 앞의 두 형태와는 달리 확률 계산에 기초가 되어야 하는 상태를 특정 짓는 것과 분류가 불가능하다는 점이다. 더구나 추정의 기초가 되는 상황이 한 번만 특이하게 나타나기 때문에 대수의 법칙(大數의 法則, law of large number)이 성립하지 않는다.[8] 그는 추정의 좋은 예증으로서 기업의 의사결정을 들었다. 기업이 직면하는 불확정 상황은 수학적 선험적 확률이 불가능하고 경험적인 통계적 확률도 없어 선험적으로도 통계적으로도 확률을 구하는 것이 불가능한 추정이라고 주장하였다.[9]

기업가정신은 순수 불확실성(純粹不確實性, true uncertainty)과 관련이 있다. 특별히 과거에는 없었던 시장과 같은 진짜 신기(新奇)한 것을 내포하고 있는 경우이다. 누구도 가 본 적이 없어 미래를 알 수 없는 곳에 배팅을 하고 그 일을 해내는 능력을 기업가정신이라고 본 것이다.

위험이란 의사결정을 내리고 행동을 할 때 불확실한 상태 가운데 어떤 것이 실현되는가에 따라 두 가지 이상의 결과를 예상할 수 있고, 각각의 결과가 발생할 확률(가능성)이 정의 가능한 경우의 상황을 말한다.[10] 가능한 결과와 그 발생확률을 객관적

8 대수의 법칙은 평균의 법칙이라고 부른다. 어떤 사건의 시행 횟수가 증가함에 따라 그 결과가 수학적 기댓값에 수렴하는 확률적 현상을 말한다. 시행 횟수가 증가함에 따라 기대 횟수와의 격차인 상대적 확률오차가 점점 작아지게 된다.

9 그리고 그는 완전경쟁 아래에서는 불확실성을 배제하는 것이 불가능하다고 주장하였으며, 그 불확실성에 대처하는 경영자에게 주어지는 보수가 이윤이라고 하였다.

10 이영환, 『위험의 경제학』 율곡프레스, p.49~90.

으로 계산할 수 있는 경우이며 제1과 제2의 불확정한 상황이 대부분을 차지하고 있다. 이런 의미에서 위험을 측정 가능한(measurable) 불확실성이라고 부르기도 한다.

주체에 따라 다른 위험에 직면하게 된다. 가계가 직면하는 위험으로는 ① 가격위험 ② 품질 위험 ③ 소득위험을 들 수 있다. 평생직장의 개념이 사라지고 노동시장의 유연성이 강조되고 있는 시대에 살고 있는 노동자에게는 소득위험이 가장 큰 위험으로 평가받고 있다. 직장에서 해고되거나 운영하던 사업이 부도가 나는 경우 당사자들이 직면할 고통을 생각하면 쉽게 이해가 갈 것이다.

기업이 당면하는 위험은 더 복잡하고 광범위하지만 크게 재무 분야(financial risk)와 사업 분야(business risk)로 나눌 수 있다. 먼저 재무위험은 기업의 현금 흐름에 문제를 초래하는 위험 일체를 말하며 ① 유동성 ② 이자율 ③ 통화 ④ 신용 ⑤ 지분 분야에서 나타나고 있다. 사업 위험은 기업이 자신의 사업 분야에서 행하는 기업 활동 과정에서 나타나는 위험으로 ① 영업 ② 상품 ③ 시장점유율 ④ 생산물 ⑤ 생산 ⑥ 재고 분야에서 나타난다.

경제주체들은 한층 일관성 있고 합리적인 방법으로 자신의 위험을 관리하여야 한다. 자신이 직면할 위험의 성격을 정확하게 인식하고 이에 대한 합리적인 대응 방안을 모색하여야 한다. 아래에 구체적인 방법을 제시하였다.[11]

① 원칙적으로 위험을 제거한다. 위험이 없으면 수익도 없는 것이 보편적이기 때문에 이 방법은 매우 제한적으로 쓰인다. ② 바람직한 위험을 창출해 낼 수 있어야 한다. ③ 때로는 위험을 팔 수 있다. ④ 분산시킬 수 있다. ⑤ 집중시키는 경우도 생각할 수 있다. 특별한 재능을 가진 사람에게도 적용된다. ⑥ 원하지 않는 위험을 감수해야 하는 경우 다른 방법을 통해 그 위험의 일부 또는 전부를 상쇄시키는 전략인 헤지(hedge)하는 방법도 있다. ⑦ 위험을 레버리지(leverage)로 이용할 수 있다. ⑧ 원하지 않는 위험은 보험(保險, insurance)을 통해 해결할 수 있다.

미래에 대한 예측력, 통찰력은 지식, 경험, 신념 등에서 온다. 불확실성이 지배하는 사회에서 성공한 사람은 불확실한 성공에 대한 주관적인 확률이 높다. 모험적(冒險的)이고 투기적(投機的)이다. 위험 선호형이다. 다른 사람의 선택과 다른 선택을

11 이영환, 위의 책, pp. 215-220.

해야 크게 성공할 수 있다. 한마디로 청개구리식 선택을 하여야 한다.[12]

불확실성을 외부적 요인에 의한 것과 내부적 요인에 의한 것으로 분류할 수 있다. 천재지변, 정치적 불안정, 전쟁과 같이 기업가의 활동과는 무관하게 발생하는 것이 외부적 요인에 의한 것이고 혁신과 같은 기업가의 활동에 의한 것은 내부적 요인에 의한 것이다.

나이트는 이윤의 근거를 불확실한 위험에서 찾는데, 이를 위험부담설이라고 부른다. 나이트가 주장하고 있는 위험부담설은 기업 활동에서 직면하는 외생적이고 내생적인 불확실성을 모두 포함하는 것으로 슘페터의 혁신설을 포함하는 것으로 파악할 수 있다.

케인즈(John Maynard Keynes)는 많은 투자 활동이 심리와 소위 기업가의 동물적 감각(animal spirits of entrepreneur)에 의존한다고 주장하였다.[13]

> "우리의 결정은 단지 동물적 감각의 결과에 따라 이루어질 수 있다. 따라서 투자의 전망을 추정할 때 우리는 즉흥적인 활동을 크게 좌우하는 긴장, 과민반응, 소화상태, 날씨에 대한 반응을 유념해야 한다."

도널드 럼스펠드(Donald Rumsfeld)의 불확실성에 대한 정의[14]

"알려진 기지수(旣知數)들이 있다. 우리가 알고 있다는 사실을 우리가 아는 것을 말한다. 그리고 알려진 미지수(未知數)들이 있다. 즉 우리가 모르고 있다는 사실을 우리가 아는 것을 말한다. 그러나 알려지지 않은 미지수들도 있다. 우리가 모르고 있다는 사실을 우리가 모르는 것을 말한다."

12 보스턴으로 가려는 사람과 뉴욕으로 가려는 사람을 일화로 들 수 있다. 안락을 위해 보스턴으로 간 사람은 그냥저냥 소시민으로 살지만, 뉴욕으로 간 사람은 치열한 경쟁에서 성공하여 인생이 바뀌었다는 일화이다.

13 John Maynard Keynes, 『The General Theory of Employment, Interest and Money』, 1936.

14 럼스펠드(Donald Rumsfeld, 1932~2021)는 미국국방부 장관을 2번이나 역임했던 인물이다. 이라크와 테러리스트 간의 전쟁이 한창이던 2002년 2월 12일, 미국국방부 언론 브리핑에서 그가 말한 '아는 것과 모르는 것(Known and Unknown)'에 대한 이야기가 널리 알려져 있다. 이 말로 더더욱 유명세를 치른 그는 2011년 자신의 자서전에도 『Known and Unknown: A Memoir』라는 제목을 붙였다.

기업가정신에 대한 정의와 다른 개념과의 비교

기업가(entrepreneur)는 프랑스어에 어원을 두고 있다. 1723년 처음 사용되었을 때 오늘날 기업가는 리더십의 질, 새로운 도전에서의 주도권과 혁신을 의미하였다. 캉티용(Richard Cantillon, 1680s~1734)은 위험 감수를 기업가정신의 본질이라고 주장하였으며, 그의 생각은 후대의 많은 경제학자들에게 인정받아 왔다.

기업가정신에는 다양한 행동과 측면이 포함되기에 정의를 내리기란 매우 어려운 일이다. 기업이나 기업가의 영역이 확대됨에 따라 더욱 그렇다. 예를 들어, 기업가가 노동절약형 생산기술을 도입하여 그 기업의 노동자, 나아가 그 산업의 노동자가 감소하게 되는 경우를 생각해 보자. 이렇게 실업을 확대하는 효과가 나타나는 경우, 이런 기업가의 선택을 기업가정신이라고 칭송할 수 있겠는가?

또 창조적인 혁신을 통해 기업과 산업에 큰 기여를 한 기업가가 세금을 포탈한다거나, 소위 '갑질'을 한다거나, 변칙상속을 한다거나, 개인 비리를 저지른다거나, 공해 유발 등 사회적 비용을 야기하는 행동을 하는 등의 비리를 저지르는 경우, 어떻게 평가할 것인가? 적극적으로 사회에 기여하지 않는 기업가가 기업에서는 혁신적인 행동을 하였다면 그 일을 부정할 것인가? 이처럼 기업의 사회적 영향력이 커지면서 더 어려워졌다. 한 걸음 더 나가 개발도상국으로 생산기지를 옮긴 후 어린 노동자의 임금을 근거로 큰 성공을 거두는 기업가를 기업가정신의 소산이라고 평가할 수 있겠는가?

과거와의 과감한 단절을 경제 발전의 동기로 삼은 학자로 슘페터(Joseph Schumpeter 1883~1950)를 들 수 있다. 그는 자본주의 사회가 파괴될 것이라고 하는 예측에서는 칼 마르크스(Karl Marx 1818~1883)와 같은 견해를 가졌지만, 자본주의는 마르크스가 주장한 바와는 다른 원인과 경로를 거쳐 사회주의를 향하여 간다고 주장하였다. 혁신(革新, innovation)에 기초한 창조적 파괴(創造的破壞, creative destruction)가 그가 제시한 자본주의 사회가 사회주의 사회로 가는 동력이었다. 그에게 경제 발전이란 단순한 성장이 아니라 생산함수의 변화이자 그것을 일으키는 원인이었다.

그는 경제활동의 진행 과정에서 일어나는 역사적이고 비가역적(非可逆的)인 변화를 혁신(革新, innovation)으로 정의하였으며, 경기변동은 경제의 균형 체계가 기업가들의 혁신적 활동에 의하여 파괴된 후 새로운 높은 상태의 균형 상태로 옮겨가는 동태과정(動態過程, dynamic process)이라고 파악하였다. 이러한 과정은 자본주의 경제 발전의 생리 과정이고 따라서 필요한 과정이다. 경제 발전의 원동력은 기업가들의 이윤추구를 위한 생산방법의 혁신에 있다고 주장하였다.

그는 이노베이션을 '새로운 결합의 실행'이라고 부르면서 단순한 기술 진보를 넘어선 여러 형태로 나타난다고 하였다.

- 소비자들이 접해보지 않았으나 품질이 전혀 다른 새로운 상품의 소개
  예 에디슨(전구), 카네기(베세머철강), 스티브 잡스(pc, 스마트 전화), 굿이어(타이어), 테슬라(교류전기), 벤츠(내연기관), 자율주행차, 아스피린, 비아그라, 전기자동차, 라면, 스크린 골프 등
- 관련된 제도 분야에서 시도되지 않았던 새로운 생산방법의 소개. 반드시 새로운 발견에 근거할 필요는 없으며 상품을 상업적으로 새롭게 처리하는 방법도 포함된다.[15]
  예 포드(컨베이어 벨트 방식), 정주영(폐유조선이용), 제임스 왓트(증기기관)
- 새로운 시장의 개척. 여기서 새로운 시장이란 과거에 어떤 특정제조업 부문이 참여하지 않았다는 의미에서 새로운 시장을 말한다.
  예 현대차의 미국진출
- 원료 반제품을 조달할 수 있는 새로운 공급원의 확보. 공급원은 과거에 이미 존재하고 있었던 것일 수도 있고 기업가에 의하여 새로이 발견된 것일 수도 있다.
  예 해외로 공장 이전, 하림의 Pan Ocean 인수, 삼성전자의 베트남 진출
- 해당 기업이 속해 있는 산업의 조직을 새로운 형태로 변경하는 것. 예를 들면 독점적 위치를 구축하거나 아니면 독점적 위치를 해체하는 것 등이다.
  예 슬론의 사업체 중심의 조직변경, 프랜차이즈 사업

그는 이러한 일을 이루어 내는 사람이 기업가이며, 기업가의 혁신적인 사고와 행동

15 발리 그로피우스(독일 건축가)는 포드 조립라인을 보고 "이것은 혁명이다. 20세기의 노동과 소비문화가 송두리째 변화하고 있다."라고 감탄을 하였다.

력이 바로 기업가정신(企業家精神, entrepreneurship)이라고 정의하였다. 그가 말하는 기업가는 주어진 선택지 안에서 합리적 선택을 할 뿐이라는 기존의 정태적인 사고의 틀에서는 도저히 생각할 수 없는 아주 특이한 인간형, 혁신을 삶의 존재 이유로 생각하는 사람을 일컫는다.[16]

그는 혁신적 사고는 기존의 틀, 낡은 사고방식과는 다른 영역에서 가능하다고 강조하고 있다. 예를 들어 마차를 연결한다 해서 기차가 되는 것이 아니고 철도 산업은 마차 운송업자들 머리에서 절대로 나올 수 없었다고 주장하였다. 기차나 철도 산업은 기존 산업의 내부자가 아니라 외부자에 의해 혁신적으로 발전한다는 것이다. 또 그는 "기업가가 부자가 되고 싶어 한다면 자신의 파멸이며, 자기 생명의 이행이 아니라 육체적 사멸의 징후다"라고 하면서 이윤욕에 가득 찬 자본가와 기업가를 구별하였다.

슘페터가 주창하고 있는 창조적 파괴는 기술혁신뿐만 아니라 조직의 변화나 사회적 변화를 포괄한다. 그가 자본주의 사회의 미래를 테마로 삼은 거대한 담론을 제시하고 있다는 관점에서 보자면, 혁신은 기업이나 산업 차원을 포함한 사회 전반의 근본적인 변화를 포함하고 있는 셈이다. 또한 그의 혁신 사상을 개인 단위, 소집단 단위, 중집단 단위, 대집단 단위, 사회 전체 단위로 나누어 볼 수 있다. 예를 기업에서는 개인 단위, 기업 단위, 산업 단위로, 공공기관에서는 개인 단위, 팀 단위, 지방 정부 단위, 전 공무원 기관 단위 등으로 확대해 볼 수 있다.

위와 같은 여러 석학의 생각을 종합해보면 일반적으로 기업가란 스스로 사업을 일으키고 운영하는 경영자를 말한다. 창의성, 통찰력, 모험심과 진취성이 핵심어이다. 즉, 불확실한 미래에 대한 고난과 위험을 무릅쓰고 도전과 열정 그리고 신념을 가지고 무(無)에서 유(有)의 가치를 창조하는 사람을 의미한다.

제3자들은 창업, 도전, 기업가정신, 창조적 파괴, 위기 극복 등을 쉽게 이야기하겠지만, 당사자들에게는 인생을 거는 결의가 필요한 일이다. 잘못했다가는, 아니 당시에는 합리적인 판단이었는데도 추후 사정이 변해서 실패할 수도 있다. 자신은 물론 가족, 심지어 친인척의 몰락까지 불러올 수 있는 일이다. 학문적 용어로서의 기업가정신과 현실의 기업가정신은 사뭇 다르다. 성공한 기업가를 존경해야 하는 이유가

16 조형근·김종배 지음, 『사회를 구하는 경제학』, 반비, 2015, p.292~294.

여기에 있다.

맥콤 그래드웰은 〈표 5.4〉를 근거로 시대의 흐름을 중요한 변수로 부각시키면서 미국 산업혁명과 그 시기 젊은이의 이점과의 관계에 대해 그는 "만약 누군가가 1940년대 후반에 태어났다면 그는 기회를 놓친 것이다. 이 시기의 이점을 누리기엔 그가 너무 어리기 때문이다. 반대로 만약 1820년대에 태어났다면 너무 나이가 많다. 그의 사고방식은 남북전쟁 이전에 머물러 있을 것이다. 여기에 포함된 14명은 모두 비전과 재능을 지니고 있었고 동시에 그들은 1~3월에 태어난 하키선수나 축구선수가 누리는 특별한 기회를 누렸다"라고 쓰고 있다.[17]

근대화되기 전 우리나라와 중국은 과거제도를 통해 인재를 선발하고 지배층을 형

표 5.4 인류 역사상 최고 부자 중 미국인 (자료: 맥콤 그래드웰 지음, 노정태 옮김, 『아웃라이어』, 김영사, 2009를 근거로 작성)

순서	이름	출생년도	재산(US $)	기업, 부의 출처
1	존 D. 록펠러	1839	3,183억 달러	스탠더드오일
2	앤드루 카네기	1835	2,983억 달러	스틸 컴퍼니
28	프레드릭 와이어하우저	1834	804억 달러	와이어하우저 코퍼레이션
33	제이 굴드	1836	671억 달러	유니온퍼시픽
34	마셜 필드	1834	663억 달러	마셜 필드 앤 컴퍼니
35	조지 F. 베이커	1840	636억 달러	뉴저지 중앙 철도
36	헤티 그린	1834	588억 달러	시보드 내셔널 은행
44	제임스 G. 페어	1831	472억 달러	컨설리데이티드 버지니아 마이닝 컴퍼니
54	헨리 H. 로저스	1840	409억 달러	스탠더드오일 컴퍼니
57	J.P. 모건	1837	398억 달러	제너럴일렉트릭, US스틸
58	올리버 H. 페인	1839	388억 달러	스탠더드오일 컴퍼니
62	조지 풀먼	1831	356억 달러	풀먼 컴퍼니
64	피터 애럴 브라운 와이드너	1834	334억 달러	아메리칸 토바코 컴퍼니
65	필립 댄포스 아머	1832	334억 달러	아모어 리프리지네이터 라인

17 미국의 사회학자 C.라이트 밀스는 "1835년 전후는 미국 역사상 가난하고 야심 찬 소년이 사업을 통해 성공을 노려볼 수 있는 최고의 기회였다"라고 말하고 있다.

성하였다. 사농공상(士農工商)의 서열화된 직업의식을 근거로 기업가정신을 금지하였으며, 승관발재(升官發財)의 전통이 강하게 작용하여 기진취적인 기업가가 탄생하기 어려웠다.

비록 중국이 서양보다 먼저 화약, 종이, 나침반을 발명하는 등 과학기술에서 앞서 있었다고는 하나 관중심의 폐쇄적 사회에서 기업가정신이 활발하게 형성되기란 어려운 일이었다. 이와 같은 역사를 통해 경제 성장은 과학적 진보만으로는 이룰 수 없음을 알 수 있다. 또한 기업가정신은 언제나 존재하고 사회에 대한 도전은 기업가의 에너지를 경제적으로 생산적인 방법으로 연결해 준다는 사실을 알려준다.

우리나라에서도 1835년 전후에 태어난 미국 사업가들이 크게 성공한 것과 유사한 현상을 발견할 수 있다. 해방 후 우리나라에서 성공한 창업자 대부분이 1910년~1925년생이다. 해방이 되던 1945년에 35세~20세로서 패기 넘치는 젊은이였다. 아직 나이가 어리기에 일제에 협조할 정도의 능력을 가지지 못해 전 세대보다 친일반민족 세력이라는 비판으로부터 자유로웠으며, 1925년 이후 태어난 사람에 비해 경험과 능력이 우월하였다. 즉 자신들보다 전 세대 사람들이나 후세대보다 훨씬 유리한 조건에서 새로운 시대의 변화에 적극적으로 대응하여 부를 이루었다(〈표 5.7〉 참고).

기업가들의 창의성, 통찰력, 모험심과 진취성이 생산적인 결과를 낳을 때 생산적인 기업가정신이라고 정의할 수 있으며 기업가들이 생산적인 경제활동을 하느냐 아니면 범죄나 주식투자 등 비생산적 활동을 하느냐는 전적으로 개인의 선택이다. 제도, 문화, 그리고 시장의 크기에 따라 자신의 활동을 결정한다.

한편 자본가(資本家, capitalist), 기업가(企業家, entrepreneur), 경영자(經營者, manager) 등 다른 용어를 사용하여 부르는 경우도 많다. 혼란스럽기도 하다. 이런 기능들은 특정한 사람에게 체화(體化)된 능력이며 기능적인 특징을 기준으로 분류한 개념이기 때문에 한 사람이 3가지 이름을 모두 가질 수도 있다. 한 사람을 여러 이름으로 부름으로써 혼란이 생기는 건 자연스러운 현상이다. 예를 들어 현대자동차가 창업되었을 무렵 정주영은 이 3가지 기능을 혼자 다 감당하였다. 회사 규모가 커지면서 경영을 동생인 정세영에게 맡긴 이후에는 경영인 기능이 대폭 감소 혹은 없어졌다고 말할 수 있다. 한 사람이 투자가, 기업가, 고용주, 사업주, 사용자 등 그때 그때 다르게 불리고 있다.

1) 자본가

자본가는 자본을 제공하는 기능을 한다. 생산에 필요한 자본재를 소유하고 다른 사람의 노동을 통제한다.[18] 자본가는 기업을 설립하고 운영하는 데 필요한 자본을 조달하는 사람이며, 현재와 미래 간의 시간을 매개하여 이자를 수익으로 하는 사람이다.[19] 기업가는 불확실성에 직면하여 의사결정을 하는 기능을 하며 경영자는 기업가가 할애하는 업무를 수행하는 기능이 강조된 분류이다.

비슷한 개념들로는 다음과 같다.

- 사업가(事業家), 사업자(事業者), 실업가(實業家): 사업을 계획하고 경영하는 사람, 또는 그 일에 익숙한 사람을 뜻한다. 사업(事業)이란 어떤 일을 일정한 목적과 계획을 가지고 짜임새 있게 지속적으로 경영하는 행위 또는 그 일. 비슷한 말은 비즈니스다.
- 창업자(創業者): 회사 따위를 처음으로 세워 사업을 시작한 사람이다. 창업가는 말 그대로 무에서 유를 창조하는 사람이기 때문에 기업가정신의 소유자일 가능성이 크다. 창조(가)정신과 기업가정신을 동일하게 쓰는 경우가 많다. 심지어는 원어인 entrepreurship을 기업가정신이 아닌 창업가 정신으로 번역하여야 한다는 주장도 있다. 하지만 기업가정신은 창업 때도 나타나지만 기존 기업을 경영하는 과정에서도 나타날 수 있으며 꼭 사적인 영역에 한하여 나타나는 것이 아닌 공적인 영역, 소비자 등 인간 활동 어디에서도 나타날 수 있는 혁신이기 때문에 기업가정신을 창업(start-up) 때의 정신에 한정시키는 것은 옳지 않다고 본다.
- 기업가(企業家)[20]: 불확실한 상업 세계에서 미지의 이윤 기회를 찾아 나서는 능동적인 행동인을 일컫는다. 기업가정신은 과학적 지식의 문제가 아니라 예측이 어려운 미래에 대한 통찰력의 문제이다. 기업가의 기능에 대한 수익의 원천은 불확실성이다. 심리적 요인을 포함한 이윤 동기에 의해 인도되는 기업가의 행동은 언제나 투기적 모험(投機的冒險, speculative venture)이다. 그들은 다른 보통 사람

18 자본재: 자연적 생산요소를 활용하여 시간에 걸리는 생산과정을 통해 만들어진 생산요소.

19 김영용, 앞의 책, p.8.

20 김영용, 위의 책, p.9.

보다 성공확률을 크게 보는 낙관적인 사람이며, 경쟁적이고, 창의적이면서, 진취적인 사람이다[21].

'불확실한 세상을 사는 우리 모두가 기업가다'라는 말도 있음을 유념할 필요가 있다. 우리가 특별히 관심을 갖는 기업가는 불확실성에서 의사결정을 한다는 점에 더하여 위험을 무릅쓰고 사회적 가치를 생산하는 일에 주목한다.

어느 개인이 위험을 무릅쓰고 행동함에 있어서는 반드시 심리적·물질적 반대급부를 기대할 것이다. 기부나 희생과 같은 일도 있지만 그런 경우는 우리의 분석 대상이 아니다. 기업은 이윤이라는 반대 급수를 의도적으로 노리고 위험을 감수한다. 성공을 하게 되면 이런 판단을 한 사람은 기업가정신을 소유하였다고 평가할 수 있다. 진정한 기업가정신을 이루기 위해서는 사회적 가치를 만들어야 한다.

기업가정신을 광의로 해석하면 자신의 심리적·물질적 이득을 목적으로 위험을 무릅쓰고 그 결과 사회적 가치를 창조하는 사람이라고 정의할 수 있을 것이다. 좁게는 기업에서 이윤 극대화를 추구하는 경영인이 해당할 수 있다.

혁신의 성과가 현실로 나타나기까지는 시간이 기회비용으로 작용하기 때문에 이자(利子)가 중요하다. 보통 사람들은 미래보다는 현재를 좋아하기 때문에 '양(陽)의 시간선호(時間選好, positive time preference)'를 보인다. 이자는 시간에 대한 보상이다. 자본가나 기업가가 얻는 소득에는 이자와 이윤이 혼재되어 있고, 이 둘을 분리하는 것은 개념적으로는 가능하지만 실제적으로는 매우 어렵거나 불가능하다.

기업가에게는 위기관리 능력도 매우 중요하다. 위기란 예측하지 않는 일이 돌발적으로 발생하여 짧은 시간에 이에 대한 적절한 대응책을 세우지 않으면 중대한 결과가 발생하는 상황인데, 이를 어떻게 대처하느냐에 따라 본인도 기업도 성과와 운명이 결정되는 수가 있다.

2) 경영자

경영자(經營者, manager)란 하나의 정해진 목적을 달성하기 위해 자원을 관리하는

---

21 드러커는 기업가를 보수적이라고 보고 있다.

표 5.5 경영자의 역할

정보처리	대인관계	의사결정
• 모니터 역할 • 전파역할 • 대변 역할	• 대표 역할 • 리더 역할 • 대외관계 역할	• 기업가 역할 • 문제해결 역할 • 자원배분 역할 • 협상 역할

사람을 말한다.[22] 구체적으로는 ① 기업, 가족 또는 클럽과 같은 조직 내에서 임무를 부여하는 사람을 포함하여 다른 사람들의 노력을 끌어내려는 사람들, ② 기업의 생산물, 궁핍한 사람들을 위한 음식, 또는 집 없는 사람들을 위한 거처 등과 같은 재화나 서비스의 생산에 사용될 생산요소를 구입하는 사람들, ③ 이 외에도 생산물 가격이나 질에 대한 의사결정을 책임지는 사람들을 의미한다. 경영자는 일반적으로 자기가 관할하고 있는 사람, 기계 및 기타 생산요소들뿐만 아니라, 자기 자신의 행동에 대한 책임을 진다(〈표 5.5〉 참고).

경영자란 직업은 주주, 종업원, 고객, 일반대중이라는 다양한 이해 당사자들의 주장에 치우침 없이 중심을 잘 지켜 기업이 조화와 균형을 이뤄나가도록 만드는 것을 본업으로 한다.[23] 또 CEO(Chief Executive Officer)는 보통 기업에서 전략을 최종 결정하고 기업의 성패에 대해 최종적인 책임을 지는 사람, 즉 최고경영자이다

1932년 벌과 민즈(Berle and Means)는『현대 주식회사와 사적 재산(The Modern Corporation and Private Property)』에서 미국 경제에서 생산 수단 대부분은 상위 200대 대기업에 집중되어 있으며 이 기업들은 소유와 분리된 경영자에 의해 지배되고 있다는 사실을 발표하였다. 소유자와 경영자가 분리됨에 따라 기업이 안게 되는 문제는 주인-대리인 문제(principal-agency problem)라고 불린다. 주인-대리인 문제는 주인(주주)으로부터 위탁받은 사람(경영자)이 주인의 이익보다는 자신의 이익을 추구함으로써 발생하는 문제를 총칭하여 말한다. 경제학에서는 주주와 경영자, 경영

22 Michael R. Baye, 역자 정기웅, 이상학, 강재형『Baye의 경영전략과 경영경제학』, 7e, 지필미디어, 2015.

23 스탠더드 오일의 프랭크 에이브럼스(Abrams) 1951 년 연설임, 존 미클스웨이트·에이드리언 울드리지 지음/유경찬 옮김,『기업, 인류최고의 발명품』, 을유문화사, p.170.

표 5.6 경영인의 분류

구분	소유 경영인	전문 경영인
장점	• 강력한 리더십 • 과감한 경영혁신 • 환경변화에 빠른 대응	• 민주적 리더십 • 경영의 전문화 • 회사의 안정적 성장
단점	• 가족, 족벌 경영의 위험 • 개인 이해와 회사 이해의 혼동 • 능력 부족 위험: 부와 권력의 독점	• 임기의 제한, 개인의 안정 추구 • 주주 이해 관계의 경시 • 장기적 전망 부족 • 단기적 이익에 집착

자와 근로자 간의 문제를 생각할 수 있으며 정치학에서는 정치인과 국민 간의 문제를 생각할 수 있다.[24] 〈표 5.6〉에서 소유경영인과 전문경영인의 장단점을 비교해 보여주고 있다.

슬론(Alfred Pritchard Sloan Jr. 1875~1966)

MIT 공대에서 전기공학을 공부하고 '하이야트 롤러 베아링'의 사장이 되었으나 GM과의 합병 후 1923년 GM의 사장이 되었으며 1937년 이사회 회장에까지 이르게 된다. 1934년 자신의 이름을 딴 자선단체도 창립하였다. 매년 새 모델을 만들었으며 의도적 진부화(意圖的陳腐化, planned obsolescence)를 최초로 시도한 인물이다. 1926년 Time 지의 모델로도 선정될 정도로 명성을 얻었으며 그의 모교인 MIT 대학에서는 그의 이름을 딴 경영대학원을 설립하였다. 이처럼 최고경영자로서는 빛나는 성과를 거두었지만, 나치에 협력한 것과 지나친 이윤지향적인 경영으로 비난을 면치 못하였다.

미션 MIT 슬론 경영대학원의 사명은 세상을 개선하는 원칙적이고 혁신적인 리더를 낳고 경영 실천을 발전시키는 아이디어를 창출하는 것이다.

슬론의 사진과 MIT 슬론 경영대학원의 미션 ▶

---

24 변호사와 의뢰인, 연예인(스포츠 스타)과 에이전트, 의사(한의사, 치과의사)와 환자 등 일상에서 흔히 볼 수 있다.

오너 경영의 장점으로는 장기적인 안목에서 경영계획 수립, 신속한 의사결정, 고용 구조의 안정화, 책임경영도모, 주주가치의 실질적 확보, 위기 상황에서의 구심점 기능, 이해 관계자와의 장기적이고 협력적인 거래 관계, 대리인 문제 해결 등이 있다. 반대로 오너 리스크를 들 수 있다. 투명하지 못한 경영으로 기업 가치에 나쁜 영향을 끼칠 수 있으며, 최근 L 그룹, H 그룹, S 그룹 등 회장이나 가족의 일탈행위라는 개인적인 물의가 그룹 전체의 이미지에 악영향을 미친 사례가 바로 그 예이다.[25]

4. 요약과 결론

기업가정신 사례 유형화와 요약

지금까지 국내외에서 볼 수 있는 기업가정신을 실천하였다고 평가할 수 있는 인물들을 유형화하고 〈표 5.7〉에 정리해 보았다. 이들 중에는 부를 축적하는 과정에서 비난받은 기업가들이 있다. 록펠러는 온갖 불법적인 수단과 방법으로 경쟁자들을 괴롭힌 대표적인 인물이고 카네기도 포드도 노사관계를 대하는 태도에서 비난을 면치 못했다. 이병철은 제일주의를 실현하였지만 노조를 백안시하였다. 정주영은 성공 신화의 주인공이지만 정치참여로 오점을 남기기도 하였다. 그럼에도 불구하고 이들의 도전정신과 기부를 통한 사회에 헌신은 본받을 만한 가치가 있다.

표 5.7 기업가정신을 실현한 세계적인 기업가

번호	기업가 명	생애	대표회사	국적·학력	특기사항
1	록펠러 (석유왕)	1839~1937	스탠다드 오일	미국, 고졸	자수성가형, 근검, 트러스트로 부 축적, 인류역사상 최고의 부자, 많은 기부, 기독교 정신
2	앤드류 카네기 (철강왕)	1835~1919	카네기 철강	영국 출신 미국 이민자	자수성가형, 창업 전 다양한 경험, 혁신적인 제철 기술 도입, 많은 기부와 직접 관리

25 2023년 5월 초 자산가로 인정받던 S 회장의 불미스러운 행동이 밝혀지면서 그가 대주주로 있는 기업의 주가가 전장 대비 0.89%~3.32% 하락하는 일이 있었다.

번호	기업가 명	생애	대표회사	국적·학력	특기사항
3	포드 (자동차왕)	1863~ 1947	포드 자동차	미국	대량생산 체계 도입, 효율임금, 자수성가형, 자동차 기술자
4	슬론	1875~ 1966	GM	미국 MIT 전기공학	성공한 전문경영인, 다양한 수요 맞춤, 지나친 이윤추구, 나치에 협조
5	잭 웰치	1935~ 2020	GE	미국 일리노이대 화공학박사	전문경영인, 6시그마
6	스티브 잡스	1955~ 2011	애플	미국 리드대학 철학과 중퇴	불우한 어린 시절, 자수성가형, 위즈니악(버클리대 컴퓨터 공학 중퇴)과 로널드 웨인(엔지니어)과 공동창업
7	빌 게이츠	1955~	마이크로 소프트	미국 하버드대 중퇴	좋은 출생 배경, MS 독점구축, 자수성가형, 많은 기부, 최고 부자
8	저커버그	1984~	페이스북	미국 하버드대 중퇴	자수성가형, 많은 기부, 세계 최연소 억만장자
9	시부사와	1840~ 1931	제일은행	일본	많은 회사설립, 동양사상과 근대화 동시 추구, 일본 자본주의의 아버지
10	마쓰시다	1894~ 1989	내쇼날	일본	파나소닉을 세계적인 가전기업으로 육성, 자수성가형, 초등학교졸
11	이나모리	1932~ 2022	교세라	일본	가고시마공대졸, 자수성가형, 아메바식 경영방식
12	손정의	1957~	일본 소프트뱅크	재일한국인	후지다 덴의 영향을 받음, 미국에서 경제학과 컴퓨터 학습
13	유일한	1894~ 1971	평양	미국 박사 미시간 상대	GE 근무, 사업 경험, 자수성가형, 재산상속 최소화, 1926년 유한양행설립, 기독교 정신
14	이병철	1910~ 1987	삼성 경남의령	대학 중퇴	사업 경험 있음, 1938년 삼성상회(무역업, 대구), 조홍제와 동업, 사업보국, 이재용의 조부, 자수성가형, 노조경시
15	정주영	1915~ 2001	현대 강원화천	보통학교졸	사업 경험 있음, 1938경일상회(쌀가게) 인수, 동생들의 협조, 자수성가형, 정치참여

결론

일반적으로 성공한 기업가의 특성으로 12가지를 들고 있다.[26] ① 도전과 개척정신 ② 신용제일주의 ③ 신념의 정신(하면 된다[can-doism]) ④ 근검절약 정신 ⑤ 고객만족 추구 ⑥ 인간 존중 정신과 인재제일주의 ⑦ 창의와 혁신 정신 ⑧ 책임주의 ⑨ 합리성 추구 ⑩ 산업 평화주의(노사공동체 정신 실현) ⑪ 정도와 정도경영혁신 ⑫ 사업보국의 정신 등이 성공의 중요한 요인이 된다.

반대로 실패한 기업가의 특성으로 10가지를 들고 있다.[27] ① 탐욕과 낭비에 근거한 비윤리성이다. 자신의 사생활에서 정도를 벗어나는 일을 비롯하여 종업원과의 관계에서 일방적이고 무례한 행동, 고객·거래처와의 관계에서 강압적인 행동, 탈세, 비윤리적 판매행위, 뇌물수수 등 비윤리적 행동은 실패의 큰 원인이 된다. ② 불성실과 신용 결여를 들 수 있다. 기업과 이해관계를 맺고 있는 금융기관, 거래처, 소비자와의 신뢰가 깨어지면 실패의 주요 원인이 된다. ③ 피해망상(paranoia)으로 인해 자신감이 무너지는 것도 치명적인 원인이다. ④ 판단력 부재를 들 수 있다. 특히 과학기술이 눈부시게 발전하고 시장이 빠르게 변하고 있는 정보통신 시대에는 시의적절하고 바른 판단을 하지 못하면 실패에 빠지게 된다. ⑤ 끈기와 인내력 부족을 들 수 있다. 기업의 성공 여부를 확인하기까지는 상당한 시간이 걸린다. 아직 해당 시장 혹은 관련 시장이 성숙되지 않아 어려움을 겪을 수도 있고, 자신의 제품이 알려지지 않아 어려움을 겪을 수도 있다. 또 예상치 못했던 거시환경의 변화로도 부진에 빠질 수 있다. 따라서 외부 여건과 내부 역량을 정확히 파악하고 성급하게 행동하지 않는 것이 중요하다. ⑥ 사업지식의 결여를 들 수 있다. 자신의 사업에 대한 지식과 능력, 기획·구매·인사·판매·제품개발·광고·회계 등 기업경영에 필수적인 사항에 대해 정확한 이해가 필요하다. 또 일반상식이나 외국어 등 부수적인 지식을 함께 갖추어야 한다. ⑦ 경영관리기법에 대한 무지, ⑧ 창조적인 생각의 퇴보, ⑨ 신념의 결여, ⑩ 도전과 개척정신의 결여가 실패의 중요한 요인이 된다.

한편 기업가들의 학력과 성장배경은 살펴보면 과거와 현재의 차이가 확연하다는

26 윤석철, 『성공창업과 기업가 정신』, 대경, 2015.pp.32~38.

27 윤석철, 위의 책, pp.38~45.

사실을 알 수 있다. 미국 산업혁명 초기만 해도 록펠러, 포드, 앤드류 카네기와 같이 실용적인 분야에서 경험을 쌓은 저학력자들이 큰 성공을 이루었지만, 슬론을 기점으로 잭 웰치, 빌 게이츠, 스티브 잡스, 저커버그 등 과학기술을 체득한 고학력자들이 기업가정신을 발현하고 있는 추세이다. 우리나라도 이병철과 정주영으로 대표되는 제1세대는 실용적인 분야에서 경험을 쌓은 저학력자들이 큰 성공을 이루었지만(유일한은 예외), 김범수와 박현주처럼 고학력·과학기술자들이 서서히 등장하고 있다. 일본에서도 시부사와와 마쓰시다로 대표되는 저학력·기술경험자 시대에서 이나모리와 손정의로 대표되는 고학력·과학기술자의 시대로 변하고 있다. 이런 흐름은 미국, 일본, 한국 중 비교적 한국에서 가장 적게 나타났다.

또 다른 특징으로는 한 산업에서 규모의 경제를 바탕으로 여러 산업에서 발생하는 범위의 경제를 잘 향유하는 기업가정신이 빛을 발한 과거와 달리 정보통신기술의 발전과 시장의 글로벌화가 이루어진 현재에는 규모의 경제와 범위의 경제에 더해 네트워크 효과를 잘 활용하는 기업가가 성공할 수 있게 되었다는 점을 들 수 있다.

이렇게 볼 때 과학기술교육과 학습자 주도적인 체험이 기업가정신 배양에 결정적인 역할을 함을 알 수 있다. 암기 위주의 교육이나 문·이과 분리 교육, 안정적인 직업만 찾게 하려는 교육성과는 반드시 시정되어야 한다. 또한 각 지역 특성에 맞는 교육을 제공하는 노력까지 병행되어야 한다.

과거에는 기업가정신을 개인의 역량으로 보는 견해가 지배적이었다. 하지만 오늘날과 같이 거대한 조직에서 소수 경영자의 유레카 모멘트(eureka moment, 갑자기 아이디어가 떠오른 순간)와 카리스마만으로 기업가정신이 발휘되는 것이 아니라 연구, 학습, 훈련, 반복할 수 있는 프로세스라는 주장도 설득력이 있다.[28]

한국에서 기업가정신이 약화된 이유로 아직도 존재하는 공직 우선 사고, 도전 의식의 부재, 실패에 대한 두려움, 정부의 잘못된 지원정책, 스펙 중심의 교육 시스템, 열악한 창업생태계, 위험에 대한 사회의 부정적 시각 등이 있다. 이 중 '기업가정신 교육부재'가 가장 심각하다는 지적이 있으나 필자의 생각은 다르다. 생산관리, 마케팅 등과 같은 기술적 요인이 강한 기업행동과 달리 기업가정신은 교육으로 습득할 수

28 카이 엥겔 외 3인저, 윤태경 옮김, 『혁신의 대가들』, 비즈니스북스, 2015는 이와 같은 견지에서 쓰인 책이다.

없기 때문이다. 기업가정신은 탁월한 기업가들의 치열한 경쟁 속에서 자연스럽게 나타난다. 실패를 관대하게 받아들이고 재기할 기회가 주어지며 사회적 안전망도 잘 갖추어지는 식으로 실패에 대한 기회비용이 적어야 한다. 보우몰이 주장하는 바와 같이 기업가정신이 생산적인 곳에서 실현되기 위해서는 정부의 정책에 의한, 예를 들어 대규모 토목공사를 통해 부동산 활성화를 꾀하려는 시도와 같이 비생산적인 분야에서 수익률을 낮추어야 한다. 기업가정신을 되살리고 활성화하려면 실패에 대한 두려움을 떨쳐낼 수 있는 환경을 조성하는 일이 우선되어야 한다.

그렇다고 교육과 훈련이 아주 필요 없는 것은 아니다. 리더십은 타고나는 것이 아니라 훈련을 통해 길러진다는 말이 아주 틀린 말도 아니기 때문이다. 왕조시대에 세자를 책봉하고 교육·훈련을 시킴으로써 왕의 재목으로 키운 일을 상기하면 쉽게 이해가 될 것이다. 후계자의 육성도 기업가의 몫이다. 또 사회가 그런 노력이 원활하게 성과를 달성할 수 있게끔 도와야 할 것이다. 예를 들어 기업 내에서 체계적으로 후계경영자를 육성하고 있다는 유한양행이 좋은 사례가 된다. '기업가정신 교육부재'는 기업가정신 부진에 대한 두 번째 사유가 된다고 본다.

기업가정신은 과학기술의 발전과 매우 밀접한 관계를 맺고 있다. 과학기술자, 기업가, 금융가 등의 주도적인 역할에 의해 새로운 과학기술의 성과가 산업화, 상업화 과정을 거치는 것이다. 산업혁명 때에는 획기적인 변화가 일어났다. 영국의 제1차 산업혁명기에는 아크라이트의 수방적기, 하그리브스의 다축 방적기, 크롬턴의 뮬 정방기(수방적기와 다축 방적기의 결합체)를 이용한 면방적기가 발명되었고 제임스 와트의 증기기관이 동력으로 이용되었다. 미국 제2 산업혁명기는 에디슨의 전구와 발전기가 발명되었고 록펠러의 석유산업, 카네기의 철강 산업, 모건의 투자가 결합하면서 혁명적인 변화를 이끌었다. 이 무렵 자본가–기업가는 저학력, 기술자가 주를 이루었다. 미국 또한 대학이 제대로 기능을 할 수 없었던 시기였다. 3차 산업혁명이 실현되기까지는 상당한 시간이 소요되었다. 그러는 과정에서 대학은 우수한 교육을 실천할 수 있었으며 슬론, 웰치와 같은 전문경영인이 두각을 나타내게 된다. 이들은 고학력, 전문가이다.

정보통신기술 발전에 의한 제3 산업혁명기는 반도체와 컴퓨터의 발명으로 시작되었으며 인터넷 발전으로 가속도가 붙었다고 할 수 있다. 과학적 지식에 근거한 연구가 활성화되면서 창업자를 비롯한 대부분의 경영자들이 고학력, 전문가이다. 따라서 미국에서 창업자가 기업가정신의 모델이지만, 이들이 은퇴하는 시기가 되면 새로운 형태의 기업가, 경영자가 출현할 것으로 예상한다. 하지만 한국에서 1세대는 제1, 2 산업혁명을 동시에 겪었다. 창업주는 소수의 고학력자가 없지 않았으나 저학력, 현장 전문가가 주를 이루었다. 또 고학력, 전문가들도 창업이나 경영자로서 기업가정신을 실천하였다. 제3 산업혁명 시기에도 고학력, 전문가가 주도하는 대세에는 변화가 없다.

이렇게 볼 때 앞으로 다가올 제4 산업혁명(기업들이 제조업과 정보통신기술[ICT]을 융합해 작업 경쟁력을 제고하는 차세대 산업혁명)에서는 세계 어디에서든 훈련받은 고학력, 전문가가 기업가정신을 실현할 것으로 예측된다.

해방 이후 최빈국 수준의 한국경제를 글로벌 경제로 발전시키는 과정에서 이병철, 정주영 등이 보여준 수많은 기업가정신 사례들을 통해 우리는 이들이 위대한 비전의 소유자이며 리더십을 보여준 롤모델임을 깨닫게 된다. 하지만 이들의 성공이 한순간에 이루어진 것이 아니라 오랜 기간에 걸쳐 단계적으로 이루어진 것이라는 사실을 명심하여야 한다.

과거 기업가정신은 한 개인의 통찰력이나 모험심에 의존하였으나 과학기술의 중요성이 크게 높아지고 학문 간 융합이 활발하게 전개될 미래에는 교육과 훈련 그리고 사회분위기 등이 상대적으로 더 크게 작용할 것으로 예상된다.

앞으로는 고학력자, 다른 사람의 능력을 잘 활용하는 자, 집단적 지성 등을 체계적으로 육성하려는 시도도 있을 것이다. 과학기술의 추세와 시장의 변화에 민감하게 주도적으로 반응하는 정신과 능력 필요한 시점이다.

기업의 사회 공헌이라 하면 흔히 기부나 자원봉사 등과 같이 거창하거나 밖으로 드러나는 활동만을 떠올리는 경향이 있다. 하지만 기업을 착실하게 운영하며 일자리를 제공하고, 한 걸음 더 나아가 '후배양성'을 하는 것 또한 사회 공헌의 일종이다. 기술과 경영방식을 배워 분가(分家) 혹은 독립하여 성공한 후 사회 공헌을 게을리하지 않는다면 산업의 영역을 확장시킬 수 있으며 경제 전체, 나아가 국가 전체의 삶을 향상시키는 데 기여할 수 있다. 이런 경우 본 기업(분가해 주는 기업)과 분가 기업은 적절하게 시장을 나누어 상생 관계를 맺는 경우가 많다. 혹 상품은 같더라도 지역시장이 다른 경우를 흔히 볼 수 있다.

유일한, 정주영, 모리스 장의 기업가정신

유일한(柳一韓, 1895~1971)은 평양출생이다. 아버지의 선구자적인 지도에 따라 일찍이 미국으로 유학하여 박사학위를 취득하였으며 독립운동에도 헌신하였다. 식민지 조선인들의 건강을 위해 약의 중요성을 인식하고 '유한양행'을 창립하였다. 검소한 생활, 유산 사회기부, 학교 설립, 투명한 경영 등 실로 한 인간으로도 기업가로도 흠잡을 데가 없는 모범적인 기업가이다. 따님도 재산을 사회에 환원하였다.

> "기업의 생명은 신용이다."
>
> "기업에서 얻은 이익은 그 기업을 키워 준 사회에 환원하여야 한다."
>
> "국가 교육 기업 가정, 이 모든 것은 그 순위를 정하기가 매우 어려운 명제들이다. 그러나 나로 말하면 바로 국가 교육 기업 가정의 순위가 된다."
>
> "기업은 물건으로 성장하는 것이 아니다. 아이디어, 이것이 기업에 성장을 가져오게 하는 것이다."
>
> "나라사랑을 위해서는 목숨을 바칠 것을 신성한 말로 서약하여야 한다."
>
> "실패, 그것으로 해서 스스로 나의 존재가치를 깨닫는다면, 실패 그것은 이미 나의 재산인 것이다."
>
> –고 유일한 박사의 어록(유한양행 사사에서 발췌)

정주영(鄭周永, 1915~2001)은 일제강점기에 강원도 화천에서 태어났으며 최종학력이 초등학교 졸업이다. 동아일보를 보고 신문명에 대해 동경심을 가졌고 가출을 3번이나 한 끝에 서울에서 쌀 판매상으로 자리를 잡게 된다. 일제강점기에는 공사판 인부, 쌀 배달부를 거쳐 자동차수리업에서도 경영수업을 하였다. 해방 후 토목업과 건설업에서 두각을 드러냈으며, 자동차, 조선, 중공업, 전자 등으로 다각화하여 한국 최고의 재벌반열에 오르게 되었다. 그 외에도 많은 일화를 남긴 전설의 주인공으로 불린다. 1998년 '통일소'라고 불린 소 500마리와 함께 판문점을 넘는 이벤트를 연출하며 세계적인 주목을 받았고, 프랑스의 철학자 기 소르망은 이 소떼 방북 이벤트를 "20세기 최후의 전위예술"이라며 감탄했다고 한다. 근면성실, 헝그리정신, 신용, 도전정신, 창조정신 등에서 남다른 역량을 보여준 기업가이다.[29]

Morris Chang(모리스 장, 장충모, 張忠謀, 1931~)은 중국 저강성 출신이다. 전쟁통에 학교 9개를 전전했다 홍콩을 거쳐 미국으로 이민 간 그는 하버드 대학, MIT 공대를 거쳐 반도체 전문가가 되었다. 1987년 대만에 TSMC(Taiwan Semiconductor Manufacturing Company)를 창립하여 세계적인 기업으로 성장시켰다. 일인당 GDP에서 대만이 18년 만에 우리나라를 앞서게 된 데는 그의 업적이 크게 한몫했다.

29 현재중공업 창업자어록(hhi.co.kr)을 참고하였음.

연습문제

토론(같이 생각하고 이야기해 보기)

1. 슘페터의 기업가정신에 대한 정의와 내용을 쓰시오.

2. 앞으로 기업가정신이 활성화되기 위해 개인이나 사회가 취해야 하는 태도를 서술하시오.

3. 유일한의 일생과 기업가정신에 대해 토론해 보자.

4. KBS1 TV 역사저널 그날 공영방송 50주년 기획 〈잘살아 보세-한강의 기적〉을 보고 성공의 원인과 미래의 전망에 대해 토론해 보자.
   (1) 3월 5일 국산 브랜드, 포니가 태어난 날
   (2) 3월 12일 금성 VS 삼성, 별들의 전쟁
   (3) 3월 19일 특명! 포항제철을 건설하라
   (4) 3월 26일 특명! 조선소를 건설하라

O×문제

1. 미국에서 최고 부자는 미국의 산업혁명기인 1890년대, 우리나라에서 최고 부자는 1910년대 태생이 많다. (　　)

2. 역사상 최고의 부자라고 포브스가 평가한 사람은 철강왕이라고 불리는 록펠러이다. (　　)

3. 스크린 골프 시장이 탄생한 것은 생산방법에서 나타난 이노베이션이라고 할 수 있다. (　　)

4. 이병철이 전자산업에 진출할 때 주변의 반대가 없어 쉽게 정착할 수 있었다. (　　)

단답형 문제

1. 정주영의 경영철학은 도전정신, 창조정신, 헝그리 정신, 그리고 ( )로 압축할 수 있다. (2글자)

2. 대만 TSMC의 창업자는 누구인가?

3. 일본 파나소닉의 창업자로서 일본에서 가장 존경받는 기업가는 누구인가?

용어설명

1. 창조적 파괴란?

2. 소유와 경영의 분리란?

3. 주인-대리인 문제란?

주관식 문제

1. 기업가와 경영자의 차이를 설명하시오.

2. 경제학자 나이트는 불확실성과 위험을 확실히 구별하여 사용하였다. 그가 주장하는 불확실성과 위험의 개념을 예를 들어 설명하시오.

3. 로또와 스포츠 복권의 차이를 예를 들어 기업가정신을 설명하시오.

제6장

가격결정

1. 가격설정
2. 가격설정의 실제
3. 전략적 가격설정

"보잉 747은 350여 명 승객이 모두 다른 요금을 내고 탄다."

"가격이 조금 비싸더라도 결국은 질 좋은 물건이 팔리게 되어 있다."
– 도쿄 긴자 상인의 격언

"싼 게 비지떡이다."

"물건의 품질을 모르겠으면 비싼 것을 사라."

"독점은 경쟁이 낳은 결과이며, 경쟁을 배제하는 경향이 있다."

나 때는 딱 3개였는데, 복잡해진 입장료

표 6.1 잠실야구장(LG) 입장료

<table>
<tr><th rowspan="2">좌석 등급</th><th colspan="2">일반 가격</th><th colspan="2">성인 회원</th><th colspan="2">엘린이 회원</th></tr>
<tr><th>주중</th><th>주말</th><th>주중</th><th>주말</th><th>주중</th><th>주말</th></tr>
<tr><td>프리미엄</td><td colspan="2">80,000원</td><td colspan="2" rowspan="3">일반가 동일 가격</td><td colspan="2" rowspan="2">일반가 동일 가격</td></tr>
<tr><td>테이블</td><td>47,000원</td><td>53,000원</td></tr>
<tr><td>익사이팅존</td><td>25,000원</td><td>30,000원</td><td colspan="2">어린이 입장 제한
(초등학생 이하)</td></tr>
<tr><td>블루</td><td>20,000원</td><td>22,000원</td><td>19,000원</td><td>21,000원</td><td>10,000원</td><td>11,000원</td></tr>
<tr><td>오렌지</td><td>18,000원</td><td>20,000원</td><td>17,000원</td><td>19,000원</td><td>9,000원</td><td>10,000원</td></tr>
<tr><td>레드</td><td>16,000원</td><td>18,000원</td><td>15,000원</td><td>17,000원</td><td>8,000원</td><td>9,000원</td></tr>
<tr><td>네이비</td><td>13,000원</td><td>15,000원</td><td>12,000원</td><td>14,000원</td><td>6,500원</td><td>7,500원</td></tr>
<tr><td>그린(외야)</td><td>8,000원</td><td>9,000원</td><td>7,000원</td><td>8,000원</td><td colspan="2">무료입장</td></tr>
</table>

〈표 6.1〉에 잠실야구장(LG) 입장료를 보여주고 있다. 크게 8구역으로 나누고, 일반 가격, 성인 회원, 엘린이 회원으로 입장객을 구별하였고 주중과 주말로 구별하였다.[1] 프로 야구 이전에는 크게 구역(본부석, 내야석, 외야석)과 군경 할인으로 나누어 입장료를 다르게 하였는데, 상당히 세분화된 모습이다. 가격차별화의 진수를 보여주는 예이다. 프로는 멋진 경기력을 보여주기도 하지만 돈 버는 데도 역시 프로다.

1 LG와 같이 잠실야구장을 홈구장으로 쓰고 있는 두산 역시 금액에는 약간의 차이가 있으나 구역, 주중·주말, 일반 여부에 따라 가격차별화를 실시하고 있다.

1. 가격설정

이윤극대화를 위한 가격을 설정하는 가장 기본적인 방법은 주어진 여건하에서 소비자를 대상으로 설정하는 것이다. 이와는 달리 경쟁자들의 시장 여건을 불리하게 혹은 자신의 여건을 유리하게 하려는 목적으로 가격을 설정할 수 있다. 전략적인 사고가 필요한 경우이다. 전략적인 가격결정 시에는 상대방과 합심하여 모두가 이윤을 더 크게 얻는 방향으로 가격을 설정하기도 한다.

기본적인 가격설정의 1차 목표는 자신의 위상에 맞는 가격을 설정하여 소비자로부터 한층 많은 몫을 확보하기 위함이다. 그 결과 이윤이 증가하고 이를 바탕으로 R&D 투자를 통해 상대를 압박하여 시장 여건을 자신에게 유리하게 바꿀 수도 있다. 하지만 이런 경우는 처음 목표가 상대방이 아닌 소비자이다. 미시경제학에서 배우는 가격설정은 이 범주에 속한다.

더 많은 이윤을 얻기 위해 전략적으로 상대방을 불리하게 몰고 가는 가격설정이 있는가 하면, 상대방과 합심하여 가격을 설정하는 경우도 있다. 전자를 전략적 비협력적 가격설정, 후자를 전략적 협력적 가격설정이라 한다.

2. 가격설정의 실제

시장구조와 가격설정

시장구조(market structure)란 경영의사결정에 영향을 미치는 요소로서 경쟁하는 기업의 수, 기업의 상대적 크기, 기술 및 비용 조건, 수요 조건, 진입 및 퇴출의 용이성 등의 요소를 의미한다. 각 산업은 상품의 특성에 따라 수요와 공급조건을 가지고 있으며 이에 영향을 받아 시장구조가 정해진다. 제3장에서 본 바와 같이 시장구조는 기업의 행동, 그리고 기업의 성과 및 산업의 성과에 영향을 미치고 있다.[2] 예를 들어

2 이러한 시장 구조론자의 주장에 대해 반론도 있지만 대체로 큰 골격에 대해서는 인정하는 편이다.

자동차 시장과 커피 시장은 상품의 성격이 전혀 다르기 때문에 시장구조가 다르며 이에 따라 기업의 행동과 성과도 다르게 나타난다.[3]

일반적으로 시장구조의 분류는 공급자와 수요자의 수, 상품의 동질성·차별성, 진입과 퇴출의 자유로움, 정보의 완전성을 기준으로 이루어진다. 〈표 6.2〉에 볼 수 있듯 완전경쟁시장, 독점적 경쟁시장, 과점시장(쿠르노 경쟁, 버트란트 경쟁, 스타겔베르그 경쟁), 독점시장으로 크게 나눌 수 있다.

표 6.2 시장구조

	완전경쟁	독점적 경쟁	과점(복점)	독점
성립 조건	• 무한한 공급자와 수요자 • 동질의 상품 • 자유로운 진입과 퇴출 • 완전한 정보	• 무한한 공급자와 수요자 • 차별화된 상품 • 자유로운 진입과 퇴출 • 완전한 정보	• 2~5개의 공급자 • 진입장벽 상당히 높음	• 유일한 공급자 • 진입장벽 매우 높음
가격 통제력	• 가격 수용자	• 약간의 가격통제력 있음	• 가격통제력 상당히 있음	• 가격 설정자
긍정적인 성과	• 효율적 자원배분	• 차별화된 제품 생산	• 차별화된 제품생산 • 기술혁신	• 기술혁신
부정적인 성과	• 비현실적인 가정	• 비효율적인 자원배분 • 유휴설비 존재	• 비효율적인 자원배분 • 과도한 비가격 경쟁	• 비효율적인 자원배분 • 경제력집중 • 소득분배 악화
예	• 농수산물, 컴퓨터 메모리 칩의 소매 통신, 주식시장, 외환시장	• 주유소, 편의점, 헬스클럽, 스포츠 의류, 스포츠 레슨, 대전대 서문 앞 커피점, 치킨	• TV 수상기, 이동통신, 프로 관람 시장, 골프채 시장, 세계 제트여객기 시장, 맥주, 라면, 멀티플랙스, 백화점	• 코레일, 프로 스포츠 리그 전체, 서울-우탐바타르 항공노선, 수도, 도시가스
	• 저기술노동자시장			• 슈퍼스타

3 시장구조와 관계없이 비용이 같다고 보기 때문에 한계비용의 차이가 가격에 반영되는 것이 아니라 생산물 시장구조로 인해 발생하는 한계가 있다.

1) 완전경쟁시장

완전경쟁시장(perfect competitive market)은 아래와 같은 4가지 조건이 충족되어야 한다. ① 수많은 공급자와 수요자가 존재한다. ② 공급자들이 공급하는 물건의 품질이 동일하다. ③ 기업들이 자유롭게 진입과 퇴출을 할 수 있다. ④ 공급자든 수요자든 거래에 관련된 모든 경제적·기술적 정보를 알고 있다.

위와 같은 여건에 처해 있는 기업은 도토리 키 재기식 경쟁을 하기 때문에 시장에서 결정되는 가격을 그대로 받아들이는 가격수용자(價格受容者, price taker)가 된다. 이 시장에 있는 어떤 기업도 정상이윤(正常利潤, normal profit)[4] 이상을 얻지 못하고 남보다 더 많은 이윤을 얻으려면 획기적인 제품 개발이나 비용 절감을 하여야 한다. 각 기업들은 정상이윤만을 얻게 되고, 사회 전체적으로는 가장 효율적인 자원배분 상태에 이르게 된다.[5]

조건이 매우 엄격하기 때문에 현실에서 몇몇 농수산물 시장(배추, 감자 등)을 제외하고는 쉽게 볼 수 없는 시장이다. 이런 약점에도 불구하고 가장 많이 언급되는 이유는 이 시장이 하나의 이상적(理想的)인 시장 형태가 되기 때문이다. 마치 미인선발대회에서 가장 이상적인 미인의 기준을 설정한 뒤 참가자들이 그 기준에 비추어 얼마나 근접한가를 놓고 평가하는 것과 유사하다.

2) 독점시장

① 독점의 원인

독점(獨占, monopoly)시장은 유일하게 한 기업만이 상품을 공급하는 시장이다. 한 사람 또는 소수의 사람들이 시장가격에 상당한 영향을 미칠 수 있는 능력을 일컫는 시장지배력(market power)을 갖는 기업이다. 한마디로 땅 짚고 헤엄치기 사업을 하는 기업이다. 소비자들이 이 회사 물건 아니면 다른 곳에서 같은 물건을 살 곳이 없

---

4 정상이윤(正常利潤, normal profit)이란 기업가로 하여금 장기적으로 기업을 운영할 의욕을 보장하는 최소한의 수익을 말한다. 다시 말해 기업가가 자신의 자본과 노력을 현재 종사하고 있는 사업 이외의 다른 분야에 투자했다면 벌었을 것이라 기대되는 최소한의 이윤을 말한다.

5 자원의 효율적 배분을 판단하는 기준으로 파레토 효율(Pareto efficiency)이라는 개념을 쓰고 있다. 다른 사람의 행복이 감소하지 않고서는 한 사람이 지금보다 더 행복해질 수 없는 상태(you can't make anyone better off without making someone else worse off)를 일컫는다.

어 울며 겨자 먹기식으로 사서 쓸 수밖에 없는 경우다. 독점은 여러 가지 측면에서 사회적 폐해(弊害)를 야기시킨다.

일반적으로 독점이 발생하는 원인으로 아래와 같이 여러 요인이 거론되고 있다.[6] 크게 볼 때 자연스러운 결과일 수도 있고 인위적인 결과일 수도 있다.

- 다른 기업들은 모방할 수 없는 새롭거나 더 좋은 상품을 생산할 수 있는 특별한 지식이나 능력을 가진 경우
- 핵심적인 생산요소의 배타적(排他的) 지배: 노동, 자본, 토지, 기술, 경영 능력 등의 기본 생산요소를 다른 경쟁자보다 유리한 조건으로 구매하거나 소유하고 있는 경우이다. 토지는 질이나 위치에 따라 가치가 변하기 때문에 이 고사성어의 주인공은 좋은 토지위치를 차지함으로써 독점 이윤을 얻은 것으로 풀이할 수 있다. 천연자원이나 인적자원을 소유한 경우이다.
- 지식재산권(知識財産權, intellectual property)[7]: 특허(特許, patent: 20년)와 저작권(著作權, copyright: 저자의 생존 기간과 사후 70년)과 같이 창조적인 인간의 지적 활동의 결과물에 대한 보호, 장려의 차원에서 독점권을 인정하고 있다. 다른 기업들보다 더 값싸게 생산할 수 있는 특별한 지식을 가진 경우이다.
- 정부의 인허가 또는 프랜차이즈(전매권): 정부가 안전, 수입, 일정한 질 확보, 물리적인 이유로 인한 자연독점 허용 등 여러 이유로 독점을 허용하는 경우가 있다.
- 규모의 경제, 범위의 경제, 네트워크 외부성(network externality): 사용자가 많아질수록 제품의 가치가 상승하는 효과를 일컫는다. 이 효과가 나타나면, 평균비용은 하락하고 품질은 향상되는 서로 간의 상승효과가 나타난다. 확고하게 확보된 네트워크 외부성은 규모의 경제와 마찬가지로 자연독점의 지속적인 원인이 될 수 있다.
- 제품 차별화: 광고, 판촉, 제품 디자인, 위치 등.

---

6 버냉키·프랭크, 앞의 책, p.256~260. 더 자세한 내용은 Church and Ware p.113~124. 참조

7 지식재산은 비분할성, 공짜 내지는 공짜에 가까운 복제 비용, 불가역성, 재양도 금지 불가능성을 특징으로 하고 있다.

- 특허 이외의 정부의 제한(규제)이 있는 경우.
- 자연독점(自然獨占, natural monopoly): 둘 이상의 기업이 생산할 때보다 하나의 기업이 생산할 때 비용이 덜 드는 경우이다. 규모의 경제가 현저하여 평균비용이 생산량 증가에 따라 지속적으로 하락하는 경우 발생한다. 국방 화폐 발행.
- 독점수요자(monopsony)인 경우이다. 독점 공급자가 독점 수요자가 되는 경우가 많다. 수요독점자는 독점이 아닐 때와 비교하여 더 낮은 가격에 더 적은 양을 구입한다. 수요독점적 착취(搾取, exploitation)의 가능성이 있다.
- 담합 등 전략적 방법을 통해 다른 기업의 진입을 방해하는 경우이다. 경쟁기업들이 모두 합병하여 독점 기업이 된 경우 독점의 혜택이 나타날 가능성은 희박하다고 볼 수 있다.

이 10가지 요인들은 독립적으로 존재하는 것이 아니라 서로 연관되어 있기도 하다는 사실에 유의해야 한다. 예를 들어 자연독점은 규모의 경제만 나타날 뿐 규모의 불경제가 나타나지 않는 경우지만 일반적으로 독점력을 갖는 규모의 경제를 나타내는 기업 중에는 규모의 불경제도 나타낼 수 있다.

기업 단위로 독점적 지위를 가지고 있는 경우가 일반적이지만, 기업 단위에서는 시장지배력을 가지고 있지 못하지만 특정 제품에 대해서 독점력을 가지는 경우도 있다. 예를 들어 화이자(Pfizer Inc.)는 1998년 비아그라를 개발하여 2020년까지 특허를 누리면서 독점력을 가지고 있었다. 제약회사 전체로 볼 때 화이자의 위상과 남성발기 부전치료제시장에서의 화이자의 위상은 큰 차이가 있다.

② 가격 설정

독점 기업의 가격 설정과 성과를 완전경쟁기업과 비교해 보기로 하자. 독점 기업은 독점력을 이용하여 가격을 다양하게 책정할 수 있지만, 여기서는 수량과 관계없이 동일한 가격을 부과하는 균일가격(均一價格, uniform price)을 책정한다고 해보자.

독점 기업의 한계수입(限界收入, marginal revenue)은 항상 가격보다 작다. 독점 기업이 더 많이 팔기 위해서는 마지막 단위뿐만 아니라 기존의 모든 단위에 대해서도 가격을 낮추어야 하기 때문에 이러한 차이가 발생한다. 수요함수가 선형인 경우 한

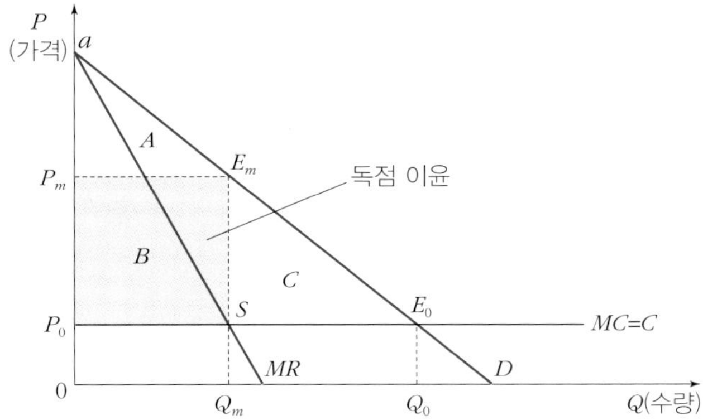

그림 6.1 독점시장에서의 균일가격

계수입곡선의 수직(Y)축 절편은 수요곡선과 같지만 수평(X)축은 수요곡선의 절반이다.[8] 시장수요곡선이 독점 기업의 수요곡선이다.

완전경쟁시장에서는 가격과 한계수입이 같고, 한계비용과 같은 점에서 생산한다. 독점시장(기업)에서는 독점가격은 한계비용보다 높게 책정된다. 〈그림 6.1〉에서 B에 해당하는 부분이 독점 이윤이다.

③ 독점의 폐해(弊害)[9]

독점의 부정적 측면으로는 첫째, 배분적(配分的) 비효율을 들 수 있다. 독점이 이루어지면 가격은 경쟁일 때보다 높게 책정되고 거래량은 감소한다. 이렇게 되면 경쟁일 때에 비해 소비자들은 후생 면에서 손실을 보게 되는데, 경쟁 때 누렸던 소비자잉여의 일부는 독점 기업에 들어가고, 일부 소비자들은 울며 겨자 먹는 심정으로 비싼 값을 치러야 한다. 하지만 일부 소비자들은 높은 독점가격으로 인해 제품을 소비하지 못하게 된다. 이를 사중합(DWL, deadweight loss)이라고 부른다.

〈그림 6.1〉에서 볼 수 있듯이 완전경쟁시장의 장기균형이라면 가격 $P_0=MC=c$과

---

8 수요곡선이 $P=a-bQ$라면 한계수입은 $MR=a-2bQ$가 된다.

9 독점문제를 해결하는 정책에는 크게 두 가지가 있다. 첫째, 구조적으로 독점을 시정하려는 정책이다. 둘째, 기업의 행태를 규제하려는 정책이다. 이는 독점이 효율적인 기업성과의 결과임을 인정하는 관점에서 나온 정책으로, 독점 이윤이 존재한다는 사실을 알지만 시간의 흐름에 따라 다른 경쟁기업의 도전으로 자연스럽게 소멸되리라 여긴다.

생산량 Q_0가 되고 소비자 잉여는 ΔP_0aE_0가 될 것이다($A+B+C$ 부분). 생산자들은 정상이윤만 얻게 된다. 하지만 독점이 이루어지면 독점가격 P_m으로 경쟁가격보다 높아지면서 생산량은 경쟁생산량보다 작은 Q_m가 되고, 소비자 잉여는 ΔP_maE_m가 될 것이다(A 부분). 생산자들은 독점 이윤 $\square P_0P_mE_mS$를 얻게 된다(B 부분). ΔSE_mE_0는 DWL가 될 것이다(C 부분).

둘째, X-비효율성[10]을 들 수 있다. 독점 기업은 비용을 최소화하려는 노력을 경쟁기업에 비해 덜 한다. 경쟁에 의한 외부 압력이 적기 때문에 내부적으로 효율적인 조업을 위한 유인이 적은 셈이다. 상대 기업이 효율적 생산을 하려고 하는 노력이 시장(가격)에 나타나지 않기 때문에 독점 기업은 효율적인 조업을 위한 노력을 게을리할 수밖에 없다. 내부 비효율성이라고도 부른다. 예를 들어 학교 앞에 사는 학생이 먼 곳에서 통학하는 학생보다 지각을 많이 하는 것과 같은 현상이라고 비유할 수 있다.

셋째, 지대추구행위(地代追求行爲, rent seeking)를 한다. 독점에 이르게 되면 쉽게 이윤을 얻을 수 있기 때문에 독점 기업이 되고자 뇌물 수여, 낭비적인 광고, 불공정한 행위 등을 하는 경우가 있다. 여기에 들어가는 비용을 독점화 비용(the cost of monopolization)이라고 부른다. 또 독점의 지위에 오른 후에도 이를 지속하기 위해 비슷한 행동을 하는데, 이 역시 사회적 비용으로 볼 수 있다.

독점화 과정에서 발생하는 효율성 상실이 DWL보다 더 크다고 주장하는 경제학자들이 많다. 그들은 독점 이윤의 일부 혹은 전부가 효율적 손실이 될 수 있다고 주장한다. 로비스트를 고용하거나 변호사 혹은 경제학자들을 동원하여 독점권을 얻으려는 기업의 노력을 독점화 비용이라고 보고 독점비용의 다른 측면으로 파악하는 것이다. 최악의 경우 기업이 독점에서 얻을 수 있는 이윤 전부가 독점화 비용이 될 수 있다고 보고 있다. 독점으로부터 안정된 이윤을 지대(rent)로 볼 때 독점을 얻기 위한 노력을 이권추구(利權追求, rent seeking)라고 부를 수 있다.

넷째, 소득분배에 나쁜 영향을 끼친다. 독점 기업에서 발생하는 이윤은 이미 소득이나 재산이 상당히 있는 사람들에게 돌아갈 가능성이 높다.

---

10 Leibenstein, Harvey(1966), "Allocative Inefficiency vs. X-Inefficiency", *American Economic Review* 56: 392~415.

다섯째, 기술혁신에 게을러진다. 이미 이윤이 있는 상태에서 혁신을 하려면 상당한 비용이 필요하다. 먼저 불확실한 연구개발 성과를 얻기 위해 적지 않은 자금이 필요하다. 또 성공하게 되면 기존의 설비, 기계 등 하드웨어를 교체하여야 하고 소프트웨어도 바꾸어야 한다. 불확실한 일에 투자해야 하는데 성공한다는 보장도 없거니와 성공하면 기존의 것들을 대대적으로 바꾸어야 한다. 그러니 혁신을 꺼린다 해도 놀라운 일이 아니다.

④ 독점의 긍정적인 면

동태적으로 볼 때 독점이 사회에 혜택을 줄 가능성이 없지는 않다. 독점 이윤을 얻을 수 있다는 확신은 기업과 기업인(경영자)에게 새로운 기회를 주고, 특히 연구개발에 몰두하게 만드는 계기가 된다. 연구개발의 성과로 얻은 결과를 법적으로 독점권 인정, 즉 특허권을 부여(우리나라에서는 20년)하는 것은 독점의 혜택을 제도화시키는 것으로 이해할 수 있다.

연구개발에는 막대한 자금과 시간이 소요된다. 따라서 이를 해낼 수 있는 기업은 초과이윤을 가진 독점 기업일 것이다. 또한 혁신에 성공한 후 기존의 판로, 명성, 신뢰를 바탕으로 빠르게 경제성을 확보할 수도 있다. 즉, 연구개발에 투자한 자금을 빠르고 쉽게 회수할 수 있기에 독점이 연구개발에 유리하다는 주장이다.

독점 기업은 천상천하 유아독존과 같은 존재이다. 독점 기업은 소비자들에게 기분 나쁘면 사지 말라는 식으로 배짱 좋게 나설 수 있지만, 소비자들은 싫어도 다른 대안이 없어 살 수밖에 없는 입장이다. 울며 겨자 먹기식으로 독점 기업의 제품을 소비해야 하는 셈이다.

완전경쟁시장에서 개별기업은 모래밭의 모래와 같은 존재다. 개별기업은 시장에서 결정되는 시세에 따를 뿐이라는 피동적인 입장에서 가격을 제시한다. 반면 소비자들은 당신 말고도 판다는 사람이 줄 서 있다는 마음가짐으로 여유롭게 소비에 임한다. 완전경쟁시장은 다수의 공급자와 수요자가 참여하는 거대한 장이다. 개별기업은 남들의 결정에 승복하지 않을 수 없는 입장이다.

완전경쟁시장에 가장 가까운 시장이라고 평가받는 농수산물 시장을 예로 들어 보자. 소비자는 A 가게에서 배추를 흥정하면서 곁눈질로 B 가게 배추의 품질과 가격을 훑어볼 수 있다. "배추 한 포기 가격이 어제보다 올랐네요"라는 소비자의 말에 가게 주인은 "예, 어제 비가 오는 바람에 어제보다 좀 비싸졌네요"라고 수동적으로 답할 수밖에 없다. 경쟁시장에 있는 개별기업이 자신이 주도하는 시장을 만들기 위해서는, 즉 시장지배력을 갖기 위해서는 꼼수가 아닌 가치 있는 제품을 공급함으로써 소비자 잉여를 크게 하여야 한다.

3) 독점적 경쟁시장

다수의 기업이 동일하지는 않지만 매우 비슷한 상품을 공급하는 구조를 말한다. 수없이 많은 공급자가 있고 자유롭게 진입과 탈퇴를 할 수 있다는 점에서는 완전경쟁시장과 유사하지만, 차별화된 제품을 공급하고 있어 나름대로 독점력을 지닌다는 점에서는 독점시장과 닮아있다. 차별화 덕에 단기적으로는 이윤을 얻을 수 있지만 다른 기업들이 자유롭게 시장에 진입함에 따라 장기적으로는 (경제적)이윤이 없어지는 시장이다.

이 시장의 기업들은 자신들의 제품이 다른 경쟁자의 제품보다 더 낫다는 점을 소비자에게 설득하기 위해 갖가지 지혜를 동원한다. 광고나 신제품 개발을 통한 차별화 전략을 택하고 있다. 쉽게 말해 공급자는 주변에 많이 보이지만 각각의 특색이 조금씩 달라 소비자의 입맛에 맞게 골라 선택할 수 있는 시장이다. 이 시장의 예로는 이발소, 식당, 세탁소, 제과, 피아노 레슨, 주유소, 편의점, 헬스클럽 등을 들 수 있다.

독점적 경쟁시장(monopolistic competition market)에 참여하고 있는 기업들이 가격을 통제할 수 있는 유일한 이유는 소비자들이 제품을 차별화(製品差別化, product differentiation)된 것으로 느끼기 때문이다. 이 점이 완전경쟁시장과 다른 점이다. 따라서 기업의 수요곡선은 더욱 비탄력적으로 나타난다.

이 시장에서는 두 가지 전략을 활용한다. 첫째, 광고(廣告)를 통해 다른 제품과 차별화시킨다. 경쟁 브랜드에서 낸 제품과의 차별점을 강조하면서 자신의 기업브랜드에 대한 수요를 증가시키려는 형태의 광고인 비교 광고가 이에 속한다. 소비자들은 특정 브랜드에 프리미엄을 지불하려 할 것이고, 이렇게 증가하는 추가 가치는 브랜드 가치로 정의된다.

둘째, 독점적 경쟁시장 참여 기업의 경우 새로운 제품을 시장에 내놓는다. 기존 제품의 디자인을 바꾸거나 기능을 향상시키는 등 기존 제품보다 개선된 제품을 출시하는 것이다.

하지만 브랜드 근시안적인 경영자를 낳을 위험도 있다. 기존의 브랜드에서 얻은 성공에 만족하여 새로운 제품 개발을 게을리할 수 있으며 산업의 성장 추세나 소비자의 선호 변화에 둔감할 수 있다. 카메라 필름의 절대 강자였던 Kodak이 디지털카메라의 등장에 안일하게 대처했다가 어려움에 봉착한 사례는 성공이 발목을 잡을 수 있음을 보여준다.

독점적 경쟁기업이나 과점기업들은 가격 경쟁보다는 제품의 스타일에 변화를 주거나 판매 촉진 전략 등을 통하여 가격 이외의 방법으로 고객에게 상품을 어필할 수 있도록 하는 비가격 경쟁(非價格 競爭)에 힘을 기울이는 경향을 보인다.

소위 맛집은 외견상으로는 독점적 경쟁시장에 있다고 분류할 수 있다. 하지만 소비자들이 1시간 이상을 기다리면서 줄을 서는 수고를 마다하지 않는 걸 보면, 실제로는 지역시장에서의 독점이라고 보는 편이 옳은 것 같다. 소비자들이 주변에 대체재가 존재하지 않는다고 느끼기 때문이다. 맛집에는 맛집 나름대로의 노하우가 있고, 이를 브랜드 로얄티로 볼 수 있다. 이를 통해 차별화를 지속할 수 있으니 독점력을 가지고 있는 셈이다. 맛집은 독점에 방점이 찍히는 독점적 경쟁시장에 있다고 평할 수 있겠다.

4) 과점시장

과점(寡占, oligopoly)은 유사하거나 동일한 상품을 공급하는 소수의 공급자가 존재하는 시장구조이다. 2개의 기업만 있을 때는 복점(複占, duopoly)이라고 부른다. 이 시장에 참여하고 있는 기업들 사이에는 상호의존성(相互依存性, interdependence)이 매우 강하다. 각 기업은 행동을 하기에 앞서 자신의 행동에 대한 경쟁기업들의 반응을 고려하여야 한다. 즉 소수의 기업들이 전략적 상황에 처해 있기 때문에 때로는 매우 경쟁적인 결과를 낳을 때도 있고 반대로 서로 담합하여 마치 독점 기업처럼 자신들에게 일방적으로 유리한 성과를 낳기도 한다. 실제로 과점이론은 복점이론이 주를 이루고 있으며 상대의 반응에 따라 여러 가지 모형이 존재하고 있다. 과점시장은 동질 시장(백설탕 시장 등)과 차별화 시장(맥주, 은행 등)으로 나눌 수 있다.

휴대전화 서비스 시장에서 KT, SKT, U+의 경쟁, 우유 시장에서 서울우유, 매일우유, 남양우유 간의 경쟁, 맥주 시장에서 하이트진로와 오비 간의 경쟁 등에서와 같이 우리 일상에서 쉽게 볼 수 있는 시장구조이다. 기업 규모나 매출에서 서로 비슷한 기업 간의 경쟁으로 나타날 수도 있지만, 좀 더 시장지배력이 있는 기업이 하나 또는 둘이 있고 비슷한 규모나 능력을 지닌 다른 기업들이 나머지 시장을 차지하기 위해 경쟁하는 경우도 종종 볼 수 있다. 소주 시장이 대표적이다. 하이트진로와 롯데주조가 지배력을 가지고 있고 나머지 지방 소주 회사들이 경쟁하는 구조를 가지고 있다.

이상에서 살펴본 시장구조와 가격과의 관계를 요약하면 다음과 같다.

- 한계수입 = 한계비용 = 가격: 완전경쟁시장
- 한계수입 = 한계비용 < 가격: 불완전경쟁시장

  독점, 복점, 과점, 기업 간의 담합(談合, collusion)

생산물 시장에서의 가격 설정을 분석할 때는 대상 기업이 생산요소시장에서 차지하는 위상과는 무관하다. 다시 말해, 생산요소시장이 완전경쟁시장이라고 전제한 후 생산물 시장에서의 가격 설정을 분석하기 때문에 이때의 시장구조는 생산물 시장구조만을 지칭한다. 같은 상품이라도 시장구조에 따라 가격이 다르게 책정되는 것이다.[11]

가격차별화

백인백색(百人百色)이라는 말에서 볼 수 있듯이 사람마다 선호가 다르다. 즉 사람마다 수요의 가격탄력성이 다르다. 이런 사실을 기업이 잘 활용하면 더 많은 이윤을 얻을 수 있다. 앞에서 본 바와 같이 독점 기업이 모든 소비자에게 수량과 관계없이 동일한 가격을 부과하는 균일가격은 시장지배력을 제대로 활용하지 못한다. 이처럼 서로 다름은 수요 곡선 형태의 차이로 나타난다. 수요 곡선을 소비자가 단위별로 소

11 엄밀히 말하면 생산요소시장에서의 위상과는 무관하다고 전제한 후 생산물 시장 구조에 따라 가격이 다르게 설정되고 있다.

비했을 때 얻게 되는 한계이익이라고 해석할 수 있기 때문이다.

가격차별화(價格差別化, price discrimination)에 대한 후생적 평가는 긍정적인 면과 부정적인 면을 동시에 가진다. 먼저 부정적인 면으로는 가격이 높아진다는 점을 들 수 있겠다. 이에 따라 이득의 상당 부분을 독점 기업이 가져간다. 반면 균일가격독점 때와 비교하면 생산량이 적어도 같거나 더 많고, 소비자들이 증가한다. 즉, 완전경쟁에 비해 소비자의 후생이 감소할지라도 증가하는 부분도 있기 때문에 사회적 후생은 증가할 수 있다.

1) 정의, 조건 및 평가

가격차별화란 같은 생산물이 구매자에 따라 상이한 가격으로 판매되는 것을 말한다. 가격차별화가 가능하기 위해서는 첫째, 기업이 시장지배력을 행사할 수 있어야 하며 둘째, 전매(轉賣, arbitrage, 혹은 [차익] 재판매)가 불가능해야 한다. 셋째, 판매자가 구매자의 특성에 따라 시장을 관찰할 수 있거나(3차 차별화) 혹은 판매자가 제시하는 차별화된 가격에 대해 구매자들이 자신의 특성을 스스로 표현할 수 있게(self-select, 자기 선택) 유도할 수 있어야 한다(2차 가격차별화). 가격차별화는 균일가격하에서보다 효율적일 수도 있고 비효율적일 수도 있으나, 소득분배를 악화시키는 경향이 있다.

2) 종류

① 1차 가격차별화(first-degree, 완전가격 차별화)

소비자 각자가 구매하는 재화의 각 단위당 지불하고자 하는 최대가격(유보가격, 留保價格, reservation price)을 부과한다. 생산자는 최대의 이윤을 얻을 수 있으며 소비자 잉여 전부를 생산자가 차지하게 된다. 공급자가 개별소비자에 관한 모든 정보를 정확히 알고 있을 때 가능하다. 사회적 후생은 생산자 이윤(잉여)과 같아지며, 후생손실은 발생하지 않는다. 백인백색(百人百色)이란 인간의 다양성을 적극 활용하는 것이다. 이에 빗대어 말하자면, 백 사람에게 각각 다른 가격을 매김으로써 백 개의 가격이 존재하는 백인백가(百人百價)라고 할 수 있을 것이다.

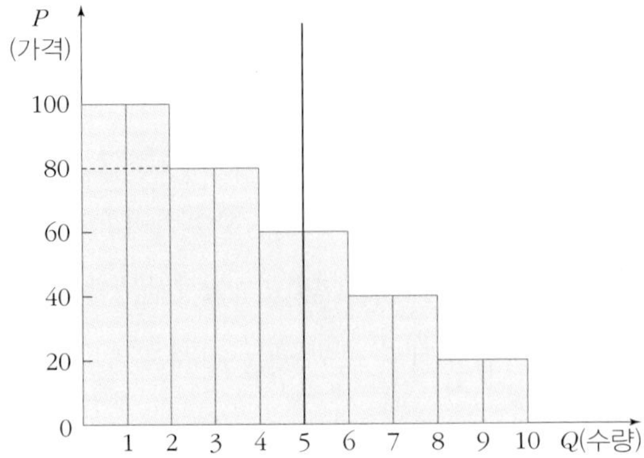

그림 6.2 1차 가격 차별화

유명한 화가인 용세가 같은 그림의 판화 5점을 판매하려는 경우를 생각해 보자.[12] 두 고객(용미와 용기)은 선호가 같으며 첫 번째 판화에는 100만 원, 두 번째 판화에는 80만 원, 세 번째 판화에는 60만 원, 네 번째에는 40만 원, 다섯 번째 판화에는 20만 원을 지불할 의사가 있다. 이 사실을 정확히 알고 있는 용세는 용미와 용기에게 처음 두 개의 판화를 하나씩 100만 원에 팔고, 다음 두 개는 각각 80만 원에 판다. 그리고 마지막 5번째 판화를 두 사람 중 한 사람에게 60만 원에 팔면, 용세는 420만 원의 수입을 얻게 된다. 반면 용미와 용기는 소비자 잉여가 0이 된다.

그러나 이 다섯 개의 판화를 균일가격으로 팔아야 한다면 얼마를 벌 수 있을까? 다섯 개를 다 팔려면 한 점당 60만 원에 팔아야 하고, 수입은 300만 원으로 감소한다. 소비자 잉여가 생산자에게로 재분배되는 셈이다.

② 2차 가격차별화(second-degree)

수요량의 구간에 따라 각각 다른 가격을 설정하는 방법이다. 〈그림 6.3〉에서 볼 수 있듯이 처음 OQ_1구간에서는 P_1의 가격을 설정하고 다음 Q_1Q_2 구간에서는 P_1보다 낮은 P_2의 가격을 설정하고 다음 Q_2Q_3 구간에서는 P_2보다 낮은 P_3의 가격을 설정하는 방식이다. 이 그림에서 수요 곡선은 개별소비자의 수요곡선이라는 사실에 주의하여야 한다. 이렇게 생산자는 1차 차별화 때보다는 작은 이윤을 얻는다. 소비자는 1차

12 이규억·이성순, 『기업과 시장』, 지민사, 2005, p.367.

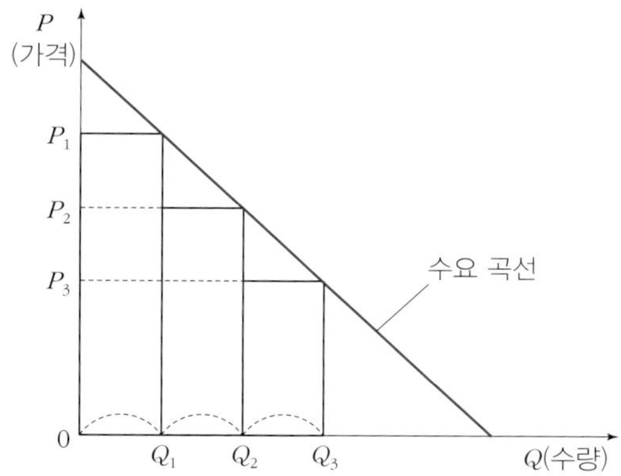

그림 6.3 2차 가격차별화

차별화보다는 적지만 어느 정도는 소비자 잉여를 차지하게 된다. 전화, 전기, 수도 등의 요금체계에서 볼 수 있다. 자기 선택(self-select)을 통해 구매자 스스로 자신의 특성을 나타내게 해야 한다.

소비자들에게 같은 제품 몇 개를 함께 포장하여 소비자들이 전부 아니면 하나도 살 수 없게 하는(all or none) 가격 설정 전략도 있다.[13] 예를 들어 맥주 4캔을 1만 원에 판매하는 전략을 떠올려 보자. 4캔 미만으로 살 때는 이렇게 살 수 없다. 한 캔에 3,500원이라면 3캔을 따로따로 사는 것보다 1만 원을 주고 4캔을 사는 것이 더 경제적이다. 이를 응용하여 라면 한 개당 1천 원인 경우의 전략을 세워 보자. 5개 묶음은 4,500원, 10개 묶음은 8,000원으로 판매하는 방식을 취할 수 있을 것이다. 묶음이 클수록 라면 한 개의 가격은 하락한다.

③ 3차 가격차별화(third-degree)

3차 가격차별화가 성공하기 위해서는 첫째, 시장이 상이한 가격 탄력도를 갖는 부분시장으로 분할되어야 한다. 연령, 소득, 직업, 지리적 위치, 시간, 교육 수준, 학생과 같은 특정 신분 여부 등과 같이 비교적 쉽게 시장을 분할할 수 있어야 하는 것이다. 둘째, 부분시장은 효과적으로 분리되어 저가시장으로부터 고가시장으로의 재판매가 일어날 수 없어야 한다.

13 블록가격설정(block pricing)이라고 부른다.

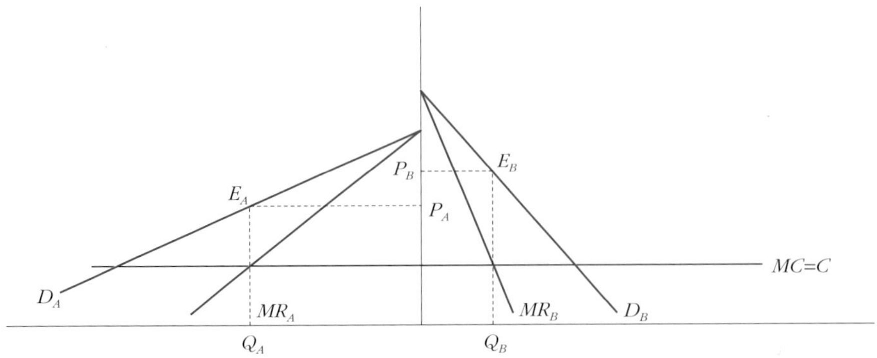

그림 6.4 3차 가격차별화

만약 독점 기업이 한계비용이 같음에도, 시장을 A 시장과 B 시장으로 분할할 수 있다고 할 때 각 시장에서 수요의 가격탄력도가 ε_A, ε_B라면 이윤극대화조건은 아래와 같이 구할 수 있다.

$$MR_A = MR_B = MC$$

$$P_A(1 - \frac{1}{\epsilon_A}) = P_B(1 - \frac{1}{\epsilon_B}) = MC$$

시장의 가격은 수요의 가격탄력도와 반비례한다. 〈그림 6.4〉에서 수요의 가격탄력도가 큰 시장(A)에서는 낮은 가격(P_A^*)을 반대로 수요의 가격탄력도가 작은 시장(B)에서는 높은 가격(P_B^*)을 책정함으로써 더 큰 이윤을 얻을 수 있다. 수요의 가격탄력도가 낮은 국내 시장(경쟁이 심하지 않은)에는 비싸게 팔고 수요의 가격탄력도가 큰 외국 시장(경쟁이 심한)에는 싸게 파는 가격정책이 이에 해당한다.

④ 최대부하가격(最大負荷, peak load pricing)

수요가 적을 때는 낮은 가격을, 수요가 클 때는 높은 가격을 설정하여 수요를 분산시키는 목적으로 설정되는 가격이다. 이렇게 가격이 설정되면 생산설비를 효율적으로 이용할 수 있게 된다. 영화관에서 볼 수 있는 조조할인과 전기의 야간 할인제가 좋은 예이다.

〈그림 6.5〉에서 보는 바와 같이 수요가 많은 시간대에 높은 가격을 설정하면 불요

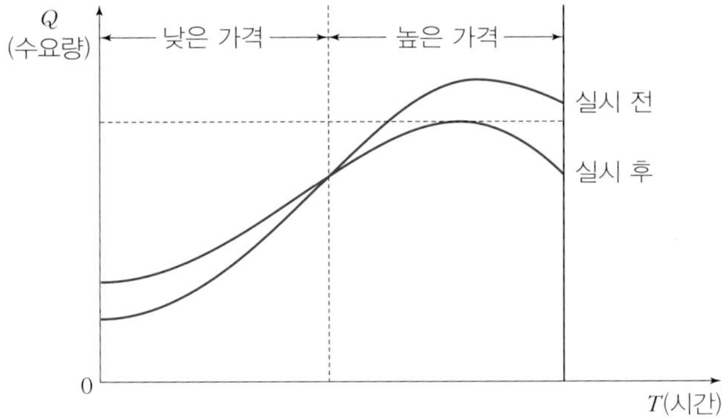

그림 6.5 최대부하가격

불급한 수요가 낮은 가격 시간대로 이동하게 되어 전체적으로 수요의 변동이 적게 나타난다. 최대 수요를 분산시킬 수 있어 생산설비를 효율적으로 운영할 수 있게 된다. 성수기 여부, 평일과 주말, 또 시간대에 따라 다른 가격을 책정하는 KTX 요금, 호텔 요금은 최대부하가격으로 설명할 수 있다.

⑤ 이부 가격(two-part pricing)

1차 가격차별화의 일종으로, 소비자에게 상품을 살 수 있는 권리를 주는 수수료(입회비)와 소비자가 실제로 구입할 때 드는 사용 요금으로 구성된다. 다양한 형태로 활용되는데, 회원제 골프장, 헬스클럽, 콘도 등에서 볼 수 있는 회원권 판매, 시설 이용 시에 이용료를 부과하는 방식, 놀이동산에서처럼 입장료를 징수하고 시설 이용 시에 이용료를 부과하는 방식, 전기, 상수도, 전화 등에서와 같이 기본요금을 징수하고 이용량에 비례하여 요금을 부과하는 방식이 있다. 〈그림 6.6〉에서 입회비는 소비자 잉여에 해당하고 이용 시에 내는 사용료는 한계비용에 가깝다.

⑥ 묶음 판매(bundling)

두 가지 이상의 재화를 하나의 묶음으로 만들어 판매하는 것으로, 묶음 판매를 하면 소비자 잉여가 생산자에게 이전된다. 자동차와 내비게이션 묶음, 컴퓨터 모니터와 본체 묶음, 양식당의 고정가 메뉴, 여행 패키지, 종합선물 세트 등에서 볼 수 있다.

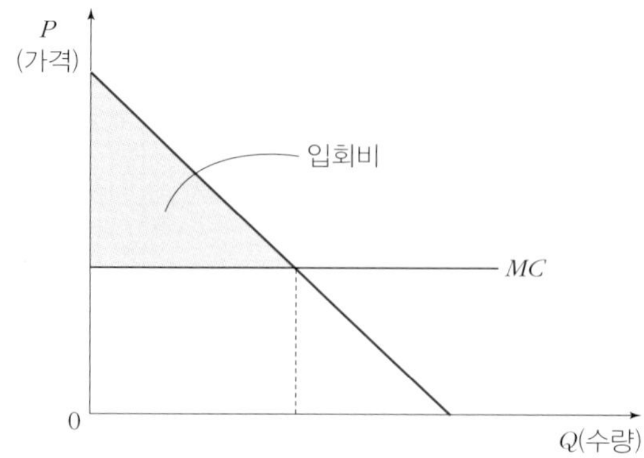

그림 6.6 이부가격

⑦ 끼워 팔기(tied in sale, 연계판매)

소비자들에게 한 상품(주 상품)을 팔면서 다른 상품(종 상품)도 같이 끼워서 파는 형태이다. 이 경우 소비자들은 진정 원하는 상품을 사기 위해 원하지 않는(원하는 상품일 수도 있지만) 상품을 같이 구매하여야 한다. 강제화하는 경우가 흔하며, 일례로 프린트와 토너, 프랜차이즈 가맹점에 가입하면 반드시 본사에서 재료를 구입하게 하는 것이 있다. 프랜차이즈 가맹주가 브랜드 가치를 보호하기 위해 끼워 팔기 형식을 취하기도 한다. 가맹주 입장에서는 합리적인 선택일 수 있기에 신의를 바탕으로 하는 거래가 중요하다고 본다.

독점력을 가지고 있어야 가능하며 끼워 팔리는 상품은 보통 새 제품, 열등재 혹은 단순한 보완재인 경우이다. 보완재가 많으나 전혀 관계없는 제품도 끼워 팔리는 제품이 되기도 한다. 가격차별화의 방법으로 쓰일 때도 있고 그렇지 않을 때도 있다. 묶어 팔기도 끼워 팔기의 한 예라고 볼 수 있다.

3) 공정거래법 규정

공정거래법 45조 1항에는 일반 불공정거래행위로서 ① 거래거절, ② 차별적 취급, ③ 경쟁사업자 배제, ④ 부당한 고객 유인, ⑤ 거래강제, ⑥ 거래상 지위 남용, ⑦ 구속조건부거래, ⑧ 사업 활동 방해, ⑨ 부당한 자금·자산·인력의 지원(부당 지원행위) 등의 9개 유형으로 구분하여 규제하고 있다. 2022년 공정거래법 사건접수 487건 중 114건이 불공정 거래행위 관련 사건이었다.

3. 전략적 가격설정

기업이 자신의 이윤증대를 위해 시장 여건에 영향을 미치는 행동들을 전략적 행동(strategic behavior)이라고 한다. 여기서 시장 여건(market environment)이란 소비자와 경쟁자의 믿음, 기존 경쟁자와 잠재적 경쟁자의 수, 각 기업의 생산기술 및 경쟁자가 시장에 진입할 때의 비용과 속도를 포함한 시장 결과(가격, 생산량, 이윤, 후생)에 영향을 줄 수 있는 모든 요소를 일컫는다.

전략 행위를 2가지, 즉 비협조적 전략 행위(noncooperative strategic behavior)와 협조적 전략 행위(cooperative strategic behavior)로 나눌 수 있다. 비협조적 전략 행위란 어떤 기업이 경쟁자에 비해 상대적으로 더 유리한 위치를 차지함으로써 이윤을 극대화하려고 하는 행동을 일컫는다. 일반적으로 이런 전략을 취하는 기업은 이윤증대를 얻지만 다른 기업들은 이윤감소를 겪는다. 반면 협조적 전략 행위는 자신들의 행동을 조정하고 경쟁자의 반응을 제한하는 것을 쉽게 하는 행동이다. 경쟁을 줄여 모든 기업의 이윤향상이 가능하다.

전략적 행동의 효과를 사회적 관점에서 평가하기란 매우 어렵다. 비협력적인 전략적 행동의 결과는 남을 어렵게 만들어 자신의 시장지배력을 높이려는 행동이므로 친경쟁적인 한편 반경쟁적일 가능성도 없지 않다. 협력적인 전략적 행동의 결과는 기존 기업들의 시장지배력을 높이려고 하는 행동이므로 반경쟁적일 가능성이 높다고 보아야 옳을 것이다.

비협조적 전략 행위

1) 개요

비협조적 전략 행위가 성공하기 위한 두 가지 조건은 다음과 같다.

- 우위(advantage): 경쟁자보다 먼저 행동할 수 있어야만 한다.
- 실행(공약, commitment): 상대의 전략과 관계없이 자신의 전략을 할 것이라고 과시하여야 한다.

기존 기업의 강력한 반발행위(claim)가 실제적인 위협으로 여겨지게 하려면 그 전략을 끝까지 고수하는 것이 기존 기업에게 합리적이라는 판단을 내리게끔 해야 한다. 그저 공갈에 가까운 위협은 가장 믿을 수 없는 위협인 셈이다. 이렇게 보면 전쟁은 일종의 비협조적 전략의 극치라고 할 수 있다. 인류의 전쟁사를 볼 때 상대보다 불리한데도 불구하고 먼저 전쟁을 일으킨 경우란 거의 없다.

2) 실례

① 약탈적 가격(掠奪的 價格, predatory pricing)

현재의 경쟁자를 몰아내고 잠재적 진입자를 추방하기 위해 처음에는 가격은 낮추었다가, 경쟁자들이 시장에서 격리되면 가격을 올리는 전략이다. 단기에는 상당한 손해를 각오하고 장기 독점 이윤취득을 노리는 경우이다. 독점화(monopolization) 노력이라고 해석할 수 있다.

서로 약탈적인 가격을 책정하여 싸울 때 누가 최후의 승자가 되겠는가? 이마도 밑천이 든든한 사람이 최후에 웃을 가능성이 높다. 이를 소위 '큰 주머니 이론(long purse)'이라 부른다. 서로 상대를 몰아내기 위해 손해를 감수하며 싸움을 이어 나가는 싸움판에서는 끝까지 견뎌낼 수 있는 자금력을 가진 쪽이 승리자가 될 것이다.

- 동질 기업과 약탈: 약탈적 가격 설정이 성공할 수 없다. 여기서 동질 기업이란 비용구조가 같다고 보는 경우이므로 약탈적 가격을 먼저 실행한 기업의 행위는 경쟁자들에게 믿을 수 있는 위협으로 작용하지 못한다. 시쳇말로 경쟁자들은 "죽으려면 무슨 짓을 못 해"라고 비아냥거릴 뿐이다. 일종의 자살행위라고 평가할 수 있다.
- 초기 투자라고도 볼 수 있다. 처음 시장에 진입하는 기업이 자신의 존재를 알리기 위해 헐값에 파는 경우이다.
- 학습효과(學習效果, learning effect)를 활용하는 전략일 수도 있다. 의도적으로 학습효과를 이용하기 위해 처음에 값싸게 팔기도 한다. 남보다 먼저 가격을 저렴하게 책정함으로써 생산량을 확대하고, 이를 토대로 다시 가격을 낮추어 생산량을 확충할 수 있는 능력을 활용하는 전력이다. 기업의 입장에서는 합리적인 투자행위이다.

학습효과가 매우 천천히 나타나는 곳이나 매우 빨리 나타나는 산업에서는 다른 기업들도 곧 경제성을 갖게 되기 때문에 선도적으로 가격을 인하하는 전략은 그리 성공적이지 못하다. 상대가 따라오기에 좀 벅찬 정도의 학습효과가 있는 중간 정도의 학습효과가 나타나는 산업에서 전략적 학습효과 활용이 빛을 발할 것으로 기대된다.

② 진입저지 가격(進入沮止 價格, limit pricing)

새로운 기업이 진입하여 이윤을 얻을 수 없게 하는 방향으로 가격과 생산량을 정할 때의 가격을 진입저지 가격이라고 한다. 단기간에 설정한 독점가격으로 독점 이윤을 얻고 뒤늦게 진입한 기업과 경쟁하여 낮은 이윤을 얻는 것보다는, 당장은 이윤을 덜 얻는 수준으로 가격을 설정함으로써 진입자를 봉쇄하고 장기간 지속적으로 이윤을 얻으려는 전략의 일환이다. "작게, 그러나 오래 차지하자"라는 전략이다.

③ 침투 가격(浸透 價格, Penetration pricing)

시장에 처음 진입할 때 낮은 가격을 설정하여 빠르게 자리를 잡는 전략이다. 수요의 가격탄력성이 큰 시장이거나 규모의 경제성을 활용하기 쉬운 생산기술을 가진 경우, 시장 규모가 큰 시장 및 표준화가 중요한 시장에서 좋은 전략이 될 수 있다.

④ 스키밍 가격(skimming pricing)

이 전략은 신제품 초기 도입기에 어얼리 어댑터나 부유층을 타겟으로 높은 가격을 설정하는 전략이다. 선행자 이득을 얻고, 신제품 개발비를 조기에 회수할 수 있는 전략이다. 제품이 특허로 보호되고 있다거나 막대한 제조 투자가 필요한 경우 등 신규 진입장벽이 높아 경쟁자의 출현이 없어야 한다. 또 수요의 가격탄력도가 낮아 가격이 높아도 구매자가 많아야 한다. 침투 가격과는 반대의 경우이다.

협조적 전략행위

기업들이 카르텔을 결성하는 것은 불법이다. 또 부당한 공동행위의 금지를 규정하고 있다. 부당한 담합(談合, collusion, 공동행위)을 금지함으로써 소비자들의 후생을 증대시키려고 하고 있다.

개별 기업 입장에서의 공동행위 필요성은 게임이론에서 학습할 것이고, 이에 따라 발생하는 폐해는 독점의 폐해에서 학습하였다. 우리나라 공정거래법 내용은 아래와 같다.

우리나라 공정거래법상 부당 공동행위에는 ① 가격의 결정·유지·변경, ② 거래조건 및 대금지급 조건 설정, ③ 거래제한, ④ 시장 분할, ⑤ 설비 제한, ⑥ 상품의 종류·규격 제한, ⑦ 영업의 주요 부문 공동관리, ⑧ 입찰 담합, ⑨ 기타 다른 사업자의 영업활동 방해 및 대통령령으로 정하는 정보를 교환하여 경쟁을 제한하는 행위 등의 9개 유형으로 구분되어 있다.

그러나 불황 극복을 위한 산업구조조정, 연구·기술개발, 거래조건의 합리화, 중소기업의 경쟁력향상을 위한 공동행위로서 공정거래위원회의 인가를 받은 경우에는 예외를 인정하고 있다.

담합을 원활하게 만드는 요인들로는 상호작용의 횟수, 시장 성장률, 처벌의 정도와 신뢰성을 언급하였고 담합에서 벗어남을 알 수 있는 확률 또한 원인이 된다.

시장구조와 담합은 관련성이 있다. 시장 점유율에서 차이가 나는 것이 현실이다. 담합은 집중도가 높은 산업에서 잘 발생하고, 얼마 되지 않은 만큼 실현되기 쉽다.

사업자 단체를 통해 여러 가지 공동행위가 나타나고 있다. 주로 협회, 연합회 이름으로 되어 있다. 공정거래법에서는 사업자 단체의 금지행위를 규정하고 있다. ① 부당한 공동행위 ② 사업자 수 제한 ③ 사업 활동 방해 ④ 불공정거래행위 등의 조장과 같은 4개 유형으로 규제하고 있다.

공정거래법 44조에는 부당한 공동행위의 사실을 자진신고한 자 또는 증거제공 등의 방법으로 공정거래위원회의 조사 및 심의·의결에 협조한 자진신고자 등에 대한 감면제도가 있다. 1997년 리니언시(Leniency) 제도를 도입하였는데, 이는 담합이 은밀히 이루어지고 있기 때문에 적발하기가 쉽지 않아 도입한 제도이다.

벤츠 부인의 무모함(?)이 거둔 승리

벤츠의 부인 베르타 벤츠(1849~1944)는 1888년 8월 남편이 개발한 2마력짜리 자동차로 무려 105km 이상 떨어진 친정집을 남편의 허락도 없이 두 아들(13살, 15살)을 데리고 떠난다. 왜 이런 모험을 감행했을까? 바로 남편 카를 벤츠(1844~1929)가 최초로 가솔린엔진을 이용한 자동차를 발명하고 특허까지 땄으면서도 소심하고 우유부단한 성격 때문에 2년 반 동안 시운전만 계속했기 때문이었다. 가는 도중에 연료가 떨어지면 약국에서 휘발성이 높은 화장수(솔벤트)를 사서 연료로 쓰고, 목제 브레이크를 튼튼이 가죽 브레이크 패드로 교체하고, 늘어난 체인과 금 간 기어는 대장간에서 바꾸었다. 막힌 연료 유입구를 자신의 모자 핀으로 뚫어 해결하기도 했다. 돌아올 때는 일부러 다른 길로 달려 더 많은 사람에게 자동차를 선보였다. 왕복 195km라는 대장정을 완수한 것이다.

엄마와 아이가 말 없는 마차를 타고 달리는 모습은 신문에도 실렸으며 입소문도 돌기 시작했다. 모험을 통한 광고효과가 제대로 발휘되어 자동차 구매 주문이 밀려들었다고 한다. 베르타 벤츠가 아니었다면 오늘날과 같은 자동차 세상이 있었을까? 세 모자는 세계 최초의 장거리 도로 주행자로 기록되기에 손색없는 기술적 자질과 용기를 갖추고 있었다. 운행 도중에 발생한 문제를 해결했던 여러 기술이 오늘날에도 쓰이고 있다.

그 당시 과연 누가 검증 안 된 내연기관의 삼륜차로 이런 장거리 운전을 꿈꿨겠는가? 당시 사람(소비자)들은 자동차의 유용성을 잘 몰랐고, 개발자인 벤츠는 만드는 데만 신경을 썼지 알리는 데는 별 능력을 발휘하지 못하였다. 베르타 벤츠가 이 세 가지 일(만들고, 알리고, 개량하고)을 과감하게 성공함으로써 벤츠의 역사, 나아가 인류 자동차 역사를 새롭게 쓰게 만들었다.

만하임(Mannheim)에서 포르츠하임(Pforzheim)에 이르는 모험의 길은 '베르타 벤츠 기념 길(Bertha Benz Memorial Route)'로 명명되어 인류 최초의 장거리 자동차 드라이브 코스로 승인받았다.

벤츠는 1925년, "내가 작은 배에서 침몰하려고 할 때, 과감하게 용기를 내 나를 구해준 사람은 내 아내다"라고 회상하였다.

연습문제

토론(같이 생각하고 이야기해 보기)

1. 우리 주변에서 볼 수 있는 묶음 판매나 끼워 팔기의 예를 들어 보고 합리적이라고 생각되는 경우와 불합리하다고 생각되는 경우를 구별하여 보자.

2. 이부 가격설정이 나타나는 곳을 예를 들고(롯데월드, 용인자연농원, 골프 회원, 스포츠 센터 회원, 택시 요금 등), 자신의 경험을 이야기해 보자.

○×문제

1. 완전경쟁시장에서 가격은 한계비용과 같아진다. (　　)

2. 2부 가격이란 정상적인 가격과 암시장 가격으로 나누어지는 경우 쓰이는 용어이다. (　　)

3. 독과점 시장에서는 완전경쟁시장보다 가격은 비싸고 거래량은 적다. (　　)

단답형 문제

1. 과점시장에서는 기업들이 (　　　　　　)적이어서 (　　　)적으로 행동한다. (4글자, 2글자)

2. 상품을 구매할 때 그 상품의 가격만이 아니라 탐색, 계약, 집행비용 등이 포함된 (　　　　　　)도 고려되어야 한다. (4글자)

3. 경제학자들은 시장을 독점시장, (①)시장, (②)시장, 및 완전경쟁시장을 크게 분류하여 분석하고 있다.
   (1) 우리 일상에서 볼 수 있는 ① 시장의 제품사례를 둘 이상 쓰시오.
   (2) 우리 일상에서 볼 수 있는 ② 시장의 제품사례를 둘 이상 쓰시오.

4. 완전경쟁시장에서 나타나는 가격은 독점시장에서 나타나는 가격보다 (　　　) 으나, 생산량은 (　　　)다. 따라서 경제학자들은 (　　　)의 폐해에 대해 늘 경계하고 있다.

용어설명

1. 1차 가격차별화란?

2. 진압저지 가격이란?

3. 침투 가격이란?

4. 스키밍 가격이란?

주관식 문제

1. 시장구조를 분류하고 성립요건, 특성, 예를 쓰시오.

2. 독점이 발생하는 원인을 개략적으로 설명하시오.

3. 독점 기업이 가격차별화에 성공하기 위해서는 어떤 조건이 필요한가?

4. 비가격 경쟁이란? 우리 주변에서 볼 수 있는 실례를 들어 보시오.

5. 유명 관광지에서 외국인은 바가지요금에 피해를 보고 있다. 그 이유를 설명하시오(가격 차별화, 정보의 비대칭성, 유보가격이 높음).

6. 대전대 남문 앞 음식점시장은 어떤 시장 형태로 분류되는가? 과일, 자동차, 수도 시장과 비교하여 설명하시오.

7. 최대 부하 가격이란? 우리 주변에서 볼 수 있는 실례를 들어 보시오.

8. 영화관에서 파는 아이스크림이 시중에서 파는 아이스크림보다 비싼 이유를 수요의 가격탄력도를 이용하여 설명하시오. 소비자 잉여는 어느 쪽이 더 큰가?

9. 시장수요곡선이 $P=10-Q$이고 한계비용(MC)은 0일 때, (1) 완전경쟁시장의 가격, 거래량, 이윤, 소비자 잉여를 구하시오. (2) 독점가격, 생산량, 이윤, 소비자 잉여, DWL를 구하시오.

10. 〈3차 가격차별화〉 독점시장에 있는 기업의 비용함수는 $C=20(Q_1+Q_2)$이고 1시장의 수요곡선은 $P_1=100-4Q_1$, 2시장의 수요곡선은 $P_2=180-20Q_2$이다.
    (1) 1시장과 2시장을 나누고 가격차별화를 한 경우 1시장에서의 가격, 생산량, 그리고 이윤을 구하시오.
    (2) 1시장과 2시장을 나누고 가격차별화를 한 경우 2시장에서의 가격, 생산량, 그리고 이윤을 구하시오.
    (3) 가격차별화 없이 균일가격을 설정한 경우 가격, 생산량, 그리고 이윤을 구하시오.
    (4) 가격차별화의 효과를 설명하시오.

제7장

성장전략과 수요 촉진

1. 기업의 성장
2. 수요 촉진

"품질이 최고의 광고다."

"인간은 결코 냉철한 계산만으로 움직이는 존재가 아니다. 다만 적어도 비즈니스 세계에서는 이익을 전제로 한 이기적인 행동 원리로 움직인다고 해도 결과적으로는 협조가 발생하는 경우가 있다."

"사업의 목적에 대한 유일하게 타당한 정의는 고객을 창출하는 것이다. 그러므로, 어떤 기업이건 오직 두 가지 기본적인 기능만을 가지고 있다. 마케팅과 혁신이다."

– 피터 드러커

"현대건설은 세계 제일의 인적 물적 동원력을 가진 회사로 자타가 공인하는데, 그 배경에는 현대중공업이라는 막강한 해외 건설 지원기지의 역할이 매우 컸다."

– 정주영, 『시련은 있어도 실패는 없다』, 165쪽

북한에서의 광고

우리는 광고 없이는 한시도 살 수 없으며, 좋은 의미든 나쁜 의미든 '광고 공화국'에 살고 있다. 광고를 터부시하던 북한에서도 2009년부터 대동강맥주 광고를 시작으로 상품광고를 하고 있다. 물론 기업이 이윤추구를 목적으로 자유롭게 광고를 기획하고 진행하는 우리나라의 상업광고와는 달리 북한에서의 상업광고는 두 가지 원칙(인민들의 사상 감정과 나라의 실정에 맞게 주체적인 광고를 해나가야 한다는 주체성, 민족적 형식과 사회주의적 내용을 담아야 한다는 창조성)을 준수하여야 하지만, 과거라면 상상도 할 수 없었던 상당한 변화라 할 수 있다. 또 미래 과학도시보다 1년 반 늦게 완성된 려명거리의 식당이 성공하게 된 비결로 효율적인 광고를 들고 있다. 물론 우리나라 광고와는 사뭇 다르지만 어찌되었든 광고의 효과가 상당히 크다고 한다.[1]

1 주성하, 『평양자본주의백과전서』, 북돋음, 2018, p.96.

1. 기업의 성장

기업들은 생존하고 확장하기 위한 노력을 계속해오고 있다. 즉 새로운 시장을 개척하고, 새로운 사업방식이나 상품을 고안하며, 수익성이 있는 투자의 기회를 찾는 등 끊임없이 이윤경쟁(competition for profits)을 하고 있다. 장기적으로 볼 때, 기업 성장이 이루어져야 지속적으로 이윤극대화가 가능하다. 기업도 탄생, 성장, 성숙, 쇠퇴의 길을 걷는다. 또한 글로벌시장이 확대됨에 따라 더욱 치열한 경쟁에 노출되고 있다. 단순히 생존을 넘어 지속적인 기업활동을 하기 위해서는 현명한 성장전략이 절대적으로 필요하다.

성장전략의 유형

기업전략은 기업경영에 필요한 기능별로 마케팅전략, 생산전략, 인재 육성 전략, 기술개발 전략, 재무 전략 등 여러 가지로 나누어 볼 수 있으나, 이들 전략은 개별적으로 수립되어서는 안 되며 기업의 총체적 목표에 적합하도록 조화를 이루어야 한다. 내부적 성장과 외부적 성장으로 나눌 수 있으며, 외부적 성장은 다시 한번 합병과 전략적 제휴로 나뉜다. 또 성장의 방향에 따라 수평적, 수직적, 다각화로 분류할 수 있다(〈표 7.1〉 참고).

표 7.1 공정거래법상 기업결합 5가지 유형[2]

구분	내용
주식취득·소유	다른 회사의 주식을 취득 또는 소유하게 되는 경우
임원겸임	대규모 회사의 임원·종업원이 다른 회사의 임원을 겸임하는 경우
합병	회사가 다른 회사와 합병하는 경우
영업양수	다른 회사의 영업을 양수하는 경우
회사설립 참여	새로운 회사설립에 참여하는 경우

2 확장 방법으로는 인수 합병(Merge and Acquisition, M&A)을 통한 성장이 일반적이다.

내적 확장은 기존 공장을 확대하거나 새로운 공장을 설립함으로써 기업의 생산능력을 확대하여 성장하는 것이고, 외적 확장은 시장 혹은 산업 내에서 다른 기업들을 합병 인수하거나 제휴를 통해 성장하는 것이다.

합병은 사업 활동을 결합하기 위해 체결하는 상호 계약을 의미한다. 인수는 한 기업이 다른 기업을 인수하는 것인데 적대적(hostile)으로 행해지는 경우도 흔히 볼 수 있다. 또한 전략적 제휴는 둘 또는 그 이상의 기업들이 공식적으로 혹은 비공식적으로 협력하여 공동의 목적을 달성하는 것이다.

전략적 제휴의 형태는 다음과 같이 분류된다.

- 조인트 벤처(joint venture): 둘 혹은 그 이상의 기업이 새로운 독립적인 기업을 설립하고 공동으로 소유하는 형태
- 컨소시엄(consortium): 둘 혹은 그 이상의 기업이 특정한 프로젝트를 같이 추진하고 프로젝트 진행을 위해 독립된 기업을 설립하는 형태
- 라이선싱(licensing): 특허 소유 기업이 자신의 특허권을 다른 기업에게 사용하도록 허용하거나 파는 형태
- 네트워크(networks): 공동의 목표를 위해 협력하여 일하기를 비공식적으로 약속하는 형태

또한 기업의 비전을 실현하기 위해 여러 가지 다양한 형태의 계약, 조직상 혁신 등을 실천한다.

- 아웃소싱(outsourcing): 기업의 내부 프로젝트나 제품의 생산, 유통, 용역 등을 외부의 제3자에게 위탁, 처리하는 것을 말한다. 원래는 미국 기업이 제조업 분야에서 활용하기 시작했으며 경리, 인사, 신제품 개발, 영업 등 모든 분야로 확대되고 있다. 기업은 핵심 사업에만 집중하고 나머지 부수적인 부문은 외주에 의존함으로써 생산성 향상을 극대화할 수 있다. 수직적 통합의 반대 개념이다. '위험의 외주화'라는 불명예도 있다.

  외주화의 장점으로는 첫째, 전략적인 목적을 위한 더욱 핵심적인 활동에 기업의

자원을 집중할 수 있다. 둘째, 부가가치가 높은 기능에 전사적인 지원이 가능하다. 셋째, 경제적 목적으로 규모의 경제를 활용하여 비용을 절감할 수 있다. 넷째, 기술적인 목적에서 각 분야의 가장 앞선 외부 조직의 기술과 경험을 활용할 수 있다. 다섯째, 환경이나 기술변화에 대한 대응이 쉽다.

여기도 프랜차이즈 상표, 저기도 프랜차이즈 상표

프랜차이즈(franchise)란 한 기업이 다른 기업의 제품 일부 혹은 전부를 생산하거나 파는 계약을 맺는 영업 형태를 말한다.

위험 분산 효과가 있으며 빠른 시간 내에 안정될 수 있다는 것이 장점이지만, 허위 과장광고 등의 이유로 소송으로 이어지는 경우가 많다는 단점도 있다.

우리나라에서는 3가지 주요 요금, 즉 ① 등록상표에 대한 로얄티(a royalty for the trade-mark), ② 가맹점에게 제공되는 훈련과 자문 서비스에 대한 보수 ③ 개인 매출의 일정 비율에 대한 요금이 단일 '경영' 요금('management' fee)에 결합되어 있다. 공개에 대한 요금은 나누어져 있으며 언제나 프론트 앤드 요금(front-end fee)이다.

한식		분식		패스트푸드	
1	한솥(764점)	1	이삭토스트(758점)	1	버거킹(816점)
2	원할머니(790점)	2	역전우동0410(751점)	2	맘스터치(802점)
3	본도시락(788점)	3	신전떡볶이(745점)	3	노브랜드 버거(646점)

커피		치킨		기타 도소매	
1	투썸플레이스(790점)	1	교촌치킨(855점)	1	다이소(875점)
2	빽다방(777점)	2	비비큐(855점)	2	오피스디포(840점)
3	할리스커피(756점)	3	푸라닭(819점)	3	자연드림(828점)

교과교육		외국어교육		기타 교육	
1	소마사고력수학(752점)	1	에이프릴어학원(761점)	1	에듀플렉스(782점)
2	와이즈만 영재교육 (744점)	2	청담어학원(752점)	2	프리미엄독서실잇올 (725점)
3	장원교육(736점)	3	폴리어학원(745점)	3	씨엠에스에듀(724점)

2021년 기준 7,052개의 프랜차이즈업체가 등록되어 있다.

반면 단점으로는 첫째, 시스템 통제가 어렵고, 둘째, 계약중단이나 파기가 어려우며 공급업체의 변경이 쉽지 않다. 셋째, 공급업체에 과도하게 의존함으로써 기업의 유연성이 떨어진다. 넷째, 내부 전문 인력을 양성하지 못해 어려움을 겪을 수 있다.

- 다운사이징(downsizing): 기구축소 또는 감원을 뜻하는 경영기법이다. 원가절감이 목표이기는 하나 원가절감과는 개념이 다르다. 단기적 비용 절감이 아닌 장기적인 경영전략으로 수익성이 없거나 비생산적인 부서나 지점을 축소 내지는 폐지하는 것, 혹은 기구를 단순화하여 관료주의적 경영체제를 지양하는 것, 의사소통을 원활히 하여 신속한 의사결정을 도모하는 것 등이다. 그러나 사원들의 사기저하, 회사에 대한 신뢰감 감퇴 등으로 생산성 저하를 불러일으키는 등의 부작용도 있다.[3]
- 업무위탁(offshoring): 기존의 사업 거점으로부터 타국에 사업을 이전하는 경제행위를 가리킨다. 현지의 저렴한 생산요소를 이용하여 본국으로 부품이나 완제품을 역수출하는 것이다. 이 경우 공정관리를 위한 중요 의사결정은 본사에서 이루어지며, 따라서 기술개발이나 관리능력의 육성 노력은 현지에서는 거의 일어나지 않는다.
- 하도급(subcontracting): 동일한 제품을 생산할 수 있는 다른 기업에게 수수료(생산비)를 지불하고 제품 제조를 위탁하는 것이다. 하도급의 장점은 생산으로부터 얻을 수 있는 이익을 포기하는 대신에 여러 가지 불확실성에 따른 위험을 하도급업자와 함께 나눔으로써 분산시킬 수 있다는 것이다. 자기 기업의 설비나 인력을 늘리거나 줄이지 않고서도 전체 생산의 크기를 조절할 수 있다는 점에서는 매우 효과적인 방법이다. 그러나 현실적으로는 하도급 업자와의 사이에 여러 가지 문제가 있게 마련이다. 하도급 업자는 보다 장기적인 거래관계를 희망할 것이고, 이 경우 하도급 제품에 대한 생산관리의 대부분을 위탁하는 형식이 되므로 품질관리에도 매우 주의해야 한다.
- 구조조정(restructuring): 효율성을 높이기 위해 조직의 내부구조를 변화시키는

3 한경 경제용어사전, 한국경제신문/한경닷컴에서 인용하였음.

것이다. 이 단어가 구조조정이라는 의미로 쓰이기 시작한 것은 1981년 레이건 대통령이 공급 중심의 경제정책을 채택하면서부터이다. 기업이나 조직이 기존의 사업구조, 소유구조, 자본구조, 경영구조, 지배구조 등을 빠르게 변화하는 경제환경에 맞추지 않으면 적응하지 못해 뒤처지거나 살아남기 힘들어지는 시대가 되었다. 이처럼 새로운 환경에 적응하기 위해 새로운 구조로 변화하는 것을 구조조정이라 한다.

우리나라에서는 1997년 외환위기 시기에 이 용어가 사용되었다. 기업들은 재무적 위기로 인해 조직 인원을 감축·퇴출시키고, 조직을 매각, 폐쇄하며, 구조조정이라는 용어를 사용하여 '규모의 조정'을 중점적으로 감행하였다. 구조조정은 부실기업이나 비능률적인 조직을 미래지향적인 사업구조로 개편하는 데 주목적이 있다.

- 벤치마킹(benchmarking): 경영의 어느 특정 분야에서 최고의 성과를 올리는 다른 회사를 선정하여 자기 회사와 비교하여 그 회사만큼의 성과를 높이고자 하는 활동을 일컫는다.

제품수명주기와 성장전략

제품수명주기(製品壽命週期, product life cycle)에 따른 생산전략의 변화에 대해 알아보기로 하자. 제품도 수명을 갖는다. 흑백 텔레비전, 브라운관 텔레비전, 비디오, CD, 삐삐 등 출시 당시에는 혁명적인 영향을 미치며 선풍적인 인기를 누렸으나 지금에 와서는 아무도 찾지 않는 골동품 신세로 전락한 제품의 예는 너무나도 많다. 〈그림 7.1〉에서 보는 바와 같이 제품은 도입기–성장기–성숙기–쇠퇴기를 거친다. 마치 인간이 태어나 성장, 성숙, 사망하는 과정과 유사하다. 따라서 제품주기에 맞게 생산과 가격전략을 채택하여야 한다. 도입기에는 소량생산 전략, 성장기에는 대량생산·표준화지향 전략, 성숙기에는 대량생산과 가격경쟁력확보, 쇠퇴기에는 비용 절감을 지향하여야 할 것이다(〈표 7.2〉 참고).

여기에서 주유소의 쇠퇴와 성숙기에 접어든 유선 방송업을 소개하고자 한다. 먼저 주유소 사업이 위기 일로다. 주유소가 경쟁이 심해지면서 마진이 박해지는 데다 전기차 보급 확대 같은 위기 요인이 커지면서다. 한국석유관리원에 따르면 전국의 주

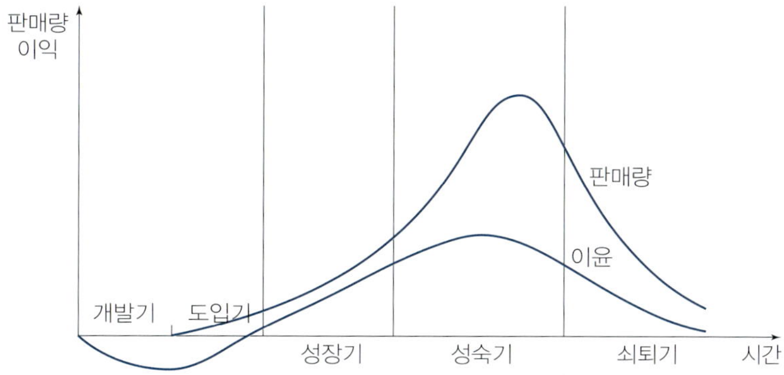

그림 7.1 제품수명주기

표 7.2 제품수명주기에 따른 기업의 변화 (자료: 설성수 외 5인 공저, 『기술가치평가』, 한국기업 기술가치평가협회, 2019, p.193.)

	도입기	성장기	성숙기	쇠퇴기
경쟁 형태	시장탐색	품질향상, 물량공급	가격 인하, 서비스제고	비용 절감
생산 형태	소량, 다양화	대량생산, 표준화 지향	대량생산, 단일화 지향	단일화
생산 목표	유연성	품질 우위 확보, 적시적소 공급	가격	가격
특징	• 신상품개발/신상품 • 수용 여부 불확실 • 초기 투하자본 필요 • 판매 부진/손실 가능성 높음 • 고위험–실패 기업 많음	• 소비자의 상품 수용 • 매출과 이익 급성장 • 시장참여자 증대–경쟁 가열	• 판매신장세 둔화 • 현금흐름 양호 • 시장구조 안정화	• 지속적 수입 감소 • 대체품 등장 • 경쟁력 상실

유소 수는 2022년 말 1만 1,144개로 전년 대비 234개가 줄었다. 최근 5년 새 연평균 120여 개의 주유소가 간판을 내렸다. 사흘에 한 개꼴이다. 정유 업계 관계자는 "주유소가 동네 갑부의 상징이라는 건 옛날 얘기"라고 말했다.

통계청에 따르면 전국 주유소의 평균 영업이익률은 2.52%(2019년)였다. 식당(15%)이나 도소매업(4.1% 이상, 한국외식산업연구원)에도 미치지 못한다. 업계 관계자는 "리터(L)당 1원이라도 싼 곳으로 손님이 몰리면서 여전히 제 살 깎아 먹기식 경쟁이 치열하다"고 전했다. 전체 주유소 중 12%(1,308개)에 이르는 알뜰주유소도 위협 요

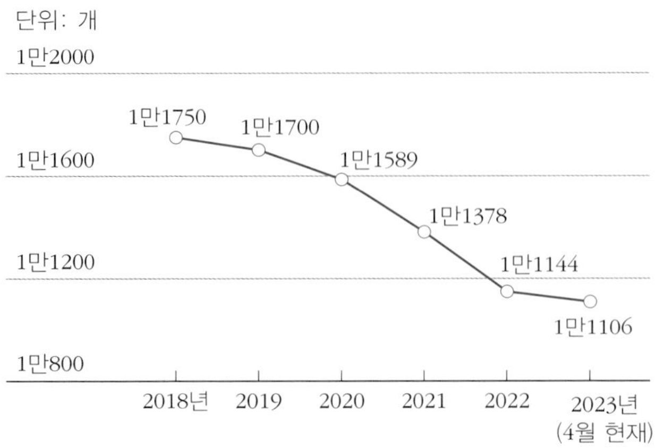

그림 7.2 전국 주유소 변화추이 (자료: 2023년 5월 19일 중앙일보)

소다. 박동위 한국주유소협회 차장은 "이들은 입찰을 통해 기름을 공급받다 보니 일반 주유소보다 휘발유를 L당 40원가량 저렴하게 팔고 있다"고 말했다. 전기차와 수소차 충전소는 휘발유차 주유소와 다른 개념이기 때문에 전기차와 수소차로의 전환은 직격탄이다. 에너지경제연구원은 전기차·수소차 등이 늘면서 2040년까지 전국 주유소 8,529곳이 퇴출당할 것이라고 내다봤다. 지금 주유소의 4분의 3가량은 문을 닫는다는 얘기다.

〈표 7.3〉에서 보는 바와 같이 가입자 수가 증가하고는 있으나 증가폭과 증가율이 점점 하락하고 있음을 알 수 있다. 2022년 하반기 유료 방송 가입자 수는 3,624만 8,397명으로, 상반기 대비 24만 2천 명 정도 증가하였고 증가율은 0.67%로 나타났다. 유선방송 가입자 수는 2015년도 하반기부터 집계되었는데 대체로 감소세를 보이고 있다. 유선방송업이 정체 단계에 진입하였음을 알 수 있다.

매체별(IPTV, 종합유선 방송, 위성방송)로 볼 때 2017년 11월 IPTV 가입자 수가 종합유선방송(SO) 가입자 수를 앞선 이후 IPTV 가입자 수는 지속적으로 증가하는 반면 SO는 감소하고 있다. IPTV와 SO 간 가입자 수의 차이는 작년 하반기 기준 약 784만으로 상반기보다 격차가 커졌다. IPTV 가입자는 증가한 반면, SO와 위성방송 가입자는 감소했다.

사업자별 가입자 수(시장점유율)는 ▲KT 878만 3,984 가입자(24.23%) ▲SK브로드밴드(IPTV) 641만 9,536 가입자(17.71%) ▲LG유플러스 536만2,089 가입자(14.79%)

표 7.3 유선방송 가입자 수(단말장치) 및 증감률 추이 (자료: 과학기술정보통신부(www.msit.go.kr) '22년 하반기 유료방송 가입자수 및 시장점유율 발표, 2023년 5월 17일.) (단위: 천 단자)

	2019년 하반기	2020년 상반기	2020년 하반기	2021년 상반기	2021년 하반기	2022년 상반기	2022년 하반기
전체	33,601	33,946	34,583	35,107	35,637	36,005	36,248
증가폭 (증가율)	567 (1.72%)	345 (1.03%)	636 (1.83%)	524 (1.52%)	529 (1.51%)	368 (1.03%)	242 (0.67%)

▲LG헬로비전 369만 9,046 가입자(10.20%) ▲KT스카이라이프 295만 3,347 가입자(8.15%) ▲SK브로드밴드(SO) 283만 1,064 가입자(7.81%) 순으로 집계됐다.

성장전략의 방향

먼저 외적 성장 중 인수 합병을 하는 동기를 다시 한번 생각해 보기로 하자. 첫째, 성장을 위해서이다. 이미 기업 활동을 하고 있는 기존 기업을 합병함으로써 기존 기업의 고객이나 거래상을 쉽고 빠르게 확보할 수 있어 기업 규모를 빠르게 확장할 수 있다. 내적 확장을 할 때보다 규모 확대면에서 유리하다. 그러나 다른 기업문화 때문에 서로 조화를 이루지 못할 가능성도 있음을 유념하여야 한다. 둘째, 규모의 경제를 향유하기 위해서이다. 특별한 예외가 아니면 생산량이 커짐에 따라 규모의 경제성이 더 증가한다. 셋째, 독점력 증대를 의도적으로 추구하는 수단이다. 넷째, 시장 가치가 증가한다. 다섯째, 불확실성 감소를 추구하기 위함이다. 여섯째, 기타 다른 동기, 예를 들어 경제 전체에서의 영향력 강화 또는 미래 진출산업을 위한 교두보를 마련하는 경우 등을 들 수 있다.

소비자에게 미치는 영향은 수평적 확장일 때와 수직적 확장일 때 다르게 나타난다.

- 수평적 확장인 경우: 규모가 커진 기업의 독점력 증대로 가격이나 거래조건이 소비자에게 불리해질 수 있다. 따라서 공정위에서는 일정 규모 이상인 기업 간의 인수합병에 대해서는 승인을 받도록 제도화하고 있다. 현대 차의 기아 차 인수, 대한항공의 아시아나 인수, 보잉의 맥도널 다글러스(McDonnell Douglas 합병, 1997년), 한화의 대우해양조선 인수 등이 그 예이다.

- 수직적 확장인 경우: 산업 내에서 거래 간계가 줄어들어 거래비용이 하락하고, 이는 효율성의 증가로 이어져 가격이나 거래조건이 소비자에게 유리해질 수 있다.

마지막으로 전략적 제휴에 대해 공부해 보기로 하자.

- 수평적 제휴: 같은 산업 같은 단계에 있는 기업 간의 제휴로서 항공연맹(airline alliance)을 들 수 있다.
  - Star Alliance: 1997년 창설, 27개 항공사, 아시아나, Lufthansa, United 등
  - Sky team: 2000년 창설, 19개 항공사, 대한항공, 델타 항공, Air France 등
  - One World: 1999년 창설, 13개 항공사, 일본항공, American AirLines 등
- 수직적 제휴: 다른 단계에 있는 기업 간의 제휴로서 자동차 회사와 캐피탈 회사 간의 제휴 또 보험회사와 자동차 수리 기업과의 제휴를 들 수 있다.

이제 현재 기업이 참여하고 있는 시장과 전혀 관계없는 시장(다른 시장 혹은 다른 단계에 있는 기업)으로 진출하는 다각화(多角化, diversification, conglomerate)에 대해 공부해 보기로 하자. 우선 장점으로 두 가지를 들 수 있다. 첫째, 시장이 포화상태일 때 성장 수단이 된다. 둘째, 위험 분산 효과가 있다.

- A 시장과 B 시장에 참여한 경우
  - 유사성이 높다면 위험은 A의 위험+B의 위험: 흥하면 크게 흥하고, 망하면 같이 크게 망한다.
  - 반대라면 위험은 유사성이 높을 때보다 감소: 흥해도 좀 덜 흥하고, 망하면 좀 덜 망한다.
  - 결론: 기존의 A 시장에 참여하고 있던 기업이 B시장으로 다각화를 하게 되면 위험이 분산되게 되는 효과가 있다.

위험 분산만을 고려한다면 수평적 및 수직적 성장전략은 방법과 관계없이 모두 위험성을 증가시킨다. 위험 분산 면에서는 다각화가 가장 유효한 수단이 된다. 하지만

효율성면에서는 가장 문제시될 수 있다.

단점으로는 전문성 하락, 경제력 집중 심화, 문어발식 경영, 소수 전횡에 따르는 실패의 가능성 높아짐을 들 수 있다. 소위 '오너 리스크'라고 불린다. 현재 우리나라 재벌 문제의 한 단면을 잘 보여주고 있다. 그러나 경제개발연대를 돌이켜 보면 시대마다 국내에는 없던 새로운 산업(시장)이 계속 나타났고, 기존 기업들이 적극적으로 새로운 시장으로 진출하게 된다. 성장에 대한 기대와 위험 분산이라는 두 마리 토끼를 잡을 수 있는 가장 좋은 수단이었음도 부인할 수 없다. 1938년 삼성상회에서 시작한 삼성은 한국전쟁 후에 제당산업과 모직산업으로 진출하였고 다시 1969년 전자산업으로 다각화하였다. 1947년 현대토건에서 시작한 현대는 한국전쟁 후에 건설업으로 진출하였고 다시 1970년대 초 중공업과 조선 산업에 진출하였으며 1967년 자동차산업으로 다각화하였다. 진주에서 포목점으로 시작한 LG그룹도 생활필수품으로 진출하였다가 국내 최초로 라디오를 생산하면서 전기전자산업에 발을 들여놓았으며 2000년대 들어서는 2차 전지 산업으로 다각화하였다.

삼성에 뿌리를 두고 있는 CJ(제일제당)가 운수업체인 대한통운을 인수한 것은 판매상의 시너지를 노린 전략이었다. 한편 엔터테이먼트업에 진출한 것은 대자본 참가에 따를 영화 시장의 확장이라는 긍정적인 평가를 받는 한편, 난공불락의 진입장벽을 쌓은 셈이 되어 기존의 영세 영화업자들은 발판을 잃게 되었다는 문제가 제기되기도 했다. SK 역시 섬유업으로 시작하였으나 1980년대 초반 석유화학업으로 진출한 후 당시 새로운 시장이었던 이동통신산업으로 다각화하여 획기적인 성장을 이루었다. 이어 하이닉스를 인수하여 반도체산업에까지 다각화를 이루어 오늘날 한국을 대표하는 재벌로 성장하였다.

대한항공과 아시아나항공의 기업결합 심사

이 심사를 진행 중인 유럽연합(EU)이 17일(현지시간) 합병 시 경쟁 제한 가능성이 우려된다는 부정적인 의견을 제시했다. 14개국 경쟁 당국 중 미국·EU·일본 3개국 심사만 남겨 놓고 있는 상황에서 유럽에서의 승인에 빨간불이 들어온 셈이다. 유럽의 문턱을 넘지 못하면 나머지 국가의 승인 여부와 무관하게 합병은 사실상 불가능해진다. 유럽 당국의 최종 결정은 8월로 예정돼 있다.

우리나라 공정거래법 제9조에는 시장에서의 경쟁을 제한하는 기업결합에 대해서는 공정거래위원회가 면밀히 심사·분석하여 경쟁제한적 폐해를 효과적으로 시정할 수 있는 방안이 마련되어 있다.

2. 수요 촉진

대량생산 및 대량소비시대에서 기업은 소비자 수요를 강화하기 위해, 새로운 틈새시장을 개척하기 위해, 한층 더 매력적인 제품 이미지를 생성하기 위해, 소비자의 욕구를 고취하기 위해, 구매를 납득시키기 위해 제품 마케팅을 매우 중시하고 있다.

비가격경쟁

비가격경쟁(非價格競爭, non-price competition) 가격을 제외한 모든 면에서의 경쟁을 말하며, 가격경쟁과 대비되는 개념이다. 가격경쟁은 가격-비용마진을 줄여 이윤을 잠식하지만 비가격경쟁은 그렇지 않고 오히려 이윤증가에 기여할 수도 있다.[4] 비가격경쟁에 비용이 들기 때문에 이윤을 잠식하는 측면이 있는 것은 사실이다. 신제품개발을 위해 상당한 고정비가 들고 제품특성을 향상시키기 위해 한계비용도 들기 때문이다. 하지만 비용을 소비자에게 전가시킬 수 있거나 새로운 수요가 나타난다면 이윤잠식은 없을 수도 있으며 심지어는 장기적으로 보아 이윤증대에 기여할 수도 있다. 과점기업이나 독점적 경쟁기업이 주로 비가격경쟁을 한다.

상품 차별화(제품차별화, product differentiation)는 소비자들에게 자신의 상품이 다른 기업의 상품과 다르다고 느끼는 것이다. 기업 성장 전략의 일종이며 비가격경쟁의 핵심 요소이다. 수평적 차별화와 수직적 상품 차별화로 나눌 수 있다. 수평적

4 예로는 19세기 후반 미국에서 있었던 철교제조업자 간의 경쟁을 들 수 있다. 업자들은 서로 치열한 가격경쟁에 함몰되어 낮은 가격에 팔기 위해 상당히 조악한 철로 철교를 건설하였다. 이런 이유로 다리 붕괴 사고가 자주 일어나 인명피해가 상당히 많았다. 카네기는 과감하게 가격을 내리지 않고, 자사 제품의 품질을 유지·향상시키는 일에 주력하였다. 타사제품과 비교하여 품질도 좋고 안전하다는 평판을 강력히 받아 오히려 고객이 증가하는 성공을 거두었다고 알려져 있다.

차별화는 각 소비자들에 의해 평가되는 효용의 순서가 다른 경우이다. 같은 값에 팔린다면 소비자들이 이상적으로 느끼는 브랜드가 모두 다르기 때문에 다양한 브랜드가 선택된다.

예를 들어 치킨 가게 A와 B가 있다고 하자. A는 프라이드치킨을, B는 양념치킨에 특화되어 있다면 프라이드치킨을 좋아하는 소비자 1은 A을, 양념치킨을 좋아하는 소비자 2는 B의 제품을 선호할 것이다. 이때 상품 차별화가 발생한다. 소비자들이 선호하는 제품의 속성은 소비자마다 다르다. A나 B가 치킨 가격을 조금 올린다고 해도 고객을 경쟁기업에 빼앗기지 않을 것이다.

수직적 차별화는 모든 소비자들이 기업 A의 제품이 기업 B의 제품보다 선호할 때 발생한다. 다른 조건이 같다면 모든 소비자들은 연비가 높은 차를 선호한다. 현실에서 보면 대부분의 제품은 수평적 차별화와 수평적 차별화의 요소가 공존하고 있다.

시장 내 특정 부분에 집중적으로 차별화하는 시장 세분화(market segmentation), 기존 브랜드 혹은 기업으로는 채워지지 않는 시장의 일부 혹은 새로운 시장을 공략하는 틈새시장(niche market) 공략도 있다. 지리적 요인, 인구적 요인, 심리적 요인, 행동적 요인, 혼합적 요인으로 시장을 세분화한다.

광고

광고(廣告, advertising)는 이제 기업의 필수적인 행동이 되었다. 상품에 부가되는 새롭고 색다른 서비스로, 소비자인 우리들에게는 어느덧 생활의 일부가 된 듯하다.

1) 광고의 목적

기업의 이미지 제고, 상품 소개, 기능 소개 등을 통해 고객 충성도(loyalty)를 높이기 위해서이다. 이는 기업의 장기적인 성장과도 밀접한 관련성이 있다. 좀 더 구체적으로 설명하면 ① 수요 곡선을 우측으로 이동시키기 위해서 ② 수요를 가격에 비탄력적으로 만들기 위해서라고 압축해 표현할 수 있다.

2) 광고 지출의 성격

매몰비용성격을 가지고 있다. 상대의 전략에 민감하다. 단기간에 집중적으로 광고

슈퍼볼(Super Bowl) 경제학(광고)

슈퍼볼이 경제원리를 잘 활용하여 지상 최대의 스포츠 쇼를 만들었다는 사실은 제4장에서 다루었다. 광고주에게는 광고효과가 큰 좋은 기회로 보일 것이다. 2022~2023시즌 30초 광고에 700만 달러, 한화 86억 2050만 원으로 초당 2억 8천만 원의 수익을 노려볼 수 있다.

한 후 그만두는 것보다는 지속적으로 유지하는 것이 더 효과적이다. 이런 이유로 광고제작회사를 잘 선택하여야 한다. 능력 있는 광고제작회사와 그렇지 못한 회사 간에 부익부 빈익빈 현상이 나타날 수 있다. 우리나라 재벌 중에는 광고회사를 가지고 있는 경우도 많다.[5] 따라서 광고를 할 때는 매우 신중하게 시작할 필요가 있다.

3) 재화의 성격과 광고전략

재화를 경험재(經驗財, experience goods)와 탐색재(探索財, search goods)로 나누어 보면 광고전략이 달라질 수 있다. 경험재란 소비자가 구매하여 직접 사용해 봐야만 그 품질(유용성)을 알 수 있는 재화로, 여기에 해당하는 재화의 광고는 기업의 이미지를 부각시키는 방향으로 만들어진다. 즉, "바로 그 회사, 우리 회사가 만든 제품"이라며 생산자(기업)에 방점을 찍는 방식이다. 예를 들어 식당의 요리는 경험재인데, 주로 식당 이름을 광고한다.

한편 탐색재란 소비자가 구매하여 직접 사용해보지 않아도 그 품질(유용성)을 대강 알 수 있는 재화, 즉 직접 사용 전에 대강 짐작할 수 있는 재화를 말한다. 여기에 해당하는 재화의 광고는 제품의 성격, 유용성, 품질, 기능에 초점을 맞춘다. 예를 들어 가전제품, 자동차, 휴대전화 광고에서는 "저희 회사가 만든 바로 이 제품"이라며 제품에 방점을 찍는 광고가 주를 이룬다. 현실에서는 약간의 차이를 느낄 뿐 경험재와 탐색재를 명확하게 구분하기는 어려우며, 광고를 할 때에도 둘의 방식을 혼합하여 사용한다.

5 삼성-제일기획, 두산-오리콤, 현대차-이노션 등을 들 수 있다. 이 광고회사의 지분을 총수 자녀들이 많이 가지고 있으며, 일감몰아주기를 하여 불공정거래의 소지가 있다. 제일기획 40.3%, 이노션 29.4%, HS애드(LG) 8.7%, 대홍기획(롯데) 6.0%, SK플래닛(SK) 3.2%로 광고매출의 87.6%를 차지하고 있다.

4) 광고의 종류

정보광고(informational advertising)는 상품의 객관적인 성격을 묘사하는 데 주력하며, 주로 탐색재에서 볼 수 있다. 정보광고는 개별 기업의 시장 확대, 전체 시장의 확대, 다른 기업에게 외부경제를 가져다준다. 포지티브 행동으로 평가할 수 있다.

반면 설득광고(persuasive advertising)는 소비자의 기호에 영향을 미치는 데 주력하고, 주로 경험재에서 볼 수 있다. 감정에 호소하거나 자극하는 광고가 주를 이룬다. 설득광고는 개별 기업의 시장 확대, 다른 기업의 시장 뺏음, 전체 시장의 크기에는 변화가 없다. 제로섬 행동이며 남의 손님 빼앗아 오는 꼴이다. 경제학자들은 정보광고에 대해서는 적극 권장하고 있지만 설득광고에 대해서는 비판적이다.

5) 시장구조와 광고

독점기업의 광고 또한 현실에서는 종종 볼 수 있다. 공익을 위한 광고이거나 이미지를 좋게 하는 광고가 주를 이룬다. 기존 기업의 광고는 잠재적 진입 기업에게 진입장벽으로 작용한다. 혹은 독점기업이 되기까지 쭉 광고를 해왔기에 관성적으로 지속해오는 경우도 있다. 이는 다시 넌지시 진입장벽을 쌓는 일이 된다.

독점적 경쟁시장 기업과 과점기업은 치열하게 광고를 할 것이다. 특산품 농수산물 시장은 독점적 경쟁시장이나 과점시장에 가깝다고 볼 수 있다. 농촌이나 어촌지역에서는 지역별로 특산품 농수산물에 브랜드를 붙이고 집합적으로 광고하는 예를 쉽게 볼 수 있다.

6) 최적 광고 수준과 광고와 품질과의 관계

광고비 한 단위 추가 지출로 인해 발생하는 비용과 광고 한 단위의 비용이 같은 점에서 최적 광고 수준이 결정된다. 광고를 많이, 오래 하는 기업은 광고를 제품의 우수성을 나타내는 신호(signal)로 여긴다. 알려지기만 하면 광고 지출 비용을 만회하고도 남을 만큼 수익이 보장된다는 자신감의 발로라고 평가할 수 있다.

7) 광고에 대한 평가

광고는 두 얼굴을 하고 있다. 광고가 정보 확산, 시장 확대, 경쟁 확대, 가격하락으로 이어질 가능성이 없지 않다고 보면서 광고를 긍정적으로 보는 견해가 있다. 하지만 정보전달 기능 및 부수적인 긍정적인 기능을 고려하면 광고 자체를 낭비라고 보는 시각은 무리라며 부정적인 면을 강조하는 시각도 존재한다. 광고의 기회비용을 크게 평가하여 광고비로 쓸 돈을 품질개선, 가격 인하, A/S개선 등에 쓰는 것이 더 바람직한 행동이라고 평가하는 관점이다. 상품이나 기업에 대한 맹목적인 충성심(忠誠心, brand loyalty)을 심는 데 쓰는 노력을 소비자에게 실질적인 혜택을 주는 쪽으로 사용하라고 충고한다. 광고비용을 생산비용에 추가되는 비용으로 간주하여 사회적 낭비로 보는 시각도 있다.

〈표 7.4〉는 갈브레이스(Galbraith, 1908~2006, 캐나다 출신 미국 경제학자)와 하이예크(Hayek, 1899~1992, 1974년 노벨 경제학상 수상자)의 견해를 정리해 보여주고 있다. 갈브레이스는 광고가 경쟁자의 수요를 뺏어 오는 수준을 넘어 필요 없는 소비를 조장함으로써 인위적으로 사적재 증가를 가져오는 반면, 교육이나 공원과 같은 공공재의 감소를 가져온다고 우려하였다. 그는 막대한 광고 예산을 가진 대기업들이

표 7.4 광고를 보는 두 가지 다른 시각[6]

갈브레이드: 풍요한 사회 (The Affluent Society, 1958)	하이예크: 노예의 길 (Road to Serfdom, 1944)
• 광고는 광고가 없었다면 사람들이 갖고 싶었으나(want) 필요로 하지 않았을(need) 제품에 대한 수요를 만들어내는 역할을 한다. 시장 시스템 자체에 의해 창조된 욕망을 시장 시스템이 만족시키는 것을 찬양해서는 안 된다. • 제품 혁신과 변형은 중요한 경제적 기능이며, 그 제품에 대한 소비자의 수요를 개발하지 않으면서 신제품을 출시하는 제조업자는 어디에도 없다. 또 한 기존의 제품 수요에 대한 영향력을 지속적으로 행사하기 위한 노력도 끊임없이 벌어진다. 그것의 일환으로 광고와 판촉과 텔레비전 등 소비자 조정의 세계가 등장한다.	• 모든 생산자는 자신들이 만든 물건을 소비자들이 좋아하도록 설득할 수 있다고 생각하기 때문에 소비자에게 영향을 미친다고 하는 것이다. 이런 시도는 소비자의 취향에 영향을 미치고자 하는 노력의 일부일 뿐, 어느 생산자도 소비자의 취향을 결정할 수는 없다. • 경쟁사회에서는 우리가 어떤 물건에 대해 지불해야 하는 가격은 어떤 사람의 의식적 의식에 의해 결정되는 것이 아니다. 그리고 만약 목적을 성취하기 위해 취하는 방법에 비용이 너무 많이 들어간다는 사실이 밝혀지면, 우리는 다른 방법을 자유롭게 시도해 볼 수 있다.

6 맨큐의 경제학, p.442, 갈브레이스 지음, 이해준 옮김, 『경제의 진실』, p.26, 프리드리히 A.하이예크, 『노예의 길』, 나남출판사, p.150.

내세우는 주장, 즉 소비자들이 상품을 소비함으로써 소비자주권(消費者主權)이 실현된다는 주장은 옳지 않다고 주장한다. 소비를 부추기고 현혹시키는 생산자의 선전을 통해 본래에는 없었던 욕망이 소비자의 의식에 생겨나는 현상을 '의존효과(dependence effect)'라고 불렀다.

반면 하이예크는 광고를 광범위한 시장 현상의 하나에 불과하다고 보면서 갈브레이스를 비판하였다. 생산자는 소비자를 충분히 설득할 수 있다는 판단을 내린 후에 제품을 생산하므로 광고를 통해 곧바로 효과를 볼 수 있다는 것이 그의 주장이다.

광고비용은 결국 소비자에게 전가(轉嫁)된다. 그러기에 낭비를 최소화하고 사회적 기능을 충실히 하는 광고를 하여야 할 것이고, 과장 허위 광고는 기업 스스로 자제하는 지혜가 필요하다고 본다. "최고의 광고는 품질이다."라는 말이 그냥 생긴 게 아니라는 사실을 명심할 필요가 있으며 품질로 확인된 믿음은 금세 입소문과 인터넷을 통해 무섭게 펴져 나간다. 발 없는 말이 천 리를 가듯이 우수한 품질과 신뢰를 업은 소문이 세계에 퍼진다.

8) 우리나라 광고 산업의 현황

〈표 7.5〉에서 보는 바와 같이 2013년과 2021년을 비교해 보면 광고업에 참여한 기업수와 매출액 모두 증가하였다. 광고대행업과 온라인광고업은 사업체 수, 평균 매출액, 총매출액 모두 증가하였다. 특히 온라인광고업의 약진이 눈에 띈다. 코로나19로 인해 온라인 활동이 많아졌다는 사실을 감안해서라도 온라인 생활이 대세임을 알 수 있다. 인쇄업과 옥외광고대행업은 크게 하락하고 있다.

또 한국광고총연합회가 조사한 2023년 광고제작업체 현황조사에 의하면 7,570편(TV, 디지털/인터넷 영상에 한함)이 제작되었는데, 이는 작년보다 472편 감소한 수치이다. 아파트/건설 부문에서 29%, 생활/가정용품에서 26%, 식품/제과에서 21% 감소가 나타났다. 한편 패션/스포츠에서 28%, 서비스/유통/레저에서 10.3% 증가, 제약/의료/복지에서 10.2% 증가한 것으로 나타났다. 코로나 이후 온라인 중심으로 소비자 데이터를 기반으로 한 타깃형 광고가 확대되었고, 숏폼형의 라이브커머스 채널의 성장, 구매 결정에 도움을 주는 온라인 프로모션 혜택 등의 캠페인 확대 등 온라인을 중심으로 비즈니스를 강화하면서 오프라인은 고객 체험형 매장을 선보이는

표 7.5 우리나라 광고 산업의 현황 (자료: 문화체육관광부 문화샘터, 광고 연간 총취급액(매출액)을 참고하였음)

	2021년			2013년		
	사업체 수 (개)	평균 매출액 (억 원)	총매출액 (억 원)	사업체 수 (개)	평균 매출액 (억 원)	총매출액 (억 원)
전체	6,627	28.6	189,218	6,309	21.2	133,563
광고대행업	1,600	58.8	94,106	1,455	46.3	67,352
광고제작업	1,273	10.1	12,849	1,344	4.4	5,948
광고전문 서비스업	1,229	19.3	23,746	1,104	30.0	33,106
인쇄업	922	8.8	8,613	1,039	2.5	2,616
온라인 광고업	972	41.8	40,665	463	33.1	15,342
옥외광고 대행업	571	16.2	9,739	904	10.2	9,199

방법 등으로 적극적으로 소비자들의 달라진 라이프스타일 변화에 대응한 결과라고 평가하고 있다.

2023년 4월 상위 광고주 명단을 보면 1위 삼성전자(235억 원), 2위 SK텔레콤(90억 원), 3위 LG전자 85억 원, 4위 동국제약 76억 원, 5위 하이트진로 70억 원, 6위 현대자동차 70억 원, 7위 광동제약 58억 원, 8위 하림 55억 원, 9위 기업은행 54억 원, 10위 삼성화재 52억 원 순이었다.

박재동 화백은 "과거에 시사만평을 그리던 선배들은 중앙정보부의 눈치를 받았다고 하지만 민주화되고 난 이후에는 광고주들의 눈치를 보고 있다."고 광고주의 영향력을 말하고 있다.

9) 유명 연예인 모델 광고의 빛과 그림자

많은 돈을 주면서 쓴 광고모델이 여러 가지 개인적인 스캔들로 사회적 물의를 일으킨 경우, 오히려 광고주 기업에게 나쁜 이미지를 줄 수 있다. 그래서 광고모델 선정에도 신중에 신중을 기해야 한다. 하지만 이런 위험성을 알고 있다 해도 광고모델의 미래 행동에 대해 광고주가 취할 수 있는 수단이라고는 조건부 상황을 규정하는 방법 외에는 별다른 뾰족한 수가 없다. 이런 식으로 보면 광고주 입장에서는 일종의 도박을 하는 셈이다. 요즘 광고 출연 계약서에는 보통 아티스트가 사회적 물의를 일으켜 브랜드 이미지가 훼손되는 경우, 그래서 더 이상 광고를 게재할 수 없는 경우 광고비에 상응하는 혹은 그 이상의 위약금을 지급하도록 하는 손해배상 예정 조항이 꼭 담겨 있다.

최근 인기 배우인 유아인 씨(1986~)가 프로포폴 상습투약 및 대마 흡입 혐의로 구속되는 사건이 발생하였다. 그는 평소 자선과 봉사활동에 누구보다 모범을 보였으며 한국갤럽의 조사에서 2015년을 빛낸 영화배우 1위에 선정되기도 했다. 이런 이미지 덕에 10여 개의 업체(건강식품 업체 종근당건강, 패션 업체 무신사, 네파, 보테가 베네타, 화장품 업체 상테카이, 식품 업체 오뚜기 등)에서 광고모델로 활동하고 있었다. 국내뿐 아니라 중국의 한 의류업체 모델(速寫 CROQUIS)도 맡고 있다. 그의 연간 광고 모델료는 8억~9억 원으로 알려졌다.

이와 같은 예는 황수정(1970~)에서도 볼 수 있다. 단아하고 청순한 이미지로 드라마 「허준」에서 예진아씨 역으로 큰 인기를 누렸지만, 마약과 불륜 스캔들로 당시 활동 중이던 롯데백화점, 태평양 마몽드 화장품, 삼성물산 래미안 아파트 등 3곳에서 계약해지를 당했다. 우리나라에서뿐만 아니라 일본에서도 비슷한 사례가 최근 발생하였다. 1999년 우리나라에서도 개봉되어 큰 인기를 누렸던 영화 「철도원」에 출연한 일본 톱 여배우 히로스에 료코(広末涼子, 1980~)에 대해 영화계·광고계가 손절에 나섰다. 그녀와 연관된 불륜 스캔들이 터지자 광고주인 기린맥주는 "그녀에 대한 보도의 자세한 내용은 알 수 없지만, 상품의 가치를 전달할 수 없다고 판단했다"면서 그녀가 모델인 광고 영상을 내려 버렸다.

5G 과장광고

공정거래위원회는 에스케이텔레콤㈜, ㈜케이티, ㈜엘지유플러스가 5G 서비스의 속도를 거짓과장하거나 기만적으로 광고한 행위, 자사의 5G 서비스 속도가 가장 빠르다고 부당하게 비교광고한 행위에 대해 시정명령, 공표명령 및 과징금(총 336억 원: 잠정)을 부과하기로 결정하였다.

이동통신 3사는 ① 실제 사용 환경에서는 구현될 수 없는 5G 기술표준상 목표속도인 20Gbps를 실제 소비자가 이용할 수 있는 것처럼 광고하고, ② 할당받은 주파수 대역 및 엄격한 전제조건하에서 계산되는 최대지원속도를 소비자가 실제 이용할 수 있는 것처럼 광고하였으며, ③ 객관적인 근거 없이 자신의 5G 서비스 속도가 경쟁사들보다 빠르다고 광고하였다.

〈광고 예시〉

① "최고속도 20Gbps", "LTE보다 20배 빠른 속도", "2GB 영화 한 편을 1초 만에 다운로드" 등

② (SKT) 최고속도: 5G+LTE (최대 2.7Gbps), (KT) 5G 병합(5G+LTE) 2.5Gbps, (LGU+) 5G+LTE (최대 2.1Gbps)

③ "5G 속도도 SK텔레콤이 앞서갑니다", "전국에서 앞서가는 KT 5G 속도", "5G 속도 측정 1위! U+가 5G 속도에서도 앞서갑니다" 등

공정위는 보통의 주의력을 가진 일반 소비자의 관점에서 광고가 전달한 인상, 소비자 오인성 및 공정거래저해성 등을 면밀하게 심사하여 이 사건 광고의 위법성을 인정하였다.

즉, ①과 ② 광고는 실제 속도가 0.8Gbps('21년 3사 평균)에 불과하다는 점에서 거짓·과장성이 인정될 뿐만 아니라, 광고상 속도는 실제 사용환경과 상당히 다른 상황

을 전제할 때만 도출될 수 있는 결과라는 사실을 은폐·누락하였다는 점에서 기만성이 인정된다고 판단하였으며, ③ 광고는 자사 소속 직원이 측정하거나 자신에게 유리한 측정 결과만을 근거로 다른 사업자의 속도와 비교하였다는 점에서 부당한 비교광고라고 판단하였다.

이번 조치는 사업자–소비자 간 정보 비대칭성이 큰 이동통신 시장에서 통신 기술 세대 전환 시마다 반복되어온 부당광고 관행을 근절하였다는 점, 통신 서비스의 핵심 성능지표인 속도에 관한 광고의 위법성을 최초로 인정한 사례로서 통신 서비스의 필수재적 성격과 소비자가 입은 피해를 고려하여 표시 광고 사건 중 역대 두 번째로 큰 과징금을 부과하여 엄중히 제재하였다는 점, 사업자가 행정지도에 따라 광고를 했더라도 소비자 오인성을 해소할 수 없는 경우에는 위법한 광고에 해당한다는 것을 명확히 했다는 점에서 의의가 있다.

공정위는 이번 조치를 통해 소비자에게 이동통신 서비스 속도 및 품질에 대한 정확하고 충분한 정보가 제공되어 소비자의 알 권리 및 선택권이 제고되고, 공공재인 전파를 할당받아 사업을 영위하는 이동통신 3사가 부당광고를 이용한 과열경쟁에서 벗어나 품질에 기반한 공정경쟁으로 나아가는 계기가 될 것으로 기대한다.

2023년 5월 24일 공정거래위원회

연습문제

토론(같이 생각하고 이야기해 보기)

1. 광고가 기업에 미치는 영향을 이야기해 보자(상품의 수명과 광고, 광고의 성격, 비싼 모델료의 근거 등).

2. 갈브레이스와 하이예크의 광고관을 소개하고 자신의 광고관을 이야기해 보자.

○×문제

1. 광고비용은 매몰비용의 성격을 가지고 있기 때문에 사전에 치밀한 준비가 필요하다. (　　)

2. 현대자동차가 기아자동차를 인수한 것은 수평적 결합에 해당한다. (　　)

3. 어떤 기업결합이라도 성장을 위한 기업 간의 자유로운 선택이기 때문에 공정거래위원회에서 규제하지 않고 있다. (　　)

4. 다각화는 전문성이 떨어지는 영역으로의 진출로서 문어발식 확장이므로 무조건 비판받아야 한다. (　　)

5. 세계에서 가장 큰 항공연맹은 Star Alliance이다. (　　)

단답형 문제

1. 대한 항공은 다른 항공사와 (　　　)를 통해 외적 확장을 도모하고 있다.

2. 세계에서 가장 비싼 광고는 미국의 (　　　)경기에서 볼 수 있다.

3. 미국의 경제학자 갈브레이스가 광고에 의해 소비가 좌우되는 현상을 무엇이라 고 정의하였는가?

용어설명

1. 다각화

2. 수평적 제품 차별화와 수직적 제품 차별화

3. 경험재와 탐색재

4. 틈새시장

5. 수평적 차별화와 수직적 상품 차별화

주관식 문제

1. 비가격 경쟁이란 무엇인가? 이것의 중심이 되는 제품차별화란 무엇이며 그 예를 들어 설명하시오.

2. 프랜차이즈 사업이란? 장점과 단점을 설명하시오.

3. 정보광고와 설득광고를 구별하고 일상에서 볼 수 있는 예를 들어 보자.

4. 플랫폼의 새로운 경쟁제한 전략에 대해 공정거래위원회의 대응에 대해 공부해 보자(공정거래위원회 보도자료 2023년 3월 27일자).

제8장

게임 이론

1. 게임 이론의 기초
2. 게임 이론의 응용
3. 경매

"현실은 허풍떨기, 자잘한 속임수, 내가 의도하는 바를 상대가 어떻게 생각할까 자문하는 일 등으로 이루어지지요. 그것이 내 이론 안에서 게임을 뜻하는 바입니다."

– 폰 노이만(John von Neumann, 게임 이론의 창시자)

"경제에서는 언제나 상호 추측이 작용과 반작용을 거치며 무한하게 연쇄적으로 발생한다."

– 오스카 모르겐슈테른(Oskar Morgenstern, 게임 이론의 창시자)

"인간은 결코 냉철한 계산만으로 움직이는 존재가 아니다. 다만 적어도 비즈니스 세계에서는 이익을 전제로 한 이기적인 행동 원리로 움직인다고 해도 결과적으로는 협조가 발생하는 경우가 있다."

게임 이론 개척자와 노벨경제학상 수상자

게임 이론은 어떻게 만들어졌을까? 제2차 세계대전이 한창이던 1944년 폰 노이만(John von Neumann, 1903~1957, 맨해튼 프로젝트에도 참여한 헝가리 출신의 미국 경제학자, 물리학자, 수학자)과 오스카 모르겐슈테른(Oskar Morgenstern, 1920~1977, 독일 출신의 미국 경제학자)이 공동으로 연구를 진행하여 발표한 《게임의 이론과 경제적 행태》(Theory of Games and Economic Behavior)가 효시라고 알려져 있다.

폰 노이만은 1928년에 이미 게임의 정의와 해(解)의 개념을 수학적으로 정립하였으나, 이는 당시로서는 수학적으로도 난해할 뿐 아니라 용도도 이해하기 어려운 것이었다. 경제학자 오스카 모르겐슈테른은 게임 이론의 중요성을 간파하고 노이만의 이론을 경제사회적 상황에 적용하여 설명하였다.

1969년 처음 노벨 경제학상이 생긴 이래 1994년 하샤니(John C. Harsanyi, 1920~2000), 내쉬(John F. Nash Jr., 1928~2015, 미국), 젤텐(Reinhard Selten, 1930~2016, 독일)이 게임 이론에서 거둔 업적으로 노벨경제학상을 수상하였다. 수상 이유는 바로 "비협력적 게임에서 나타나는 여러 균형에 대한 선구적 연구"였다.

이후 2005년 로버트 아우만(Robert J. Aumann, 1930~)과 토마스 셀링(Thomas C. Schelling, 1921~2016, 미국)이 수상의 영예를 차지하였다. "게임 이론 분석을 통해 갈등과 협력에 대한 이해를 증진시켰다"는 업적이 수상 이유이다. 2012년 로스(Roth, 1951~)와 섀플리(Shapley, 1923~2016)가 "안정적인 배분과 시장 디자인의 실행에 대한 이론"을 발전시킨 공로로 수상의 영예를 안았다.

1990년대 이후 게임 이론이 각광 받으면서 여러 경제 현상을 분석하고 설명하는 데 두루 쓰이고 있다. 경매이론에서 1996년 노벨경제학상을 받은 윌리엄 버크리(William Spencer Vickrey, 1914~1996), 2007년 메케니즘 설계이론을 개척한 공로로 수상자가 된 레오니드 후르비츠(Leonid Hurwicz, 1917~2008), 에릭 매스킨(Eric Maskin, 1950~), 로저 브루스 마이어슨(Roger Bruce Myerson, 1951~)을 들 수 있다. 게임 이론은 경제학의 범위를 넘어 경영학, 정치학, 외교학, 군사학, 생물학 등 폭넓게 쓰이고 있다.

1. 게임 이론의 기초

게임 이론이란

게임 이론에서는 둘 이상의 경제주체가 다른 참가자에게 상호 연관되는(interdependently) 영향을 미치는 전략(strategies)을 선택하여야 하는 상황을 주로 분석한다. 한마디로 협조(cooperation)와 갈등(葛藤, conflict)의 이론이다.

게임 이론에 쓰이는 주요 용어로는 다음이 있다.

- 경기자(競技者, player): 게임에 참가하여 의사결정을 하는 경제주체
- 전략(戰略, strategy): 경기자들이 선택할 수 있는 모든 계획(a complete plan)
- 보수(報酬, payoff): 경기자들이 게임의 결과로 얻을 수 있는 득실. 경기자들의 보수는 자신이 선택한 전략에 의해서만 아니라 상대방이 선택한 전략에 의해서도 영향을 받는다.

경기자는 기업, 소비자, 정부, 해외와 같이 경제주체도 될 수 있지만, 외교 문제를 다룰 때는 국가, 전투를 다룰 때는 장군, 데이트를 다룰 때는 청춘남녀, 생물의 행동을 다룰 때는 생물 등 연구 대상에 따라 여러 주체가 가능하다. 특히 다른 기업과의 경쟁, 노동자와의 대립 혹은 소비자와의 거래 등 늘 다른 경제주체들과의 관계 속에서 의사결정을 해야 하는 기업에서 폭넓게 활용할 수 있다.

게임 이론에서 합리성 가정은 경기자 자신의 보수행렬의 구조뿐 아니라 상대방의 보수행렬에 대한 구조도 알고 있어야 하며 경기자들은 상대방이 합리적이라는 사실을 알고 있어야 한다는 것이다.[1]

게임의 형식

전략형(戰略型, strategic form)과 전개형(展開型, extensive form)으로 나눌 수 있다.

---

1 합리성의 제한 요인으로는 지식의 불완전성, 예측의 어려움, 행동 가능성의 현실적인 범위를 들 수 있다. 안서원 지음, 『시이먼 & 카너먼』, 김영사, 2006, p.51~57.

표 8.1 전략(정규)형 게임의 예

		미국	
		자유무역	보호무역
한국	자유무역	(100, 100)	(10, 130)
	보호무역	(140, 20)	(30, 30)

*앞의 숫자는 한국의 보수(報酬, payoffs)이고 뒤의 숫자는 미국의 보수이다.

먼저 전략형은 정규형(正規型, normal form) 혹은 표준형이라고 부르며 〈표 8.1〉에서 보듯 경기자, 전략, 보수의 3가지 구성요소만을 갖춘 형태이다.

전개형 혹은 확장형(擴張型)은 게임의 진행에 따라 나타날 수 있는 여러 경우들을 순서대로 배열하여 하나의 계통도 형태로 작성하는 양식이다. 〈그림 8.1〉에 전개형 게임의 예로서 진입게임을 보여주고 있다.

전개형은 전략형보다 더 복잡하게 그려진다. 추가되는 개념으로는 다음의 세 가지가 있다.

- 게임나무: 마디(node)와 가지(branch)로 이루어진 그래프의 일종이다.
- 절점(節點, node, 분기점, 의사결정점): 경기자가 행동을 결정해야 하는 상태이며 출발점(뿌리, initial node)과 종점(terminal node)으로 나누어진다.
- 가지(branch): 실선(實線)으로 표시된다.

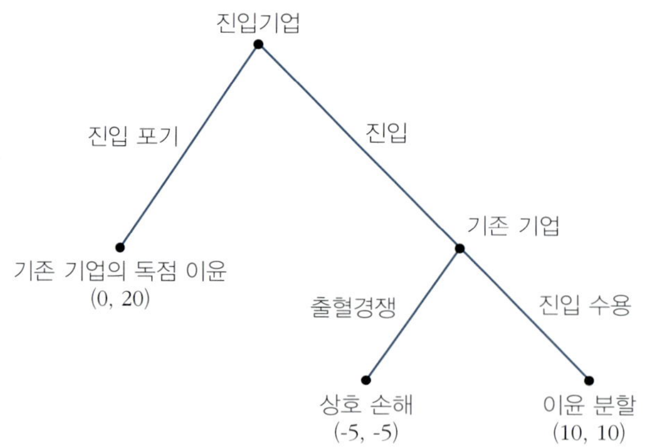

그림 8.1 전개(확장)형 게임의 예

보수는 경기자의 순서대로 배열한 벡터(vector) 형태로 표시된다. 순서가 중요한데, 앞에 쓰이는 값은 게임을 시작하는 경기자의 보수이고, 다음 숫자는 다음 경기자의 보수이다. 〈그림 8.1〉에서 신규 기업이 진입을 포기하여 기존 기업이 독점이윤을 차지하는 경우 (0,10)이라는 보수가 쓰여 있다면 신규 기업은 0, 기존 기업은 10을 얻는 것을 나타낸다. 만약 (10, 0)이라고 쓰여 있다면 신규 기업은 10, 기존 기업은 0을 얻는 것을 나타낸다.

2. 게임 이론의 응용

죄수의 딜레마 게임

1) 죄수의 딜레마 게임과 균형 찾기[2]

죄수의 딜레마 게임은 1950년 Tucker에 의해 소개되었다. 용세와 용미가 공범으로 범행을 저지른 후 경찰에 체포되었다고 해보자. 형사들은 두 사람을 따로따로 가두어 놓고 아래와 같은 제안을 한다. 이때 용세와 용미는 따로 떨어져 있기 때문에 각자가 어떤 대답을 할지 모르는 상태이다. 〈표 8.2〉에 죄수의 딜레마 게임의 보수 행렬이 그려져 있다.[3]

형사가 용세(용미)에게 "네가 자백을 하고 용미(용세)가 부인을 하면, 너는 풀려난다(0). 그런데 네가 자백을 했을 때 용미(용세)도 자백을 한다면 두 사람 모두 각각 5년씩의 감옥살이를 하여야 한다. 만약 네가 부인을 한다 해도 용미(용세)가 자백을 하면 용미(용세)는 풀려나지만, 너는 법정 최고형인 10년 동안 감옥살이를 해야 한다. 너도 용세(용미)도 부인하면 각각 1년간 감옥에서 살아야 한다."

두 죄수가 사전에 모의할 수 없거나, 한다고 할지라도 그 약속이 이행되도록 강제할 수 있는 수단이 없는 경우를 상정하자. 즉 비협조적 게임을 상정하는 것이다. 먼

2 이 게임의 내용을 자세히 보면 법원에서 범죄자로 확정된 죄수라기보다는 수사단계에 있는 용의자라고 보는 것이 더 적절하다. 하지만 이미 많은 사람들이 죄수의 딜레마 게임이라고 부르고 있기 때문에 이에 따르기로 한다.

3 죄수의 딜레마 게임이 성립하기 위한 보수행렬에 대해서는 임상일, 『경제경영수학』, 2018, p.469 참고.

표 8.2 죄수의 딜레마 게임의 보수 행렬

		용미	
		부인(협조: cooperate)	자백(배신: defect)
용세	부인(협조: cooperate)	(−1, −1)	(−10, 0)
	자백(배신: defect)	(0, −10)	(−5, −5)

*앞의 숫자는 용세의 보수(報酬, payoffs)이고 뒤의 숫자는 용미의 보수이다.

저 용세가 어떤 선택을 할지 생각해 보자. 자백을 택하면 용미가 어떤 선택을 하든 관계없이 손해가 적다. 이어서 용미의 입장에서 보면 용세가 어떤 선택을 하든 관계없이 손해가 적다. 용세도 용미도 눈 딱 감고 자백을 선택한다. 이처럼 상대가 어떤 전략을 택하든지 간에 관계없이 자신의 보수를 더 크게 만드는 전략을 우월 전략(優越 戰略, dominant strategy, 지배 전략)이라고 정의한다. 용세에게도 용미에게도 자백하는 것이 우월전략이며, 그렇게 형성된 균형을 우월전략균형이라고 부른다.

이 게임은 상대가 배신할지도 모른다는 불안감 때문에 서로에게 불리한 결과에 봉착할 것임을 알면서도 절대우위전략을 선택하게 된다. 하지만 이 게임을 변경하여 상대가 배신하면 벌칙을 부과한다거나 혹은 게임을 1회 이상 반복한다면 결과는 달라질 수 있다.

죄수의 딜레마 게임처럼 모든 게임에서 우월전략균형이 존재하는 것은 아니다. 오히려 경기자 모두에게 우월전략이 주어진 경우가 예외적인 상황이다. 내쉬 균형(Nash equilibrium)은 게임 이론보다 일반적인 경우에서 균형점을 찾는 데 유용하게 쓰이는 개념이다. 내쉬 균형이란 상대방이 자신이 선택한 전략을 바꾸지 않을 것이라고 예상하고 다른 경기자가 자신에게 최고의 보수를 가져다준다고 믿는 전략을 선택하였을 때, 이 두 사람의 전략의 짝을 일컫는다.

먼저 용세의 입장에서 생각해 보자. 용미가 부인을 선택했다고 할 때, 부인을 하면 −1을, 자백을 하면 0을 얻는다. 따라서 자백을 선택할 것이다. 반대로 용미가 자백을 선택했을 때, 부인을 하면 −10을, 자백을 하면 −5를 얻는다. 이 역시도 자백을 선택하는 편이 낫다. 이어서 용미의 입장도 생각해 보자. 용세가 부인을 선택했다고 할 때, 부인을 하면 −1을, 자백을 하면 0를 얻는다. 따라서 자백을 선택할 것이다. 이번에는 용세가 자백을 선택했다고 할 때, 부인을 하면 −10을, 자백을 하면 −5를 얻는다. 마찬가지로 자백을 선택할 것이다. 내쉬 균형점이 두 사람 모두 자백을 택하여 균형점이 {자백, 자백}이 된다.

이 게임에서는 우월전략균형이기도 하고 내쉬 균형이기도 한 {자백, 자백}의 보수는 (−5, −5)이다. 그러나 둘 다 부인을 택하였다면 보수는 (−1, −1)을 얻는다. 우월전략균형점에서 두 사람 다 부인으로 전략을 바꾼다면 용세도 용미도 더 나은 보수를 얻는다(감옥살이가 줄어든다). 따라서 우월전략균형은 둘 다 부인하는 전략을 택하는 경우와 비교해 보면 파레토 열위(Pareto inferior) 전략이다.[4] 반면 둘 다 부인하는 전략조합({부정, 부정})에서 용세가 자백으로 옮기면 용세는 이득(−1에서 0)을 보지만 용미는 손해(−1에서 −10)가 된다. 용미가 자백으로 옮기면 용미는 이득(−1에서 0)을 보지만 용세는 손해(−1에서 −10)를 보게 된다. 그래서 {부정, 부정}은 파레토 최적전략이다. 이상의 결론은 죄수의 게임이 사전에 구속력 있는 약속이 없으며 한 번만 실행된다는 가정하에서 얻은 것이다. 이 게임도 계속 반복되면 경기자들은 협조적인 선택을 할 가능성이 있음을 유의하여야 할 것이다.

2) 담배 광고 게임(죄수의 딜레마 게임의 응용)

죄수의 딜레마 게임은 〈표 8.3〉과 같이 응용될 수 있다. {광고 자제, 광고 자제}가 파레토 효율적임에도 불구하고 균형점은 {광고 전쟁, 광고 전쟁}이 된다. 이 예에서 제시되고 있는 광고 자제 전략을 적은 생산량, 낮은 가격, 군비 지출 자제, 스테로이드 사용 없음, 과외하지 않음, 첨단 진료 장비 구입 자제로 바꾸고, 광고 전쟁 전략을

표 8.3 담배 광고 전쟁의 예

		B	
		광고 자제	광고 전쟁
A	광고 자제	(100, 100)	(70, 150)
	광고 전쟁	(150, 70)	(80, 80)

4 반대로 {부정, 부정}이 파레토 우위전략이다. 이 균형으로 가는 것을 '파레토개선(Pareto improvement)'이라고 부른다.

많은 생산량, 높은 가격, 군비 지출 확대, 스테로이드 사용, 많은 과외, 첨단 의료 장비 적극 도입으로 바꾸어 보면 위에서 예시한 게임에서 같은 결과를 얻을 수 있다. 실제로 생산량 경쟁, 광고 전쟁, 가격경쟁 등 기업 전략에 매우 유용하게 쓰이고 있다. 군비 전쟁, 스포츠 선수의 스테로이드 사용, 과잉 과외, 병원의 첨단 치료 장비 도입 등에도 적용되고 있다.

3) 담합가능성과 불안정성(죄수의 딜레마 게임의 응용)

죄수의 딜레마 게임을 이용하여 담합 가능성과 불안정성에 대해 공부해 보기로 하자.[5] 〈표 8.4〉를 보면 우월전략균형도 내쉬 균형도 {많은 생산량, 많은 생산량}이다. 이때 (10, 10)을 각 기업이 얻는다. 하지만 이 점은 파레토 열등하며 {적은 생산량, 적은 생산량}으로 옮기면 두 기업 모두 득을 볼 수 있다. 이 점으로 옮겨가는 약속을 맺는 것이 담합(談合, collusion)이다. (10, 10)에서 (20, 20)으로 기업 A와 기업 B 모두 10을 더 얻는다. 소비자의 입장에서 보면 시장의 생산량(두 기업 생산량의 합)이 200에서 160으로 감소하는 일이 발생하는 셈이다. 당연히 소비자 잉여가 감소하게 된다. 그래서 정부에서는 담합을 금지하고 있다. 하지만 담합은 불안정하다. 앞에서도 본 바와 같이 {적은 생산량, 적은 생산량}에 있는 경우, 기업 A와 B 모두 상대가 적은 생산량을 그대로 유지하고 있는 상태에서 혼자 많은 생산량을 생산하면 40(=60−20)을 더 벌 수 있기 때문이다. 배신을 하고 싶은 욕심이 늘 상존할 수밖에 없다.

표 8.4 담합가능성과 불안정성

		기업 B의 전략	
		많은 생산량 100 생산(비협력)	적은 생산량 80 생산(협력)
기업 A의 전략	많은 생산량 100 생산(비협력)	(10, 10) (P,P)	(60, 0) (T,S)
	적은 생산량 80 생산(협력)	(0, 60) (S,T)	(20, 20) (R,R)

5 일반적으로 경기자의 보수가 T(유혹) > R(보상) > P(처벌) > S(머저리)일 때 죄수의 딜레마 게임이 성립한다.

이처럼 담합에는 불안정한 면이 있음을 부정할 수 없지만, 그 외에도 여러 가지 복잡한 요인들이 작용하여 마냥 부정적으로만 여기기는 어렵다. 게임 이론의 관점에서 보자면 이러한 비협력적 관계가 계속된다고 할지라도 담합에서 이탈하는 기업을 쉽게 파악할 수 있으면서 그 기업에 강력하고 확실한 처벌(보복)을 가할 수 있다면, 담합은 안정적으로 유지될 수 있다. 일반적으로 기업 간 상호작용이 잦고, 시장이 성장하고 있으며, 경쟁자의 수가 적고 비슷한 규모라면, 또 경쟁기업들이 여러 시장에서 경쟁관계에 있다면 담합은 더 쉬워지고 불안정성은 줄어든다.

최대최소화(maxmin)전략

내쉬 균형은 경기자들이 모두 합리적이고 자신과 상대방의 보수에 대해 정확한 정보를 알고 선택한다는 가정이 전제되어 있다. 하지만 상대의 합리성에 대해 의심을 갖고 있는 경기자라면 손실을 최소화하려는 전략을 선택할 수 있다. 이런 경우 경기자들은 보수적으로 행동하려 하며 최악을 피하려는 선택을 하게 된다.

나쁜 보수를 주는 전략(min) 중에서 그나마 최대 보수를 주는 전략(max)을 찾는 방식이다. 선(先) min, 그리고 그 min 중에서의 max를 찾는 것이다. 그래서 맥스민(maxmin) 전략이라고 부른다.

〈표 8.2〉의 보수 행렬을 그대로 사용해 보자. 용세가 부인을 택한다면 −1 아니면 −10을 얻는다. 자백을 택하면 0 아니면 −5를 얻는다. 부인을 택했을 때는 −10까지 손해를 보지만, 자백을 택한다면 −5만 손해 본다. 따라서 그나마 손해가 적은 −5를 얻는 선택, 즉 자백을 선택하게 된다. 이번에는 용미가 부인을 택한다면 −1 아니면 −10을 얻는다. 자백을 택하게 되면 0 아니면 −5를 얻는다. 부인을 택했을 때는 −10까지 손해를 보지만, 자백을 택한다면 −5만 손해 본다. 그나마 손해가 적은 −5를 얻는 선택, 즉 자백을 선택하게 된다. {자백, 자백}이 최대최소화(maxmin)전략균형점이 된다.

죄수의 딜레마 게임에서는 우월전략균형, 내쉬 균형 그리고 최대최소화 전략의 결과가 같았지만 늘 그런 것은 아니다.

조정 게임(coordination games)

1) 차선선택 게임

조정 게임(coordination games) 혹은 공통 이해 게임(games of common interests)이란 모든 전략 프로필에 대해 두 경기자가 동일한 선호를 가지고 있는 경우, 즉 같은 전략을 선택하는 것이 유리하고 각 경기자의 보수 같지만, 각 경우의 보수에는 차이가 있는 게임을 말한다. 〈표 8.5〉에서 두 경기자가 같은 전략, {전략 1, 전략 1} 혹은 {전략 2, 전략 2}가 균형점일 때 서로 다른 전략을 선택했을 때보다 더 큰 보수를 얻는 게임이다. 내쉬 균형이 2개이며, 파레토 우월한 내쉬 균형은 {전략 1, 전략 1}이다.

표 8.5 조정 게임의 예

		용세	
용미		전략 1	전략 2
	전략 1	(10, 10)	(0, 0)
	전략 2	(0, 0)	(5, 5)

〈표 8.6〉에서처럼 행동 일치에 더해 보수까지도 같은 경우를 순수조정 게임(pure coordination games)이라고 부른다. {왼쪽 차선, 왼쪽 차선}, {오른쪽 차선, 오른 차선}이 두 개의 내쉬 균형점이 된다.

차선 선택 게임은 순수조정 게임의 대표적인 예이다. 영국, 일본, 호주 등에서는 차선이 왼쪽이지만 우리나라, 미국, 중국 등에서는 오른쪽이다. 어느 쪽이든 통일만 이루어지면 경기자들이 얻는 보수는 같음을 보여주고 있다. 여기에서는 두 개의 내쉬 균형점이 존재하지만 파레토 우월한 내쉬 균형도 없다. 이런 때는 과거에서부터

표 8.6 차선 선택 게임(순수조정 게임의 예)

		용세	
용미		왼쪽 차선	오른쪽 차선
	왼쪽 차선	(10, 10)	(0, 0)
	오른쪽 차선	(0, 0)	(10, 10)

이어져온 전통에 따라 어느 한쪽을 선택하게 된다. 비슷한 예는 기차 철로, 전기 시스템, 타자기 자판 등에서 볼 수 있다.

2) 연인 간의 사랑싸움(battle of sex)

슛돌이 군은 축구장을, 노래해 양은 음악회를 좋아한다. 하지만 축구장을 가든 음악회를 가든, 두 사람은 혼자서 자신이 좋아하는 것을 하러 가기보다 둘이 함께 있는 것을 더 선호한다. 이런 경우의 보수행렬을 〈표 8.7〉에 그려 놓았다. 이 경우 내쉬 균형점은 두 개가 존재한다. 둘 다 축구장에 가거나({축구장, 축구장}), 둘 다 음악회에 가는 것({음악회, 음악회})이다. 또 두 균형 모두 파레토 효율적이다.

어느 균형이 선택될 것인가? 게임에 명시적으로 포함되지 않은 여러 가지 요인에 의해 정해진다. 즉, 두 사람 중에 누가 주도권을 쥐고 있는지, 평소 습관이 어떠한지에 따라 달라질 것이다. 만약 번갈아 가며 장소를 정해왔다면 지난번 선택과는 다른 결정을 내릴 것이고, 권위주의적 혹은 가부장적인 성향을 지닌 부부 사이라면 남편의 결정에 따를 확률이 높다.

순수조정 게임과 사랑싸움 게임은 약간 다른 면이 있다. 순수조정 게임에서는 행동통일만 하면 그만이고 어느 쪽으로 통일할지는 중요하지 않았다. 하지만 사랑싸움 게임에서는 어느 쪽으로 행동 통일이 이루어지느냐에 따라 경기자들의 보수가 달라진다. 여러 균형이 존재하는 경우 선택의 문제가 진지하게 대두된다. 이 어려움을 극복하기 위한 여러 가지 기준이 있다. ① 초점 균형[6](focal points, 이론적으로 실현 가능한 여러 개의 균형 가운데에서 직관적으로나 현실적으로 가장 실현될 가능성이 높

표 8.7 사랑싸움의 보수행렬

		노래해 양	
슛돌이 군		축구장	음악회
	축구장	(2,1)	(0,0)
	음악회	(0,0)	(1,2)

6 예를 들어 남성 위주 사회, 게임에 명시적으로 포함되지 않은 여러 가지 관습(장유유서, 사제관계), 문화적, 역사적, 지리적 차이로 인해 경기자들이 인정하는 요인으로 초점이 결정된다.

은 균형) ② 보수우위와 위험우위[7] ③ 진화 ④ 더 공정하다고 느끼는 점 ⑤ 자연스럽게 더 중요하다고 느끼는 점 등이 그것이다.[8]

3) 사슴사냥 게임(stag hunt game)[9]

두 사냥꾼이 사냥을 나갔다. 〈표 8.8〉에서 보듯 합심하여 사슴을 잡으면 각각 10을 얻을 수 있고, 합심하여 산토끼를 잡으면 각각 7을 얻을 수 있다. 하지만 사슴 사냥은 위험하기 때문에 혼자 잡기가 불가능하다. 따라서 다른 사냥꾼의 협조가 없다면 0을 얻게 된다. 내쉬 균형은 {사슴, 사슴}과 {산토끼, 산토끼}다. 어느 점이 선택되느냐에 대해 두 균형의 성격을 보아야 한다. 보수우위(payoff-dominant)를 생각하면 {사슴, 사슴}이 선택되어야 하지만, 덜 위험한 {산토끼, 산토끼}도 위험우위(risk-dominant)가 있는 선택이 될 수 있다. 파레토 최적인 사슴을 잡는 일은 어렵고 협업을 필요로 하기 때문에 구성원 간의 신뢰가 필요하다는 점을 부각시키고 있다. 어떤 경우에는 파레토 우월한 균형이 그에 수반하는 위험 때문에 실현되지 못할 수 있음을 보여주는 게임이다.

표 8.8 사슴사냥 게임

		사냥꾼 2	
		사슴(stag)	산토끼(hare)
사냥꾼 1	사슴(stag)	(10,10)	(0,7)
	산토끼(hare)	(7,0)	(7,7)

*숫자는 마릿수가 아니라 보수를 의미

겁쟁이 게임(chicken game)

매-비둘기 게임(hawk-dove)으로도 알려진 반 조정 게임(anti-coordination

7 사슴사냥 게임에서 볼 수 있다.

8 두 사람이 각 전략에 확률을 부여하는 혼합전략(mixed strategy)을 택한다면 균형을 구할 수 있다. 혼합전략균형으로 용세는 축구장을 $\frac{2}{3}$의 확률로, 용미는 축구장을 $\frac{1}{3}$의 확률을 취하는 것이다.

9 루소(Jean Jacques Rousseau)의 인간불평등 기원론에서 제기된 안전과 사회 협력 간의 잠재적 갈등 가능성을 보여주는 예로 곧잘 인용된다.

games, 각 경기자가 서로 다른 전략을 취하는 것이 서로에게 유리한 게임)의 대표적인 예이다. 영화 〈이유 없는 반항〉, 〈뮤지컬 웨스트사이드 스터리〉와 같은 동네 불량배 간의 세력 싸움에서 흔히 볼 수 있는 상황과 매우 유사하다. 서로 마주 보고 달리는 기관차와 같이 '너 죽고 나 죽고' 식의 극한 대립에서 볼 수 있다. 극한 대치를 하는 여야, 국가 간의 영토분쟁, 미국과 소련의 군비경쟁, 북핵 문제 등을 분석하는 데 쓰인다. 반도체 산업에서 삼성전자와 SK하이닉스가 세계 1, 2위가 되는 데 기여한 전략으로도 평가받는다.

강북파와 강남파가 차를 마주 몰고 돌진하여 먼저 핸들을 틀어 회피하는 쪽이 패하는 시합을 한다고 하자. 〈표 8.9〉에서 그 보수행렬을 보여주고 있다. {돌진, 회피}와 {회피, 돌진}이라는 두 개의 내쉬 균형이 존재한다. 둘 중에서 어느 것이 실현되느냐는 누가 상대에게 신빙성 있는 확신을 주느냐에 달려있다. 예를 들어 강북파가 시합 전에 강남파의 바로 눈앞에서 브레이크 페달을 제거했다고 해보자. 그렇다면 강남파는 강북파가 오직 돌진만 강행할 작정이라고 믿게 될 것이다. 상대의 확실한 위협에 겁을 먹은 강남파는 시합 도중에 회피하는 쪽을 택할 것이다. 배수진(背水陣)을 치는 방법도 같은 이치이다. 브레이크 페달을 제거하는 것이나 배수진을 치는 것은 자신이 통제할 수 없는 불가역적인(不可逆性, irreversibility) 상황을 만드는 것이다.

표 8.9 치킨 게임

		강남파	
		회피	돌진
강북파	회피	(0, 0)	(−1, +1)
	돌진	(+1, −1)	(−10, −10)

진입 게임

지금까지 공부한 게임들은 모두 두 경기자가 동시에 의사결정을 하는 게임이었다. 경기자가 순차적으로 전략을 선택하는 순차적 게임도 있다. 바둑, 장기, 체스, 고스톱 등이 일상에서 흔히 볼 수 있는 예이고 경제학에서는 진입게임이 대표적인 예이다. 진입게임이란 진입 기업(entrant)이 이미 기존 기업(incumbent)이 있는 시장에 진입할 것인가 말 것인가를 결정하는 게임이다. 이 게임에는 기존 기업도 진입을 허용할 것인가 말 것인가를 결정해야 한다.

먼저 정규형으로 진입 게임을 설명해 보기로 하자.[10] 현재 기존 기업(I)이 시장을 독점하여 20을 얻고 있는 시장에 진입 기업(E)이 진입 여부를 고민하고 있다. 기존 기업에게는 진입에 대해 두 개의 대응이 있다. 하나는 출혈 경쟁을 불사하는 것으로, 이렇게 되면 서로 −5를 얻는다. 하지만 진입을 수용하고 시장을 나누어 가지면 둘 다 10을 얻는다. 각 기업의 전략과 보수를 〈그림 8.10〉에 나타내 보았다.

표 8.10 진입게임(정규형)

		기존 기업(I)	
		진입 수용	출혈 경쟁
진입 기업(E)	진입	(10, 10)	(−5,−5)
	포기	(0, 20)	(0, 20)

두 개의 내쉬 균형({진입, 진입수용}, {포기, 출혈 경쟁})이 존재한다. {포기, 출혈 경쟁}은 기존 기업이 진입 기업에게 "네가 진입하면 출혈 경쟁을 할 것이다. 네가 진입하지 않으면 0를 얻지만, 진입하게 된다면 5를 손해(−5 획득) 보게 될 것이다. 그러니 손해 보기 싫으면 진입하지 않는 것이 현명하지 않겠소"라는 메시지를 준다. 과연 기존 기업의 이러한 위협이 믿을 만한가? 즉 위협의 신빙성 여부가 매우 중요하게 작용한다.

이 진입게임을 〈그림 8.1〉와 같이 전개형으로 바꾸어 분석해 보기로 하자.[11] 앞의 숫자는 진입 기업의 보수이고 뒤의 숫자는 기존 기업의 보수이다. 이 게임에서 가장

10 진입게임을 동시게임에 적합한 정규형으로 표현하는 것은 부적절하지만 신뢰성 조건의 의의를 강조하기 위해 도입하였다.

11 여기에서 보여주고 있는 진입게임은 기존 기업이 진입을 허용하고 시장을 양분하는 것이 유리한 모양으로 묘사되어 있다. 현실에서는 기존 기업의 저항 때문에 이런 경우가 많지 않다. 세상에 "진입 기업, 환영, 우리 서로 사이좋게 잘 해보자"라고 하는 기존 기업은 하나도 없다고 해도 과언이 아니다. 특히 진입 기업이 재벌기업인 경우, "영세업자 다 죽는다. 철회하라"라고 현수막을 걸고 저항하는 것을 흔히 볼 수 있다. 여기에서의 진입게임은 신뢰성의 중요성을 보여주기 위해 의도적으로 기존 기업이 쉽게 양보하는 것으로 그려져 있음을 유의하여야 할 것이다.

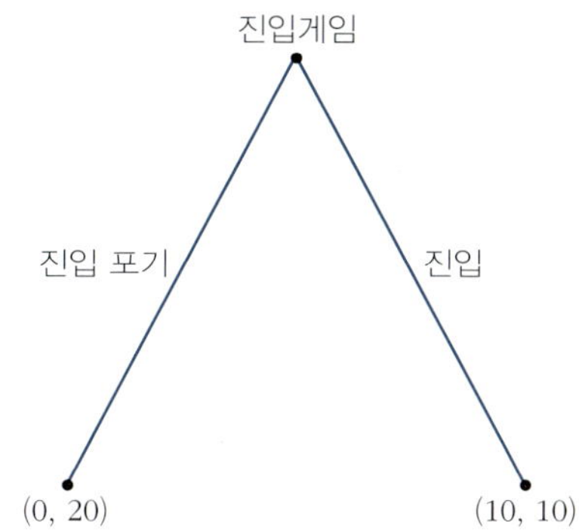

그림 8.2 축소된 진입게임

중요한 의사결정자는 진입 기업이다. 하지만 무턱대고 결정할 수 없다. 생각 같아서는 시장에 진출해서 시장을 확 휘어잡고 싶겠지만……. 이미 상대가 있을 뿐 아니라 그 상대는 이 시장의 터줏대감인 기존 기업이다. 기존 기업의 의사결정이 다른 하나의 게임이 되는 셈이다. 이렇게 전체 게임 속에서 일부를 이루는 게임을 부분(部分) 게임(subgame)이라고 부른다.[12] 기존 기업은 진입 수용과 출혈 경쟁 중에서 선택해야 한다. 진입 수용을 하면 10을 얻고 출혈 경쟁을 하면 −5를 얻는다. 진입 수용을 택하는 쪽이 현명한 판단이다. 그러면 게임은 〈그림 8.2〉에서 보듯 축소된(reduced) 진입 게임이 된다. 이제 의사결정자는 진입 기업이다. 포기를 하면 0을 얻지만, 진입을 하면 10을 얻는다. 따라서 진입을 택하게 되고 게임의 균형은 {진입, 진입수용}이 되고 보수는 (10, 10)이 된다. {진입, 진입수용}이 부분 게임 완전균형(subgame perfect equilibrium)이다.[13]

이 과정을 보면 진입 기업이 미래의 일(진입 후 기존 기업의 행동)을 염두에 두고 역으로 판단하고 있다. 즉 게임이 순차적으로 진행될 때, 마지막 의사결정 단계에서부터 거꾸로 문제를 풀어 최적 해를 풀어내는 추론 절차, 즉 이후 단계에서 상대방이 어떻게 나올지를 사전에 예측하고 이를 감안하여 현재의 자신이 취할 행동을 결정하는 역진 귀납법(逆進歸納法, backward induction) 혹은 후방 귀납법으로 판단한 것이

12 부분 게임은 순차 게임의 일부로서, 어떤 한 부분만을 꺼내서 그것을 하나의 독립된 게임으로 분석하는 게임이며 역진 귀납법으로 해를 찾는다.

13 부분 게임 완전균형은 모든 부분 게임에서 내쉬 균형이 되는 전략 조합이라고 정의한다.

다. “결과론적인 소리지만, 만약 그때 보내기 번트를 해서 선취점을 가졌왔다면…….”

그러니까 내쉬 균형 중 하나인 {포기, 출혈 경쟁}은 신빙성(信憑性) 없는 위협(威脅, incredible threat, empty threat)인 것이다.[14] 진입하면 출혈 경쟁을 각오하겠다, 그러니 각오하시라, 하는 말이나 신호는 믿을 수 없는 위협에 불과하다. 막상 진입이 이루어지면 어차피 이렇게 된 거 서로 양분하리라는 것이 눈에 보였는데, 기존 기업이 공갈포를 날린 것이다. 이처럼 신빙성의 문제(credibility problem)가 중요한 개념으로 등장한다.

무한반복 게임에서의 선택

지금까지 우리는 경기자들이 한 번의 게임(일회 게임)만 하는 것을 대상으로 공부하였다. 하지만 어느 시장에서 경쟁하고 있는 기업 A와 기업 B를 가정해보자. 두 기업은 몇 년째, 심지어는 조상 때부터 같은 시장에서 각축전을 벌여왔다. 즉 게임을 반복적으로 진행해 왔다는 의미인데, 그렇다면 한 번 게임을 했을 때와는 다른 선택을 할 가능성이 크다. 단기적 이익을 노리기보다는 장기전을 고려하여 선택할 것이기 때문이다. 기업과 소비자와의 관계도 마찬가지이다. 그저 한번 스치는 관계(일회 게임)냐, 매일 얼굴을 봐야 하는 관계(반복 게임)냐에 따라 기업과 소비자 모두 다른 선택을 하게 된다.

반복(反復) 게임(repeated game)은 유한반복 게임(finitely repeated game)과 무한반복 게임(無限反復, infinitely repeated game)으로 나누어진다. 유한반복 게임은 반복 횟수가 한정되어 있는 게임이다. 프로 스포츠 챔피언 결정전은 대부분 7전 4선승제를 택하고 있다. 7게임 이상은 절대 있을 수 없다. 따라서 유한반복 게임에서는 내일이 없다는 식의 선택을 한다. 미식축구 챔피언 결정전인 슈퍼볼도 마찬가지이다. 오직 딱 한 게임으로 모든 것이 결정되니 경기자들은 내일이 없다는 식으로 경기에

14 전체 시장 규모가 작은 곳에 대기업이 진입하면 기존 영세기업은 신뢰성 있는 위협을 할 수단이 마땅치 않은 것이 현실이다. 2006년에 폐지된 ‘중소기업고유업종’ 제도는 강력한 저지 수단이었으나 글로벌시장화가 진전됨에 따라 폐지되었다.

임하고, 관중들의 관심 또한 더욱 커질 수밖에 없다.

무한반복 게임을 문자 그대로 해석한다면 무한 번 계속되는 게임이 되겠지만, 실제로 이런 게임은 별로 없으며 무엇보다도 무한대에 이르기도 전에 사람이 먼저 죽을지도 모른다. 이론적으로 무한반복 게임이란 언제 끝날지 모르는 반복 게임을 지칭한다. 인간은 유한한 생을 살지만, 이 생이 언제 끝날지 모르기 때문에 무한반복 게임 경기자라 할 수 있다. 케인즈는 "장기에는 우리 모두 죽는다."라고 일갈하였다.

무한반복 게임에서는 보복(報復, retaliation)이나 응징이 매우 중요하게 작용한다. 내가 나만 좋기 위해 상대에게 불리한 결정을 했다면, 다음에 상대가 나에게 보복이나 응징을 하게 되어 오히려 내가 손해를 볼 가능성이 있다. 이 점이 무한반복게임에서는 매우 중요하게 작용한다.

평판(評判, reputation) 또한 매우 중요하다. 평판이 좋게 작용하여 보수가 상승한다면 더더욱 미래 지향적으로 임하게 될 것이다. 이를 실현하기 위한 구체적인 방법으로는 품질보증이나 보증이 있다. 리콜제도 그 일환이라고 평가할 수 있겠다. 학교 앞 식당을 예로 들어보자. 학생들을 친동생, 조카, 아들딸처럼 대해주고 공깃밥도 넉넉하게 주는 인심이 후한 식당 주인에게는 학생들도 식당 주인을 스스럼없이 '이모'라고 부르면서 식당 밥을 마치 집밥 먹듯 할 것이다. 그리고 학생들 사이에 입소문이 좋게 퍼지면서 장사가 잘될 것이다. 이때의 입소문을 바로 좋은 평판으로 해석할 수 있다. 관공서, 학교 앞 식당 주인들은 하루 이틀 장사하고 말 것이 아니므로(무한반복 게임을 하므로) 좋은 평판을 얻기 위해 장기적인 관점에서 노력하게 된다. 단골손님을 만드는 노력이 중요하다. 과거에 비해 고속도로 휴게실 식당이 음식도 서비스도 좋아졌다고 한다. 차량의 증가, 인터넷의 발전으로 인해 휴게실의 평판이 운전자에게 쉽게 금방 퍼지기 때문이다.

하지만 교통이 좋은 곳에 있는 식당의 경우 손님과 주인이 평생 다시 만날 가능성이 희박하기 때문에(유한반복 게임, 일회 게임) 주인은 장기적인 안목이 아닌 단기적으로 이익을 극대화하려고 한다. "언제 또 볼 거라고"라는 인식이 깔려 있다.

"정승 집 개가 죽으면 문상객이 문전성시를 이루지만, 정작 정승이 죽으면 그렇지 않다."라는 말이 있다. 정승이 보복을 할 수 있는 경우와 할 수 없는 경우, 상대의 행동이 달라지기 때문이다.

액설로드(Axelrod)는 1984년 발간한 『협력의 진화(The Evolution of Cooperation)』에서 죄수의 딜레마 게임이 반복될 때 가장 좋은 전략은 '이에 이, 눈에는 눈(tit-for-tat) 전략'임을 발견하였다.[15] 이 전략은 바로 전 상대가 한 행위를 따라 하는 것으로, 직전에 상대가 협조적이었다면 협조적으로 대응하고, 반대로 직전에 상대가 비협조적이었다면 비협조적으로 보복하는 것이다.

이는 예수님의 가르침과는 배치된다.[16] "눈은 눈으로 이는 이로 갚으라 하였다(tit-for-tat)는 것을 너희가 들었으나, 나는 너희에게 이르노니 악한 자를 대적하지 마라. 누구든지 네 오른 빰를 치거든 왼 빰도 드려 대며……."

정리해 보면 다음과 같다.

- 무한반복 게임: 대전대 앞 식당과 학생. 주인은 좋은 평판(입소문)을 만들기 위해 장기적 시각으로 영업한다. 따라서 인심이 후하고 음식도 맛있다. "장사 하루 이틀 할 건가"라는 마음가짐으로 장사에 임한다.
- 일회 게임: 뜨내기 임시 가설 식당과 여행객. 주인은 좋은 평판을 만들려는 노력하지 않고 눈앞의 이익에만 급급하다. 따라서 인심이 야박하고 음식도 맛이 없다. "언제 또 볼 거라고"라는 마음가짐으로 장사에 임한다.

즉, 같은 식당 주인이라도 식당이 어디에 위치하느냐, 정확히 말하면 소비자와 일회 게임을 하느냐 무한반복 게임을 하느냐에 따라 영업 전략이 달라진다.

3. 경매

경매 방식

경매(競賣, auction)란 정해진 상품에 대해 시장에 참여한 사람이 가격을 부르고 정

---

15 동해보복(同害報復) 또는 맞받아치기라고 부른다.

16 마태복음 5장 38~39절.

해진 규칙에 따라 해당 상품을 분배하는 자원 배분 방식이다. 농수산물 경매, 주파수 경매,[17] 법원경매(부동산, 동산), 미술품경매, 골동품경매, 중계방송권경매(올림픽, 축구월드컵 등), 공공조달 시 입찰제도 등에서 볼 수 있다.

표 8.11 여러 가지 경매 방식

구분	경매 방식	진행 방법 및 특징	
공개 여부	공개 구두 입찰	영국식	• 올림차식 순차적 입찰 • 내용은 최고가 입찰과 동일
		네덜란드식	• 내림차식 순차적 입찰 • 내용은 차가 입찰과 동일
	밀봉 입찰	최고가 입찰	• 최고가 입찰자가 자신이 써낸 최고가로 낙찰
		차가 입찰	• 최고가 입찰자가 두 번째 높은 가격에 낙찰
라운드 방식	단일라운드	• 한 번의 입찰로 낙찰	
	멀티라운드	• 입찰을 반복(승자의 저주 방지목적)	

〈표 8.11〉에서 보는 바와 같이 공개 여부에 따라 공개 구두 입찰과 밀봉 입찰로 나눌 수 있으며, 라운드 방식에 따라 단일 라운드와 멀티라운드로 나눌 수 있다. 영국식 경매는 입찰자가 다른 사람의 입찰을 관찰하고 입찰을 올릴지 올리지 않을지를 결정하는 올림차식 순차적 입찰이다. 경매는 경매자가 한 사람만 남을 때 끝난다. 골동품이나 예술품 거래에서 볼 수 있다. 네덜란드식은 경매인이 높은 가격으로 시작하여 어떤 구매자가 품목을 구입할 용의를 시사하는 가격까지 점진적으로 가격을 낮추는 내림차식 순차적 입찰이다. 짧은 시간 안에 끝낼 수 있다는 장점이 있어 과일 도매, 생선 도매, 꽃 도매와 같이 신선도 유지가 생명인 시장에서 주로 이용된다.

밀봉 입찰(密封入札, sealed-bid auction)은 입찰자들이 자신들이 제시한 입찰자를 공개하지 않고 진행하는 방식으로, 주로 정부 공매나 물품 조달 등에서 흔히 쓰인다

17 전파법 제11조(대가에 의한 주파수할당) ① 과학기술정보통신부장관은 제10조제1항 또는 제2항에 따라 공고된 주파수를 가격경쟁에 의한 대가를 받고 할당할 수 있다. 다만, 해당 주파수에 대한 경쟁적 수요가 존재하지 아니하는 등 특별한 사정이 있다고 인정되는 경우에는 제3항 후단에 따라 산정한 대가를 받고 주파수할당을 할 수 있다

그림 8.3 온비드(공매포탈시스템)

(〈그림 8.3〉 참고). 경매인이 높은 입찰자에게 경매 품목을 주면 높은 입찰자는 입찰 금액을 지불하는 최고가 입찰과 높은 입찰자는 두 번째로 높은 입찰자가 입찰한 금액을 지불하는 차가 입찰이 있다. 이는 가장 높은 입찰 금액을 제시하여 경매 품목을 가져가게 된 입찰자가 어떤 금액을 지불하느냐에 따라 나뉜다. 자신이 스스로 제시한 가장 높은 입찰 금액을 지불하는 경우를 최고가 입찰이라 하고, 두 번째로 높은 입찰자가 제시했던 금액을 지불하는 경우를 차가 입찰이라 한다.

이론적으로는 영국식 경매와 차가 입찰 방식에서는 입찰자들이 자신의 평가금액을 속일 유인이 없음이 증명되어 있다.

승자의 저주(winner's curse)

낙찰자(승자)가 상품 가치보다 높은 값으로 낙찰을 받아 손해를 볼 수 있는 상황 혹은 낙찰자(승자)가 적정비용보다 낮게 입찰하고 낙찰을 받아 손해를 볼 수 있는 상황을 승자(勝者)의 저주(詛呪)라고 부른다. 승자가 하는 저주가 아니라 승자가 당하는 저주 혹은 재앙을 말한다. M&A 혹은 법원 경매와 같은 공개입찰 시에 치열한 경쟁 속에서 승자가 되기 위해 지나치게 많은 비용을 지불함으로써 해당 기업이 위험에 빠지게 되는 상황을 표현하는 용어이다. "경매에서는 이기고 싶지만 상품(?)은 가지고 가고 싶지 않다(I Won the Auction, But Don't Want the Prize)"라는 표현이 이 상황을 잘 설명하고 있다.

예를 들어 경매 대상이 그림과 같은 예술품인 경우 주관적으로는 천차만별이어서 객관적 가치를 정할 수 없으며, 편차가 매우 크다. 낙찰자는 그저 자기만족을 실현한 것이다.[18] 그러나 객관적 가치를 어느 정도 정할 수 있으며, 분산이 매우 적은 유전(油田)에 대한 경매[19]라면 어떤 결과가 나올 것인가? 낙찰을 받기 위해서는 객관적 가치보다 높은 가격을 제시해야 한다. 따라서 낙찰가가 객관적 가치보다 높게 나타난다. 낙찰자가 손해를 볼 가능성이 높음을 의미한다. 독이 든 성배(聖杯)를 마시는 것과 비슷하다.

경매에 참가한 사람들 역시 이 승자의 저주를 누구보다도 잘 알고 있다. 경쟁자끼리 겉으로는 경쟁하는 것처럼 위장하고 자신들이 정한 룰에 따라 적당히 입찰을 받는 편법에 유혹을 느끼게 된다. 속된 말로 '짜고 치는 고스톱'을 만들자는 속셈이다. 담합행위는 공정거래법 제40조 부당한 공동행위에 해당하는 행위로서 3년 이하의 징역이나 2억 원 이하의 벌금형에 처해질 수 있다.

2006년 금호아시아나 그룹의 대우건설인수, 2007년 웅진홀딩스의 극동건설 인수가 대표적인 예로 거론되고 있다. 영화 〈하트 브레이커스(Heartbreakers)〉에서 어머니인 시고니 위버가 병든 백만장자(짐 해크만)를 유혹하기 위해 그가 좋아하는 남자 나신상(裸身像) 조작품을 경매에서 산 후 "내가 미쳤지, 저 쓸데없는 돌덩이를 그 비싼 값에 사다니"라고 후회하는 장면이 나온다. '승자의 저주' 상황을 극명하게 보여주고 있다.

18 이런 경매를 개인가치경매(private value auction)라고 부른다.

19 이런 경매를 공동가치경매(common value auction)라고 부른다.

일본 다도의 기본정신: 일기일회[20]

일본 다도(茶道)의 정신세계에서 일기일회(一期一會)는 매우 중요한 역할을 하는 개념이다. 한 사람의 평생이라는 뜻을 가진 일기(一期)와 한 번의 만남이라는 뜻을 가진 일회(一會)가 합쳐져 만들어진 말이다. 손님에게 차를 대접할 때는 대접하는 사람의 일생에서 오직 한 번뿐인(두 번 다시 없는) 기회라 믿고 진지한 마음으로 공경해야 한다는 뜻이다. 이 말은 다도의 세계에만 국한된 것이 아니고 일상생활과 비즈니스를 비롯하여 폭넓게 쓰이고 있다. 즉 친구나 이웃을 대할 때는 물론 거래 상대에게도 이 정신을 나타내려고 노력해야 한다고 가르치는 것이다.

앞에서 본 일회 게임에서 경기자 자신의 사익을 적극 추구하는 것이 합리적이라고 본 것과는 정반대의 태도이다. 게임 이론의 근거인 경기자가 자신의 사익에만 충실하다는 가정은 전략적 상황에서 선택을 결정하는 모든 종류의 동기를 포함하지는 않는다. 현실에서는 공정성, 죄의식, 명예, 호의 등 비금전적 요인도 중요하게 작용하며, 일본 다도에서는 특히 이타적인 문화가 중요하게 작용한다. 불교에서 유래한 개념으로서 법정 스님이 쓴『일기일회』라는 책도 있다.

사실 일생에 한 번만 만난다면 "언제 또 볼 거라고", "뜨내기손님인데, 뭐……."와 같은 표현에서 보듯이 매몰차게 당장 내 이익만 챙기는 것이 더 현명하다고 볼 수도 있다. 선불교와 일본의 일기일회 문화는 이와는 정반대되는 '비합리성의 합리성'이라고 평할 수 있다.

20 박전열·이영 공저,『일본전통문화론』, 한국방송통신대학교출판문화원, 2023, p.26.

연습문제

토론(같이 생각하고 이야기해 보기)

1. 같이 업종(시장)에 오래 경쟁하던 기업들은 비교적 우호적이다. 또 역전 식당보다 관공서 앞 식당이 더 맛도 있고 친절하다. 오랫동안 관계를 맺어왔다거나 앞으로 지속적인 관계가 유지될 것으로 기대되는 경우 서로 호혜적으로 행동하는 이 현상을 게임 이론을 이용하여 설명하시오.

2. 게임 이론의 유용성에 대해 토론해 보자.

○×문제

1. 거래 주체는 상대를 한 번 만나고 영원히 안 만나는 사이냐 그렇지 않고 계속 반복해서 만나 거래하느냐에 따라 경제행위가 달라진다. ( )

2. 게임 이론은 수학적 논리가 중요하기 때문에 경제학에서만 활용되고 있다. ( )

3. 계속 대치하는 상황을 나타내고 있는 치킨 게임(chicken game)은 겁쟁이 게임으로 번역된다. ( )

4. 내쉬 균형은 언제나 하나만 존재한다. ( )

5. 가위바위보는 동시적 게임의 대표적인 예이다. ( )

단답형 문제

1. 기업이 상대보다 먼저 행동함으로써 전략적 우위를 점하는 것을 ( )이라고 부른다.

2. 경기자 보수의 합이 언제나 0가 되는 게임을 무엇이라고 부르는가?

3. 전략적 게임의 3대 요소를 쓰시오.

용어설명

1. 내쉬 균형

2. 우월전략균형

3. 죄수의 딜레마 게임

4. 치킨게임

주관식 문제

1. (1) 각 기업의 우월전략은 어떤 전략인가? 또 균형점은 각 기업의 보수는 얼마인가?
   (2) 내쉬 균형을 구하고, 각 기업의 보수는 얼마인가?
   (3) 위의 (1)과 (2)의 결과는 두 기업 모두에게 최선인가?
   (4) 이와 같은 성격을 갖는 게임을 무엇이라고 부르는가?
   (5) 만약 이 게임이 무한정 반복된다면, 이 게임의 결과는 변화가 있을 것인가? 없을 것인가? 변한다면 어떤 결과를 이르게 될 것인가?

		B 기업	
		광고 자제	광고 전쟁
A 기업	광고 자제	(100,100)	(70,150)
	광고 전쟁	(150,70)	(80,80)

2. A 국과 B 국의 석유생산량에 따른 수익은 아래 표와 같다.

		A 국	
		810만	900만
B 국	810만	(61,138)	(56,140)
	900만	(65,131)	(60,135)

(1) 각 나라의 우월전략을 찾으시오.

(2) 내쉬 균형을 찾으시오.

(3) 이 두 나라가 계속적으로 이런 경쟁을 할 경우 담합 가능성은 존재하는가?

3.

		A 전자	
		베타방식	VHS방식
B 전자	베타방식	(100,100)	(0, 0)
	VHS방식	(0,0)	(100,100)

(1) 각 전자 회사의 우월전략을 찾으시오.

(2) 내쉬 균형을 찾으시오.

(3) 이 게임을 근거로 표준화와 선점의 중요성을 설명하시오.

(4) 이 게임과 비슷한 예를 2개 이상 들어 설명하시오.

4. 《죄수의 딜레마: 반복게임》

		기업 B의 전략	
		비협력	협력
기업 A의 전략	비협력	(1, 1)(P,P)	(6, 0)(T,S)
	협력	(0, 6)(S,T)	(2, 2)(R,R)

계속 협력하는 전략이 배신 후 경쟁 돌입하는 전략보다 더 유리하기 위한 할인 인자(δ) 및 할인율(r)의 조건을 구하시오.

영화 〈뷰티플 마인드〉를 보고 내쉬의 생애에 대해 생각해 보자.

제9장

임금과 노동

1. 노동의 의미, 헌법과 노동법
2. 노동시장
3. 노동조합
4. 노동과 관련된 여러 이슈
5. 직업분류

"고통 없는 직업은 없다."

– 마라토너 이봉주[1]

"민주주의가 요구하는 정치적 평등은 항상 경제적 불평등으로부터 위협받는다."

– 노벨경제학상 수상자 앵거스 디턴(Deaton)[2]

"기계 한 대는 평범한 사람 50명의 일을 할 수 있다. 하지만 그 어떤 기계도 비범한 사람의 일을 대신할 수 없다."

– 앨버트 하버드(Elbert Hubbard)

"최고의 종업원이 최고의 햄버거를 만든다."

– 린시 스나이더(Lynsi Snyder)[3]

"영국민들이 열심히 일한 결과로 받은 보수가 생활 임금에도 못 미친다면 이는 국가적 심각한 죄악이다."

– 처칠(Churchill)[4]

---

1 이봉주(李鳳柱, 1970~)는 1996년 애틀랜타 올림픽 은메달, 1998년 방콕 아시안게임 금메달, 2002년 부산 아시안게임 금메달, 2001년 보스톤 마라톤 금메달을 획득한 한국의 마라톤 영웅이다. 무려 41번 완주기록을 가지고 있으며, 2022년 대한민국 스포츠 영웅으로 헌액되었다. 근육긴장이상증이라는 난치병으로 투병 중인 그가 한 말이다.

2 앵거스 디턴(1945~)은 영국태생 경제학자이다. 소비, 빈곤, 복지 분야에서의 탁월한 업적으로 2015년 노벨경제학상을 수상하였다.

3 린시 스나이더(Lynsi Snyder, 1982~)는 1948년 할아버지가 창립한 In-N-Out의 유일한 상속자로서 2012년 미국 최연소 억만장자반열에 올랐다. 그녀의 부는 상속받은 재산 외에도 집안의 전통인 품질 우선 정신과 서번트 리더십(servant leadership)으로 회사를 발전시켜 쌓은 몫도 상당하다.

4 처칠(Churchill, 1874~1965)이 1909년 4월 하원에서 한 연설문이다. "It is a serious national evil that any class of his Majesty's subjects should receive less than a living wage in return for their utmost exertions. It was formerly supposed that the working of the laws of supply and demand would naturally regulate or eliminate that evil … [and] … ultimately produce a fair price." 위키피디아에서 인용하였다.

메이데이(May Day, Labour Day, Labor Day)

1886년 5월 1일 미국 시카코에서 장시간 노동에 대항하여 8시간 노동을 보장받기 위한 노동자들의 총파업이 있었다. 경찰과 군대의 발포로 유혈 사태가 발생하였고, 자본가들은 결국 단결 투쟁하는 노동자들의 요구를 들어주었다. 메이데이는 이 투쟁을 기념하기 위해 1889년 제2 인터내셔널 파리 총회에서 선포되었다. 정작 미국에서는 노동절을 9월 첫 번째 월요일로 바꿔 놓았지만 말이다. 우리나라에서는 1958년 이후, 대한노총 창립일인 3월 10일을 '노동절'로 정했으며, 1963년 4월 17일에는 '근로자의 날'로 이름을 바꾸었다. 이것이 1973년 3월 30일에 제정·공포되었으며, 1994년 다시 5월 1일로 바뀌었다. 명칭은 계속해서 근로자의 날을 사용하고 있다. 북한에서는 7개 명절 중의 하나이며 당국의 통제가 거의 없는 가운데 주로 직장 단위로 들놀이(야유회)를 가거나 식당에 간다고 한다.[5]

---

5 주성하, 앞의책, p.220

1. 노동의 의미, 헌법과 노동법

노동의 의미

노동(勞動)은 인간의 육체적·정신적 능력을 생산적으로 이용하여 자연이나 사회를 인간 생활에 한층 유용하도록 변화시켜 나가는 활동을 의미한다. 인간이 동물 상태에서 진화한 이래 자연환경을 개선하고 스스로를 발전시켜 온 원동력이며, 인간사회에서는 언제 어디서나 생존을 위해 행해져야 할 기본적인 활동이다.

노동력은 매매의 대상인 상품으로 취급되기도 하지만, 대상이 인격체인 사람이기 때문에 매우 특수한 성질을 가지고 있는 상품이라고 할 수 있다. 마샬(Alfred Marshall, 1842~1924)은 노동력의 특성을 다음과 같이 5가지로 지적하였다.[6]

첫째, 노동자는 자신의 노동력을 사업장에 팔지만 그 자신을 판매하는 것은 아니다. 저량(貯量, stock)인 인적자본(人的資本, human capital)을 가지고 있는 노동자는 시장(기업)에 인적자본에 근거한 유량(流量, flow)인 노동력을 판매한다.[7] 둘째, 노동력을 판매할 때 노동자 자신이 작업장에 가서 노동력을 제공하지 않으면 안 된다. 법률적 또는 형식적으로는 사용자와 노동자가 대등한 관계라고 하지만, 사용자의 지휘·감독하에서 노동을 하기 때문에 실제로 들여다보면 대등한 관계라고 말하기 어려운 것이 현실이다. 사용자는 의도하든 의도하지 않든 소위 '갑질'을 할 가능성이 상존한다. 자본가(고용주)와 노동자, '계급 간' 관계, 즉 수직적 위계질서(位階秩序, hierarchy)에서 차지하는 위치에 따라 지휘하는 자와 지배받는 자로 나뉜다는 뜻이다. 위계 내에는 지위가 높을수록 많은 사람을 지배할 수 있다. 즉 '사용종속(使用從屬)' 관계로 아랫사람을 부리면서 윗사람에게는 부림을 당한다. 명령체계이고, 위에서 아래로 권력이 행사된다. 셋째, 노동력이라는 상품은 사용 여부와 관계없이 시간의 경과에 따라 자동으로 소멸된다. 그뿐만 아니라 다른 상품과 달리 저장이 불가능하다. 따라서 열악한 능력을 가진 노동자들은 생활수단을 얻기 위해 노동력을 궁박 판매((窮

6 배무기, 『노동경제학(전정판)』, 2002, 경문사, p.17~18을 참고하였음.

7 근로기준법 제2조에는 "근로자"란 직업의 종류와 관계없이 임금을 목적으로 사업이나 사업장에 근로를 제공하는 사람을 말한다. "사용자"란 사업주 또는 사업 경영 담당자, 그 밖에 근로자에 관한 사항에 대하여 사업주를 위하여 행위하는 자를 말한다.

迫 販賣) 또는 투매(投賣)할 가능성도 있다.

넷째, 노동의 판매자는 교섭에서 불리한 입장에 서는 것이 일반적이다. 마지막으로 노동력에 대한 수요가 증가하더라도 공급은 즉각적으로 증가하기 어렵다. 임금의 매개변수적(媒介變數的) 기능이 취약하다. 반대로 기업에게 인력감축은 불경기를 겪는 동안 가장 손쉽게 취할 수 있는 수단이다. 최고의 가변생산요소가 노동이기 때문이다. 이와 같은 원천적으로 불리한 관계를 완화하기 위해 각국에서는 노동자를 보호하기 위한 노동법을 마련하여 대처하고 있다.

여기에 두 가지를 더 추가할 수 있다. 첫째, 노동자에게 있어 노동시장의 참여 여부와 위상은 본인과 가족의 생존 문제에 직결되어 있다는 것이고, 둘째, 노사관계는 주관적이면서도 지속적인 인간관계로 나타난다는 것이다. '실업자 한 명 증가'라는 말 자체는 쉽게 할 수 있을지 모른다. 하지만 여기에는 한 가족이 빈곤의 나락으로 떨어질지도 모른다는 만약의 가능성이 내포되어 있다. "강은 건너봐야 알고 사람은 겪어 봐야 안다.", "열 길 우물 속은 알아도 한 길 사람 속은 모른다." "해는 언제나 동쪽에서 떠서 서쪽으로 저물지만, 사람은 이런 법칙성으로 움직이지 않는다."라는 말에서 보듯 불확실성 및 정보의 비대칭성이 존재한다.

표준근로계약서는 종류별 7가지가 있다. ① 정규직(기간의 정함이 없는 경우), ② 계약직(기간의 정함이 있는 경우), ③ 연소근로자(18세 미만), ④ 건설일용근로자[8], ⑤ 단기간 근로자, ⑥ 외국인: 기본, ⑦ 외국인: 농축산업 어업 분야로 나누어진다. 양식을 보면 비교적 간단하다. 이에 비하면 금융거래 계약서나 보험약관 등은 훨씬 더 복잡하다. 노동자는 사용자가 업무상 명령복종관계에 있기 때문에 모니터링하기 쉽고 미래에 발생하는 일을 대비해서 근로계약서에 다 담을 수 없기 때문이다. 즉 노사관계는 간단한 듯 복잡한 문제가 아닐 수 없다.

한마디로 노사문제는 계급 논리, 정치 논리, 경제 논리, 경영 논리가 혼재되어 있어 매우 복잡하고도 어려운 문제이기 때문에 사회적 합치점을 찾기가 매우 어렵다.

---

8 보통 '노가다'라는 말을 쓰고 있는데, 일본어 도가다(土方, とかた)에서 나온 말이다.

노동권, 노동법, 고용노동부

우리나라 헌법 제32조에는 근로할 권리와 의무 등을, 제33조에는 노동3권을 보장하고 있다.[9] 우리나라에 단일 노동법은 존재하지 않고, 대신 여러 가지 법안에 노동에 관한 내용이 포함되어 있다. 대표적인 예로 근로기준법(임금, 근로 시간, 해고제한 등 근로조건의 최저기준을 정함), 노동조합과 노동쟁의조정에 관한 노동조합 및 노동관계조정법[10], 산업재해보상보험법(근로자의 업무상 재해에 대한 보상기준을 정함), 고용보험법(근로자의 고용안정과 실업급여 등을 정함), 최저임금법(최저임금의 기준과 결정을 정함), 파견근로자보호 등에 관한 법률(근로자파견사업의 적정한 운영을 기하고 파견근로자의 근로조건 등에 관한 기준을 정함) 등이 있다. 보통 이를 총망라하여 노동법이라 부른다.[11]

또 정부조직법 제40조에서는 "고용노동부장관은 고용정책의 총괄, 고용보험, 직업능력개발훈련, 근로조건의 기준, 근로자의 복지후생, 노사관계의 조정, 산업안전보건, 산업재해보상보험과 그 밖에 고용과 노동에 관한 사무를 관장한다."고 규정하고 있다.

우리나라의 경우, 정부수립 초기에는 노동 관련 부서가 사회부의 노동국으로 시작하였으나 1963년 8월 보건사회부의 외청인 노동청으로 분리·설치되었다. 이즈음인 1970년 11월 13일 전태일 열사 분신 사건이 있었다. 1981년 4월 노동청을 폐지하고 노동부를 신설하였으며, 2010년 고용노동부(www.moel.go.kr)로 개칭하였다.

노동위원회(중앙노동위원회, 12개 지방노동위원회), 최저임금위원회, 산업재해보상보험재심사위원회 등 15개 위원회와 근로복지공단, 한국산업안전보건공단, 한국

---

9 노동3권이란 ① 단결권(근로자가 주체가 되어 자주적으로 단결하여 근로조건의 유지, 개선, 기타 근로자의 경제적, 사회적 지위의 향상을 위하여 단체를 구성할 수 있는 권리), ② 단체교섭권(근로자들이 노동단체를 통해 근로조건의 향상을 위하여 사용자와 자주적으로 교섭할 수 있는 권리), ③ 단체행동권(근로자가 작업환경의 유지, 개선을 관철시키기 위해서 집단적으로 시위행동을 함으로써 업무의 정상적인 운영을 저해할 수 있는 권리)을 말한다.

10 1996년 12월 노동조합법과 노동쟁이 조정법이 폐지되고 노동조합 및 노동관계 조정법으로 통합되어 오늘에 이르고 있다.

11 영국과 독일은 노동관계 사건의 특수성을 고려하여 노사분쟁을 공정·신속하게 해결하기 위하여 특수법원으로서 노동재판소(노동법원)를 설치하고 있다.

산업인력공단 등 12개의 산하기관이 있다.

2. 노동시장

임금(賃金, wages)은 노동의 대가라고 할 수 있는데, 근로자에게는 가족의 생계를 꾸려가는 중요한 소득원천인 동시에 노동력을 계속 제공하게 만드는 유인(誘因)이 된다. 그리고 임금은 기업주에게는 공장의 감가상각비, 임차료, 재료비 등과 함께 생산비의 한 요소가 된다. 임금수준은 노동과 대체관계에 있는 기계설비 및 기술에 대한 투자를 늘릴 것이냐를 결정하는 데 중요한 기준이 되는 한편, 한 나라의 구매력 크기를 결정하는 데도 중요한 몫을 차지한다. 이처럼 임금수준을 파악하게 해주는 임금 통계에는 다양한 경제적 의미가 포함되어 있다.

임금은 사용자와 근로자의 양측에서 적정하다고 인식하는 수준에서 결정되어야 한다. 일반적인 판단기준으로는 노동생산성을 감안한 기업의 지불 능력, 물가상승률을 고려한 종업원들의 생계비, 동종 업종의 다른 업체 임금수준, 노동시장의 수급관계, 노사관계 등을 들 수 있다.

임금 상승은 기업의 원가 상승 요인으로 작용한다. 이렇게 되면 기업은 제품값을 올린다. 경제 전체에 물가가 오르게 되면 다시 임금 상승 압력으로 나타난다. 이 압력은 다시 기업의 원가 상승으로 작용하는 식으로 원인이 결과가 되고 결과가 다시 원인을 자극하는 악순환이 발생한다. 그래서 노사문제는 경제 운영에 있어 난제 중의 난제다.

실질임금(實質賃金, real wage)은 통화가치의 변동을 감안한 후의 임금이며 구매력을 비교할 때 매우 유용하게 쓰인다. 즉 실질임금은 (명목임금[名目賃金]/물가지수[物價指數]) × 100이며, 실질임금 변화율은 명목임금 변화율에서 물가 변동률을 뺀 값이다.

노동자는 많든 적든 노동의 대가로 임금을 받고 있다. 노동을 제공했는데 임금을 받지 못한다는 말은 체불임금 운운할 때나 쓰이는 매우 예외적인 경우이다. 그런데 제도적으로 받을 수 없는 사회가 있다. 바로 노예사회다. 1863년 1월 1일 링컨은 노예해방선언에서 "해방된 흑인에게 허용된 모든 경우에 적합한 임금을 벌기 위하여 충실히 노동할 것을 권유하는 바이다(they labor faithfully for reasonable wages)." 노예와 노예 아님을 구별하는 가장 중요한 기준이 임금을 주느냐 여부이다. 이 해방선언 후 흑인도 북군에 복무하게 되었는데, 임금은 10달러였다고 한다. 당시 백인 병사는 13달러를 받았다는 점을 떠올리면, 이는 충분히 인종차별로 해석될 여지가 있다.

노동에 대한 수요와 공급

기업이 노동을 수요할 때, 고용한 노동자에 대해 임금을 줄 때 어떤 원리가 작용하는지를 생각해 보자. 일견 제일 먼저 떠오르는 것이 노동자의 생산력이다. 기업은 생산성이 높은 노동자를 고용하려고 할 것이다. 그러나 노동자의 생산력 못지않게 중요한 것이 있다. 바로 기업이 생산하는 상품(노동자의 생산물)이 시장에서 어떤 대접을 받느냐이다. 아무리 노동자의 생산력이 뛰어나다고 해도 상품에 대한 수요가 없다면 기업주는 노동자를 해고할 것이다. 노동에 대한 수요는 독립적인 것이 아니고, 기업이 생산하는 상품이 생산물 시장에서 수요되는 것에서 유발되는 파생수요(派生需要, derived demand)이다. 따라서 상품의 가격도 중요한 역할을 한다. 이런 관점에 따르면 노동자가 생산한 상품이 시장에서 가치를 인정받아 높은 가격에 잘 팔릴수록 기업은 이 노동자를 고용하려 할 것이고 높은 임금을 지불할 것이다. 최악의 경우는 시장가격도 낮고 노동의 한계생산력도 낮은 경우이다(〈표 9.1〉 참고).

표 9.1 한계수입, 노동의 한계생산력, 노동의 한계수입(생산물 가치)

한계수입	노동의 한계생산력	노동의 한계수입(한계생산물가치)	해석
높음	높음	매우 높음	높은 한계생산성 +높은 한계수입
	낮음	중간 수준	낮은 한계생산성 +높은 한계수입
낮음	높음	중간 수준	높은 한계생산성 +낮은 한계수입
	낮음	매우 낮음	낮은 한계생산성 +낮은 한계수입

단기 노동에 대한 수요를 조금 더 자세히 공부해 보기로 하자. 노동자 한 사람에 대한 수요는 한계수입(MR, 상품 한 단위 더 판매함에 따라 추가로 얻는 수입)과 노동의 한계 생산물(MPP_L)을 곱한 값인 노동의 한계수입생산물(限界收入生産物, marginal revenue product, MRP_L)에 의해 결정된다. 노동자에게는 임금(w)을 주게 된다. $w = MR \times MPP_L = MRP_L$가 성립한다.

생산된 상품이 완전경쟁시장에서 거래되고 있다는 가정을 하면 한계수입(MR)은 그 상품의 가격(P)과 같게 된다. 그래서 경쟁적인 생산물시장에서 노동의 고용원칙은 한계수입생산물이 노동의 한계생산물가치(노동의 한계생산물가치[限界生産物價値], value of marginal product, VMP_L)가 된다.

$$w = VMP_L = P \times MPP_L$$

임금 = 한계생산 가치 = 상품의 시장가격 × 한계생산물

여기에서 상품가격(P)이 고정되어 있다면 w가 변할 때 노동에 대한 수요의 반응을 알 수 있다. 위의 식이 항상 충족되려면 임금이 내린다면 MPP_L이 상승하여야 하는데, 그러기 위해서는 노동 투입이 증가하여야 한다. 종축에 임금을, 횡축에 노동량으로 잡으면 〈그림 9.1〉처럼 우하향하는 노동의 수요곡선을 그릴 수 있다.

단기 노동수요곡선(한계생산 가치곡선)이 우하향하는 형태를 취하는 이유는 수확체감의 법칙이 작용하기 때문이다.

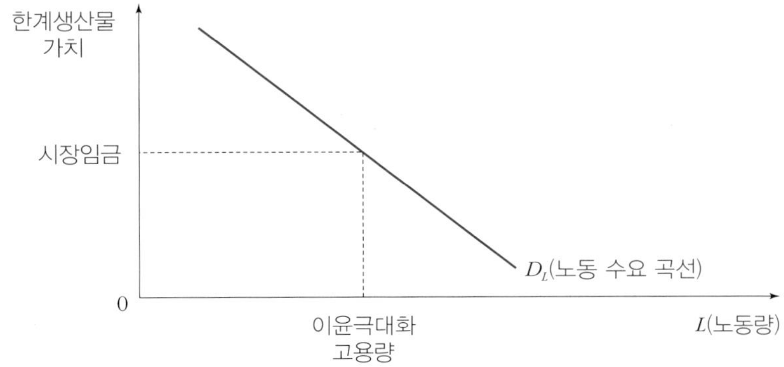

그림 9.1 노동의 수요곡선(노동의 한계생산물 가치)

이상의 원리를 여자배구 슈퍼스타 김연경 선수(흥국생명)를 대상으로 개략적으로 설명해 보기로 하자. 김연경 선수의 복귀로 여자배구가 큰 흥행을 이루었다는 사실은 제2장에서 확인한 바 있다. 김연경의 한계생산력, 김연경 선수로 인해 추가로 증가한 관중 수를 개략적으로 계산해 보기로 하자. 홈경기(18경기)의 김연경으로 인한 추가 관중 증가 수는 평균 관중 수 4,539명에서 여자부 평균 관중 2,250명을 뺀 수치로, 어웨이경기(18경기)는 홈경기에서의 증가 관중 수의 반으로 놓고 계산하자. 그러면 $(4,539-2,250)\times 18+\frac{(4,539-2,250)}{2}\times 18=61,812$명으로 계산할 수 있다. 이제 관중 한 사람이 지출하는 비용을 1만 원(구단의 한계수입)이라고 하면 개략적으로 김연경 선수의 한계생산물가치는 약 6억 2천만 원 원으로 계산된다.[12] 이 금액은 사실 과소평가된 면이 있다. 평균 관중 수에는 김연경 효과가 포함되어 있기 때문에 순수한 김연경 효과는 이보다 더 크다고 봐야 한다. 또 컵대회, 올스타전, 포스트 시즌까지 합하면 이보다 더 많을 것임을 누구나 짐작할 수 있다. 김연경은 FA 자격을 얻어 2024년 연봉은 4억 7,500만 원에 옵션 3억 원으로 7억 7,500만 원에 계약하였다. 샐러리맨에게는 분명 큰 금액이지만 '열정 페이'일 수밖에 없다는 지적이 중론이다. 한편 그녀가 국내 다른 선수들과의 균형을 위해 양보했을 것이라는 추측 보도도 있다.

김연경 선수의 예에서 보듯 한계생산설이 임금과 노동시장을 설명하는 데 상당한 설득력을 가지고 있음을 부인할 수 없지만, 한계생산물을 측정하는 데 큰 어려움에 부딪히게 된다. 소수의 몇 사람이 작업하는 공방(工房)에서 노동자가 추가적으로 고용된 경우라면 그 노동자의 한계생산력을 어느 정도는 파악할 수 있겠지만, 공장제 조직에서 노동자의 한계생산력을 계산하는 것은 불가능하다. 자동차 회사에서 노동자 개개인의 한계생산성을 측정·계산할 수 없음은 너무도 자명하다. 또한 김연경 선수처럼 국내 복귀 전후에 관중 수 차이를 확실히 알 수 있는 경우는 사실 매우 예외적인 사례이다. 따라서 임금 이론을 비롯한 노동시장론은 한계생산설을 뼈대로 하면서도 케인즈의 거시노동시장론, 마르크스의 계급론 등 다른 이론에 의해 보완적으로 분석되고 있다.

12 $10,000\times 61,812=618,120,000$

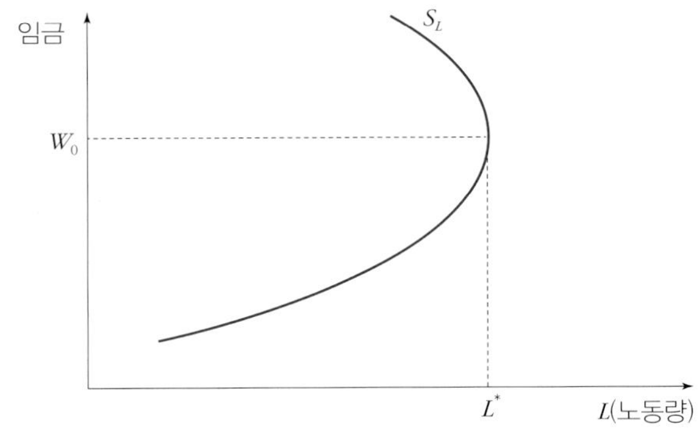

그림 9.2 노동의 공급곡선

한편 노동 공급은 임금(고통)과 여가(餘暇) 중에 선택하는 소비자를 상정하여 분석하고 있다. 실질임금이 자신의 시간의 기회비용보다 크다면 노동을 공급할 용의가 있다. 어느 수준까지는 실질임금이 높아질수록 더 많은 사람들이 노동할 의향을 내보이기 때문에 노동공급곡선(횡축에 노동량, 종축에 임금)은 우상향하는 형태를 띠게 된다. 하지만 어느 수준을 넘게 되면 여가에 대한 선호가 증가하면서 노동 공급을 줄이는 행태를 보인다. 이를 〈그림 9.2〉에 나타내었다.

노동시장의 균형

생산물시장을 분석할 때 가장 먼저 시장을 획정하였듯이, 마찬가지로 노동시장에서도 시장을 획정하는 일이 우선적으로 이루어져야 한다. 획정된 어느 노동시장에는 노동자의 공급곡선과 기업의 노동에 대한 수요곡선이 그려진다. 〈그림 9.3〉에서 보듯 다른 상품시장과 마찬가지로 시장수요와 시장공급이 만나는 E 점에서 균형을 이루고 균형임금은 w_0, 균형고용량은 L_0가 된다.

노동시장은 이중구조를 이루고 있다. 극소수의 군계일학 고능력자에 대한 시장과 그렇지 못한 노동자에 대한 시장은 다르게 움직인다. 고능력자의 노동 공급은 〈그림 9.4〉에서 보는 바와 같이 후방우상향하는 곡선으로 그려진다. 반면 저능력자 노동공급은 고능력자의 유보가격보다 낮고 여가에 대한 선호가 낮기 때문에 고능력자의 공급곡선과 다른 모양(낮은 가격에서 우상향하여 낮은 기울기로 상승하는 모양)으로 그려진다.

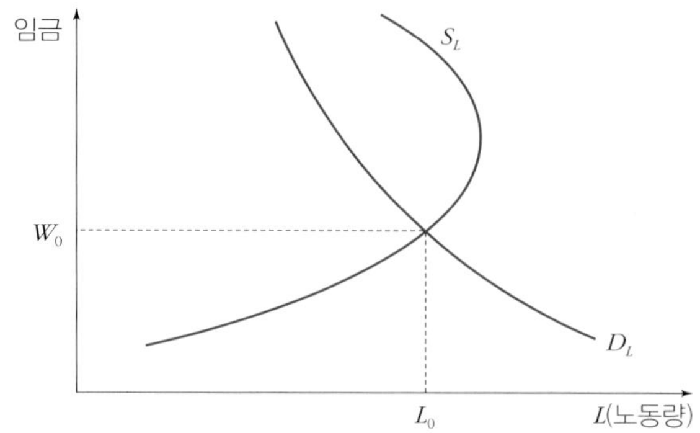

그림 9.3 노동시장의 균형

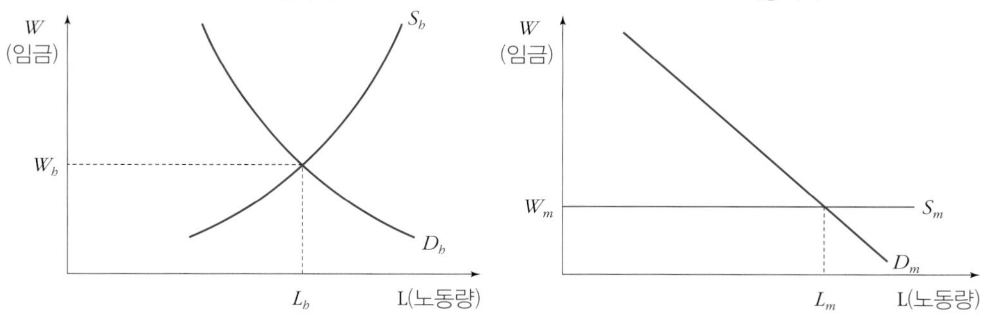

그림 9.4 고능력자의 노동시장과 저능력자의 노동시장

고능력자의 예로 바이오산업 전공자를 들어보기로 하자. 임금은 그의 능력이 잘 반영되는 수준에서 결정되며, 좋은 조건으로 모셔가겠다고 기업끼리 경쟁을 벌이기도 할 것이다. 하지만 접객업소(식당, 카페, 편의점 등)에서 일하는 노동자의 노동시장은 구인 기업도 많고 취업 희망자들이 많기 때문에 완전경쟁 노동시장에 가깝다. 취업자도 구직자도 임금 순응자로서 시장에서 결정된 임금에 따라 행동한다. 한계생산물을 측정할 수 없고, 측정한다고 하더라도 임금에 큰 역할을 하지 못한다. 편의점에서 한 사람을 고용하고자 마음먹으면 24시간 이내에 가능하며 임금도 시장에서 정해진 금액을 지불하면 된다. 이와 같은 이유로 인해 저능력자의 임금(W_{min})은 고능력자의 임금(W_b)에 비해 낮게 결정된다. 두 노동시장 사이에는 능력의 벽이 세워져 있다.

포괄적 임금[13, 14]

기본 월급 외에 야근, 휴일 근무 등 수당을 미리 산정해 지급하는 방식으로, 시간제 임금제와 대비된다. 법적 근거 없이 관행으로 이어져 오는 제도이다. 직장 갑질 119의 조사에 의하면 51%의 노동자가 야근을 경험한 적이 있다고 답하고 있다. 이 제도가 악용되면 소위 '공짜 야근'이 가능해진다. '직원 자유이용권', '현대판 노예계약'이라는 비아냥을 듣고 있다. 미리 확정된 조건을 바탕으로 하기 때문에 사용자에게 유리하다. 노사 합의는 필수조건이다. 적용되는 업종과 아닌 업종이 있다.

특정 성과를 내는 데 몇 시간 일했는지 정확한 산출이 힘든 직종을 대상으로 시행되고 있다. 드라마작가, 택시 기사, 경비원, (외근 많은) 영업직에서 시행되고 있다. 근로 시간이 명확한 직종의 경우 이 제도 적용은 불가능하다. 이 제도를 시행한다고 할지라도 주 52시간 이상 노동을 시키면 불법이다. 즉 임금을 적게 주려는 목적이라면 불법인 것이다.

이 제도는 1974년, 초과 근무가 용인되던 산업화 시기에 대법원의 판결을 통해 판례로서 최초로 인정된 이래 관행으로 이어져 오고 있다. 법적 근거가 없으며, 합리적인 면도 있지만 남용사례가 빈번하다. 2010년 대법원의 판결도 포괄임금제 성립조건을 한정하였다. 2017년 문재인 정부 때 폐지하려고 했으나, 법적 근거 없는 제도에 대해 정부가 가이드라인을 만들면 이 제도를 공식 인정하는 꼴이 되는 모순적 상황

근로계약서상의 포괄임금제

근로계약서에 월지급액에는 법정수당(연장근로수당, 휴일근로수당, 야간근로수당, 연차수당 등) 등이 포함되어 있으며 "을"은 이와 같은 포괄임금 산정방식으로 운영함에 있어 동의하며 연차 수당 7일, 월 10시간의 연장근로수당이 포함된 금액임을 확인합니다.

13 2023년 5월 10일 KBS2, 「해볼만한 아침」 방송내용을 참고하였음.

14 사람인 HR 연구소가 289개 기업을 대상으로 기업의 노동법규 대응에 대한 어려움을 묻는 조사에 의하면 노동법규 대응에 어려움을 겪는다고 답변한 비율이 81%에 달했다고 한다. 그중에서도 포괄임금제 41%, 최저임금제 23.9%, 안전보건확보의무 23.5%, 법정의무교육 21.8%, 노사협의회관련 20.5% 순이었다. 이렇게 보면 포괄임금제 문제가 우리 사회에서 현명하게 풀어야 할 매우 중요하지만 어려운 문제임을 알 수 있다.

이 되어버려 폐지에 이르지는 못했다. 사용자 입장에서는 추가 비용을 이미 지불하였다고 주장하며 죄책감 없이 장기간 업무지시를 하는 경우가 비일비재하다.

2020년 고용노동부 조사에 의하면 2,522개 기업 중에서 749곳(29.7%)에서 실시하고 있는 것으로 조사되었다. 특히 게임업계에서는 포괄임금제 79.6%, 기타 20.4%로 나타났다(한국 콘텐츠진흥원, 2021). 2017년 20대 게임 개발자는 일주일에 무려 95시간 55분을 일하였으며 산업재해로 인정받았다. 이 무렵 3명이 과로사를 하였는데, 이 사건은 포괄임금제가 공론화되는 계기가 되었다. 밤늦게까지 사무실에 불이 켜져 있는 모습이 '등대', '오징어 배'로 비유되기도 하였다. 게임업계의 3N(넥슨, 엔씨소프트, 넷마블)은 2017년 포괄임금제를 폐지하였다.

이 제도를 없애는 것이 능사가 아니라는 것이 정부의 입장이다. 실제 대기업에서는 수행하는 연장근로보다 더 많은 임금을 받는 노동자도 있다. 시급제를 철저하게 시행하기 위해서는 사측에서 노동자들의 일거수일투족을 관찰해야 하는 어려움과 비용이 든다. 이런 비용을 절감할 수 있는 긍정적인 측면도 있다. 사용자와의 관계에서 열세에 있을 수밖에 없는 중소기업·사무직 근로자들은 현 정부의 근로시간 개편에 불만을 가질 수밖에 없다.

프리랜서(free lancer)의 세계

1970년대에는 공중파방송국이 KBS, MBC, TBC 3곳이 있었다. KBS는 전국을, MBC는 대도시를, TBC는 수도권만을 대상 영역으로 삼아 방송하였다. 지역시장이 달랐고 전속 탤런트 제도를 두었다.[15] 요즈음 원로 탤런트 대부분은 처음 데뷔는 KBS에서 했지만 두 민영방송이 활성화되면서 KBS 전속, MBC 전속, TBC 전속이라는 경력을 대부분 가지고 있다. 국민 아버지 최불암, 국민 어머니 김혜자는 MBC 전속이었고 이순재, 강부자는 TBC 전속이었다. 그래서 지방 시청자들은 이분들의 젊었을 적 연기를 본 적이 없다고 해도 과언이 아니다. 그러다가 TBC가 1981년 언론방송통폐합 때 KBS로 통합되고(KBS2가 됨), 전속제도가 없어지면서 프로의 성격에 따라 다른

---

15 코미디언, 개그맨도 방송사마다 전속제도가 있었다.

방송국에도 출연할 수 있게 되었다. 최불암과 김혜자가 KBS에서 연기를 하고 이순재와 강부자가 MBC 드라마에 출연하게 되었다. 이분들의 활동 영역이 확대되면서 국민 아버지, 국민 어머니 등의 수식어가 가능해졌다. 전속제도는 '내부화'로 프리랜서는 '시장'거래로 해석할 수 있다.

방송산업이 발전함에 따라 방송매체가 상당히 증가하고 다양화되었다. 그래서 나타나는 현상이 아나운서들의 프리랜서화다. 손범수, 한석준, 김성주, 신영일, 전현무, 도종완 등 인기 아나운서들이 방송국이라는 기업에서 나와 시장으로 진출하는 것이다.[16] 요즈음은 '방송인'이라고 부르고 있다. 개인에게는 잘 다니던 직장을 그만두고 스스로를 산업예비군(?)으로 몰아 (찬)바람 부는 들판에 홀로서기를 자청하는 셈이다. 이런 개인의 선택이 방송 소비자의 만족을 증가시키는 데 기여하는 바가 적지 않음을 느낄 수 있다.

프리랜서를 택한 어느 전직 아나운서는 "고민 끝에 프리를 선언하고 나니, 한 열흘 정도는 아내가 좋아하더라고요. 집안일들도 도와주고 하니까. 그런데 열흘이 지나고 나서부터는 슬슬 눈치를 주기 시작하는데……."라고 말했다. 경제부 기자를 그만두고 프리랜서로 방송 일을 하는 방송진행자는 저자에게 이렇게 말했다. "명절에 본가에 가기 싫어요. 가면 아버지께서 왜 멀쩡한 직장 그만두고 나와 스스로 실업자가 되었냐고 핀잔을 주십니다." 본인은 직장과는 별개로 프리랜서라는 직업을 가지고 있다고 생각하지만, 부모님은 직장이 곧 직업이라는 과거의 사고방식을 가지고 있기 때문에 발생한 오해라고 할 수 있겠다.

이제는 고인이 되신 국민 MC 송해도 늘 방송국 봄가을 프로 개편 때가 되면 불안했다고 한다. 그러다 전국노래자랑을 맡아 달라는 제안이 왔을 때, 프로의 성격상 최소한 한두 해는 가겠다는 생각으로 동의한 것이다. 그런데 때마침 지방자치제도의 부활과 맞물려서 전국을 돌고 도는 데 몇 년이 걸렸고, 예상보다도 프로그램이 장수하였으며 본인도 국민 MC가 되었다고 회상했다. 프리랜서는 고정된 직장 없이 시장에서 외롭게 승부하는 승부사이다. 성공하면 본인도 사회도 좋지만 실패하면 본인과

16 2000년대 초반 다양한 방송미디어 매체(스포츠, 직업, 오락 전문 채널 등)가 등장하면서 프리랜서로 많이 진출하였다. 2011년 종합편성채널(종편)의 등장도 일조하였다.

표 9.2 근로자와 프리랜서 비교

	근로자	프리랜서
노동법	최저임금, 퇴직금, 연차휴가, 시간외수당 등 적용, 해고 예고, 해고 제한 규정 적용	적용 안 됨
사회보장법	4대 보험 (건강, 산재, 고용, 국민연금)	미가입 (건강보험, 국민연금은 지역으로 가입 가능)
세법	근로소득세 적용	사업소득세(3.3%) 적용
업무수행 방법	회사의 지휘, 감독 받음	독자적 업무수행

가족은 큰 어려움을 겪게 된다.

과거에는 스스로 사업체를 차릴지 아니면 월급 소득자가 될지와 같은 직업과 직장에 대한 고민을 하였으나, 사회경제가 다양화됨에 따라 이런 고민에 더해 직장인이냐 프리랜서냐, 고정 소득자냐 부정기소득자냐를 고민하는 시대가 되었다. 직장은 없어도 직업을 갖고 그때그때 본인을 필요로 하는 곳에 가서 일하는, 즉 프리랜서가 되는 것도 하나의 대안이 된 것이다. 직장에 얽매이면 자신만의 능력을 충분히 펼치기 힘들겠다는 판단하에 퇴사한 후 자기를 필요로 하는 곳에서 마음껏 역량을 발휘하는 것이다. 퇴사했던 방송국에서 단기 계약을 맺고 출연하기도 하고 퇴사 방송의 경쟁 방송에서도 프로를 맡아 일하는 경우를 어렵지 않게 볼 수 있다.

의료행위에 대한 수가[17]

의사들의 고용 형태는 다른 직군에 비해 다양하다. 병원에 소속되어 월급과 성과급을 받는 의사가 있는가 하면 개업하여 진료와 경영을 같이 하는 의사들도 많다. 특히 의사들의 수입은 공공 보험과 관련되어 있기 때문에 더욱더 복잡하다.

의사의 수가는 행위별수가제(fee-for-service, FFS), 인두제(人頭制, capitation), 봉급제(俸給制, salary), 포괄수가제(包括酬價制, bundled payment), 총액계약제(總額契約制, global budget), 일당진료비방식(日當診療費方式, daily charge or per diem

17 건강보험 심사 평가원(Health Insurance Review & Assessment Service[www.hira.or.kr])을 참고하였음.

fee), 신포괄수가제 등이 있다. 여기에서는 우리나라에서 시행하고 있는 행위별수가제, 포괄수가제, 신포괄수가제 등에 대해 개략적으로 소개해 보았다.

1) 행위별수가제(fee-for-service, FFS)

진료에 소요되는 약제 또는 재료비를 별도로 산정하고, 의료인이 제공한 진료행위 하나하나마다 항목별로 가격을 책정하여 진료비를 지급하도록 하는 제도이다. 가장 보편적이고 시장 접근적인 방법으로서 대부분의 자본주의 경제체제를 가진 국가에서는 이 행위별수가제를 많이 채택하고 있다.

의료인이 제공한 시술 내용에 따라 값을 정하여 의료비를 지급하는 것으로서 전문의의 치료방식에 적합하다. 즉, 위중하거나 진료에 시간이 오래 소요되고 특별한 기술을 요하는 질병이나 진료재료가 많이 소요되는 질병에 대하여는 정확히 그만큼의 상당한 진료비를 의료인에게 지급하게 된다. 이는 일반 상행위의 원칙이 가장 많이 적용되는 방식으로서 의료인이 가장 선호하는 방식이기도 하다. 적은 횟수의 더 철저한 검사보다는 짧고 빈도가 많은 진료를 유도하게 된다.

2) 포괄수가제(包括酬價制, bundled payment)

한 가지 치료행위가 기준이 아니고, 환자가 어떤 질병의 진료를 위하여 입원했는가에 따라 질병군(또는 환자군)별로 미리 책정된 일정액의 진료비를 지급하는 제도이다. 즉 DRG(diagnosis-related group, 입원 환자의 진료에 투입되는 의료자원 소모의 규모, 임상적 유사성을 고려하여 환자를 분류하는 체계) 분류체계를 이용하는 제도이다. 일정 기간 동안 제공된 검사, 수술, 투약 등 의료서비스의 종류나 양과 관계없이 어떤 질병의 진료를 위해 입원했었는가에 따라 미리 책정된 일정액과 진료비를 보상하는 제도이다. 이 제도는 의료비용의 사전 예측이 가능하기 때문에 장기 입원에 대한 인센티브를 제거할 수 있다(〈표 9.3〉과 〈표 9.4〉 참고). 2013년 7월부터 시행되었으며 현재 우리나라에서는 4개 진료과 7개 질병에 적용되고 있다.

- 안과: 백내장 수술(수정체 수술)
- 이비인후과: 편도 수술 및 아데노이드 수술

- 외과: 항문 수술(치질 등), 탈장 수술(서혜 및 대퇴부), 맹장 수술(충수절제술)
- 산부인과: 제왕절개분만, 자궁 및 자궁부속기(난소, 난관 등) 수술(악성종양 제외)

표 9.3 포괄수가제의 장점 (자료: 건강보험 심사 평가원)

환자에게 좋은 점	의료기관에 좋은 점
• 본인부담금이 줄어들고, 건강보험의 보장성(혜택)이 확대된다. • 병원비를 미리 가늠할 수 있으며 계산도 간편하다. • 오래오래 튼튼하게, 건강보험의 지속가능성을 지켜준다. • 환자가 적정한 진료를 받게 된다.	• 꼭 필요한 진료만 하게 되어 의료기관의 효율적 경영에 기여한다. • 진료비 심사로 인한 마찰이 줄어든다. • 병원의 진료비 청구와 계산 방법이 간소화된다. • 건강보험 진료비 지급이 빨라진다.

표 9.4 행위별 수가제와 포괄수가제의 장단점 (자료: 건강보험 심사 평가원)

	장점	단점
행위별 수가제 (fee-for-service)	• 환자에게 충분한 양질의 의료서비스 제공 가능 • 신의료기술 및 신약개발 등에 기여 • 의료의 다양성이 반영될 수 있어 의사·의료기관의 제도 수용성이 높음	• 환자에게 많은 진료를 제공하면 할수록 의사 또는 의료기관의 수입이 늘어나게 되어 과잉 진료, 과잉 검사 등을 초래할 우려가 있음 • 과잉 진료 및 지나친 신의료기술 등의 적용으로 국민의료비 증가 • 의료수가 구조의 복잡성으로 청구오류, 허위·부당 청구 우려
포괄 수가제 (bundled-payment)	• 경영과 진료의 효율화 • 과잉진료, 의료서비스 오남용 억제 • 의료인과 심사기구·보험자 간의 마찰 감소 • 진료비 청구 방법의 간소화 • 진료비 계산의 투명성 제고	• 비용을 줄이기 위하여 서비스 제공을 최소화하여 의료의 질적 수준 저하와 환자와의 마찰 우려·조기 퇴원 • DRG 코드 조작으로 의료기관의 허위·부당 청구 우려 • 의료의 다양성이 반영되지 않으므로 의료기관의 불만이 크고 제도 수용성이 낮음

3) 신포괄수가제

건강보험의 보장성을 확대하고 의료자원을 효율적으로 활용하기 위해 개발된 새로운 지불모형으로서, 행위별수가제(건당)와 포괄수가제(묶음)의 장점을 합친 혼합형 지불제도이다. 기존 포괄수가제 대상에 4대 중증질환(암·뇌·심장·희귀난치성 질환)과 같이 복잡한 질환까지 포함하여 더 많은 입원 환자가 혜택을 받을 수 있게 하였다. 2023년 5월 현재 국민건강보험 공단 일산병원과 국립중앙의료원, 지역거점공공병원 등 총 98개 기관에서 603개 질병군 입원 환자를 대상으로 실시하고 있다.

3. 노동조합

노동조합과 노사협의회

노동조합(勞動組合, Trade Union[영국], Labor Union[미국])은 근로자가 주체가 되어 자주적으로 단결하여 근로조건의 유지·개선 기타 근로자의 경제적·사회적 지위의 향상을 도모함을 목적으로 조직하는 단체 또는 그 연합단체를 말한다.[18] 기업별 노조, 산업별 노조 및 전국 중앙조직이 단계별로 존재하고 있다. 유유상종의 단위가 점점 커지는 것이다.

노동조합은 근로자와 사용자가 참여와 협력을 통해 근로자의 복지증진과 기업의 건전한 발전을 도모하기 위해 구성하는 상시적 협의기구인 노사협의회와 구별된다. 노사협의회와 노동조합은 근거 법령, 목적 및 배경, 당사자, 효력 등 전반에 걸쳐 차이를 보인다. 노동조합은 노동3권을 바탕으로 하여 노동조합 및 노동관계조정법에 따라 '조합원'의 권익향상을 위해 사용자와 교섭하여 근로조건의 증진 등 기여를 목적으로 하는 반면, 노사협의회는 근로자참여법에 따라 '전체 근로자'를 대표하여 참여와 협력을 통해 노사 공동의 이익증진을 목적으로 하고 있다(〈표 9.5〉 참고).

노동조합의 힘으로 임금인상, 근로 시간의 단축, 작업환경개선, 해고의 반대, 부당한 권리침해에 대한 방지와 그에 대한 해결, 부가급여, 퇴직금 등의 수준 향상과 지급보장, 보건안전, 기숙사 시설의 정비, 노조 그 자체의 법적 보호나 권리의 주장, 사

18 노동조합 및 노동관계조정법 제2조 4항에는 가. 사용자 또는 항상 그의 이익을 대표하여 행동하는 자의 참가를 허용하는 경우, 나. 경비의 주된 부분을 사용자로부터 원조받는 경우, 다. 공제·수양 기타 복리사업만을 목적으로 하는 경우, 라. 근로자가 아닌 자의 가입을 허용하는 경우, 마. 주로 정치운동을 목적으로 하는 경우에는 노조로 보지 않는다고 규정하고 있다.

표 9.5 노동조합과 노사협의회 비교 (자료: 고용노동부, 〈노사협의회 운영 매뉴얼〉, 2022. 12.)

구분	노사협의회	노동조합
근거	근로자참여법	노조법
목적	생산성 향상과 근로자 복지 증진 등 미래지향적 노사 공동 이익 증진	근로조건의 유지 개선, 근로자의 경제적·사회적 지위 향상 도모
대표성	전체 근로자를 대표	조합원을 대표
당사자	근로자위원, 사용자위원	노동조합 대표자, 사용자(사용자 단체)
배경	노동조합 유무와 무관, 쟁의행위 부담 없이 협의	노동조합 기반, 교섭 결렬 시 쟁의행위 가능
의제	공동 사용 시설·작업환경 개선, 직무 훈련, 고충 처리 등	임금·근로 시간 등 근로조건의 유지·개선에 관한 사항

회보장에 대한 사항 등을 노동자에게 유리하게 만들고 있다. 이와 같은 경제적 기능 외에도 정치적 위상을 올리기 위해 정당을 만들거나 지원·정책건의를 하기도 한다. 또 조합원 자신의 복리후생 증진을 위해 공제기금의 운영, 신용협동조합 운영, 장학기금 또는 장학회 운영 등의 사업을 하고 있다.

비판도 만만치 않다. 노조의 교섭력을 통한 임금 상승, 작업상의 비효율 증가, 비용 상승에 따른 인플레이션과 같은 문제점이 발생할 수 있기 때문이다. 또한 기득권을 가진 노동자 중심으로 의사가 결정되기 때문에 다른 노동자에게 진입장벽으로 작용하기도 한다. 귀족노조 혹은 노동귀족이라는 비판도 있다.[19]

노동조합은 사용자와 임금, 노동시간, 기타 노동조건 등의 결정을 위하여 단체교섭(團體交涉, collective bargaining)을 하고 단체협약을 맺는다. 단체협약은 서면으로 작성되어야 하고 체결일로부터 15일 이내에 행정관청에 신고하여야 한다. 노조가 일종의 독점력을 갖는 셈이다. 이론적으로 임금 결정을 설명한다고 할 때 노동조합은

19 노동귀족(labor aristocracy)은 노동자 중의 귀족을 의미하는 용어이다. 일반노동자보다도 부당하게 특별히 높은 임금이나 특권적 대우를 받고 있는 노동조합간부층이나 노동조합을 비판적으로 가리키는 용어이다. 엥겔스(Engels, 독일의 경제학자·철학자·정치가, 1820~1895)의 저서『영국에 있어서 노동자 계급의 상태』1892년판 서문에서 처음 사용하였으며, 20세기에 들어서 노동조합이 대중화·거대화되면서 노동조합간부가 현실에 안주하고 관료화되는 경향이 두드러지기 시작하자 이를 비판하고자「노동관료」와 거의 같은 의미로도 사용하였다. 당시 영국의 노동자 계급 중 노조를 결성하고 안정된 직장을 확보한 부르주아화·보수화된 계층을 지칭하는 말이다.

공급 독점자로, 사용자는 수요 독점자로 설정할 수 있어 쌍방독점(雙方獨占, bilateral monopoly)이라 할 수 있다. 하지만 명확히 설명하지 못하는 데는 한계가 있다. 노사 간의 협상에 있어 임금이 가장 중요하다고 할 수 있지만, 한쪽에서 양보하는 대신 다른 요구사항을 받아낼 수도 있으며 협상력(bargaining power)의 차이로 인해 일정한 합의점(균형점)을 찾기가 불가능하다고 할 것이다.

파업의 효과[20]

파업(罷業, strike)이란 노조원들이 자신의 요구를 관철시키기 위해 생산활동이나 업무수행을 일시적으로 중단하는 집단행동을 말한다. 노조 교섭력의 원천이라고 해도 과언이 아니다. 파업 효과는 당해 기업이 입는 사적 비용 혹은 손실과 국민경제적 차원의 사회적 비용 혹은 손실로 나누어진다.

산업에 따라 다르게 나타난다. 제조업에서 파업이 발생한 경우 재고가 있기 때문에 초기에는 그렇게 손해가 크지 않을 수 있다. 또 파업이 끝난 후 노동자들이 분발하여 파업 때의 손실을 어느 정도 회복할 수 있으므로 사적, 사회적 손실이 예상보다 작을 수 있다. 그러나 서비스업에서의 파업은 그렇지 않을 가능성이 크다. 국가 기간산업이라고 분류되는 전력, 상수도, 가스, 통신, 항만운수업에서의 파업은 큰 사회적 비용을 초래할 수 있다. 병원 관계자, 환경미화원, 장기 저장이 불가능한 농수산물 운송노동자들의 파업 또한 이용자들의 불편, 생산과 소비 활동을 크게 위축시킬 수 있다.

노동조합 및 노사관계조정법 제42조의 2에는 필수유지업무종사자의 쟁의행위를 제한하고 있으며 제71조에서는 공익사업과 필수공익사업[21]을 정하고 이 분야에서의 파업을 제한하고 있다.

파업 기간 중에 임금을 지급할지 말지, 한다면 얼마나 할 것인지가 새로운 쟁점이 될 수 있다. 노동조합 및 노사관계조정법 제44조 1항과 2항에서는 사용자는 쟁의행

---

20 배무기, 앞의 책, pp. 429~437.

21 1. 철도사업, 도시철도사업 및 항공운수사업, 2. 수도사업, 전기사업, 가스사업, 석유정제사업 및 석유공급사업, 3. 병원사업 및 혈액공급사업, 4. 한국은행사업, 5. 통신사업 등이 필수공익사업으로 규정되어 있다.

위에 참가하여 근로를 제공하지 아니한 근로자에 대하여는 그 기간 중의 임금을 지급할 의무가 없으며 노동조합은 쟁의행위 기간에 대한 임금의 지급을 요구하여 이를 관철할 목적으로 쟁의행위를 하여서는 아니 된다고 규정하고 있다. 이 규정은 권리를 주장하기 위해서는 그에 상응하는 책임과 의무가 동반한다는 원칙을 세우는 데 도움이 될 것으로 보이며, 쟁의행위의 무분별한 발생과 장기화를 막는 데에도 기여한다.

우리나라의 노조 현황

우리나라의 노동시간 2021년 기준 1,915시간으로, OECD 38개국에서 4번째로 장시간 노동을 하고 있다. 1위는 멕시코, 2위는 코스타리카, 3위는 칠레라는 사실을 감안하면 사실상 최장 노동시간 국가라고 봐도 무방할 것이다. 우리나라 노동자의 노동시간은 OECD 평균보다 199시간 많으며 독일보다는 566시간 더 많다. 미국은 1,791시간, 프랑스는 1,490시간을 일한다. 2011년 2,136시간으로 OECD 국가 중 1위였으며 2017년까지 2위였으나 중남미국가가 가입하면서 순위가 낮아졌을 뿐이다.

우리나라는 자살률 26명으로 세계 1위, 합계출산율 0.78로 세계 최하위를 기록하고 있다. 2023년 윤석열 정부 들어서서 주 노동시간을 69시간으로 연장하려고 하자 CNN, 워싱턴 포스트, 영국 가디언, 스페인의 엘파이스, 호주의 ABC 등과 같은 서방의 유력언론에서는 우리나라의 장시간 노동을 '과로사' 문제와 같이 소개했다. 주 55시간 이상의 노동은 건강에 심각한 위협이 된다는 의사의 경고 또한 곁들였다.

〈2021년 전국 노동조합 조직현황〉에 의하면[22] 2021년 노동조합 조직률은 14.2%로 전년과 동일하며, 전체 조합원 수는 2,933명('20년 2,805명)으로 증가했다. 노동조합 조직률이 전년과 동일한 것은 전체 조합원 수가 전년에 비해 128명(4.6%) 증가하고, 조직 대상 근로자 수도 795명(4.0%)으로 동반하여 증가했기 때문이다.

조직 형태별 조합원 수는 초기업노조 소속이 1,771명(60.4%), 기업별 노조 소속이 1,162명(39.6%)이었고, 상급 단체별로는 한국노총 1,238명(42.2%), 민주노총 1,213

22 고용노동부, 〈2021년 전국 노동조합 조직현황〉, 2022.12.25.

천 명(41.3%), 미가맹(상급 단체 없음) 노동조합 477천 명(16.3%) 등으로 나타났다.[23]

부문별 노동조합 조직률은 민간 부문 11.2%, 공공 부문 70.0%, 공무원 부문 75.3%, 교원 부문 18.8%이었으며, 사업장 규모별 조직률은 근로자 300명 이상 사업장이 46.3%, 100~299명 10.4%, 30~99명 1.6%, 30명 미만 0.2%로 나타났다.

정책 당국자도 인정하는 바와 같이 대규모 공공 부문은 지속적으로 높은 조직률을 보이는 반면, 보호가 더 절실한 소규모 영세 기업의 조직률은 미미한 것이 현실이다. "우리 노동조합이 영세 기업의 취약 노동자들을 대표하고 있지 못한 것이 현실인 만큼, 정부는 보호받지 못하는 미조직 근로자들의 보호와 노동시장 이중구조 해소에 역량을 집중할 계획이다"라고 밝혔다.

4. 노동과 관련된 여러 이슈

최저임금

헌법 제32조 제1항 제2문은 "국가는 사회적·경제적 방법으로 근로자의 고용 증진과 적정임금의 보장에 노력하여야 하며, 법률이 정하는 바에 의하여 최저임금제를 시행하여야 한다."라고 규정하고 있다. 최저임금위원회는 최저임금법 제12조에 근거하여 설치된 고동노동부 소속기관이다.[24]

근로자위원, 사용자위원, 공익위원 각 9명씩 총 27명으로 구성되어 매년 최저임금 수준을 심의·의결하며, 최저임금에 관한 심의 및 재심의, 최저임금 적용 사업의 종류별 구분에 관한 심의, 최저임금제도의 발전을 위한 연구 및 건의, 그 밖에 최저임금에 관한 중요 사항으로서 고용노동부장관이 회의에 부치는 사항을 심의하는 기능을 수행하고 있다.

---

23 한국노총은 1946년 창립, 1960년 개명, 2017년 94만 명 회원 대한민국에서 가장 오래된 노동조합 연맹으로 2023년 현재, 대한민국의 제1노총이다. 전국 16개 지역본부와 55개 지역지부를 두고 있다. 민주노총(민주노동조합총연맹)은 1995년 11월 11일 창립되었다. 창립 당시 862개의 단위 노조가 민주노총에 가입하였고 조합원 수는 42만여 명이었다. 초대 위원장은 권영길, 수석부위원장은 단병호였다.

24 최저임금위원회(www.minimumwage.go.kr)

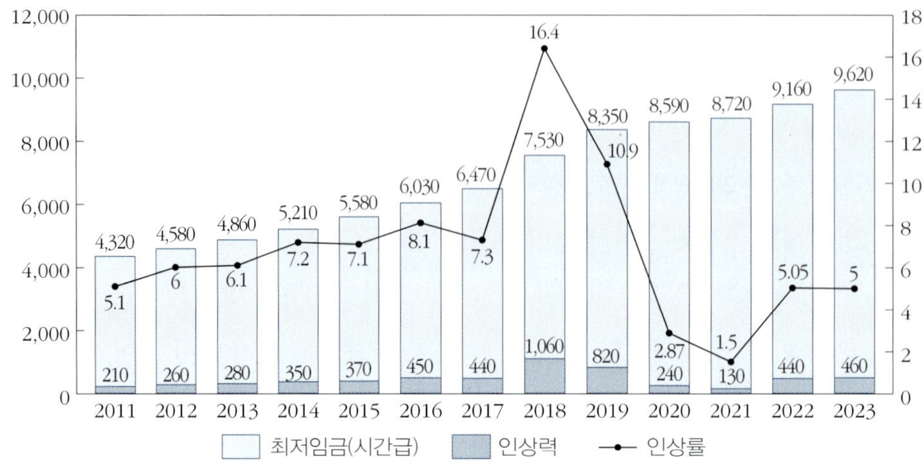

그림 9.5 최저임금 추이 (자료: 고용노동부)

우리나라에서는 1953년에 「근로기준법」을 제정하면서 제34조와 제35조에 최저임금제의 실시 근거를 두었으나, 당시 우리 경제가 최저임금제를 수용하기 어렵다는 판단에 따라 이 규정을 운용하지 않았다. 1986년 12월 31일 최저임금법이 제정되었으며 1987년 7월 30일 발족하였다. 8월 5일까지 최저임금을 결정·고시하여야 하고 다음 연도 1월 1일부터 12월 31일까지 효력을 가진다.

〈그림 9.5〉에 2011년부터 우리나라의 최저임금 추이를 나타내 보았다. 2018년 16.4% 오른 것이 최대 인상률이고 2021년에는 1.5%로 가장 낮은 인상률을 보이고 있다. 2023년 최저임금 9,620원을 1주 소정 근로 40시간 근무 시(유급 주휴 포함, 월 209시간 기준) 2,010,580원이며, 업종별 구분 없이 전 사업장에 동일한 최저임금이 적용된다.

제2장에서 본 바와 같이 최저임금의 효과에 대해서는 누구도 단언할 수 없다. 임금은 이자율에 비해 천차만별이다. 저임금자를 보호하기 위해 창안된 최저임금은 이자율 못지않게 중요한 거시 경제변수가 되었다. 이동성이 강한 자본의 값인 이자율은 그 편차가 크게 나타나지 않지만, 이동성이 적고 사람의 몸에 체화된 노동의 대가인 임금은 그 편차가 상대적으로 더 크게 나타나는 것이 보통이다. 이자율이 모든 경제주체들의 관심사이듯 임금도 모두의 관심사가 된 것이다. 워킹푸어를 막기 위해 실업자를 만들 수 있다는 비난(일인 사업자 증가)을 감수해 가면서까지 이 제도를 시행

표 9.6 주요 OECD 국가의 시간당 최저임금(2021년 달러 기준 구매력평가) (자료: "Real minimum wages from the Organisation for Economic Co-operation and Development". Stats.oecd.org. Retrieved 15 February 2021. www.oecd.)

(단위: 달러)

국가	최저임금	국가	최저임금
스위스	23.89	영국	11.30
룩셈브르크	13.40	스페인	10.70
프랑스	12.60	캐나다	10.60
호주	12.80	한국	8.80
독일	12.20	일본*	8.00
뉴질랜드	11.90	미국	7.30
네덜란드	11.60	멕시코	1.6

* 일본은 2020년 자료임.

하고 있다. 장기적으로 경제주체들에게 주는 긍정적인 영향력, 즉 기업의 생산성을 높이려는 노력, 유효수요 증대에 따른 파급효과 등도 당장 관측하기는 어렵지만 경제 전체에 작용한다고 볼 수 있다.

최초로 실시한 나라는 1894년 뉴질랜드이고, 다음으로 호주가 1894년에 도입되었으며, 영국에서는 1909년 도입되었다. 미국에서는 1938년부터 전국적으로 도입되었다. 〈표 9.6〉 주요 OECD 국가의 시간당 최저임금(2021년 달러 기준 구매력평가)을 보면 스위스가 23.89달러로 가장 높고 룩셈부르크가 13.40달러로 두 번째, 멕시코가 1.6달러로 가장 낮다. 우리나라는 32개 회원국 중에서 13번째로 높은 수준을 보이고 있다. 인구 5천만·1인당 GDP 3만불 이상인 국가(미국, 영국, 프랑스, 이탈리아, 독일, 일본, 한국) 중에서 우리나라는 미국과 일본보다도 높은 수준을 보이고 있다. 미국은 국토가 넓고 다인종이 살고 있기 때문에 의외로 낮은 수준을 보이는 것으로 풀이된다.[25]

효율임금(effiency wage)

기업이 균형임금보다 높은 임금을 지불하면 효율이 높아지기 때문에, 노동의 공급과잉이 있는 경우에도 높은 임금을 유지하는 것이 기업에 이익이라는 주장이다. 임

25 이탈리아의 최저임금 수준은 자료가 없어 알 수 없었다.

금이 높을수록 근로자의 건강 향상, 근로의 열의 증가, 자질의 향상, 생산성 증대, 이직률 감소 효과가 나타난다는 가설이다. 1914년 포드(Ford)의 경험(하루 5달러 임금, 당시 임금의 약 2배에 해당)이 이를 뒷받침하고 있다.

생산성은 기술적인 외생변수가 아니라 임금의 함수로 보고 있다.[26] 첫째, 이직을 감소시켜 신규 근로자의 채용과 훈련에 따르는 비용을 감소시킨다. 둘째, 직장 상실 비용을 증가시켜 작업 중 나타나는 태만을 줄인다. 셋째, 기업의 명성이 제고됨에 따라 우수인력확보에 유리하다. 넷째, 기업에 대한 충성심과 소속감을 증대시킨다. 다섯째, 안정적인 노사관계를 유지하거나 노조 조직화를 방지할 수 있다는 장점을 가지고 있다. 단점으로는 실업 증가의 요인이 된다.

보상적 임금격차(compensating wage differential)

위험성, 불안감 또는 근무 시간 조정의 편의성과 같은 직무의 특성으로 인해 유사한 기술을 가진 사람들 사이에 발생하는 임금 격차를 일컫는다. 비금전적인 직업의 속성을 보상해주기 위한 임금의 차이이다. 파일럿, 광부, 3D 업종, 야간 근무자, 휴일근무자 등에게 지급되는 임금이 이런 성격을 가지고 있다.

인적자본(human capital)

근로자의 생산성을 결정하는 기술, 지식, 경험, 능력 등의 집합이라고 정의된다. 교육이나 직업훈련과 같은 사람에 대한 투자가 축적되어 체화(體化)된 것이다. 외국어 구사 능력, 다른 사람들과 잘 지내는 능력, 빠르고 정확한 사무처리 능력, 근면 성실한 노동관, 숫자에 밝은 것 등이 그 예다. 특정한 직종과 직업에 특화되는 경향을 보이며, 진입장벽으로 작용한다.

주로 자신과 비슷한, 또는 대체 가능한 인적자본(人的資本)을 가진 사람들과만 경쟁한다. 예를 들어 식당 종업원은 그들끼리만 경쟁하는 것이 아니라 커피점 종업원과 경쟁관계에 있다. 그러나 축구선수는 그렇지 않다. 야구나 농구선수와는 경쟁하

---

26 Karz, Lawrence F., "Effiency Wage Theories: A Partial Evaluation," NBER Macroeconomics, Annual 1986, Vol 1. p.132에서 인용하였음

지 않고 자신들끼리만 경쟁관계에 있다.

인적자본이 비슷한 노동자(서로 비슷한 재능이나 능력을 가진 노동자) 간에는 대체 관계에 놓이고, 따라서 다른 직업노동 시장이라 할지라도 서로 영향을 주고받는다. 유유상쟁(類類相爭)이라는 표현이 적당할 것 같다. 노동시장 하나하나에 대한 분석으로는 불충분하고 인적자본이 비슷한 여러 시장을 동시에 고려하여 분석하여야 한다.

인적자본이 합쳐져 새로운 인적자본을 생성하기도 한다. 스포츠 선수, 아이돌 스타, 배우, 정치인 등이 예능감을 추가하여 새로운 인적자본을 형성하기도 한다.

정리해고(layoff)

정리해고(整理解雇)란 기업이 자사 제품에 대한 수요 감소로 인한 노동력 감축을 위해 노동자를 일시적으로나 영구적으로 방출하는 것으로 정의된다. 기업이 효율적인 경영에 필요하다고 판단될 때 불필요한 근로자들을 해고하는 권리와 능력을 말한다.[27] 노사협의 등을 통하여 명확한 기준을 마련하여야 한다.

근로기준법 제24조에 규정된 경영상 이유에 의한 해고의 제한은 아래와 같다. ① 긴박한 경영상의 필요가 있어야 하고, ② 해고를 피하기 위한 노력을 다해야 하며, ③ 합리적이고 공정한 해고 기준을 정하여 해고 대상자를 정해야 한다. ④ 또한, 해고하려는 날의 50일 전까지 근로자 대표에게 해고를 피하기 위한 방법과 해고 기준 등을 통보하고 성실하게 협의해야 한다.

감정노동자(emotional labor)

업무상 자신의 감정을 절제하고 조직적으로 정해진 감정을 표현하는 노동을 하는 노동자이다. 감정노동자(感情勞動者)들은 모욕적 비난이나 욕설, 고함 등 정신적 폭력에 노출되는 사례가 많다. 신체적 또는 정신적으로 건강에 문제가 생기고 산업재해와 사회적 문제로 이어질 가능성이 높아 노동자들의 고충을 최소화하는 대책이 시급한 실정이다. 이 용어는 미국의 사회학자 혹실드(Arlie Russell Hochschild, 1940~)

27 박계홍·박하진·임웅석, 『글로벌 시대의 인적자원관리론』, 형설출판사, p.280

표 9.7 감성노동 직업군 분류 (자료: 한국방송통신대학교, 위클리, 2023년 4월 24일자)

구분	직업
직접 대면	백화점 마트의 판매원, 호텔직원, 음식점 종업원, 항공사 승무원, 골프장 경기보조원, 미용사, 택시 및 버스 기사, 금융기관 종사자 등
간접 대면	콜센터 상담원 등
돌봄 서비스	요양보호사, 간호사, 보육교사, 특수교사 등
공공서비스, 민원 처리	구청(민원실), 주민센터직원, 공단직원, 사회복지사, 일선 경찰 등

가 인간 감정의 상업화에 주목하여 1983년에 발간한 『통제된 마음(Managed Heart)』에서 처음 사용되었다. 〈표 9.7〉에서 보는 바와 같이 여객기 객실 승무원, 내과 의사, 간호사, 비서, 콜센터 직원, 호텔 종사자, 교사, 계산원, 식당 서빙종업원 등이 대표적인 예이다.

플랫폼 기업 콜센터 노동자들을 대상으로 하는 조사에 의하면[28] 매일 고객으로부터 고함을 듣거나 괴롭힘을 당한다는 응답자는 10명 중 2명(19.7%)이었다. 고객에게 고함과 폭언·욕설을 들어본 적 없다는 이들은 20% 미만이었다. 또 상사나 동료로 인해 겪는 문제 중에는 부당한 지시를 겪었다는 비율이 60.6%로 가장 많았다.

비정규직 노동자

정규직 근로자란 "노동관계와 사용관계가 동일하고, 고용 기간을 정하지 않은 고용관계를 맺으며 법정 근로시간 내의 전일제 노동을 하며 근로 제공자가 근로기준법 등의 법적 보호 대상이 되는 경우"를 지칭한다. 반면에 비정규직 근로자는 "계약기간이 통상근로자에 비하여 짧거나 정년까지 포함되지 않거나, 고용관계와 사용 관계가 일치하지 않거나, 계약된 근로 시간이 짧은 근로자"로 볼 수 있다. 즉 비정규직이란 풀타임 상시고용계약에 대한 상대적 개념으로서 임시계약직, 단시간 근로, 재택 근로, 파견근로 등의 다양한 고용 형태를 모두 포괄하는 용어이다.

28 한국일보, 2022년 6월 15일.

표 9.8 정규직 근로자와 비정규직 근로자의 구분 (자료: 박준성, 2000, "비정규직 고용 실태와 관리방안," 경영논집, 3호, 서울대학교 경영연구소)

기준	정규직	비정규직
고용계약	특정사용자	다수사용자
계약기간	정해져 있지 않음	정해져 있음
근로 시간	전일제 근무	단시간 또는 전일제 근무
경력경로	특정 기업 내	개인적 수행
결속 대상	특정 기업	특정 직무
인적자원 투자	기업 내 수행	개인적 수행
사내 복지	기업 내 혜택	혜택 결여
사회보험	기업 내외 수혜	기업 외 수혜

표 9.9 비정규직 근로자의 분류기준과 유형 (자료: 최숙자, "간호사의 비정규직 고용실태와 관련 요인에 관한 연구" 서울대학교 보건 연구원 석사학위논문, 1999)

분류기준	종류	유형
고용 기간	임시고용	임시직, 계약직, 촉탁 사원, 인턴사원
노동시간	단시간	단시간(파트타임), 아르바이트
고용 주체	간접고용	파견, 파견, 사내하청, 용역
	특수고용	개인 도급, 재택 근로, 가내근로
기타	외국인	산업연수생, 불법취업자

특수고용직

근로자처럼 일하면서도 계약 형식은 사업주와 개인 간의 도급계약으로 일하는 사람이다. 화물차 운전기사, 캐디, 통신업체의 현장 출동 설치기사, 학습지 강사 등이 있다. 이들 직종에서는 정식 노동자로 고용계약을 맺을 수도 있지만 대부분의 노동자들이 특수고용직으로 일한다. 정식 노동자가 아니므로 산재보험의 적용 대상이 아니고 퇴직금도 없다. 최근에는 특수고용직(特殊雇用職)에 산재보험 등에서 노동자 지위를 부여하는 제도가 추진되어, 몇 개 직종에 한하여 산재보험의 가입 대상이다.

경영참가

광의로 해석하면 근로자 또는 노동조합이 개별 기업에서의 경영상 제반 문제에 관하여 여러 가지 다양한 형태로 참가하는 것을 뜻한다. 〈표 9.10〉에서 보듯 직접 참가와 간접 참가가 있다.

투표에서는 1표라도 더 얻은 쪽이 전체를 차지하는 승자독식이 작용한다. 또 과반수로 의사결정을 하는 경우가 지배적이다. 한 명을 뽑는 대통령선거에서 유권자는 19세 이상 유권자 약 3,300만 명이고 1인 1표 원칙이 적용된다. 영향력은 유권자 모두 똑같다. 시장에서는 1원 1표라고 비유할 수 있다. 파이인 국내 GDP 약 1,800조 원을 5천만 인구가 투표하는 셈이다. 그런데 10조의 재산가는 보통 서민에 비해 상상할 수 없을 정도로 힘을 갖는다. 고재산가·고소득자의 영향력은 그렇지 않은 사람에 비해 재산이나 소득격차를 넘어 훨씬 유리하게 나타난다. 주식회사에서는 1주 1표 제도이다. 대주주는 상대적으로 적은 힘을 들여 과반수를 획득할 수 있다. 소액주주에 비해 유리한 입장이다. 배당은 소유 비율에 따라 결정되지만 의사결정은 대주주의 독식과 소액주주의 빈손으로 나타난다. 소액주주가 이럴진대 노동자들이 의사결정에 어떤 역할을 할 수 있을 리 만무하다. 사실 주식회사 제도가 탄생했을 때부터 이렇게 되리라는 것은 너무나도 자명했다.

이런 특징이 주식회사를 인류 역사의 총아로 성장시키는 데 핵심적인 역할을 했음을 누구도 부인할 수 없지만, 자본이 초거대화됨에 따라 고용된 노동자도 초거대화되었다. 현대의 주식회사는 과거의 주식회사에 비해 초거대화된 자본과 노동의 결합체이다. 조금만 생각하면 중요한 주식회사의 문제를 자본의 논리로만 풀 수 없음을 알 수 있다. 자본의 지배력과 노동의 대항력이 조화를 이루어 상생의 발전을 도모해야 할 것이다.

표 9.10 경영참가의 유형 (자료: 박계홍, 전게서, p. 478)

<table>
<tr><td rowspan="7">경영 참가</td><td rowspan="2">간접 참가</td><td rowspan="2">자본 참가</td><td>종업원지주제</td></tr>
<tr><td>노동 주체</td></tr>
<tr><td rowspan="5">직접 참가</td><td>이익 참가</td><td>이익분배제</td></tr>
<tr><td rowspan="2">의사결정 참가</td><td>노사협의제</td></tr>
<tr><td>노사공동결정제</td></tr>
<tr><td rowspan="2">작업장 참가</td><td>품질관리 분임조</td></tr>
<tr><td>제안제도</td></tr>
</table>

5. 직업분류

표준 산업분류가 있듯이 표준 직업분류가 있으며 통계청 홈페이지에서 확인할 수 있다. 한국고용직업분류(KECO, Korea Employment Classification of Occupation)는 노동시장에서의 적절한 직업 단위에 대한 데이터를 수집하여 직업훈련, 자격, 직업정보, 취업정보, 훈련정보, 고용동향 등의 통계정보전달을 위해 한국고용정보원에 의해 개발되었다.

악화되고 있는 소득 불평등 수준

통계청이 2023년 3월 29일 발간한 〈한국의 SDG(지속가능개발, sustainable development goals)[29] 이행보고서 2023〉에 따르면 지난해 우리나라 순자산 지니계수는 0.606으로 전년 대비 0.003 증가했다.[30]
순자산 지니계수는 2018년부터 5년 연속 증가했다.[31] 구체적으로 △2018년 0.588 △2019년 0.597 △2020년 0.602 △2021년 0.603을 기록했다. 시장소득 지니계수는 2021년 0.405로 전년과 동일했다. 그러나 처분가능소득 지니계수는 2021년 0.333으로 전년비 0.002 증가했다.
우리나라의 2021년 처분가능소득 지니계수(0.333)는 OECD(경제협력개발기구) 37개국 중 11번째로 높은 수준이다. 상위 1~3위는 코스타리카(0.487), 칠레(0.460), 멕시코(0.420) 순으로 나타났다. 우리나라 상대적 빈곤율은 2021년 15.1%로 전년 대비 0.2%포인트(p) 감소했다. 그러나 빈곤율 감소세는 둔화하고 있다. 상대적 빈곤율을 연령대별로 살펴보면 18세 미만 9.9%(전년 대비 +0.1%p), 18~65세 10.6%(전년 대비 동일), 66세 이상 39.3%(-1.1%p)로 나타났다.

29 국가지속가능발전목표(K-SDGs). 국제사회의 공동의 목표 달성에 기여하고 한국 사회에 처한 여러 문제를 해결하기 위해 수립된 한국형 지속가능발전목표로서, 모두가 사람답게 살 수 있는 포용사회 구현, 모든 세대가 누리는 깨끗한 환경 보전, 삶의 질을 향상시키는 경제성장, 인권보호와 남북평화구축, 지구촌협력과 같은 5대 전략 및 이를 실천하기 위한 17개 목표, 119개 세부 목표, 236개의 지표로 구성되어 있다. 소셜벤처실태조사(2021년)를 참조하였다.

30 비슷한 시기 비슷한 내용을 담은 기사는 한겨레신문 2023년 4월 10일에서 볼 수 있다.

31 지니계수는 소득 불평등 정도를 나타내는 지표다. 0에 가까울수록 평등하고 1에 가까울수록 불평등함을 의미한다.

맛집 주인이 갖는 힘

맛집은 온종일 손님이 끊이지 않으며 종업원들은 눈코 뜰 새 없이 바쁘고 쉴 틈도 없다. 종업원이 땀을 흘리며 일할 동안 주인은 즐거운 비명을 지른다. 손님들은 대기번호를 가지고 자기 차례를 기다린다. 맛집에서 흔히 볼 수 있는 풍경이다.

대부분의 맛집은 지역성이 강하기 때문에 소위 전국구 맛집이 되기란 말처럼 쉽지 않다. 택배업이 발전하면서 시장이 전국으로 확대되었다고는 하지만 그래도 맛집의 지역성을 부정할 정도는 아니다. 그래서 맛집을 소개할 때는 지역이 거론된 후 음식명이 나온다. 한 집 건너 식당이지만 맛집으로 소문이 난 식당은 생산물인 음식과 지역성에서 상당한 정도의 독점력을 가지고 있다. 맛집이 있는 지역은 독점적 경쟁시장에 가깝다. 독점적 경쟁시장에서는 기업이 제품의 차별성으로 인해 단기에는 초과이윤을 얻지만 다른 기업의 진입으로 인해 장기에는 초과이윤을 얻지 못한다는 특성이 있다. 하지만 맛집은 다른 식당이 극복할 수 없는 '차별화된 맛' 때문에 진입장벽이 계속되어 장기에서도 지속적인 초과이윤을 얻을 수 있다. 즉 대중음식업은 넓게 보면 독점적경쟁시장으로 분류되겠지만, 맛집이 있는 지역으로 한정해 보면 경쟁보다는 독점에 방점이 찍혀 있다.

맛집의 독점력은 종업원의 능력이 아닌 주인의 노하우에서 나온다. 주인의 노하우는 하루아침에 만들어진 것이 아니라 오래 세월 수많은 시행착오와 경험의 산물이다. 생산물시장에서 많은 수입을 얻는 것은 지극히 자연스러운 결과다.

맛집 노동자들은 어떤 처지에 있는가? 먼저 홀서빙 종업원들의 노동시장은 완전경쟁시장이다. 비슷한 처지에 있는 수많은 노동자들이 예비인력으로 언제든지 이 노동시장에 진입할 수 있다. 임금은 생계비 수준에 가깝게 결정된다. 주인의 입장에서 보자면 홀서빙 노동자는 시장 임금으로 쉽게 구할 수 있기 때문에 해고도 쉽고 고용도 쉽다. 따라서 서빙 노동자들의 소득은 맛집이 아닌 식당에서 받는 금액과 큰 차이가 나지 않는다.

이번에는 조리사 입장에서 생각해 보자. 조리사는 조리 능력이 필수이기 때문에 홀서빙 종업원보다 덜 경쟁적인 노동시장에 처해있다. 협상력도 가지고 있기에 홀서빙 종업원의 임금보다는 높은 임금을 받는다. 그럼에도 여전히 주인과의 대립상황에서는 주인이 더 유리한 위치에 선다. 상당한 예비인력이 늘 대기 중이기 때문이다. 조리사의 소득도 맛집이 아닌 식당에서 받는 금액과 큰 차이가 나지 않는다.

홀서빙 종업원들과 조리사가 몸은 고달파도 맛집에서 계속 일하는 가장 큰 이유는 고용안정이다. 월급날 꼬박꼬박 정해진 소득이 발생하기 때문에 계획적인 경제생활을 할 수 있다. 다른 식당으로 옮긴다면 몸은 좀 편해지겠지만 새로운 환경에서 적응하려면 추가적인 전환비용이 들기 때문에 선뜻 이직하기가 쉽지 않다. 성과급에 기초한 약간의 추가적인 수입도 있으면 더욱더 맛집에서 지속적으로 일하기를 원한다. 이들의 임금이나 소득은 특별한 경우가 아닌 이상 맛집의 매출 혹은 이윤과 연계되어 있지 않기 때문에 맛집에 기여한 것에 비해 더 적은 몫을 받아 갈 수밖에 없는 구조다. 손님이 많아지면서 추가로 발생하는 수입은 주인 쪽으로만 쏠리게 된다.

맛집 주인은 음식 공급 면에서 다른 식당에 비해 독점력을 가지고 있을 뿐만 아니라 노동시장에서도 노동자에 비해서도 우위에 있다. 그들은 소비자들에게 맛있는 음식을 제공하는 좋은 생산자이며 일자리를 제공하다는 측면에서는 기여도가 있지만, 본의 아니게 노동자의 위에 군림하는 입장에 설 가능성도 배제할 수 없다.

어느 식당을 생각해 보기로 하자. 아직 맛집으로 소문이 나지 않아 하루 매출액이 100만 원이다. 자재비가 50만 원이고 조리사 1명에 10만 원, 홀서빙 종업원에 8만 원을 지불하고 있다. 임대료를 비롯한 기타 비용이 12만 원이라고 하면 주인에게는 20만 원의 이익이 발생한다. 이제 맛집으로 소문이 나면서 매출이 200만 원으로 증가하였다. 자재비는 매출증가율과 같이 100만 원으로 증가하였다고 하자. 또 임대료를 비롯한 기타 비용도 2배로 상승하여 24만 원이 되었다고 하자. 그러나 조리사와 홀서빙 종업원에게는 매출액 증가율과 같이 임금이 증가하지 않는다. 이들의 임금은 완전경쟁시장에서 결정되기 때문이다. 주인에게는 76만 원의 이익이 발생한다. 매출은 2배로 증가하였지만 조리사와 홀서빙 종업원의 임금은 변화가 없고, 주인의 이익만 32만 원에서 76만 원으로 2배 이상으로 증가하였다. 매출의 증가에 따라 노동자가 가져가는 몫은 상대적으로 감소한 반면 주인이 가져가는 몫은 절대 액수에서도 상대 비율에서도 증가한다. 생산요소시장이 완정경쟁시장인 상태에서 매출액 증가는 주인에게 일방적으로 유리한 분배가 이루어지는 것이다.

매출이 증가할수록 자본가들은 더 많은 몫을 차지하는 반면 노동자들의 상대적인 몫은 감소하는 현실 탓에 자본주의를 비판적으로 바라보는 사람들은 이에 대해 착취(搾取, exploitation of labour)라는 무서운 표현을 사용하기도 한다. 생각건대 최저임금, 노동시간 제한, 노동조합과 같은 노동자들의 힘을 강화하는 제도가 없었던 미성숙한 자본주의 사회에서는 분명 이런 착취가 있었으리라고 쉽게 동의할 수 있다.[32]

이렇게 보면 자본가들은 조금 억울할지도 모르겠다. 그저 충실하게 시장경제원리에 적응했을 뿐인데 착취자라는 오명을 뒤집어썼으니 말이다. 그것도 규모가 큰 기업은 그나마 돈도 벌면서 그런 오해를 받지, 소규모 기업은 돈도 제대로 못 벌면서 이런 오해를 받는다는 억울함을 호소할 수도 있다. 심지어는 착취를 막기 위해 만들어진 제도로 인해 정상이윤이나마 겨우 얻어가며 근근하게 꾸려가다 차라리 노동자가 되는 것이 낫겠다고 불만을 터뜨리는 힘없는 소시민이 될지도 모를 노릇이다.

다시 말하자면, 맛집 이외의 식당은 독점적 경쟁상태이지만 맛집은 독점기업에 가깝다. 홀서빙 종사자나 그보다 조금 더 전문성을 요하는 조리사나 모두 완전경쟁시장의 노동자이다. 맛집은 노동자를 고용할 때는 완전경쟁시장에서 상대적으로 싸게 구입하고 음식을 팔 때는 독점력을 가진다. 양 시장(생산물시장과 노동시장)에서 힘이 센 것이다. 이런 힘을 얻기까지 피나는 노력과 고민에 경의를 표하지만……. 역시 여러 가지 논란에 휩싸일 수밖에 없다고 하겠다.

---

32 이와는 똑같다고는 할 수 없으나 19세기 초중반 영국 멘체스터 빈민가의 평균수명은 17세였으며 주당 평균 80시간 노동을 하였고 아동 노동도 성행하였다. 노동착취와 실업, 경제 불균형을 목도한 마르크스와 엥겔스는 자본주의 본질에 대해 경고하였다. 마르크스는 복잡다난한 세상과 경제현상을 유물론이라는 좁은 시야로 한정해 버린 것이 그의 큰 오류라고 평가할 수 있다. 그는 자본가가 가치를 전혀 생산하지 못하고 노동자들이 창조해낸 잉여가치를 독식하는 존재로 보았다. 그러나 맛집의 예에서 보듯 부의 창출의 뿌리에는 자본가들의 투자와 노하우가 있다. 노동가치설과 잉여가치설으로는 현대의 발명과 기업가정신에 의한 눈부신 성공을 설명할 수 없다. 기업가들은 독창성과 과감한 투자로 과거에 없던 부를 창조하였다. 그렇다고 계급적 요소가 없는 것도 아니다.

연습문제

토론(같이 생각하고 이야기해 보기)

1. 소위 '위험의 외주화'에 대해 기업 효율성 측면과 노동권 보호라는 측면에서 이 제도의 명암을 이야기해 보자.

2. 현재 자신이 가장 관심 있는 직업, 미래에 각광받을 직업을 알아보자.

3. 맛집의 힘에 대해 토론해 보자.

4. 소위 야쿠르트 아줌마는 사장님인가? 노동자인가?

O×문제

1. 비금전적인 직업의 속성을 보상해주기 위한 임금의 차를 효율임금이라고 부른다. (　　)

2. 우리나라의 노조 조직률은 최근 상승하고 있다. (　　)

3. 자본가와 노동자와의 관계는 수직적 위계질서로 설명된다. (　　)

4. 노조와 사용자 간의 임금협상은 쌍방독점이론으로 명백하게 설명할 수 있다. (　　)

5. 최저임금제는 극소수에게만 이익을 가져오는 매우 편협한 제도이다. (　　)

단답형 문제

1. 비금전적인 직업의 속성을 보상해주기 위한 임금의 차를 (　　　)라고 부른다.

2. 직장인이 계속 직무에 관련되는 지식이나 경험은 물론 당장 직무에 관련되지 않는 지식이나 경험을 쌓는 것을 (　　　)의 축적이라고 부를 수 있다.

3. 노동자의 공급곡선은 기본적으로 우상향하지만, 어느 임금률 이상에서는 (　　　)하는 모양을 띤다.

용어설명(정의와 예)

1. 감정노동자란?

2. 프리랜서란?

3. 특수고용직이란?

주관식 문제

1. 정리해고와 정리해고의 장단점을 설명하시오.

2. 파업이 가져오는 사적 비용(손실)과 사회적 비용(손실)에 대해 설명하시오.

3. 노동의 한계생산물 가치를 설명하시오.

4. 효율임금가설에 대해 설명하시오.

영화나 소설을 통해 공부해 보기

영화 〈성실한 나라의 엘리스〉, 〈아름다운 청년 전태일〉을 보고 느낀 바를 서로 이야기해 보자. 조정래의 소설, 《풀꽃도 꽃이다》, 《전태일 평전》, 《노가데 칸타타》 읽고 느낀 바를 서로 이야기해 보자.

제10장

투자론

1. 기초 투자이론
2. 투자를 판단하는 도구
3. 채권 투자
4. 증권시장
5. 토지시장

"태양의 그늘은 밤이 되면 사라지지만, 자본의 그늘은 밤이 되어도 사라지지 않는다."

"고위험 고수익(high risk high return)이 가장 기본적인 규칙이다."

"모르고 있는 것(unknowns)에도 모른다는 것은 인지하고 있는 것도 있지만(knowns) 모른다는 것조차 인지하지 못하고 있는 것(unknowns)도 있다."

– 도널드 럼스펠드(Donald Rumsfeld, 1932~2021)

슈퍼볼(Super Bowl) 경제학

미국 사람들이 가장 좋아하는 스포츠는 미식축구(American football)다. 다음으로 야구, 농구, 아이스하키 순이고, 세계인들이 가장 좋아하는 축구에 대한 인기는 이 스포츠들에 비하면 상당히 약한 편이다. 그 이유로는 여러 가지가 거론되는데, 그중에서도 가장 먼저 언급되는 요인은 바로 탄생지이다. 미식축구, 야구, 농구는 미국인에 의해 창안된 스포츠인 반면 축구는 영국에서 발전한 스포츠이기 때문이다. 팔이 안으로 굽는다는 말이 있듯이 미국 사람들이 모국에서 창안한 스포츠를 더 좋아하는 것은 지극히 당연해 보인다. 그러므로 축구보다 미식축구의 인기가 더 높다는 것이 일반적인 견해이다. 저자도 이 주장에 동의하지만 더 중요한 이유가 있다고 생각한다.

미식축구는 '고위험 고수익(high risk, high return)' 원칙에 충실한 반면 축구, 배구, 탁구 등은 그렇지 않다. 미식축구에서는 이 원칙에 따라 득점하기 어려울수록 높은 점수를 주고 있다. 한번 공격에 0, 2, 3, 6, 7 등 여러 가지 점수가 가능하다. 그래서 7점 이내의 점수 차이는 한 번의 공격 성공으로 역전될 수 있다. "어렵게 득점했으니 많은 점수를 준다." 이 얼마나 지극히 상식적이고도 합리적인 발상인가! 한 번의 공격으로 얻을 수 있는 점수가 미식축구에서는 7점까지 가능하지만 축구에서는 언제나 1점이다. 축구에서는 손흥민의 74m 드리블 득점도 골대 앞에서 자책골도 다 똑같은 1점이다. 'high risk, high return'의 원칙이 적용되지 않는 것이다. 저자는 늘 축구도 'high risk, high return' 원칙을 적용하면 지금보다 더 많은 인기를 얻지 않았을까 상상해 보곤 한다. 야구에서는 만루 홈런도 있고 병살타도 있어 점수를 다양하게 얻을 수 있다. 농구에는 기본 2점에 거리가 먼 곳에서의 득점은 3점을 준다.

슈퍼볼(Super Bowl)은 아메리칸 리그 챔피언과 내셔널 리그 챔피언이 맞붙는 최종 결승전으로, 새해 1월 마지막 일요일이나 2월 첫째 주 일요일에 치러진다. 여기서 주목할 점은 단 한 번의 경기로 자웅을 겨룬다는 것이다. 다른 스포츠들은 대부분 7전 4선승제를 한다는 사실을 떠올리면 상당히 특수하다고 할 수 있다. 이는 희소성을 극대화하는 전략이다.

'고위험 고수익(high risk, high return)'이라는 경제 원칙으로 잘 만든 미식축구에
희소성이라는 또 다른 경제원칙으로 잘 양념을 하였기 때문에
슈퍼볼(Super Bowl)은 최고의 상품이 되었다.

1. 기초 투자이론

경제학에서 정의하고 있는 투자라는 용어와 우리 일상에서 쓰고 있는 투자가 언제나 같지 않음을 유의하여야 한다. 경제학에서 투자란 새로운 공장, 집, 혹은 병원의 건물, 혹은 새로운 자본재 도구의 생산과 설치, 또는 기업들에 의한 재고의 누적과 같은 자본의 생성을 가리킨다. 반면 일상에서는 여러분이 주식 혹은 채권 또는 예금증명서를 구입할 때 혹은 비즈니스를 시작하는 친구에게 돈을 빌려줄 때 투자하였다고 표현한다. 하지만 경제학의 눈으로 보면 여러분은 투자를 한 것이 아니고 그저 부의 형태를 바꾼 것뿐이다(예를 들어 예금계좌에서 주식이나 채권으로).

두 가지 예

- 예 1: 1997년 전두환 전 대통령의 추징금 1,675억 원은 오늘(2023년)의 가치로 볼 때 얼마인가?
- 예 2: 2030년 1,000억 원을 얻을 수 있는 프로젝트는 오늘(2023년)의 가치로 볼 때 얼마인가?

〈예 1〉에서 보듯 과거의 값(1,675억 원)을 현재의 값으로 바꾸어야 할 때가 심심찮게 있다. 이와는 반대로 〈예 2〉에서 보듯 오늘로부터 일정 기간 후의 값(1,000억 원)이 오늘의 값으로 얼마인가를 알아야 할 필요가 있을 때도 많다. 이자율이 5%이고 복리로 계산된다면 1997년 1,675억 원은 2023년 현재로 볼 때 5,955억 원에 해당하고, 2030년 1,000억 원은 2023년 현재의 가치로는 약 711억 원이 된다고 계산할 수 있다.

위의 예에서 본 바와 같이 과거의 값을 오늘의 값(현재가치)으로 계산하기도 하고 미래의 값을 오늘의 값(현재가치)으로 계산하기도 하는 일을 현재 가치화(現在價值化)한다고 한다. 왜 현재가치화 시키려고 하는가? 선택하는 시점이 오늘(현재)이기 때문이다. 즉, 과거의 값이나 미래의 값을 현재 값으로 바꾼다면 가장 확실하고 합리적으로 판단할 수 있다.

현재가치계산

1) 현재가치 계산

일반화시켜서 보면 초깃값 A_0, 이자율 $r(\times 100\%)$, 기간 T일 때 단리(單利, 단순이자, simple interest, 매 이자 계산 기간 동안 원금에 대해서만 이자가 발생하는 계산법)인 경우는 $F_{단리}=A_0(1+rT)$, 복리(複利, 복합이자, compound interest, 매기 말에 이자가 원금에 더해져서 다음 기말에는 전기의 원금과 이자의 합에 다시 이자가 붙는 계산법)인 경우는 $F_{복리}=A_0(1+r)^T$가 된다.

여기서 이자율(r)과 기간(T)이 주어진 경우, 초깃값 A를 구하는 공식은 각각

$$(\text{단리인 경우})\ A=\frac{F_{단리}}{(1+rT)},\ (\text{복리인 경우})\ A=\frac{F_{복리}}{(1+r)^T}$$

가 된다.

이상의 내용을 정리하면 복리일 때 현재가치(PV)의 T년 후 미래가치(FV)는 초깃값(A_0)에 $(1+r)^T$을 곱하여 얻어지고, 주어진 미래가치(FV)를 현재가치(PV)로 바꾸기 위해서는 $(1+r)^T$을 나누어, 즉 $\frac{1}{(1+r)^T}$를 곱하면 얻을 수 있다.

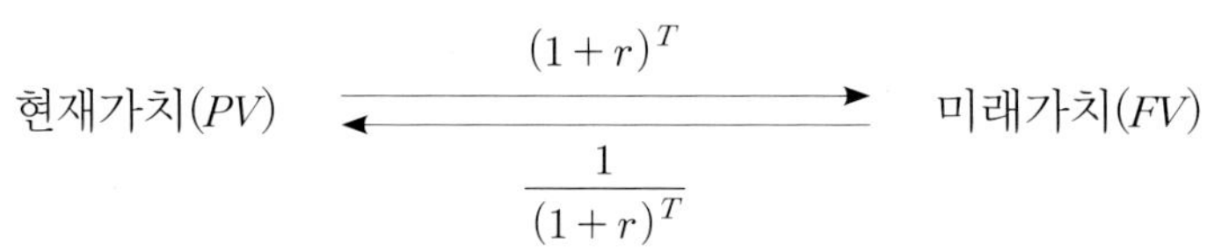

그림 10.1 현재가치와 미래가치와의 관계

지금까지는 수익이 한 차례만 발생하는 경우를 공부하였다. 이제 일정기간 동안 계속적으로 수익(현금 흐름)이 발생하는 경우(예를 들어, 연금, 채권 등) 그 재화의 현재가치는 각 기(期)의 수익의 현재가치화 값을 합한 것이 된다.[1]

---

1 이자계산 기간과 이자계산 횟수를 구별하여야 한다. 이자계산 기간은 이자계산을 위한 일정 단위시간으로서 이자계산의 빈도수를 결정한다. 이자계산 횟수는 상환계획기한 내에 포함된 총 이자계산 기간 수이다. 문제에 맞게 회수를 조절할 필요가 있다. 예를 들어 매달 10만 원씩 5년간 입금한다고 할 때는 이자계산 기간은 월(달)이 되고 기간은 60개월이 된다. 이자율은 연리가 아니라 연리를 12로 나눈 값으로 계산하여야 한다.

이자율이 $i(\times 100)\%$이고 첫해에는 FV_1, 2년 후에는 FV_2, 3년 후에는 FV_3, …… T년 후에는 FV_T의 수입을 올리는 프로젝트가 있다고 하자[2]. 이 프로젝트의 현재가치를 구하면[3] 다음과 같다.

$$PV = \frac{FV_1}{(1+i)} + \frac{FV_2}{(1+i)^2} + \cdots\cdots + \frac{FV_T}{(1+i)^T} = \sum_{t=1}^{T} \frac{FV_t}{(1+i)^t}$$

만약 FV_T가 모두 같다면, 즉 $FV_1 = FV_2 = \cdots = FV_T$라면

$$PV = \frac{FV_1}{(1+i)} + \frac{FV_1}{(1+i)^2} + \cdots\cdots + \frac{FV_1}{(1+i)^T} = \sum_{t=1}^{T} \frac{FV_1}{(1+i)^t}$$

$$PV = \frac{\frac{FV_1}{(1+i)}}{1-(\frac{1}{1+i})}\left[1-(\frac{1}{1+i})^T\right] = \frac{FV_1}{i}\left[1-(\frac{1}{1+i})^T\right]$$

로 표현되며 PV는 초항이 $\frac{FV_1}{(1+i)}$ 등비가 $\frac{1}{(1+i)}$인 등비수열의 합으로 계산된다.

만약 기간이 무한대($T \rightarrow \infty$) 라면 $PV = \frac{FV_1}{i}$가 된다.

2) 할인율과 할인 인자

현재가치와 매우 밀접한 관계를 갖는 할인율에 대해 공부해 보자. 할인율(割引率, discount rate)이란 미래가치를 현재가치로 환산할 때 사용하는 비율이라고 정의할 수 있다. '할인율이 크다'는 말은 '현재에 대한 기회비용이 크다', '현재를 미래보다 중시한다'라는 의미이다.

또 할인 인자(discount factor, 할인 요인, $\emptyset$)는 $\frac{1}{(1+r)}$로 정의하고 있다. 경제주체 인내력 내지는 미래지향적 성향을 나타내고 있다. 할인율보다 더 사용할 수 있는 장

---

2 같은 이자율과 현금흐름이라도 기준시점에 따라 현재가치는 달라진다. 의사결정의 상황에 따라 기준시점이 정해지지만, 대개 계산상의 편의에 따라 결정된다. 주어진 문제의 성격을 잘 파악하여 기준시점을 언제로 잡을지를 정하여 한다.

3 설명을 위해 시간의 단위를 (일이든, 월이든, 년이든) 임의로 할 수 있으나 여기에서는 년을 시간 단위로 쓰기로 한다.

점이 있다.

현재가치 PV, 미래가치 FV라고 하면 다음과 같은 식을 얻는다.

$$PV = \frac{1}{(1+r)} FV = \emptyset FV$$

$r > 0$이고 클수록($\emptyset < 1$) 현재가치에 대한 기회비용 크다. 따라서 현재를 중시할 것이고, 이는 단기이익추구로 이어질 것이다.

$r < 0$이고 클수록($\emptyset > 1$) 현재가치에 대한 기회비용 적다. 따라서 미래를 중시할 것이고, 이는 장기이익추구로 이어질 것이다.

$r = 0$ ($\emptyset = 1$)이면 현재와 미래를 동일하게 생각한다.

극단적으로 $\emptyset$가 0이라면 하루살이처럼 현재만 생각하여 행동하고, 반대로 $\emptyset$가 1이라면 현재와 미래를 같게 생각하는 태도를 나타낸다.[4, 5]

3) 70법칙[6]

이자율 7% 하에서 복리로 예금한 경우 10년 후에는 원금의 두 배가 된다.

$$Ae^{rt} = 2A,\ e^{rt} = 2,\ \ln e^{rt} = \ln 2,\ rt = \ln 2 \simeq 0.693 \simeq 0.7$$

만약 $t = 10$이라면 $r = 0.0693 (\fallingdotseq 0.7)$　　$r = 0.0693 (\fallingdotseq 0.7)$이라면 $t = 10$

- 예 3: 이자율 7%하에서 복리로 예금한 경우 원금의 두 배가 되는 해는 몇 년 후인가?[7] (답: 10년 후)

---

4 "나중에 꿀 한 식기 먹으려고 당장 엿 한 가락 안 먹을까." "나중에 보자는 사람(양반) 무섭지 않다." "나중에야 삼수갑산을 갈지라도……." 등의 속담은 현재를 중시하는 생각을 나타내고 있다.

5 할인 요인을 감안하면 조삼모사(朝三暮四)라는 고사성어(故事成語)도 다르게 해석될 수 있다. 임상일, 『공자와 케인즈 맞장뜨기』, 지필미디어, 2014, pp.190~194. 최병서 p.209~210, 서성환 p.128. 구정화외, 통계속의 재미있는 세상이야기, 통계청, 2003, pp.48-52.에서도 볼 수 있다.

6 맨큐, 김종석·김경환 번역, 『맨큐 경제학』, p.676에도 소개되어 있다.

7 엑셀 함수를 활용하여 원금 A, 복리 이자율 $r(\times 100)$% 하에서 T 기간을 예금한 경우
원리합계(B) $A*(1+r)$^T 혹은 $A*$POWER$(1+r,\ T)$
원리(A) $B*1/(1+r)$^T 혹은 $B*$POWER$(1+r,\ 1/T)$
r을 구하는 식 POWER$(B/A,\ 1/T)-1$
T를 구하는 식 LN(B/A)/LN$(1+r)$

- 예 4: 몇 %하에서 복리로 예금한 경우 10년 후에 원금의 두 배가 되는가?

(답: 7%)

- 예 5: 이자율이 1%, 복리 하에서 예금한 경우 원금의 두 배가 되는 해는 몇 년 후인가? (답: 70년 후)
- 예 6: 이자율이 10%, 복리 하에서 예금한 경우 원금의 두 배가 되는 해는 몇 년 후인가? (답: 7년 후)

2. 투자를 판단하는 도구

예를 들어 어느 도시에서 도시철도 건설에 대한 예비타당성을 검토한다고 하자. 공사 기간은 5년이며 개통 후 100년간 수입이 지속적으로 발생할 것으로 예상된다. 어느 시점(예를 들어 개통하는 시점)을 기준으로 비용을 현재가치화하여야 하며 동시에 매년 발생하는 수익도 현재가치화하여야 한다. 만약 후자가 전자보다 크다면 건설에 대한 타당성이 있다고 판단하고, 전자가 후자보다 크다면 타당성이 없다고 판단한다(NPV 활용). 또 이 건설이 가져다주는 수익률을 계산하여 일정한 기회비용비율(이자율, 최소 요구 수익률)보다 큰가 적은가를 판단하는 것도 하나의 방법이 된다(IRR 활용). 마지막으로 전자의 값(비용의 현재가치)으로 후자의 값(편익의 현재가치)을 나눈 값이 1보다 크다면 투자의 타당성이 있다고 판단하고 1보다 적다면 투자의 타당성이 없다고 판단한다(B/C 활용).

NPV, IRR, B/C가 서로 연계되어 있다. 필요에 따라 더 편리한 것을 쓰면 된다.

순 현재가치(Net Present Value, NPV)

어떤 투자 프로젝트가 초기에 C_0가 투입된 후 다음 기에 FV_1을, 그 다음 기에 FV_2를 …… T기에 FV_T의 수익이 발생한다고 하자. 이 프로젝트의 순 현재가치는 아래와 같이 계산된다. 각 기에 얻는 수익의 현재가치의 합에서 초기비용을 뺀 값이다.

$$NPV = \frac{FV_1}{(1+i)} + \frac{FV_2}{(1+i)^2} + \cdots\cdots + \frac{FV_T}{(1+i)^T} - C_0$$

$NPV(i) > 0$: 투자 프로젝트 채택

$NPV(i) = 0$: 의사결정 무차별

$NPV(i) < 0$: 투자 프로젝트 기각

- 예 7: 초기 투자비용은 5,500만 원이고 1년 후 2,440만 원, 2년 후 2,500만 원, 3년 후 3,500만 원을 얻는 프로젝트가 있다고 하자. 할인율은 15%이다. 순 현재가치(NPV)는 얼마인가?[8]

$$NPV = \frac{2,440}{(1+0.15)} + \frac{2,500}{(1+0.15)^2} + \frac{3,500}{(1+0.15)^3} - 5,500 = 813\text{만 원}$$

이 투자는 채택하는 것이 합리적이다.

내부 수익률(internal rate of return, IRR)

순 현재가치를 0으로 만드는 수익률(할인율)을 내부 수익률이라고 한다[9].

$$0 = \frac{FV_1}{(1+r)} + \frac{FV_2}{(1+r)^2} + \cdots\cdots + \frac{FV_T}{(1+r)^T} - C_0$$

이렇게 구한 내부수익률은 무위험 실질수익, 인플레이션 요소, 위험보상 요소가 고려된 수익률인 최소요구수익률(minimum attractive rate of return, MARR)과 비교하여 투자여부를 판단하여야 한다.

IRR > MARR: 투자 프로젝트 채택

IRR = MARR: 의사결정 무차별

8 NPV(0.15, 2440, 2500, 3500) − 5500을 계산하여야 한다.

9 내부수익률은 정의식은 별로 어렵지 않지만 실제로 정확하게 계산하기가 쉽지 않다. 기간이 T인 경우 T차 방정식의 해를 구하는 문제가 된다. T가 10년인 경우 10차 방정식의 해를 구하는 일이 되기 때문에 매우 복잡해진다. 엑셀함수 IRR을 이용하면 비교적 쉽게 계산할 수 있을 것이다.

IRR < MARR: 투자 프로젝트 기각

가장 안정적인 자산인 국공채 수익률은 무위험 실질수익(2%), 인플레이션 요소(4%), 위험보상 요소(0%)를 합쳐 총 기대 수익률 6%가 계산된다. 반대로 가장 위험성이 높은 벤처기업 주식의 수익률은 무위험 실질수익(2%), 인플레이션 요소(4%), 위험보상 요소(14%)를 합한 총 기대 수익률 20%로 계산된다.

내부 수익률이 6% 이하인 국공채는 구입하지 않는 것이, 6% 이상이면 구입하는 것이 합리적인 선택이 된다. 한편 내부 수익률이 20% 미만인 벤처기업주식은 투자하지 않는 것이, 내부 수익률이 20% 이상인 벤처기업주식은 투자하는 것이 합리적이다.

- 예 8: 위 NPV 예제 문제의 내부 수익률을 구하라. (답: 17.45%)
- 예 9: 연 이자율 8%인 상태에서 구입비용 3억 원이며 수명이 5년인 기계를 구입하였다. 이 기계는 1년차에 5천만 원, 2년차에 6천만 원, 3년차에 7천5백만 원, 4년차에 9천만 원, 5년차 9천만 원의 수익을 발생시킨다고 기대된다.
  ① 이 기계의 현재가치는 얼마인가? (답: PV 284,679,218)
  ② NPV를 이용하여 이 기계의 구입여부를 결정하시오. (답: NPV −15,320,782)
  ③ IRR을 이용하여 이 기계의 구입여부를 결정하시오.
  (답: IRR 6.2%, 기계를 구입하지 않는 것이 바람직하다.)

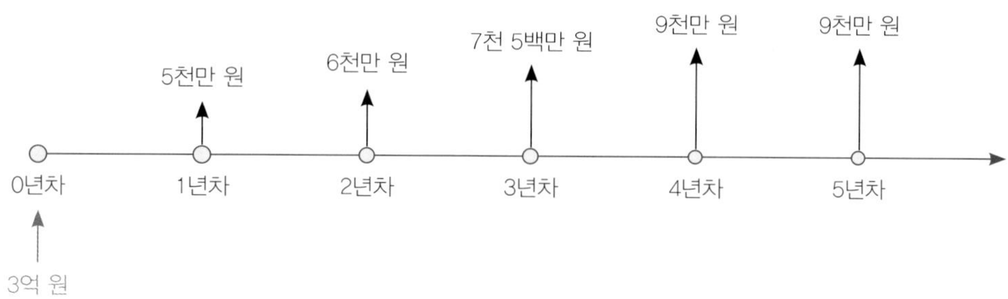

〈현금 흐름도〉

비용편익(cost benefit analysis)비[10]

비용 대비 편익의 비를 계산하는 것이다.

$$\text{비용}-\text{편익}(\frac{B}{C}) = \frac{\text{편익}}{\text{비용}} \quad \frac{B}{C} > 1 : \text{투자 적합}, \ \frac{B}{C} < 1 : \text{투자 부적합}$$

예비타당성의 예(충남 서산 군비행장 민항시설 설치사업)[11]

정부는 돈이 많이 들어가는 대형 사업의 효율성을 높이기 위해 거름 장치로 1999년부터 예비타당성검토제도(豫備妥當性檢討制度)를 도입하였다. 총사업비 500억 원 이상으로 국비가 300억 원 넘게 들어가는 건설공사와 사회간접자본(SOC) 구축 등은 의무적으로 예비타당성검토(이하 예타로 표기)를 거치게 한 것이다. 이 제도를 통해 대규모 사업에 대한 정밀한 사전 분석과 평가를 함으로써 과거 주먹구구식 재정투자에서 발생하는 혈세 낭비를 상당히 줄인 것도 사실이다. 예타 수행기관인 KDI에 따르면, 1999년부터 2017년까지 685건, 323조 규모의 사업에 예타를 실시하여 141조 원을 절감했다고 한다.

이미 군비행장이 설치되어 있는 충남 서산에 민항시설 설치사업에 대한 예비타당성검토 결과 총할인 편익은 768.41억 원, 총할인 비용은 951.04억 원,[12] 투자 대비 편익(B/C)은 0.81, NPV는 182.63억 원으로 적자로 추계되어 경제 타당성 없음으로 판정이 내려졌다.[13]

예타가 매우 과학적이고 합리적인 것처럼 보이지만 꼭 그렇지만은 않다. 1조 원이 넘게 들어간 용인경전철은 10년째 적자에 허덕이고, 의정부경전철은 파산했으며, 인천국제공항 KTX 노선도 4년만에 폐지됐다. 2조 6,759억 원이 들어간 경인 아라뱃길(서울~김포~인천 서해)은 황당한 예산낭비 사업으로 손꼽힌다. 유력 정치인이나 특정 집단이 막무가내로 밀어붙인 선심성 사업도 버젓이 예타를 통과한 것이다.[14] 일본에서도 비슷한 일이 있어 아전인수(我田引水)가 아닌 아전인철(我田引鐵)이라는 신조어가 있다고 한다. 유력 정치인의 입김으로 신간선(新幹線)이 그의 지역구를 통과하는 것이다. 비용은 축소시키고 편익은 과장 확대하였기에 발생한 예산 낭비의 예이다. 적자가 안 나는 것이 오히려 이상한 일이다.

10 우리나라에서 예비타당성 검토에서(매 기 편익의 현재가치의 합/매 기 비용의 현재가치의 값)의 값이 0.9 이상이면 투자를 허용하고 있다.

11 2023년 5월에 발표된 한국개발원 공공투자관리센터 홈페이지(https://pimac.kdi.re.kr/about/validity.jsp)를 참고하였음.

12 할인율은 연 4.5%로, 총사업비로는 공사비, 시설부대경비, 보상비, 장비·차량구입비, 예비비(총비용의 10%) 등이 계산되었다.

13 2029년 공사를 완공하여 30년간 운영하는 계획에 따른 비용-편익을 계산한 것이다.

14 대전일보(http://www.daejonilbo.com) 2023년 5월 23일자.

투자 대비 편익(B/C)이 1보다 크면 경제성이 있고, 1보다 낮으면 없는 것으로 판단하는데, 투자 대비 편익(B/C)도 자세히 보면 '가성비(價性比)'라는 것을 알 수 있다. 종합평가는 3가지 항목(경제성 분석, 정책적 분석, 지역균형발전 분석)의 분석 결과를 계층화분석(analytic hierarchy process, AHP)[15]하여 수치가 0.5 이상이면 바람직한 것으로 인정한다.

3. 채권 투자

채권(債券, bond)이란 정부, 공공기관, 민간기업 등이 비교적 장기로 불특정 다수로부터 거액의 자금을 조달하기 위하여 정해진 이자와 원금의 지급을 약속하면서 발행하는 증권을 말한다. 채권은 원금(principal), 만기일(maturity date)과 액면이자(coupon rate)가 표기된다. 채권시장은 발행시장(제1차 시장, primary market)과 유통시장(제2차 시장, secondary market)으로 나뉜다. 발행시장은 채권이 자금 수요자에 의해 최초로 발행되는 시장이며, 유통시장은 이미 발행된 채권이 투자자들 사이에서 매매되는 시장이다. 채권 투자자는 채권을 발행시장에서 인수하거나 유통시장에서 매입할 수 있다. 이자소득 외에 가격변동에 따른 자본이득(capital gain)을 기대할 수 있기 때문에 채권은 자산 포트폴리오를 구성하는 중요한 투자 수단이 된다. 발행시장의 채권은 정부가 발행하는 국채, 한국은행이 발행하는 통화안정증권, 지방자치단체가 발행하는 지방채, 상법상의 주식회사가 발행하는 회사채,[16] 금융회사가 발행하는 금융채, 한국전력공사 등 법률에 의해 설립된 법인이 발행하는 특수채 등 다양하게 분류된다. 채권 유통시장은 장외시장과 장내시장으로 구분된다. 현재 대부분의 채권 거래는 장외시장에서 주로 증권회사의 단순거래를 통하여 이루어지고 있는

15 평가에서 고려되는 평가항목들을 계층화한 다음, 평가항목간 상대적 중요도를 측정하여 사업타당성을 종합적으로 판단하는 의사결정방법이다.

16 우선주(優先株, preferred stock)는 법률적으로 주식이지만 의결권이 없고, 대신 사전에 확정된 배당금이 지불되기에 회사채에 가깝다. 하지만 원금의 상환일이 따로 없고 배당금 지급이 강제되는 것이 아니라는 점에서는 회사채와 다르다. 여기서 말하는 '확정된 배당'이란 보통주에 대한 단 한 푼이라도 배당이라도 있기 전에, 미리 정해진 비율에 의한 우선주 배당이 완결되어야 한다는 의미이다.

데, 이는 채권의 종목이 다양하고 거래조건이 표준화되어 있지 않아 한국거래소의 자동매매시스템을 통해 거래하기가 곤란하기 때문이다. 장내시장으로는 한국거래소 내에 일반채권시장과 국채전문유통시장이 개설되어 있다.[17]

채권가치평가

채권의 현재 가치는 채권이 제공하는 미래 현금흐름인 액면이자와 원금의 현재가치이다.

채권가치 = 액면이자의 현재가치 + 원금의 현재가치

$$P_0 = \frac{C}{(1+r)} + \frac{C}{(1+r)^2} + \cdots + \frac{C}{(1+r)^{T-1}} + \frac{C}{(1+r)^T} + \frac{F}{(1+r)^T}$$

$$\equiv \sum_{t=1}^{T} \frac{C}{(1+r)^t} + \frac{F}{(1+r)^T}$$

$$= \frac{C}{r}\left[1 - \left(\frac{1}{1+r}\right)^T\right] + \frac{F}{(1+r)^T}$$

P_0: 채권의 현재가치, F: 상환가액(액면금액), r: 할인율,

C: 매 기의 이자지급액(매 기 이자 지급액(C)은 이자율(c)에 액면금액(F)를 곱한 값

이자율(c)과 할인율(r)의 상대적 크기에 따라 채권가치(P_0)와 액면금액(F)의 상대적 크기도 변한다.

액면 이자율(c) = 할인율(r) → 채권가치(P_0) = 액면금액(F): 액면가채권(par value bond)
액면 이자율(c) > 할인율(r) → 채권가치(P_0) > 액면금액(F): 프리미엄 채권(premium bond)
액면 이자율(c) < 할인율(r) → 채권가치(P_0) < 액면금액(F): 할인 채권(discount bond)

영구채권

영구채권(永久債券, perpetual bond 또는 consol)이란 미래에 같은 금액이 영원히

17 한국은행 경제용어

계속해서 발생하는 현금흐름이다.

-- 무한대

$$P_0 = \frac{C}{(1+r)} + \frac{C}{(1+r)^2} + \cdots + \frac{C}{(1+r)^{T-1}} + \frac{C}{(1+r)^T} + \cdots$$

$$P_0 = \frac{C}{r}$$

- 예 10: 할인율이 5%이고, 매년 말 1,000,000이자 발생하는 영구채권이 있다. 가치는 얼마로 평가할 수 있는가? (답: $PV_{영구채권} = 1,000,000 / 0.05 = 20,000,000$)

채권 수익률(yield to maturity)

채권 수익률(債券收益率)은 채권투자에서 만기까지 얻게 되는 현금흐름의 현재가치와 채권의 시장가격을 일치시켜주는 할인율로서 채권의 투자성과를 평가하는 척도이다. 투자자가 얻는 현금흐름이란 만기까지의 일정기간마다 받는 이자수입과 만기시점에 받는 원금을 의미한다.

채권을 B_0 산 투자가가 만기에 얻을 수익률을 구해 보기로 하자. 이 문제는 아래의 식에서 할인율(r)을 구하는 문제가 된다. 이때 할인율은 내부수익률(internal rate of return)로서 투자금액(현금유출)과 투자로 인하여 발생하는 금액(현금유입)을 같게 하는 수익률이다.

$$\frac{C}{(1+r)} + \frac{C}{(1+r)^2} + \cdots + \frac{C}{(1+r)^{T-1}} + \frac{C}{(1+r)^T} + \frac{F}{(1+r)^T} - B_0 = 0$$

채권수익률은 채권시장 가격의 변화와 반대 방향으로 움직이는 것을 알 수 있다. 예를 들어 액면금액 1만 원, 표면(쿠폰)금리 연 10.0%, 잔존기간 2년, 이자지급은 1년 단위 후급 조건인 채권을 현재의 시장가격 9,500원에 매입할 경우 채권수익률은 약 연 13.0%가 된다[18].

18 이 문제의 답을 찾기 위해서는 2차방정식을 풀면 된다. 그러나 이 경우라도 계수가 크기 때문에 다루기 쉽지 않다. 만약 숫자도 크고 기간도 길다면 컴퓨터 프로그램을 의지하지 않고는 답을 구하기 불가능하다.

$$\frac{1{,}000}{(1+r)}+\frac{11{,}000}{(1+r)^2}-9{,}500=0$$

1년 후 이자의 현재가치 + 2년 후 이자와 액면금액의 현재가치 − 구입가 = 0

엑셀함수 IRR(−9500, 1000, 11000)을 활용하면 쉽게 구할 수 있다. 만일 투자자가 동일한 채권을 9,800원에 매입했다면 이때의 채권수익률은 약 연 11.2%가 된다. 만약 채권을 9,500원이 아닌 9,800원에 샀다면 수익률은 13%에서 11.2%로 하락하였다.

리먼 브라더스 사태와 실리콘 밸리 은행 파산

2008년, 서브프라임모기지로 인한 부실채권이 문제가 되어 리먼 브라더스가 파산하였고 그 여파로 세계 경제 전체가 큰 고통을 겪었다.
2023년의 실리콘 밸리 은행 파산은 성격이 다르다. 코로나19 시기에 풀린 돈이 이 은행에 예금으로 유입되었고, 이 은행은 10년 만기 미국 국채를 대량 매입하였다고 한다. 안전 자신에 투자한 것이다. 그러나 연방준비위원회에서 기준금리를 올리자 채권값은 하락하였고, 예금주(대부분 규모가 큰 스타트업기업)들은 인출을 시도하였다. 즉, 뱅크런이 발생한 것이다. 이 은행은 갑자기 늘어난 인출수요에 대응하기 위해 국채를 싸게 매매할 수밖에 없었고, 이는 '만기불일치'로 이어져 결국 파산에 이르고 말았다. 이 은행이 포트폴리오를 잘못 구성함으로써 발생한 일이다. 바이든 대통령은 은행 경영자에게는 책임을 철저하게 묻겠지만 예금주를 보호한다는 긴급성명을 발표하기도 하였다. 우리나라에서는 5천만 원까지, 미국에서는 25만 달러(한화 약 3억 3천만 원)까지 보증을 해주고 있다.

4. 증권시장[19]

증권시장은 넓은 의미로 자금 수요자가 유가증권을 발행 또는 매출하여 자금을 조달하고 투자가가 유가증권의 매매를 통하여 금융자산을 운용하는 일련의 과정이 이루어지는 곳을 말하며, 좁은 의미로는 증권거래소시장을 말한다. 증권시장은 주식시장과 채권시장으로 구분된다. 증권시장은 그 기능에 따라 발행시장과 유통시장으로

19 한국거래소(http://www.krx.co.kr/main/main.jsp)

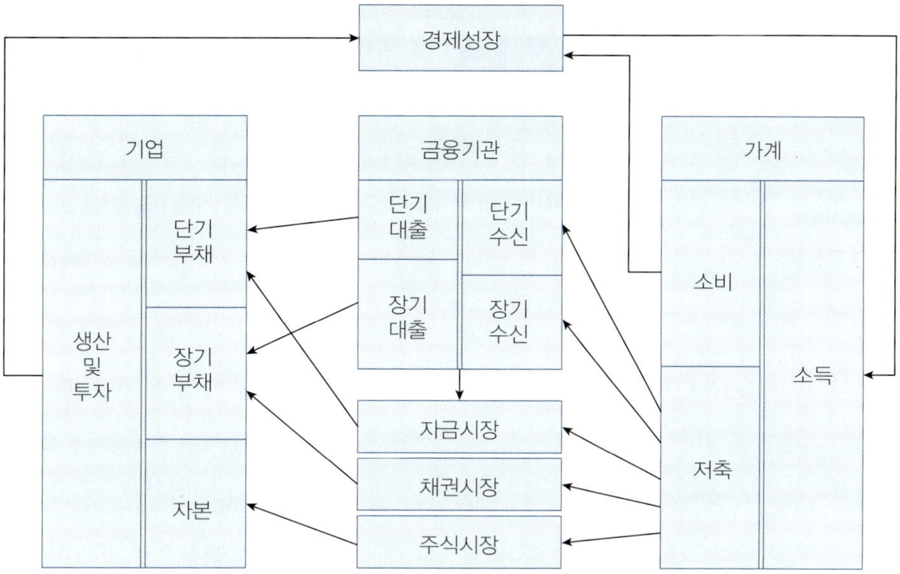

그림 10.2 금융과 실물경제의 순환관계 (자료: 한국은행)

구분된다. 두 시장은 상호 밀접한 관계를 가진다. 증권시장은 〈그림 10.2〉에서 보는 바와 같이 산업자본의 조달, 저축·자산운용수단의 제공, 소득의 재분배, 자금의 효율적 배분 등을 통해 경제성장에 기여하고 있다.

우리나라의 주식시장

우리나라에 근대적 모습의 유가증권 거래시장이 개설된 것은 일제 강점기는 1932년이다. 이후 해방과 한국전쟁 등을 거치면서 간신히 명맥을 이어 오다가 1956년 3월 대한 증권거래소가 개소하면서 주식시장이 활성화되기 시작하였다. 1996년 중소벤처기업의 투자 활성화를 위해 코스닥(KOSDAQ, Korea Securities Dealers Automated Quotations) 시장이 개장하였고 2013년에는 초기 중소벤처 기업의 투자 활성화를 위해 코넥스(KONEX, Korea New Exchange) 시장이 개설되었다. 2019년 기준으로 보면 유가증권시장의 시가총액은 1,476조 원, 코스닥은 241.1조 원, 코넥스 5.3조 원을 기록하고 있으며 세계 12위 규모의 시장으로 평가받고 있다(〈표 10.1〉).

표 10.1 우리나라 주요 주식시장 현황 (자료: KRX 2019년 제15기 영업보고서)

	유가증권시장(코스피)	코스닥[20]	코넥스[21]
상장사수	799	1,405	151
일평균거래량	470.7 백만주	824.6 백만주	370.3 천주
거래대금	연간 1,227조 원	연간 1,061.1조 원	일 평균 24.6조 원
시가총액	1,476조 원	241.1조 원	5.3조 원

코스피 지수(KOSPI, Korea Composite Stock Price Index)란 아래 식에서 보는 바와 같이 유가 증권시장에 상장된 기업의 비교시점에서의 시가총액을 기준시점의 시가총액으로 나누어 얻어지는 지수이다. 우리나라 경제 상황을 총체적으로 보여주는 지표로도 쓰이고 있다. 현재 쓰이고 있는 코스피 지수는 시가 총액식으로 1980년 1월 4일 시가총액을 기준시점으로 산출된 수치이다(기준지수 100).[22] 코스피 시장에 등록되는 조건이 매우 엄격하기 때문에 대부분 안정적인 대기업들이 등록되어 있어 배당금도 기대할 수 있다. 한편 코스닥지수의 기준시점은 1996년 7월 1일이기 때문에 코스피 지수와 코스닥 지수를 바로 비교하는 것은 의미가 없는 일이다. 또 일반적으로 지수는 시간이 지남에 따라 기준시점을 바꾸어 계산하지만 코스피 지수와 코스닥 지수는 한번 정해진 기준시점을 바꾸지 않는다. 코스피 지수와 코스닥 지수의 단위는 '포인트'이며, 변화량은 포인트로 말하지만 변화율은 %로 나타나고 있다.

$$\text{코스피(혹은 코스닥) 지수} = \frac{\text{비교시점의 시가총액}}{\text{기준시점의 시가총액}} \times 100$$

20 코스닥은 중소기업이나 벤처기업들의 자금 조달을 목적으로 하는 증권시장으로 코스피에 비해 진입장벽이 낮기 때문에 중소기업과 벤처기업이 다수 분포되어 있다. 1996년 5월 17일 개장되었으며 코스닥 지수는 1996년 7월 1일이 기준이다.

21 코넥스는 초기 중소·벤처기업의 성장지원 및 모험자본 선순환 체계를 구축하기 위해 개설된 자본시장으로 2013년 7월 1일 개장하였다.

22 1983년 1월 4일부터 발표되고 있다. '시가 총액식' 주식지수는 1923년 미국에서 S&P(Standard and Poor's)가 처음으로 발표한 후 세계 많은 국가에서 채택하고 있는 방식이다. 시가총액식이란 주식가격과 거래되는 주식의 수량을 가지고 계산한다. 코스닥지수도 시가총액식이다. 1996년 최초 개장 시에는 기준단위가 100이었으나, 2004년 1월 26일부터 기준단위를 100에서 1000으로 변경하여 산출하고 있다.

코스피 지수의 장중 기준 역대 최고치는 2021년 1월 11일에 기록한 3,266.23포인트이고, 종가 기준 역대 최고치는 2021년 1월 25일에 기록한 3,208.99포인트이다. 역대 최고 상승치는 2020년 3월 24일에 기록한 127.51포인트이며, 역대 최고 하락치는 2020년 3월 19일에 기록한 −133.56포인트다. 시가총액은 2020년 12월 30일 종가 기준으로 1,980조 5천억 원을 기록했다.[23]

우리나라 1세대 증권맨으로, 기관과 일반 투자자 양쪽에서 40년 가까이 코스피의 현장을 지킨 정통 주식 전문가로 인정받고 있는 윤재수 씨의 조언이다. 그는 '역사가 알려주는 투자의 원칙–대박은 없다'로 다음의 9가지를 주장하고 있다.[24] ① 개미투자가가 매수할 때는 저점 대비 2~3배 급등해 있다. ② 단기반등을 노리고 대박주를 사면 필패한다. ③ 대박주는 부실 중소기업주 중심으로 나타난다. ④ 대박 종목은 원칙적으로 투자 대상에서 제외하여야 한다. 단 예외는 있다. ⑤ 때를 알고 투자를 해야 한다. ⑥ 기업가치로 종목을 선정하고, 매매시점은 그래프로 판단하자. ⑦ 목표 수익율을 낮춰야 한다. ⑧ 분산투자하고 길게 보고 투자하자. ⑨ 과도한 위험에 노출되지 말자.

주식투자의 판단지표로서 주가수익비율과 주가순자산비율이 있다. 주가수익비율

그림 10.3 한국거래소 초기화면

23 위키피디아 참조.

24 윤재수, 『대한민국 주식투자 100년사』, 길벗, 2015. p.468~473.

이란 주가를 법인세 공제 후 1주당 순이익으로 나눈 것으로 동 수치가 낮을수록 이익에 비해 현재의 주가가 저평가되었다고 말할 수 있다. 배당수익률은 어떤 주식에 투자할 경우 그 투자자금이 배당에 의하여 연간 어느 정도의 수익을 실현시킬 수 있는가를 나타내는 지표로서 정기예금이나 회사채 등 주식 이외의 투자대상과의 수익성 정도를 비교하거나 증권거래소에 상장된 여러 종목의 주가 수준을 상호 비교할 때 이용되는 주식투자 판단지표이다.

채권수익률은 채권투자에서 만기까지 얻게 되는 현금흐름의 현재가치와 채권의 시장가격을 일치시켜주는 할인율로서 채권의 투자성과를 평가하는 척도이다. 채권가격과의 관계는 반비례한다.

채권유통시장은 이미 발행된 채권이 투자자들 사이에 매매되는 시장으로 한국거래소에 상장된 채권만이 거래되는 유가증권시장(장내시장)과 상장여부에 관계없이 주로 증권회사 창구를 통해 거래되는 장외시장으로 구분되는데, 주식유통시장과 달리 장외시장의 거래비중이 높다는 특징이 있다.

자산은 실물자산과 금융자산으로 나누어진다. 실물자산은 대체로 당장의 효용을 얻고자 소유하는 자산이며 금융자산은 당장의 효용을 희생하는 대신 미래에 '더 큰' 자산을 얻고자 함을 목적으로 하고 있다. 희생에 대한 보상이 수익(yield), 수익률(%)이 중요하게 작용한다. 현금, 예금, 어음, 채권, 주식을 5대 금융자산이라고 부른다. 유동성(流動性, liquidity)은 현금, 예금, 어음, 채권, 주식 순이고 수익성(收益性)은 그 반대다. 안전하고도 수익성이 높은 자산은 존재하지 않는다. 유통성과 수익성 사이에서 상충관계가 있고 둘 중의 하나 혹은 적절한 비율을 선택해야 한다. 젊을 때와 나이 들어서 선택 비율이 달라져야 하는데, 100에서 자신의 나이를 뺀 값을 수익성 쪽에 투자하는 것을 권하고 있다. 예를 들어 40대는 자산의 60%를 수익자산에, 40%는 안전자산에 투자하는 것을 권하고 있다. 70세라면 자산의 30%를 수익자산에, 70%는 안전자산에 투자하는 것을 권하고 있다. 또 최근 디지털 기술의 눈부신 발전으로 인해 NFT(Non Fungible Token)[25]와 같은 신종 투자 대상도 등장하고 있다.

25 '대체 불가능한 토큰'으로, 특정 자산을 블록체인에서 확인할 수 있도록 기록하여 고유성을 가진 디지털 파일을 의미한다. NFT는 이 세상에 하나밖에 존재하지 않는 정품 인증서의 디지털 버전이라고 볼 수 있다.

이러한 변화는 판단을 복잡하고 어렵게 만든다. 그럼에도 불구하고 은행이자율보다 수익률이 더 높은 곳이라며 투자를 권한다면 투자하기 전에 고민에 고민을 해 봐야 한다.

미국의 3대 증시지수: 다우 존스, S&P500 지수, 나스닥

다우 존스 산업평균지수(産業平均指數, Dow Jones Industrial Average, DJIA)는 월스트리트 저널 편집자이자 다우존스앤컴퍼니(Dow Jones & Company)의 공동창립자 찰스 다우(Charles Dow, 1851~1902)가 창안한 주가 지수이다. 오늘날 다우지수는 미국의 증권거래소에 상장된 30개의 우량기업 주식 종목들로 구성된다. 주식분할이나 다른 조정의 효과를 상쇄시키기 위하여 다우지수는 주가 수익률의 산술평균을 사용한다. 산술평균에서는 개별기업 수익률의 총합을 회사 또는 기업의 개수로 나누는 수익률 평균 방식을 따른다.

S&P500지수는 국제 신용평가기관인 미국의 스탠더드 앤드 푸어스(Standard and Poors, 약칭 S&P)가 작성한 주가 지수이다. 스탠더드 앤드 푸어스는 무디스(Moody's), 피치(Fitch) 등과 함께 세계 3대 신용평가 기관으로 불리고 있다. 시총 기준 500대 우량기업을 추린 뉴욕 증시의 지수이며, 시가총액 3조 달러 등극을 목전에 둔 애플을 포함한 7개 빅테크 기업을 'M7(magnificient seven, 훌륭한 7개 주식)'이라고 부르고 있다. 애플과 알파벳(구글), 마이크로소프트(MS), 아마존, 메타, 테슬라, 엔비디아 등이다. 이들 7개 기업 주식이 S&P500지수 시총에서 차지하는 비중은 33%를 넘어섰다. 여기에서도 양극화가 나타난다.

나스닥(NASDAQ, National Association of Securities Dealers Automated Quotations)은 1971년 전미증권업협회(NASD, National Association of Securities Dealers) 주최의 세계 최초 전자주식거래소로서 설립된 증권거래소이다. 처음에는 장외시장이었는데 무섭게 성장하면서 장내시장으로 인정받게 되었다. 미국의 벤처기업들이 자금 조달을 쉽게 할 수 있도록 시스템을 갖추었다.

세계 최대 신흥기업을 위한 주식시장으로, Apple이나 Microsoft 등 하이테크 기업이나 IT 관련 기업의 비중이 높다. 시가총액은 뉴욕증권거래소(NYSE)에 이어 2위를 기록하고 있다. 나스닥의 성공에 다른 나라들도 자극을 받아 우리나라에서는 코스닥이 탄생하였다.

5. 토지시장

토지서비스의 특징

먼저 수요 측면에서 토지서비스의 특징을 살펴보기로 하자. 첫째, 고가(高價)의 재화다. 둘째, 거주에 꼭 필요한 필수재이다. 셋째, 자본이득 혹은 자본손실이 발생한다. 따라서 단순히 거주 수요 이상의 투기적 수요가 늘 존재한다. 불로소득을 낳을 가능성이 있는 반면 지가가 폭락할 위험성도 상존하는 재화이다. 넷째, 정보의 비대칭성이 현저하다.[26] 다섯째, 소득이나 재산에 차지하는 비중이 매우 크다. 여섯째, 지역성이 강하다.

이번에는 공급 측면을 살펴보기로 하자. 첫째, 다양한 용도로 쓰일 수 있다. 둘째, 일정한 장소에 영원히 이동하지 않고 존재한다. 비이동성(非移動性)을 들 수 있다. 셋째, 이질성(異質性)이 강하다. 토지 한 단위, 한 단위가 세상에서 유일한 재화이기 때문에 독점재이다. 소유자는 자연히 독점공급자가 된다. 소위 '알박기'가 이 성질을 악용한 예이다. 그래서 불과 몇 미터 거리에 있어도 가치의 차가 상당하다. 주변의 토지는 독점적 경쟁시장과 유사한 면을 보이는 측면도 있지만 독점력을 갖는 토지가 있으며 이에 대한 수요는 더욱더 비탄력적이다. 그래서 부동산에서는 언제나 "첫째도 위치, 둘째도 위치, 셋째도 위치"라며 위치의 중요성을 강조한다.[27] 넷째, 공급이 매우 고정적이다. 간척사업으로 약간의 증가를 가져올 수 있지만 매우 제한적이다. 마지막으로 영속성(최고의 내구재)을 갖는다.

26 정보의 비대칭성을 없애기 위해 공인 부동산중개업자 제도를 두고 있다. 하지만 공인 중개업자들이 너무 많고 체계적인 관리가 되지 않아 2023년 전국을 강타한 빌라 전세 사기 사건 발생의 한 요인으로 평가받고 있다.

27 김경환 손재영, 『부동산 경제학』, 건국대학교 출판부, 2021, p.53.

토지서비스에 대한 수요

노동시장론에서 노동에 대한 수요는 파생수요이고 임금은 노동의 한계생산물가치와 같음을 확인한 바 있다. 같은 논리가 토지서비스 가격, 즉 지대(地代) 결정이론에도 적용된다. 토지서비스에 대한 수요 분석 역시 수확체감의 법칙에 적용받는다는 가정하에서 출발한다.

토지서비스의 한계생산물 가치 = 지대(r)[28]

토지서비스의 한계생산물 가치 = 토지서비스의 한계생산물 ×

토지에서 생산되는 재화의 가격

토지서비스의 수요곡선은 〈그림 10.4〉에서 보는 바와 같이 우하향하는 곡선으로 그려진다. 토지의 가치(지가)는 매 기간 받는 지대를 현재가치화한 것이다.[29]

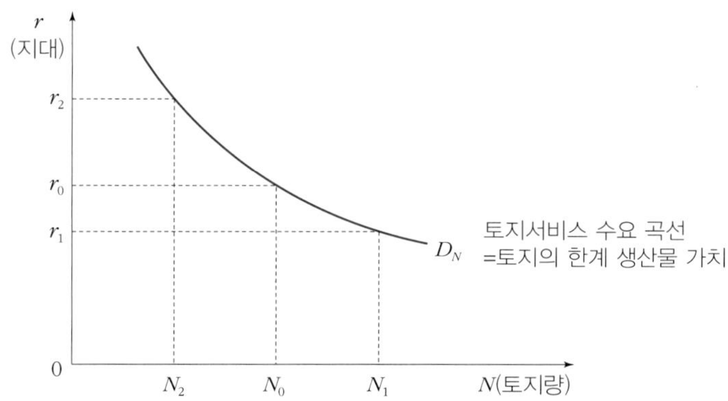

그림 10.4 토지서비스의 수요곡선

28 지대를 토지서비스의 대가로서 한정하지 않고 공급이 고정된 생산요소에 대한 보수를 통칭하는 개념으로 사용하고 있다. 지대추구행위(rent-seeking)란 사회 전체의 잉여를 증대시키지 않으면서 특정 개인이나 집단의 잉여를 증가시키기 위해 특권을 추구하는 행위를 말한다. 그들은 관료들에게 뇌물을 준다든지 로비활동을 하는 등 지대를 계속 얻고 유지하고자 자원을 낭비하게 된다. 사회 구성원들이 지대추구에 몰두하는 사회를 지대추구사회라고 부르고 있다.

29 경제학자들은 토지 서비스의 대가인 지대라는 용어와 함께 경제적 지대도 사용하고 있다. 경제적지대란 토지 사용이나, 토지공급처럼 총 공급량이 고정되어 있는 자원의 이용에 따라 지불되는 가격을 의미한다.

토지서비스에 대한 공급

국가 전체적으로 보면 토지서비스의 총공급은 고정되어 있으나 도시용 토지 또는 주거용 토지 등 특정 요소의 토지에 대한 공급은 지가변화에 따라 변하고 있다. 토지 공급자도 이윤극대화 조건하에서 행동한다고 가정하면 다음이 성립한다.

토지서비스의 한계비용 = 지대

토지서비스의 공급곡선은 〈그림 10.5〉에서 보는 바와 같이 일정 범위까지는 우상향하고 그 이상부터는 수직인 선(완전 비탄력적인 공급)으로 그려진다. 공급에 지역성이 강하고 물리적 한계가 뚜렷하기 때문이다. 토지는 비옥도와 위치에 따라 가치면에서 큰 차이가 난다.

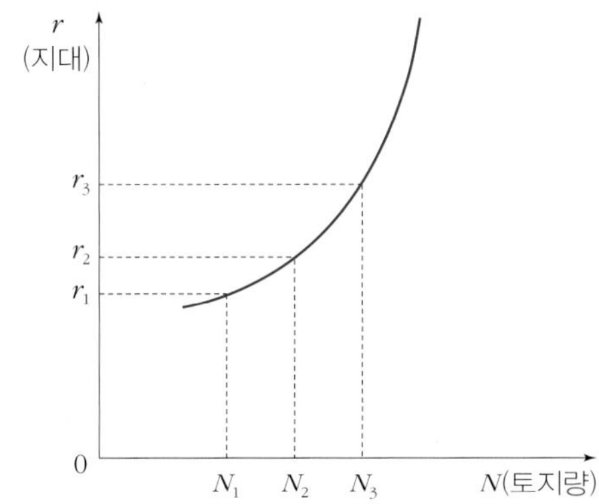

그림 10.5 토지서비스의 공급곡선

지가의 결정[30]

지대도 시장에서 수요공급에 의해 결정된다. 〈그림 10.6〉에서 보듯 우상향하는 영역에서는 E_0에서 균형을 이루고 지대(r_0)에 토지량(N_0)이 거래되고 있다. 만약 수요가 완전 비탄력적인 공급으로까지 상승한다면(D_1로 이동) 지대는 r_1으로 상승하고 토지

30 노형규·정의철 공저, 『도시 경제학』, 한국방송통신대학출판부, 2018, p.143~146.

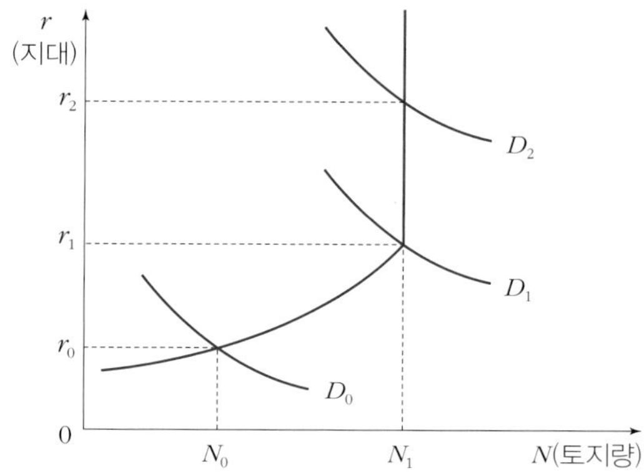

그림 10.6 토지서비스 시장의 균형

량(N_*)이 거래된다. 여기에서 다시 수요가 증가한다면(D_2로 이동) 거래되는 토지량(N_*)은 변화가 없고 지대만 r_2로 상승한다. 고정된 자원의 가격은 완전히 수요측 요인에 의해 결정되는 스포츠 경기장이나 공연장에서 볼 수 있는 암표 결정이나 슈퍼 스타 현상과 같은 결과가 나타난다.

지대와 지가의 관계를 알아보기로 하자. 논의를 단순화하기 위해 지대소득은 토지에 대한 세금이나 비용을 모두 뺀 순소득이라고 가정해 보자.[31]

할인율을 i라고 할 때, 토지에서 매년 y만큼의 (순)지대소득을 얻는다고 하자. 또 이 토지를 영구히 소유하고 이용한다고 해보자. 토지소유자가 토지로부터 얻을 수 있는 지대소득의 현재가치(V_L)는

$$V_L = \frac{y}{(1+i)} + \frac{y}{(1+i)^2} + \cdots = \frac{y}{i}$$

이다. 이 금액이 토지가격 혹은 지가가 된다. 만약 현재 토지가격(P_L)이 V_L보다 높다면 토지를 구입하지 않을 것이고 현재 토지가격(P_L)이 V_L보다 낮다면 토지를 구입할 것이다.

토지는 생산요소로서도 역할을 하지만 중요한 보유자산의 한 형태이다. 앞에서와 같은 가정하에서 1년 후 $a \times 100\%$로 가격이 상승하는 토지가 있다면 이 토지의 1년

31 토지에 대한 세금이나 토지개량에 드는 비용 등은 없다고 가정해도 된다.

수익률은 $\frac{y+\alpha V_L}{V_L}=\frac{y}{V_L}+\alpha$가 된다.

자산소유자가 1년간 자산을 토지에 투자할까 다른 자산에 투자할까를 고민할 때, 다른 자산에 대한 수익률(i)은 토지의 1년 수익률과 같을 때 균형이 된다. 즉, $i=\frac{y+\alpha V_L}{V_L}=\frac{y}{V_L}+\alpha$이 되고 $V_L=\frac{y}{i-\alpha}$가 된다. 다른 자산의 수익률(i)이 높을수록 토지가격(V_L)은 낮아지고, 지대소득(y)과 토지가격 상승률($\varnothing \times 100\%$)이 높을수록 토지가격(V_L)은 높아진다. 지대소득흐름을 현재가치로 환산할 때 사용하는 할인율로 다른 자산에 대한 수익률을 이용하는 경우 그 결과는 자산시장의 균형을 반영한다.

만약 지대소득이 매년 $\varnothing \times 100\%$ 비율로 증가할 것이라고 예상된다면 토지가격(V_L)은 $V_L=\frac{y}{(1+i)}+\frac{(1+\alpha)y}{(1+i)^2}+\frac{(1+\alpha)^2y}{(1+i)^3}+\cdots=\frac{y}{i-\alpha}$가 된다.

만약 1년간 토지가격이 년 $\varnothing \times 100\%$ 상승하는 가운데 토지를 이용하고 매각하는 경우 토지가격(P_L)은 $V_L=\frac{y}{(1+i)}+\frac{(1+\alpha)V_L}{(1+i)}$, $V_L=\frac{y}{(i-\alpha)}$으로, 매각시점과 관계없이 토지가격이 결정된다.

현실적으로 토지보유와 양도에 대해 세금이 부과되고 위험 프리미엄을 고려할 때의 토지가격을 구해보자.

다른 자산투자수익에 대한 세율을 t, 토지보유에 대한 실효세율을 t_1, 토지양도에 대한 실효세율을 t_2, 토지가격당 위험 프리미엄을 $\varnothing$라고 나타낼 때 자산시장의 균형 조건은

$$(1-t)i=\frac{y-t_1V+(1-t_2)\alpha V-\rho V}{V}$$

이고, 토지가격은

$$V=\frac{y}{(1-t)i+t_1-(1-t_2)\alpha+\rho}$$

가 된다.

지대가 클수록, 다른 자산에 대한 세후 수익률이 낮을수록, 보유세나 양도세 실효세율이 낮을수록, 토지가 상승에 대해 예상률이 높을수록, 토지투자에 대한 위험프

리미엄이 작을수록 지가는 높아진다.

토지시장과 정부개입의 필요성

첫째, 토지시장은 완전경쟁시장이 될 수 없다. 완전경쟁시장은 현실에서 보기 어려운 시장이지만 벤치마킹할 수 있는 유용한 기준이다. 실제 공급자도 수요자도 그렇게 많지 않다. 동네 부동산 중개업소에 가보면 매물로 나온 토지가 많지 않음을 알 수 있다. 없는 물건이 없고 거래도 빈번하게 일어나는 바로 옆의 편의점과 비교해 보면 그 차이를 선명하게 느낄 수 있다. 토지거래가 빈번하지 않기 때문에 정보가 빈약하다. 토지 소유자와 수요자 간의 정보의 비대칭성도 상당하다. 지역성이 강하기 때문에 근처에 비슷한 토지가 있다면 약간의 대체성이 있긴 하지만, 여전히 다른 재화와 비교하면 매우 약하다. 즉 원천적으로 불완전경쟁시장이다.

둘째, 외부효과가 크다. 어떤 경제주체의 행동이 제3자의 효용이나 비용에 직접적인 영향을 주는 경우를 실질적 외부효과라고 정의 내릴 수 있다. 동네에 큰 다중이용시설(쇼핑몰, 병원 등)이 들어서면 교통, 주차, 매연 등 근처 주민들에게 피해를 가져다주는 측면도 있다. 실질적 부정적 외부효과이다. 그렇지만 이 시설로 인해 편리성이 증가하는 측면도 있어 주변 건물이나 아파트의 값이나 임대료가 상승하는 금전적 외부효과가 발생하기도 한다. 소위 '개발호재'라는 용어로 쓰인다. 이 효과는 아파트 가격 혹은 임대료를 통해 간접적인 영향을 받는다. 시장범위 내에서 영향을 주고받는다는 점에서 성격이 다르다.

셋째, 토지에 관한 거래는 법적보호를 받는다. 하지만 법의 허점을 노리는 거래도 있으며 법이 악용되는 경우도 있다. 넷째, 소득·재산 분배의 형평성에 결정적인 요인이다. 다섯째, 토지가격은 중요한 거시변수이다. 금융기관과 연계되는 경우가 일반적이고 토지시장이 붕괴되면 금융불안, 나아가 경제 전체가 위기에 빠질 수도 있다. 2008년 미국 서브프라임 사태가 대표적인 예이다. 토지가의 상승은 실질 자산효과를 감소시켜 소비침체, 경지침체로 이어질 수 있다. 건설업과 관련이 깊기 때문에 일자리에도 직간접적인 영향을 끼친다.

짐 싸는 대부업체[32]

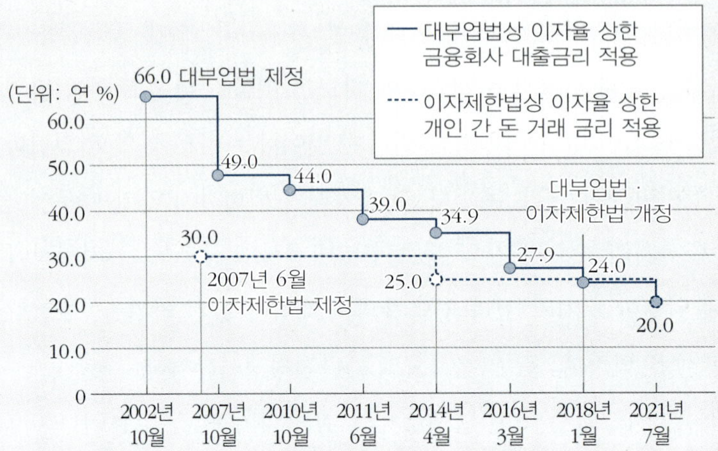

그림 10.7 법정 이자율 상한 변화 (자료: 금융위원회 등)

대부업 시장점유율 30%로 1위인 러시앤캐시가 대출잔액 1조 3천억 원을 OK저축은행에 채권 모두 이전 승계하기로 결정하였다. 2002년 10월 대부업법이 제정되어 대부업상 법정이자율 상한을 적용받고 있다. 시행령으로 정해지며 2023년에는 연 20%이다. 2002년 10월 66%이던 이자율이 20%로 하락하였다. 최고금리의 역설이 발생하고 있다(〈그림 10.7〉 참고).

이유는 수입원인 대출금리는 20%로 고정되어 있는데, 조달금리는 기준금리의 상승에 따라 상승하였고 따라서 예대율(預貸率)이 크게 감소하였기 때문이다. 또 저신용자 미상환 리스크까지 겹치면서 경영수지를 악화시켰기 때문이다. 저신용자들을 불법사금융시장(不法私金融市場)으로 모는 꼴이 된다. 2022년 대부금융협회에 의하면 사채피해가 6,712건에 달하고 평균이자율은 무려 414%에 달한다고 한다. 시장금리의 변화에 따라 유연한 운영이 필요하며 정부의 서민금융제도 확대가 절실히 필요하다고 본다.

---

32 KBS 2TV 해볼만한 아침 2023년 6월 8일 방송내용을 참고하였음.

연습문제

토론(같이 생각하고 이야기해 보기)

1. 고사성어 조삼모사의 의미를 시간 할인을 도입하여 설명하시오. 과연 원숭이가 어리석다고만 할 수 있는가?
2. 자기 주변에서 있었던 예타 사업(예를 들어 대전시 도시철도 2호선, 세종 KTX 역 등)에 대해 토론해 보자.
3. 지대가 결정되는 원리와 공산품 가격 결정의 공통점과 차이점을 토론해 보자.

○×문제

1. 채권수익률과 채권가격은 정비례한다. (　　)
2. 실질이자율과 실효이자율은 같은 개념이다. (　　)
3. 이자율과 주가는 반대 방향으로 움직인다. (　　)

단답형 문제

1. 처음 원금의 7% 이자로 복리로 계산하면 10년 후 2배가 되는 법칙을 무엇이라고 부르는가?
2. 채권의 현재가치는 미래 현금흐름인 (　　　)와 원금의 현재가치의 합이다. (4글자)

용어설명

1. 70법칙이란?
2. 할인인자란?
3. 지대추구란?
4. 코스닥과 나스닥이란?

주관식 문제

1. 1626년 24달러였던 맨하탄 값을 5%의 단리와 복리로 계산하시오.

2. IRR, NPV, BC비 중 하나를 택하여 개념을 설명하고 투자의 기준을 제시하시오.

3. 채권수익률과 채권가격과의 관계를 설명하시오.

4. 연 이자율이 10%일 때 어떤 프로젝트의 현금흐름이 0기 100만 원, 1기 120만 원, 2기 150만 원, 3기 200만 원, 4기 200만 원, 5기 150만 원이라고 하자. 0기를 기준 시점으로 하여 각 연도의 현금에 대한 현재가치를 구하시오. 또 이 프로젝트의 현재가치를 구하시오.

5. 아래와 같은 편익과 비용이 발생하는 공공 프로젝트에 대해 투자 여부를 판단하시오. 이때 할인율 10%라고 하자.

연도	편익	비용	순편익
0	0	20	−20
1	0	20	−20
2	30	15	15
3	40	15	25
4	40	18	22
5	30	20	10

(1) 이 프로젝트 수익의 현재가치는 얼마인가?
(2) 이 프로젝트 비용의 현재가치는 얼마인가?
(3) NPV를 이용하여 이 기계의 구입 여부를 결정하시오.
(4) IRR을 이용하여 이 기계의 구입 여부를 결정하시오.
(5) 편익(B)/비용(C) 비율은 얼마인가?

제11장

시장실패: 정부와 기업

1. 시장실패와 정부의 역할
2. 독과점정책
3. 공공재
4. 외부효과
5. 정보의 비대칭성
6. 공유자원의 비극

"정부와 시장 간의 선택의 문제는 강조와 정도(emphasis and degree)의 문제라는 결론에 도달하게 된다."

– 찰스 울프(Charles Wolf Jr.)[1]

"차를 렌트한 소비자는 렌터카를 세차하지 않는다."

"그러나 국가 경제와 비즈니스는 동일한 주제가 아니다. 어느 한쪽의 전문가가 다른 한쪽의 전문가가 되기는커녕 이해할지도 장담할 수 없다. 성공한 기업가가 군사 전략가가 될 가능성보다 경제 전문가가 될 가능성은 더욱 없다."

– 폴 크루그먼(Paul R. Krugman, 2008년 노벨경제학상 수상자)[2]

---

1 Charles Wolf,Jr., 『Markets or Government: Choosing between Imperfect Alternatives』, MITpress, 1988, p.152.

2 폴 크루그먼, 『국가는 회사가 아니다』, 유중 옮김, 스마트비즈니스, p.94.

옆집 덕에… 싱글벙글[3]

2021년 더현대 서울이 들어서자 500m 남짓 떨어져 있는 IFC몰까지 핫플레이스로 부상하고 있다. IFC몰은 지난해 매출이 전년 대비 60% 늘었고 영업이익은 20% 증가하는 등 2012년 오픈 이래 최고 실적을 기록했다. 코로나19 사태 이전인 2019년과 비교해도 30% 매출이 증가했다.

IFC몰 관계자는 "'더현대 서울 방문 고객들이 바로 옆 IFC몰까지 자연스럽게 둘러보면서 낙수효과를 얻은 게 사실"이라며 "주말이면 휑하던 여의도 비즈니스 상권이 주중은 물론 휴일에도 붐비고 있다"라고 말했다. IFC몰처럼 잘 나가는 '옆집' 덕분에 시너지 효과를 톡톡히 누리는 곳들이 최근 눈길을 끈다. 딱히 마케팅 비용을 들이지 않았는데 새로 이사 온 옆집이 붐비면서 덩달아 매출이 대폭 오르고 있어서다.

> "돈은 내가 벌려고 해서 벌려지는 것이 아니라 남이 벌어다 줘야 진정한 부자 소리를 듣는다."

더현대

IFC몰

그림 11.1 더현대와 IFC몰

3 경향신문 2023년 5월 29일 기사를 참고하였음.

1. 시장실패와 정부의 역할

시장실패

1) 시장실패의 정의와 원인

시장실패(市場失敗, market failure)란 시장에 의해 효율적인 자원배분이 이루어지지 않는 경우를 일컫는다. 4가지 경우가 있다. 시장실패의 발생 원인으로 독과점, 정보의 비대칭성, 외부효과, 공공재를 들고 있다. 정부가 시장실패를 보정(補正)하기 위해 개입하게 된다.

① 독과점(獨寡占): 독과점자가 한계비용 이상으로 가격을 설정함으로써 효율적인 자원배분이 달성되지 않는다. 사회 최적생산량보다 적게 생산된다.

② 외부효과(外部效果, externality): 거래 당사자가 아닌 다른 사람에게 의도하지 않은 편익이나 비용을 발생시키는 경우이며 그 편익이나 비용에 대해 대가를 서로 주고받는 일이 없어야 한다. 내부는 시장을, 외부는 시장 밖에 있음을 의미한다. 긍정적 외부효과일 때는 사회 최적생산량보다 적게 생산되고 부정적 외부효과일 때는 사회 최적생산량보다 많이 생산된다.

③ 공공재(公共財, public goods): 어떤 경제주체에 의해 생산이 이루어지면 그로 인한 혜택이 집단구성원 모두에게 돌아가는 재화나 서비스로 국방, 법률, 치안, 공중파 방송 등을 들 수 있다. 비경합성(非競合性)과 배재성(非排除性)을 특징으로 하고 있다. 무임승차자(無賃乘車者)가 생겨 사회 최적생산량보다 적게 생산된다.

④ 정보(情報)의 비대칭성(非對稱性, asymmetry): 거래자 간의 정보의 차이로 인해 효율적인 자원배분이 달성되지 않는다. 사회 최적생산량보다 적게 생산되거나 시장거래 자체가 이루어지지 않는 경우도 발생한다.

2) 정부실패

정부의 경제활동은 크게 3가지로 나눌 수 있다.[4] 규칙의 집행자, 규칙의 입안자, 경제행위자이다.

① 규칙의 집행자: 시민권의 보호와 재산권의 보호다. 국방이라는 것 또한 한 정부가 자신의 규칙을 다른 정부에게 부과하지 못하도록 하기 위함이다. 규칙의 집행에 포함될 수 있다. 또 세금은 잉여 생산물의 일부를 전유할 수 있는 정부의 권한을 기초로 징수되며 이러한 권한은 규칙을 집행하는 기능을 지원한다. 정부는 규칙을 어기는 사람을 처벌할 수 있는 권한을 갖는다.

② 규칙의 입안자: 입법, 사법, 행정 모두 이 기능을 하고 있다. 게임의 규칙을 바꾸는 이 모든 변화는 경제가 작동하는 방식도 바꾼다. 노동법, 최저임금법, 공정거래법, 세법 등 경제활동을 조장 혹은 규제하기 위한 법들이 있다(〈표 11.1〉 참고).

③ 경제행위자: 정부가 재화나 서비스의 생산자, 미시경제적 규제자, 거시경제적 규제자, 그리고 소득과 다른 자원의 분배자로서의 역할을 수행한다. 직간접적으로 기업을 비롯한 경제주체의 행동에 영향을 미친다.

표 11.1 형법과 특별법에서 규정된 경제범죄

구분		
형법	• 신용·업무와 경매에 관한 죄(제34장)	• 권리행사방해죄(제37장)
	• 절도·강도죄(제38장)	• 사기 공갈죄(제39장)
	• 횡령·배임죄(제40장)	• 장물죄(제41장)
	• 손괴죄(제42장)	• 통화위조죄(제18장)
	• 문서위조죄(제20장) • 유가증권위조죄(제19장) • 인장위조죄(제21장)	
특별법	• 특정경제범죄가중처벌에 관한 법률	

4 대표적인 미시정책으로 특정 산업, 업종 혹은 업태를 특별히 지원·육성하고자 하는 정책으로 기존 산업을 지원하거나 새로운 산업의 발전을 촉진하기 위한 산업정책(産業政策, industrial policy), 독과점 금지 혹은 규제, 공정거래 촉진을 목적으로 하는 산업조직 정책(경쟁정책), 중앙정부가 물가 및 임금의 상승률에 대해 일정한 지표를 작성하여 이를 각 경제 단위에 제시하여 그에 따르게 함으로써 물가 및 임금의 상승을 억제하려는 반 인플레이션 정책의 하나인 소득정책(所得政策, income policy)을 들 수 있다.

브루스 올마이티

영화 〈브루스 올마이티〉에서 늘 세상에 불만이 있던 주인공 브루스(잼 캐리 분)는 일주일 동안 '신(God)'이 된다. 자기 마음대로 세상을 들었다 놨다 하지만, 경제 문제와 애정 문제에 대해서는 마음대로 되지 않는다. 물론 영화의 설정이긴 하지만, 이처럼 신도 전지전능하지 못한 마당에 시장이나 인간이 완벽하게 통제할 수 있겠는가? 시장실패, 정부실패는 어쩔 도리 없이 일어날 수밖에 없는 일인 셈이다.

정부는 시장실패를 보정(補正)하기 위해 법과 제도, 보조금지급, 과세 등으로 개입하고 있다. 하지만 정부의 개입이 오히려 더 비효율적인 자원배분을 낳을 수도 있다. 시장실패가 정부의 시장개입에 대한 필요조건은 되지만 충분조건은 될 수 없다는 사실도 명심하여야 할 것이다. 이렇게 정부에 의한 실패를 '정부실패(政府失敗, government failure)라고 부른다.[5]

정부도 사람의 집합체이기 때문에 완전할 수는 없다. 정책결정자들이 이해관계자에게 포획(捕獲, captured)되기도 한다. 또 정부가 아무리 자비롭고 비이기적이라고 할지라도 정보 부족과 집단적 의사결정과정에서 발생하는 정부실패는 근원적으로 치유하기 어렵다. 정부실패의 원인으로는 규제자의 불완전한 지식과 정보, 시차의 가변성, 규제 수단의 불완전성, 규제의 경직성, 근시안적인 규제, 관료제도의 문제, 규제자의 개인적 편견이나 권한 확보 욕구, 정치적 제약 등을 들 수 있다.

2. 독과점정책

개관

대한민국 헌법 제119조 ②항에는 국가는 균형 있는 국민경제의 성장 및 안정과 적정한 소득의 분배를 유지하고, 시장의 지배와 경제력의 남용을 방지하며, 경제주체간의 조화를 통한 경제의 민주화를 위하여 경제에 관한 규제와 조정을 할 수 있다고

5 조장(助長)이라는 고사성어에 해당한다.

표 11.2 공정위의 기능 (자료: 공정거래위원회)

기능	정책 분야	주요 내용
경쟁 촉진	경쟁 정책	시장지배적 지위 남용, 담합, 경쟁제한적 M&A 등 시정
경제력 집중 방지	대기업집단 정책	대규모 기업집단 소유구조 개선 및 부당 내부거래 사익편취 등 시정
대·중소기업 간 공정거래 질서 확립	기업거래 정책	대기업의 거래상 지위 남용으로부터 중소기업 보호
소비자 권익 증진	소비자 정책	소비자 역량 강화 및 소비자 피해 예방 구제

규정하고 있다. 이 헌법 조문에 근거하여 제정된 법이 「독점규제 및 공정거래에 관한 법률」이다.[6]

우리나라에서 독과점정책을 전담하는 정부조직은 공정거래위원회(www.ftc.go.kr)이다. 1980년 제정된 「독점규제 및 공정거래에 관한 법률」을 주로 담당하는 합의체 기구이다. 공정거래위원회는 위원장 1인 및 부위원장 1인을 포함한 9인의 위원으로 구성되며, 그중 4인은 비상임위원으로 한다. 경제검찰이라는 별칭을 가지고 있다.[7]

우리나라 공정거래법은 일괄적인 금지보다 각각의 사안에 대해서 한층 유연한 정책적 접근을 선호하고 있다. 이러한 접근은 단순하게 시장지배력 자체가 공공의 이익에 반한다는 논리에 바탕을 두는 것이 아니고 사안에 따라서 충분히 규제의 내용이 달라질 수 있음을 의미한다.[8]

시장지배력 측정과 사업자 단체

경쟁 측정지표로 여러 가지가 있다. 가장 중요하고 보편적인 지표가 해당 기업의 시장점유율(market share, S_i)이다. 해당 시장 전체 매출액에서 특정 기업이 차지하고 있는 매출액의 비율을 구한 것이다. S_i는 (특정 기업의 매출액/시장 전체 매출액) ×

6 「독점규제 및 공정거래에 관한 법률」을 공정거래법이라고 약칭으로 부르고 있다.

7 공정위의 심결에 이의가 있는 경우 행정재판으로 진행되는 바, 1심 법원은 서울고등법원소관이다. 즉 공정위에서 심결한 결정은 한 번 재판을 한 것으로 간주한다. 따라서 법원에서는 두 번 재판하게 된다.

8 이러한 입장은 구조론이나 행동론, 어느 일방의 주장만을 수용하지 않고 사안에 따라 적절히 대처하는 유연한 태도라고 평가할 수 있다.

100으로 계산된다. 독점기업은 100으로 계산된다. 다음으로는 상위 k 기업집중률(concentration rate, CR_k)이다. 매출액 크기로 기업을 순위를 매긴 후 상위 k번째 기업의 시장점유율을 단순하게 합한 값이다. 우리나라에서는 상위 3대 기업집중률을 이용하고 있다. $CR_k = \sum_{i=1}^{k} S_i$, $CR_3 = \sum_{i=1}^{3} S_i$으로 계산된다.

다음으로는 허핀달-허쉬만지수 HHI(Herfindahl-Hirschman Index)가 널리 사용되고 있다. 시장에 참여하는 모든 기업의 시장점유율을 제곱한 값의 합이다. 각 기업의 시장점유율(S_i)이 가중치 역할을 한다. 점유율이 높은 기업에 더 높은 가중치가 부여되기 때문에 상위기업의 지배력을 보다 현실감 있게 나타내는 장점을 가지고 있다. 경쟁기업의 수가 적으면 HHI 수치가 높고, 경쟁기업의 수가 많으면 HHI 수치는 낮아진다. 우리나라 공정거래위원회에서는 HHI가 100~1,000이면 '집중도가 거의 없는 시장', 1,000~1,800은 '경쟁적인 시장', 1,800~4,000은 '과점적 시장', 4,000 이상이면 '독점적 시장'으로 분류한다.

$$HHI = \sum_{i=1}^{N} s_i^2 \qquad EV = \frac{1}{HHI}$$

EV(numbers of equivalent, 동등규모기업체수)는 HHI의 역수로 계산된다. 만약 20개의 기업이 참여하고 있는 시장에서 HHI가 0.33로 계산되었다고 하자. EV는 3이 될 것이다.[9] 이 시장은 실제로 많은 기업(20개의)이 참여하고 있다고 할지라도 같은 규모를 갖는 3개의 기업이 경쟁하고 있는 것으로 간주할 수 있다.

사업자 단체(trade association)란 그 형태 여하를 불문하고 2인 이상의 사업자가 공동의 이익을 증진할 목적으로 조직한 조합, 협회 등의 결합체 또는 이들을 구성원으로 하는 연합체를 지칭한다. 보통 한국유치원 총연합회(한유총), 자동차협회, 석유협회 등과 같이 협회나 연합회라는 명칭을 쓰고 있다.

- 긍정적인 면: 구성사업자의 경영합리화, 시장조사, 기술 향상, 규격개량, 정보의 교환, 공동 선전, 공동연구, 공정경쟁규약 등 해당 산업의 전반적인 경쟁 여건을

9 $EV = \frac{1}{HHI} = \frac{1}{0.33} = 3$이 계산된다.

개선하며 특히 중소기업 협동조합은 대기업에 대한 길항력(拮抗力, countervailing power)을 배양하고 중소기업의 지위향상과 경제의 균형적 발전에 기여한다.

- 부정적인 면: 결합이윤 극대화 추구(가격통제, 생산 또는 출하의 조절, 외부 사업자의 참여 배제 등), 특히 특별법에 따라 만들어진 경우 내적 안정성이 더욱 강하다.

공정거래 부문에서 보여주는 결론을 다음과 같이 정리해 보았다. 시장지배력을 갖는 독과점기업은 혼자서 자신에게 유리한 가격, 수량, 거래조건을 제공하여 초과이윤을 얻을 수 있다. 이는 소비자 잉여가 감소함을 의미한다. 예를 들어 H 자동차만 독점력을 행사하는 경우이다. 한 기업 혼자가 아닌 여러 기업이 담합(談合)하여 자신들에게 유리한 가격, 수량, 거래조건을 제공하여 초과이윤을 얻을 수 있다. 이는 소비자 잉여가 감소함을 의미한다. 예를 들어 H 자동차, K 자동차, S 자동차가 담합하여 독점력을 행사하는 경우이다. 또 협회나 연합회를 이용하여 자신들에게 유리하게 성과를 만들 수 있다. 공정위는 개별 기업의 독점, 여러 기업의 담합, 혹은 협회에 의한 담합 등을 감시 규제함으로써 기업의 횡포를 줄이기 위해 노력하고 있다.

3. 공공재

경합성(競合性)과 배재성(排除性)을 기준으로 재화를 〈표 11.3〉에서 보는 바와 같이 사유재, 집단재, 공유재, 공공재로 나누어진다. 경합성이란 한 사람이 재화를 소비하여도 다른 사람이 그 재화를 소비할 수 있는 양이 감소하는 것을 말한다. 배제성이란 대가를 지불하지 않은 사람이 재화를 소비하지 못하도록 막을 수 있는 것을 말한다.

- 순수 사유재(私有財): 대가를 지불하지 않은 사람들을 쉽게 배제할 수 있으며, 한 사람이 소비하면 다른 사람이 소비할 수 없는 재화나 서비스이다.
- 순수 공유재(共有財): 대가를 지불하지 않은 사람들을 쉽게 배제할 수 없으나, 한 사람이 소비하면 다른 사람이 소비할 수 없는 재화나 서비스이다.

표 11.3 사유재, 공공재 및 중간 성격의 재화

		경합성 높음	경합성 낮음
배제성	높음	사유재 (쌀, 라면, 의복, 아이스크림)	집단재 (고속도로, 유료 TV 시청)
	낮음	공유재 (바다의 물고기, 낚시터, 공원)	공공재 (국방, 사법제도, 지구온난화)

- 순수 공공재(公共財, public goods): 상당한 정도의 비경합성과 비배제성을 가지고 있는 재화나 서비스이다.
- 집단재(集團財): 어느 정도 비경합성과 배제성을 충족시키는 재화나 서비스이다.

공공재가 갖는 비배제성으로 인해 개인들은 공공재 생산에 필요한 비용을 부담하지 않고 있다가 생산이 이루어지면 무상으로 이용하는 경향을 보일 수 있다. 이를 무임승차 문제(free-rider's problem)라고 부른다. 소위 '얌체족'이다. 이를테면 동네에 필요한 가로등을 설치하는 데에는 찬성하면서도 돈은 내지 않고, 설치 후에는 마음껏 가로등을 이용하는 사람들이 이에 해당한다. 이러한 문제는 비용을 부담하지 않은 사람의 이용을 제한하는 것이 불가능하거나 비용이 너무 많이 들기 때문에 발생한다. 이런 사정을 아는 소비자들은 공공재에 대한 자신의 선호를 정직하게 알리려고 하지 않고 축소하여 밝힐 것이다. 당연히 사회적 적정수준보다 적게 생산, 즉 과소생산이 이루어지게 된다.

따라서 공공재에 대해 소비자들의 선호가 제대로 반영될 수 있도록 유인제도를 설계하는 것이 중요하다. 또 정부가 나서서 적절히 공급할 수밖에 없다. 그 비용은 공권력에 의존하여 강제로 징수하는 수밖에 없다. 이런 시각에서 보면 국방의 의무도 국방에 대한 수요보다 공급이 부족하여 그 간극을 메우고자 선택한 방법이라고 평가할 수 있다.

공공재와 비슷하지만 다른 재화로 가치재가 있다. 가치재(價値財, merit goods)란 민간에서 생산·공급되고 있으나 이윤극대화 논리에 따라 생산량이 최적 수준에 미치지 못하여 정부가 직접 공급에 개입하는 재화라고 정의할 수 있다. 소비가 경합적이고 배제가 가능하기 때문에 공공재가 아닌 사적재에 속하지만 공공성을 띠는 재화이다. 긍정적 외부 효과가 있고 사인(私人) 간의 거래로 어느 정도 충당할 수 있지만 충분하지 못한 경우에 해당한다. 반드시 개인들이 소비하여야 함에도 불구하고 자신들의 최선의 이익을 위해 행동하지 않은 결과 소비하지 않게 될 수도 있는 재화라고 정의하고 있다.[10]

의무교육, 예방접종, 중고교 급식, 1천 원 아침밥, 책임교통보험, 안전벨트, 무상급식 등이 가치재에 속한다. 코로나19를 겪은 후 공공의료를 가치재로 생각하게 되었으며 내과, 외과, 산부인과, 소아청소년과에 지원자 수가 감소함에 따라 가치재로 부상하고 있다.

반대로는 비가치재(非價値財, demerit goods)도 있다. 담배가 대표적인 예이다. 정부가 개입하지 않은 상태에서 흡연자들은 자신만의 효용 극대화를 추구하여 과다소비가 나타나게 될 것이다. 이렇게 되면 흡연자 본인에게는 물론 부정적 외부경제로 인해 사회적 비용이 발생하게 된다. 정크식품, 매매춘, 알코올성 주류, 도박 등이 이 분류에 속하는 재화나 서비스들이다. 정부는 생산·소비 억제를 위해 세금부과(악행세, sin taxes), 광고와 생산 규제 등의 조치를 취하고 있다.

4. 외부효과[11]

외부효과 정의와 유형

한 경제주체(개인 혹은 집단)의 행동이나 의사결정이 다른 경제 주체에게 혜택을 주거나 비용을 유발할 때 외부효과가 존재한다고 정의하고 있다. 다른 경제 주체에게 혜택을 주는 경우를 긍정적 외부효과(외부경제성)라 하고, 비용을 유발할 때를 부정적 외부효과(외부불경제성)라고 정의하고 있다. 외부효과는 소비에서도 생산에서

10 임봉욱, 『공공경제학(4판)』, 율곡출판사, 2009, p.67.

11 북한에서는 요즈음 과거에 비해 새 영화나 새 드라마가 거의 안 나오는 이유가 "헐리우드 영화나 한국 영화에 길들여져 눈이 높아져 북한 드라마나 영화가 재미가 없다고 잘 안보기 때문"이라고 한다.

도 발생하는 것으로 구분할 수 있다. 4가지 경우가 가능하다.

- 긍정적 외부효과: 경쟁시장에서 과소 생산 및 소비되는 경향을 보인다. 정부가 보조금을 경제 주체에게 주어 더 많이 생산하게 유도한다.
  - 생산에서의 외부경제: 기초과학, 지식재산권
  - 소비에서의 외부경제: 전기차
- 부정적 외부효과: 경쟁시장에서 과대 생산 및 소비되는 경향을 보인다. 정부가 조세를 부과하여 경제주체에게 더 적게 생산하게 유도한다.
  - 생산에서의 외부불경제: 공해(오수, 폐수, 공기오염, 소음 등)
  - 소비에서의 외부불경제: 층간소음, 흡연, 일본의 후쿠시마 오염수(생산에서도 소비에서도 부정적 외부효과)

비용을 사적비용(私的費用, private cost)과 사회적 비용(社會的費用, social cost)으로 구별할 수 있다. 경제행위의 결과 발생한 비용 가운데 그 행위를 한 개인에게만 귀속되는 비용을 사적비용이라고 정의한다. 반면 경제행위의 결과 발생한 모든 비용으로서 경제행위를 한 주체뿐 아니라 다른 경제 주체에게 귀속되는 비용도 모두 합한 것을 사회적 비용이라고 정의한다. 같은 이치로 행위자가 얻는 편익을 사적 편익(私的便益, private benefit), 사회 전체가 얻는 편익을 사회적 편익(社會的便益, social benefit)으로 나누어 정의할 수 있다.

긍정적 외부효과가 있는 곳에는 사적 한계편익 < 사회적 한계편익

부정적 외부효과가 있는 곳에는 사적 한계비용 < 사회적 한계비용

실질적 외부효과와 금전적 외부효과도 구별할 수 있다. 동네에 큰 다중이용시설(쇼핑몰, 병원 등)이 들어서면 교통, 주차, 매연 등 근처 주민들에게 피해를 가져다주는 측면도 있다. 실질적 부정적 외부효과이다. 이런 경우 동네 주민들이 시위를 벌이는 모습을 쉽게 볼 수 있다. 반대로 다중이용시설로 인해 편리성이 증가하는 측면도 있어 주변 건물이나 아파트의 값이나 임대료가 상승하는 금전적 외부효과가 발생하는

경우도 있다. 소위 '개발호재'라는 용어로 쓰이며, 효과는 아파트 가격 혹은 임대료를 통해 간접적인 영향을 받는다. 다만 시장범위 내에서 영향을 주고받는다는 점에서 성격이 다르다. 소위 혐오시설은 금전적 외부불경제를 야기하는 경우라고 볼 수 있다. 다음은 긍정적·부정적 외부경제의 실제 사례이다.

△ 소비에서의 부정적 외부경제를 막기 위해 영국에서는 초등학교 학생들에게 값비싼 학용품을 학교에 가지고 오지 못하게 한다고 한다. 흡연은 소비에서 나타나는 부정적 외부효과의 대표적인 예라고 할 수 있다. "사촌이 땅을 사면 배가 아프다"라는 말은 소비(사촌이 땅을 사는 거래)에서의 부정적 외부효과(내 배가 아픔)를 표현하고 있다.

△ 소비에서의 긍정적 외부경제를 확대하기 위해 각국에서는 전기차 구입자에게 보조금을 지급하고 있다.

△ 생산에서 볼 수 있는 부정적 외부경제의 예로는 화력(석탄)발전소(의 미세먼지)와 국민의 건강을 들 수 있다. 발생자는 소수이고 피해자는 다수인 경우가 대부분이며 인과관계를 특정 짓는 것이 쉽지 않다. 상대적으로 인과관계가 명확했던 예로는 2018년 서울에서 일어난 사건으로 소위 먹자골목 직화구이 식당(연기와 냄새)과 인근 주민과의 갈등이었다. 발생자와 피해자 모두 소수이며 인과관계를 특정하기 비교적 쉬운 사례에 속한다. 냄새나 먼지를 제거하는 기기(器機)가 비싸 영세업자와 서민 간의 갈등이 지속된 것이다. 서울시에서는 각 식당(10개 업체 혜택)에 1억 5천만 원 보조금을 주어 이 문제를 슬기롭게 해결하였다.[12]

부정적 외부효과에 대한 규제

부정적 외부효과에 대해 직접규제는 정책당국이 설정한 환경규제를 오염원들이 의무적으로 지키게 하는 환경정책 수단이다. 정책당국에는 많은 재량권을 부여하지만 오염원 입장에서는 지나치게 경직된 제도라는 비판을 면하기 어렵다. 모든 오염원에 경제적 인센티브를 제공하여 오염원 스스로가 배출량이나 배출 방법을 선택하게 하

12 JTBC 2019년 1월9일 뉴스를 참고하였음.

는 제도로는 배출부과금·보조금 제도와 배출권거래제가 있다.

기업생산에서 발생하는 공해를 줄이기 위한 배출권거래제(排出權去來制, transferable discharge permit system 혹은 marketable emission permit system)에 대해 공부해 보도록 하자. 정부가 기업에게 배출권을 부여하고 이를 거래하게 함으로써 공해를 줄이려는 방법으로, 배출량 규제와 시장거래가 동시에 존재하는 혼합형 제도이다. 오염을 적은 비용으로 감소시킬 수 있는 기업이 그렇지 않은 기업에게 잔여 허가권을 판매하게 하는 제도이다.[13] 오염물의 가격은 배출권시장에서 결정된다. 정부는 총량을 정해준 후 오염원들이 자신들이 보유한 배출권리보다 더 많은 양의 오염물질을 배분하지 않도록 감시하는 일만 하면 된다. 이 제도는 외부효과를 정부의 직접 개입보다는 당사자들 간의 자발적인 교섭을 통해 해결할 것을 권장하는 코우즈 정리(Coase theorem)[14]에서 파생된 제도라고 평가할 수 있다.

예를 들어 A, B 기업이 오수를 120만큼 배출한다고 하자. 정부가 100을 배출하도록 강제하는 경우, A는 80까지 줄일 수 있고 B는 당분간 120 이하로 줄일 수 없다고 하자. 배출권거래제도가 도입되어 A가 20만큼의 권리를 B에게 팔면 B는 120을 배출할 수 있게 된다. 이 제도 시행 전에는 240이 배출되었는데, 이 제도로 인해 200으로 감소하였다. 만약 정부가 무조건 배출량을 100만 허용한다면, A는 더 이상 배출량을 줄이려는 노력을 하지 않을 것이고 B는 당장 불가능하므로 편법을 쓰는 수밖에 없다. 그러나 이 제도를 시행하게 되면 A는 (80 배출+배출권 판매)라는 이익을 얻을 것이고 B는 (120 배출−배출권 구입비용)을 얻으면서 사회 전체로는 배출량을 200으로 줄일 수 있게 된다. 이 역시 거래이기 때문에 탄소배출권 가격이 중요한 역할을 한다.

경제적 유인을 이용하여 환경 이용 형태를 변화시킨 예로는 쓰레기 종량제, 폐기물 예치금제도, 생산자책임재활용제도(extended producer responsibility, EPR), 휘발유

---

13 정부가 전체 배출상한(cap)을 정한 후 오염원에게 배출권을 분배하고 다시 오염원 간에 거래하게 한다는 특성을 가지고 있어 cap-and-trade system이라고 부르기도 한다. 권오상, 『환경경제학』, 2020, p.190.

14 코우즈(Coase, 1910~2013): 영국 태생의 경제학자. 1991년 노벨경제학상수상자. 코우즈 정리는 외부경제가 나타나는 상황에서 상대방에게 대가를 지불한다는 집행 가능한 합의를 할 수 있어야 하며 거래비용이 없다면 개인들이 사적 거래를 통해 효율적인 균형을 달성할 수 있다는 내용을 담고 있다.

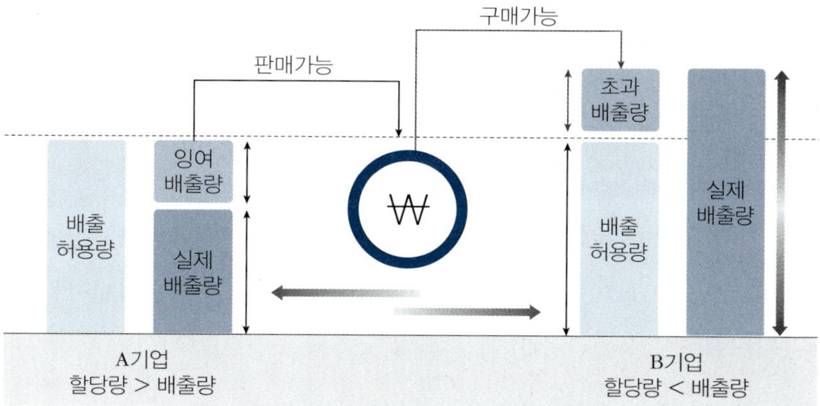

그림 11.2 배출권거래제 개념도 (자료: 한국거래소[www.krx.co.kr])

의 가격 조정과 탄소세 도입 등을 들 수 있다.

- 쓰레기 종량제: 1995년 1월 1일부터 각 가정에서 일반 쓰레기를 버리기 위해서는 반드시 규격봉투를 구입하여 사용하여야 한다. 이전까지 쓰레기 처리비용은 각 가정과 사업장의 건물 면적 또는 재산세에 따라 납부금이 결정되었다.
- 폐기물 예치금제도: 1991년 3월부터 2003년 1월 생산자책임재활용제도를 실시하고 있다.
- 휘발유의 가격 조정: 과거에는 의도적으로 경유의 가격을 낮추었기 때문에 2001년에는 휘발유 가격의 47%에 불과하기도 했다. 하지만 경유가 미세먼지와 질소산화물 배출로 인한 오염의 주범으로 밝혀지면서 경유에 대한 혜택을 줄이기 시작하였다. 이에 따라 경유 가격은 휘발유 가격과 비슷하거나 오히려 더 비싼 경우도 나타나게 되었다.
- 탄소세 도입[15]: 탄소세는 소비세로, 화석연료의 탄소 성분에 따라 제품을 생산하는 과정에서 배출되는 탄소에 대해 부과된다. 즉, 현재의 버는 것에 대한 세금(earning tax)인 소득세와 달리 탄소를 태우는 것에 대한 세금(burning tax)이다. 탄소세는 이산화탄소 배출에 따른 외부비용을 배출원이 내부화(internalization)하

15 윤여창, '탄소세 도입방안에 대한 연구,' 한국개발연구원, 2021 참고하였음.

도록 해 자원배분의 왜곡을 시정하는 역할을 수행한다. 이에 따라 탄소세는 이산화탄소 배출량의 저감 및 억제를 위한 기술개발에 대한 강한 유인도 제공한다.

우리 정부는 2050년 탄소중립선언 중간 목표인 2030년 감축목표(NDC)의 상향을 발표하였다. 이와 함께 탄소국경조정에 대한 논의 역시 본격화되며, 핀란드가 1990년 1월 처음 도입한 데 이어 네덜란드(1990년 2월), 노르웨이(1991년 1월), 스웨덴(1991년 1월), 덴마크(1992년 5월) 등 북유럽 국가를 중심으로 시행되고 있다.

지식재산권[16]

1) 종류와 내용

새로운 물건의 발명, 새로운 아이디어나 정보의 획득, 책의 저술들과 같이 인간의 지적 노력을 통해 얻은 생산물을 지적 생산물이라 부르며, 이것과 관련된 재산권을 지식재산권(知識財産權, intellectual property)이라 한다. 재산권을 인정함으로써 발명가들이 노력에 대한 대가를 향유할 수 있고 사회에 대한 기여만큼 보상도 받을 수 있다. 또 새로운 발명을 자극하여 인간의 삶을 윤택하게 만들 수 있다. 긍정적 외부효과의 대표적인 예이며 그 종류와 내용을 〈표 11.4〉에 정리해 보았다.

발명에는 많은 노력과 시간, 그리고 비용이 들지만 안타깝게도 성공할 가능성은 높지 않다. 이처럼 발명에 대한 투자는 불확실한데, 지식재산권이 보장되어 있지 않은 상태에서 발명품이 개발되고 나면 누구나 쉽게 복사할 수 있다. 복사의 한계비용은 제로에 가깝다. 그래서 특허권(特許權, patent)을 비롯한 재산권을 인정하여 발명가를 보호하고 발명을 촉진하고 있다. 어느 범위까지 인정해 줄 것인가와 언제까지 인정해 줄 것인가가 핵심이다.

2000년대에 들어 특허를 활용하지도 않고 활용할 의사도 없으면서, 또는 활용된 적이 없는 특허의 보유 기회를 이용하여 금전적 이익만을 추구하는 자들을 의미하는 특허괴물(patent troll)이 등장하기 시작하였다. 한편 NPEs라는 용어도 자주 사용하는

16 영어 'intellectual property'를 일본에서는 지적재산권이라고 번역하고 우리나라에서는 지식재산권이라고 번역한다.

표 11.4 지식재산권의 종류와 내용

분류	내용
산업재산권	특허권(20년), 실용신안권, 디자인권, 상표권
저작권	저작재산권(복제권, 공연권, 공중송신권, 전시권, 배포권, 대여권, 2차 저작물작성권: 저자 생존 기간과 사후 70년), 저작인격권(공표권, 성명표시권, 동일성유지권), 저작인접권(실연자의 권리, 음반제작자의 권리, 방송사업자의 권리)
신 지식재산권	첨단산업재산권(반도체설계, 식물신품종, 유전자 정보 등), 산업저작권(컴퓨터 프로그래밍, 인공지능, 데이터베이스), 정보재산권(영업비밀, 뉴미디어, 멀티미디어 등), 기타(프랜차이징, 지리적 표시, 캐릭터, 인터넷 도메인 네임, 소리냄새상표)

데, NPEs(non practicing entities)란 보유한 특허를 활용하면서 제품이나 서비스를 공급하지 않고 라이선스 협상 및 소송을 통하여 특허권만을 행사하는 자들을 지칭하며 개념적으로 특허괴물보다 넓은 개념에 해당한다. 이들은 염불에는 관심이 없고 잿밥에만 관심이 있는 데다 자신들이 개발한 발명품이 아닌데도 권리를 주장한다. 이들에게 소송을 당하면 결론이 나기까지 상당한 시간과 비용이 들기 때문에 도중에 적당한 선에서 타협을 내리는 경우도 적지 않다. 이들은 바로 이 점을 노리는 것이다.

앞으로 지식재산권의 중요성은 더욱 증가할 것으로 예상된다. 이를 자세히 알아두고 지식재산권의 생산, 발전, 보존을 게을리해서는 안 될 것이다.

2) 지식재산권을 둘러싼 여러 사례

세계의 모든 사람들이 좋아하는 각종 디즈니 캐릭터를 사용하고 싶다면, 저작권자인 월트 디즈니가 1966년에 사망하였으니 2036년까지 저작권료를 지불하여야 한다. 원래는 사후 50년까지 지불하는 것이었으나 가만히 앉아만 있어도 전 세계에서 엄청난 수입이 들어오자 디즈니사는 2017년 이후로 그것이 끊기는 것이 안타깝다고 판단하였고, 디즈니사의 주동으로 20년이 연장되어 사후 70년까지 지불하게 되었다.[17] 배가 난파되어 표류하였다가 가까스로 무인도에서 살아남았을 때 가장 빨리 구조를 받으려면 구조신호 깃발에 디즈니 캐릭터를 그려 넣으면 된다는 우스갯소리가 있을 정

17 1988년 Copyright Extention Act(Micky Mouse Protection Act).

도이다. 디즈니사에서 저작권료를 받으려고 어떻게든 찾아낼 것이기 때문이란다.[18]

① 굴어온 복을 차버린 사례

미국의 앤디 루빈이라는 청년은 스마트폰용 안드로이드 시스템을 개발하여 삼성을 찾아갔다. 자신의 발명품을 삼성에 판매하기 위함이었는데, 당시 삼성은 발명품의 가치를 알아보지 못해 구입하지 않았다. 결국 앤디 루빈은 그것을 삼성에 처음 제시했던 가격의 몇 배나 되는 돈을 받고 구글에 판매하였다. 그 결과 삼성은 스마트폰을 만들어 판매할 때마다 특허권료를 지불해야만 하는 처지가 되었다. 삼성의 입장에서도 우리 국가의 압장에서도 안타까운 일이 아닐 수 없다.

② 되치기 당한 사례

멕시칸 치킨의 경우는 더욱 그러하다. 양념치킨의 최초개발자는 윤종계라는 분인데, 새로운 양념 덕에 장사가 잘 되는 것만 생각하였지 그만 특허등록을 하여야 한다는 생각은 전혀 하지 못하고 있었다. 그러던 중 데리고 있던 직원이 특허출원을 하여 특허권자가 되었고, 그 직원은 거꾸로 윤종계 씨에게 특허권료를 내라고 요구하였다. 적반하장이라고 생각한 윤종계 씨가 특허권료를 지급하지 않아 이 직원은 윤계종 씨를 특허법 위반으로 고소하기에 이르렀다. 개발자로서는 땅을 치고 통곡할 노릇이다.

③ 권리 위에서 잠을 잔 사례

가라오케를 처음 발명한 사람은 일본 고베의 밤무대 악사였던 이노우에(井上) 씨인데, 그는 특허권을 설정하지 않아 돈방석에 앉을 절호의 찬스를 놓쳐버렸다. "법은 권리 위에서 잠자는 자를 보호하지 않는다."라는 매우 야박한(?) 현실을 잊지 말아야 할 것이다.

---

18 경익수, 대전대학교 신문, 2023년 5월.

④ 인류를 위해 권리를 포기한 사례[19]

X선은 뢴트겐이 살던 당시에도 그 기술의 응용 가능성이 매우 높았다. 그래서 독일의 한 재벌가가 그를 찾아와 X선의 특허를 자신에게 양도해 달라고 말했다. 그러나 뢴트겐은 "X선은 자신이 발명한 것이 아니라 원래 있던 것을 발견한 것에 지나지 않으므로 온 인류가 공유해야 한다"라며 특허 신청을 끝내 거절했다. 뢴트겐은 1901년 제1회 노벨물리학상 수상자라는 영예도 안았다.

⑤ 뒤늦게 공공재가 된 경우

'부산 갈매기'라는 가요는 1982년에 문성재가 불러 큰 히트를 곡이고, 프로 야구 롯데의 응원가로 큰 사랑을 받았다. 부산 사직구장에서 관중들이 부르는 부산갈매기를 합창하는 것은 일상이 되어 버렸다. 하지만 저작권 문제로 한동안 사직구장에서 불릴 수 없었으나, 작곡자가 흔쾌히 양보함으로써 다시 응원가가 되어 사직구장에 울려 퍼지게 되었다.

5. 정보의 비대칭성

거래자 간의 정보의 차이로 인해 효율적인 자원배분이 달성되지 않는 경우이다. 이 상황은 감추어진 특성(特性, hidden characteristic)과 감추어진 행동(行動, hidden action)에 의해 발생한다. 공인 중개사, 중고차 거래상, 의사, 변호사, 결혼 중매업 등은 정보의 비대칭성을 메워주는 역할을 한다. 주인(예를 들어 주주, 의뢰인)과 대리인(경영자, 변호사) 간의 이익불일치로 발생하는 주인-대리인 문제(agengcy problem)도 정보의 비대칭으로 인한 것이다.

감추어진 특성이란 거래 당사자 중 한쪽이 상대의 특성(혹은 거래되는 재화의 품질)에 대해 잘 모르는 상황이다. 중고차를 사고팔 때를 떠올려 보자. 이때 판매자(중고차 주인)는 구매자(사려는 소비자)보다 중고차에 대해 더 많고 정확한 정보를 가지

19 '인류에게 X선을 선물한 뢴트겐', KISTI의 과학향기 칼럼에서 인용하였음.

고 있다. 생명보험에서도 비슷한 상황을 볼 수 있다. 보험구매자가 판매자(보험회사)보다 자신의 건강 상태에 대해 더 많고 정확한 정보를 가지고 있다. 이에 따라 정보를 적게 가지고 있는 사람이 사전적으로 바람직하지 못한 상대와 거래할 가능성이 높아지는 역선택(逆選擇, adverse selection)이 발생한다.

중고차거래에서 좋은 중고차 소유자는 비싸게 가격을 부르는 반면 나쁜 중고차 소유자는 낮게 부를 확률이 높다. 구매자는 두 차의 특성을 정확히 파악할 수 없기 때문에 값이 싼 쪽을 선택할 가능성이 높다. 비싸다는 이유로 좋은 차를 멀리하고 나쁜 차를 선택하고는 싸게 샀다고 기뻐하는 것도 잠시, 그 후로는 잦은 고장 때문에 후회하게 되는 상황을 말한다.

역선택 문제를 해결하기 위해서는 신호보내기(信號, signaling)와 선별하기(選別, screening)가 이용된다. 신호보내기란 우월한 정보 소유자가 상대에게 적극적으로 정보를 알리려는 노력을 의미한다. 높은 학점을 받는 것, 보증기간을 길게 해주는 것, 많은 자격증을 소지하는 것, 광고 등이 좋은 예이다.

선별하기는 열등한 정보의 소유자가 자발적 선택장치를 이용하여 우월한 정보의 소유자가 가지고 있는 정보를 유추하는 행위이다. 노동시장에서 볼 수 있는 이력서, 자기소개서, 인터뷰, 보험시장에서 볼 수 있는 배경 조사, 인구학적 정보, 제품시장에서는 테스트 마케팅 등이 선별하기의 예라고 할 수 있다.

감추어진 행동이란 거래 당사자 모두에게 영향을 미치는 일방의 행동을 상대가 관찰할 수 없거나 불가능한 상황을 의미한다. 재난보험에 가입한 후 재난방지에 전력을 다하지 않는 경우가 대표적인 예이다. "보험회사에서 알아서 처리해 주겠지."라고 믿고 재난방지를 게을리하는 것으로, 이러한 현상을 도덕적 해이(道德的解弛, moral hazard)라고 부른다.

도덕적 해이를 막기 위해 보험회사에서는 공동보험(共同保險, co-insurance, 손실액의 일부만 보험사가 부담)이나 기초공제(基礎控除, deduction, 손실액 중 일정액 이하는 본인이 부담하고 일정액을 초과하는 금액만 보험사가 보상)를 활용하고 있다. 금융시장에서 은행이 대출 시 담보를 확보하게 된다면 차입자 측에서는 더욱 합리적이고 건전한 경영을 하려 노력할 것이다.

'도덕적 해이'라는 단어는 광범위하게 사용되는데, 특히 범죄를 저지른 공직자를 비난할 때 '도덕적 해이'라는 표현을 자주 사용한다. 이에 대해 원래 도덕적 해이가 갖는 의미를 잘 설명하는 김상조 교수의 글을 소개해 보겠다.[20]

> "도덕적 해이는 도덕 문제가 아니라 정보 문제이다. 따라서 도덕적 해이 현상을 방지하려면, 엄벌과 계몽 이외에도 '네가 한 일을 나는 알고 있다'라거나 '네가 열심히 하면 내 이익의 일부를 나누어 주겠다'라는 등의 정교한 장치를 강구해야 한다. 그런데 이런 장치에는 적지 않은 비용이 들고, 때론 생각지도 못한 부작용을 낳는다. 도덕적 해이를 방지하기 위해 도입한 성과 보너스 제도가 오히려 글로벌 금융위기의 씨앗이 되기도 했다. 사람 마음은 간사하고 그래서 세상은 항상 시끄럽다.
>
> 도덕적 해이가 계약을 맺은 이후에 그 의무를 다하지 않는 사후적(事後的) 문제라면, 역선택은 애당초 거래를 트지 말았어야 할 낮은 질의 상대방과 계약을 맺은 사전적(事前的) 문제이다. 역선택은 훌륭한 자질을 갖춘 거래 상대방의 기회를 박탈하고 결과적으로 도태시켜 버린다. 즉 악화(惡貨)가 양화(良貨)를 구축(驅逐)하는 것이 역선택의 문제다. 잘못된 계약을 맺어 놓고, 왜 계약상 의무를 이행하지 않느냐고 비난하는 꼴이다.
>
> 주인-대리인 문제도 계약 후 대리인이 주인의 이익대로 행동하지 않는다는 면에서 보면 도덕적 해이 문제이다. 현대 자본주의가 성숙됨에 따라 소유와 경영이 분리되었고 이로 인해 생긴 부작용이다. 주주와 경영자, 국민과 선출직 정치인, 의뢰인과 변호사, 구단주와 감독 등 많은 예를 볼 수 있다. 해결방안으로는 유인책(誘引策, incentive)을 잘 설계하고 실행하는 것이다. 주식옵션, 성공보수 등이 이에 해당한다."

6. 공유자원의 비극

미국의 생물학자 하딘(Garrett Hardin)이 제일 먼저 부각시킨 문제로, 부정적 외부경제와 관련되어 있는 문제이다. 소유권이 분명하게 규정되어 있지 않은 공공자원을

20 김상조, 경향신문 2013년 3월 19일에서 인용하였음.

사용자들이 과대하게 사용함으로써 자원의 피폐화, 자원의 비효율적인 배분으로 이어지는 현상을 공유자원(共有資源)의 비극(悲劇)(tragedy of commons)이라고 이름을 붙였다.

2009년 노벨경제학상 수상자인 오스트럼(Elinor Ostrom, 여, 1933~2012)은 정부에 의한 규제나 사유화에 의존하지 않고 지역 공유자원을 지역 재산이 어떻게 성공적으로 관리할 수 있는지를 보여줌으로써 과거의 해결 방법에 도전하였다. 그녀는 성공적인 협력의 필요조건으로 다음과 같은 것을 제시하고 있다.[21]

첫째, 당사자들이 누구인지, 즉 그 자원을 사용할 권리를 가진 사람이 누구인지 명확한 규정이 필요하다. 둘째, 허용할 수 있는 행위와 금지되는 행위를 규정하는 명확한 규칙이 있어야 한다. 셋째, 규정을 위반했을 경우 주어지는 처벌체계가 명확해야 하며, 모든 당사자들이 이해할 수 있어야 한다. 넷째, 적절한 기만 감지 시스템이 있어야 한다. 다섯째, 중앙집권적인 혹은 상명하달식의 관리보다는 정보가 공유된 상태에서 당사자들이 자율적으로 규정을 지켜나가는 쪽이 훨씬 더 효율적이다.

주민들이 규율을 정해 스스로 해결하는 상황은 흔하게 발생한다. 이때 자원 사용에 대한 사용료를 받기도 한다. 또 어촌의 경우, 어업종사자들이 스스로 금어기를 정하고 어긴 사람을 강력히 처벌하며 적절한 수확량도 미리 정해 공유의 비극을 줄이려고 노력하는 모습을 볼 수 있다. 이런 노력은 과거부터 지금까지 많은 지방에서 행해져 왔었다. 기술의 발전으로 통제범위가 넓어지고 익명성이 높아짐에 따라 공유의 비극의 범위는 더 넓어지고 더 복잡해지고 있다. 속초 외옹치항 어부, 러시아 볼가강의 칠갑상어, 스위스 퇴르벨의 공동목축에서 그 예를 찾아볼 수 있다.

물론 오스트럼 또한 이러한 노력을 하여도 공유의 비극을 완전히 막을 수는 없다고 인정한다. 따라서 이 비극을 극복하거나 정복하려 하기보다는 효과적인 통제 시스템을 마련해 두는 쪽이 더 바람직하다고 말한다. 정부가 개입하면 기업의 행동에 제약이 가해지기도 하지만 새로운 산업이 생기기도 한다.

21 애버너시 딕시트·배리 네일버프 지음, 이건식 옮김, 앞의 책, pp.163~166.

2021년 대기업의 사회공헌 지출 현황[22]

우리나라 대기업의 모임인 전경련(전국경제인 연합회, www.fki.or.kr)에서 발표한 〈2022 주요 기업의 사회적 가치 보고서〉(2023년 1월 25일)의 내용이다. ESG 경영의 중점요인으로 '탄소배출량 감소 등 기후변화 대응'(24.3%)을 꼽았는데, 과거와는 사뭇 다른 응답이었다.

- (지출액) 주요 기업 219개 사가 2021년 한 해 동안 지출한 사회공헌비용 총규모는 2조 9,251억 4,467만 원, 평균 금액은 133억 5,682만 원으로 조사되었다.
- (경영성과 대비) 매출액 대비 사회공헌 지출 비율은 0.12%, 세전이익 대비 사회공헌 지출 비율은 1.4%로 나타났다.
- (분야별 지출 현황) 분야별로는 '취약계층 지원'에 대한 지출 비중(55.9%)이 가장 높았으며, 이어 '교육·학교·학술'(13.1%), '문화예술·체육'(11.4%), '기타'(10.2%) 순이었다.
- (ESG경영 중점요인) 기업들은 ESG 경영에서 가장 중점을 두고 있는 분야로 '탄소배출량 감소 등 기후변화 대응'(24.3%)을 꼽았으며, 고객 및 근로자 안전 강화(17.7%), 생산활동 내 친환경 가치 실현(16.9%) 및 준법경영 강화(10.8%) 순으로 응답하였다.

2002년 6월 국내 상장기업의 지배구조개선을 지원하기 위해 설립되었다. ESG 등급(개별 등급 및 통합 등급)은 S, A+, A, B+, B, C, D 7등급으로 구분되어있으며 ESG 등급의 시의성을 제고하기 위해 2020년부터 ESG 등급 조정 빈도를 반기 1회에서 분기 1회로 확대하였다. 〈표 11.5〉에서 보는 바와 같이 상장기업별로 환경, 사회, 지배구조 및 통합등급을 보여주고 있다.

22 한국 ESG기준원(www.cgs.or.kr) 홈페이지를 참조하였음.

표 11.5 ESG 등급의 예

No	기업명	기업코드	ESG 등급	환경	사회	지배 구조	평가 년도	비고 (조정시기
1033	AJ 네트웍스	095570	B+	C	B+	B+	2022	
1032	AK 홀딩스	006840	B+	B	A	B	2022	
1031	AP 시스템	265520	D	D	C	C	2022	
1030	BGF	027410	B+	A	A+	B	2022	
1029	BGF 리테일	282330	A	A	A+	A	2022	
1028	BNK 금융지주	138930	A	A	A	A	2022	
1027	BNK 캐피탈	801190	–	–	–	B+	2022	
1026	BYC	001460	D	D	D	D	2022	
1025	CJ	001040	B+	B+	A	B+	2022	
1024	CJ CGV	079160	B+	B	B+	B+	2022	

연습문제

토론(같이 생각하고 이야기해 보기)

1. 아파트 상가에 있는 직화구이 식당에서 나는 냄새와 연기로 이웃 주민들이 고통을 당하고 있다. 이 문제를 해결하기 위한 방안을 이야기해 보자.

2. 보험에서 나타나는 역선택에 대해 이야기해 보자.

3. ESG의 필요성에 대해 토론해 보자.

4. 특허제도의 필요성과 한계에 대해 토론해 보자.

○× 문제

1. 농산물안정성 조사나 품질관련제도는 정보의 비대칭성을 크게 하기 위한 노력이다. ( )

2. 기업결합은 성장을 위한 기업 간의 자유로운 선택이기 때문에 공정거래위원회에서 규제하지 않고 있다. ( )

3. 흡연은 부정적인 외부효과의 대표적인 예이다. ( )

4. 원산지표시 등 농산물 품질 관련 제도는 식당 주인에게나 소비자에게 별 의미가 없는 규제로 없어져야 한다. ( )

단답형 문제

1. 국방은 대표적인 (   )로 분류된다. (3글자)

2. 바닷속의 물고기는 대표적인 (   )이다. (4글자)

3 나무는 (   ) 외부효과를 낳는 반면 담배는 (   ) 외부효과를 낳는다. (3글자)

4. 다른 구성원이 지불한 재화에 본인은 비용을 부담하지 않고 이용하려는 현상은 (   )문제라고 부른다. (4글자)

용어설명

1. 공유의 비극이란?

2. 산업재산권의 종류는?

3. 공정거래위원회의 4가지 주요 기능은 무엇인가?

4. 특허괴물이란?

주관식 문제

1. 국방의 의무를 왜 헌법에 명시하고 있을까? 국방서비스에 대한 수요공급을 이용하여 설명하시오.

2. SUV 차량의 문제점을 경제이론으로 설명하시오.

3. 탄소배출권거래 제도의 유용성을 예를 들어 설명하시오.

4. 층간소음 문제를 외부효과를 이용하여 설명하고 해결책을 제시하시오.

5. 4개의 기업이 존재하는 3개의 시장(A,B,C)을 생각해 보자.

	1위 기업	2위 기업	3위 기업	4위 기업
A 시장	25	25	25	25
B 시장	40	30	20	10
C 시장	94	3	2	1

(1) 각 시장의 HHI와 시장점유율(s_i)의 분산($\varnothing^2$)을 구하시오.

(2) 각 기업의 시장점유율이 $\frac{1}{n}$로 같은 시장에서는 HHI가 10,000을 기업 수로 나눈 값과 같음을 보이시오.

(3) 시장점유율(s_i)의 분산이 클수록 HHI가 더 커짐을 증명하시오.

제12장

기업과 거시경제 환경

1. 경기
2. 물가
3. 금융
4. 세금
5. 국제무역
6. 환율

"GDP에는 우리 시의 아름다움이나 대중 논쟁에서 드러나는 지성이 포함되어 있지 않다. 우리의 재치나 용기도, 지혜나 학습도, 연민이나 헌신도 측정하지 않는다. 한마디로, 삶을 가치 있게 만드는 것들을 모두 제외한 나머지 것들을 측정할 뿐이다."

– 로버트 케네디(Robert Kennedy)

"정책은 변하기 쉬운 일시적 신조이지만, 적용되는 동안에는 성직자 같은 열정을 갖고 추구해야 한다."

– 마하트마 간디(Mahatma Gandhi)

"평양에서 달러 결제가 되지 않는 식당은 없다."

"북한의 3대 과외는 영어, 피아노, 탁구이다."

– 주성하, 앞의 책, p.128, p. 233

"옛날에는 한국은행이 재무부(현 기획재정부)의 눈치를 보았는데, 요즈음은 미국 연방준비제도 위원회의 눈치를 봐야 한다."

– 이창용 한국은행 총재

자금조달비용지수(COFIX)

COFIX(cost of funds index)는 정보제공 은행들의 자금 조달금리를 가중 평균하여 산출한 '자금조달비용지수'를 의미한다. 은행연합회에서는 신규 취급액 기준 COFIX, 잔액 기준 COFIX, 신 잔액 기준 COFIX, 단기 COFIX로 구분하여 공시한다. 시중은행(신한은행, 우리은행, SC제일은행, 하나은행, 국민은행, 한국씨티은행)과 특수은행(농협은행, 중소기업은행) 등 8개 은행에서 COFIX 정보를 제공한다. 정보제공 은행이 실제로 취급한 수신 상품의 금액과 금리를 가중 평균하여 산출하고 있다. 산출 대상 수신 상품은 정기예금, 정기적금, 상호부금, 주택부금, 양도성예금증서, 환매조건부 채권매도, 표시어음 매출, 금융채(후순위채, 전환사채 제외) 등 8개이다.

그림 12.1 공시된 COFIX (자료: 은행연합회[www.kfc.or.kr])

1. 경기

경기(景氣)란 국민경제의 총체적인 활동 수준이라는 정의가 보편적으로 받아들여지고 있다. 구체적으로는 생산, 소비, 투자, 고용 등의 실물부문과 통화의 수요와 공급 등의 금융부문, 수출과 수입 등의 대외부문 활동을 망라한 모든 거시경제 변수들의 움직임이 종합(comovements of macroeconomic aggregates)된 것을 경기라 한다.

〈그림 12.2〉에서 보듯이 경기순환은 크게 확장 국면과 수축 국면으로 나눌 수 있으며, 확장 국면은 다시 회복기와 확장기로, 수축 국면은 후퇴기와 수축기로 나누어진다. 회복(recovery)→호황(boom)→후퇴(침체, recession)→불황(depression)의 과정을 거친다.

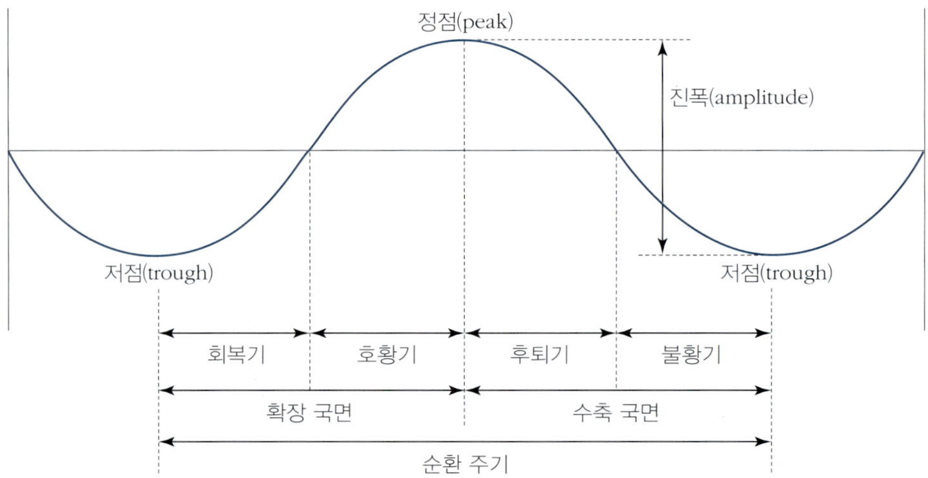

그림 12.2 경기의 순환과정

현재의 경기상황을 판단하고 앞으로의 경기 흐름을 예측하기 위해서 다양한 방법을 사용할 수 있는데 대표적인 방법을 아래와 같이 소개하였다.

① 개별 경제지표에 의한 방법

(1) 전 산업생산지수, (2) 생산자 출하 지수 및 제품 재고 지수, (3) 제조업 생산능력지수, (4) 가동률지수가 쓰이고 있다.

② 종합경기지표에 의한 방법

(1) 선행지수, (2) 동행지수, (3) 후행지수가 있다. 선행종합지수는 비교적 가까운 장래의 경기 동향을 예측하는 데 쓰이며 소비자기대지수, 기계류내수출하지수, 구인구직비율, 건설수주액, 코스피, 장단기 금리차 등 9개의 지표로 구성되어 있다. 동행종합지수는 현재의 경기 상태를 나타내는 지표로 광공업생산지수, 소매판매액지수, 건설기성액, 서비스생산지수, 내수출하지수 등 7개의 지표로 구성되어 있다. 동행종합지수를 이용하여 현재의 경기 동향을 보다 잘 파악하기 위해서 동행종합지수에서 추세 변동을 제거한 동행종합지수 순환 변동치를 이용하기도 한다. 후행종합지수는 경기 변동을 사후에 확인하는 데 쓰이며 상용근로자수, 생산자제품재고지수, 소비재수입액, 회사채유통수익률, 도시가계 소비지출 등 5개의 지표로 구성되어 있다.

③ 경제심리지표에 의한 방법

- 기업경기실사지수(BSI, business survey index): 기업가들의 현재 경기 수준에 대한 판단과 향후 전망 등을 설문조사(2018년 8월 현재, 3,696개사업체[제조업 2,229개, 비제조업 1,467개])하여 구한다.
  BSI=(긍정적 응답 업체수−부정적 응답 업체 수)/전체 응답 업체 수×100+100
- 소비자 동향지수(CSI, consumer survey index): 소비자 동향지수(기업실사지수, BIS)도 지수 값은 최저 0, 최고 200을 나타낸다. 이 값이 100을 넘어서는 경우 긍정적으로 응답한 소비자(기업)가 부정적으로 답한 소비자(기업)에 비해 많음을, 100 미만인 경우는 그 반대를 나타낸다.
  CSI = (매우긍정 × 1.0 + 다소 긍정 × 0.5 − 다소부정 × 0.5 − 매우 부정 × 1.0)/전체 응답 가구수) × 100 + 100
- 소비자심리지수(CCSI, composite consumer sentiment index)
- 경제심리지수(ESI, economic sentiment index): 민간의 경제 상황에 대한 인식을 종합적으로 평가하고 있으며 CSI와 BSI를 혼합하여 작성한다.

④ 계량모형에 의한 방법

2. 물가

물가지수의 종류

물가(物價)란 시장에서 거래되는 개별 상품의 가격을 경제생활에서 차지하는 중요도 등을 고려하여 평균한 종합적인 가격수준을 말하며 물가지수는 이러한 물가의 움직임을 알기 쉽게 지수화한 경제지표를 일컫는다. 경제안정을 진단하는 체온계라고 비유되고 있다. 물가지수에는 소비자물가지수, 농가판매 및 구입 가격지수, 생산자물가지수, 수출입물가지수 및 GDP디플레이터 등이 있다.

GDP디플레이터(deflator)는 명목(名目, nominal) GDP를 실질(實質, real) GDP로 나눈 값으로서, 상품과 서비스의 국내 거래가격뿐만 아니라 수출입가격의 변동까지도 포함하기 때문에 가장 폭넓은 재화와 서비스를 대상으로 삼고 있다. 그러나 GDP디플레이터는 부가가치의 합인 국내총생산을 이용하여 산출되므로 기술구조의 변화나 생산성의 변화에 의해서도 실제 영향을 받고 있다.

$$GDP\text{디플레이터} = \frac{\text{명목 } GDP}{\text{실질 } GDP}$$

명목 GDP는 금년도 가격에 금년도 생산량을 곱해서 구해지며, 실질 GDP는 기준연도 가격에 금년도 생산량을 곱해서 구해진다. 명목 GDP는 동일 시점에서 각 나라의 경제력을 비교하는 데 유용하게 쓰인다. 실질 GDP는 물가 변동이 반영되지 않기 때문에 실질적인 생산의 변화를 보여주고 있다. 장기적으로 국민 경제의 변동이나 성장률을 파악하는 데는 (물가 거품이 없는) 실질 GDP를 사용해야 한다.

표 12.1 명목 GDP와 실질 GDP의 계산

		가격(원)	생산량	명목 GDP	실질 GDP
2020년	쌀	20,000/포대	10,000포대	2만×1만 포+1천×10만 개=3억 원	명목 GDP와 같음
	사과	1,000/개	100,000개		
2023년	쌀	30,000/포대	8,000포대	3만×8천 포+8백×12만 개=3억 3천6백만 원	2만×8천 포+1천×12만 개=2억8천만 원
	사과	800/개	120,000개		

실질 GDP를 계산하기 위해서는 먼저 기준연도를 설정하여야 한다. 2020년을 기준연도로 삼기로 하자. 또 쌀과 사과만을 생산하는 단순한 경제를 상정해 보자(〈표 12.1〉).

2020년과 2023년의 각 년도의 명목 GDP는 3억 원과 3억 3천 6백만 원이다. 2023년의 실질 GDP는 2020년 가격과 2023년 생산량이 곱해져 2억 8천만 원으로 계산되었다. GDP디플레이터는 $\frac{36}{28} \times 100 = 120$이다. 그 이유를 보면 큰 비중을 차지하고 있는 쌀의 가격은 1.5배가 되었지만 생산량은 20% 감소하였다. 2023년 명목 GDP가 상승하는 데 쌀값 인상이 크게 작용한 것이다. 하지만 쌀 생산량이 감소하였기 때문에 실질로 계산하면 쌀의 (실질)가치가 줄어든 셈이다.

표 12.2 우리나라 주요 물가지수 비교 (자료: 한국은행, 『물가지수』, p.241)

분류	소비자 물가지수	생산자 물가지수	수출입 물가지수
작성 기관	통계청	한국은행	한국은행
작성 목적	가계가 소비하는 상품 및 서비스의 가격 수준 측정	국내 생산자가 국내 시장에 출하하는 상품 및 서비스의 가격 수준 측정	수출 및 수입 상품의 가격 수준 측정
대상 품목*	가계소비지출 비중이 큰 소비재와 개인서비스 460개 품목	국내 거래 규모가 큰 867개 품목	수출 및 수입 규모가 큰 수출 205개, 수입 235개 품목
대상 품목 선정기준	가계동향조사 소비지출액이 총소비 지출액의 1/10,000 이상인 품목	국내출하액이 1/10,000 이상인 상품 및 1/2,000 이상인 서비스 품목	전체 수출액 및 수입액의 1/2,000 이상인 품목
지수 기준연도	2015년	2010년	2010년
조사가격	소비자 구입 가격	기초 가격	수출입계약가격
지수산식	연쇄가중 라스파이레스식	연쇄가중 로우식	연쇄가중 로우식
이용 범위	생계비 또는 화폐가치 비교, 국민연금 수령액 및 노사 간 임금 조정 등을 위한 기초자료 등	상품 및 서비스의 전반적인 수급 파악, 실질국내총생산 산출 등	수출 채산성 및 수입원가 변동 측정, 교역조건 계산, 실질 국내 총생샌 산출 등

*소비자 물가지수는 2015=100 기준 지수에 사용되는 품목 수 기준이며, 생산자 물가지수와 수출입 물가지수는 2018년 연환지수 산출에 사용된 품목 기준이다.

정부에서 발표하는 물가수준과 국민들이 피부로 느끼는 것과는 차이가 있는 것이 현실이다.[1] 그 이유로 네 가지 이유를 들 수 있다. 첫째, 개인마다 소비하는 상품과 서비스들이 다르기 때문이다. 둘째, 생활 수준의 향상이나 가족 구성원의 변동에 따른 소비지출 증가를 물가상승으로 착각하기 때문이다. 셋째, 소비자의 자기중심적 심리도 주요한 요인이 된다. 마지막으로, 기술 발전이나 수요변화를 제대로 반영하지 못하는 물가지수 작성 방법의 한계도 지수 물가와 피부로 느끼는 물가의 차이를 발생시키는 요인이 될 수 있다.

물가지수는 작성 목적에 따라 조사 대상 품목, 가중치 그리고 조사가격 등이 서로 다르다. 따라서 물가지수를 올바르게 이용하기 위해서는 각 지수의 성격 및 이용 범위 등에 대하여 충분히 학습할 필요가 있다. 〈표 12.2〉는 우리나라의 대표적인 물가지수들의 특징을 비교 정리한 것이다.

인플레이션과 여러 물가지수 관련 용어들[2]

1) 인플레이션(inflation)

물가수준이 지속적으로 상승하는 현상으로 정의되며 통상 연 4~5% 정도의 물가상승률이 관측되면 일반적으로 인플레이션이 발생했다고 판단한다. 인플레이션은 경제주체들의 소득이나 부를 임의로 재분배한다. 고정 소득 생활자, 금융자산 보유자, 채권자는 불리해지고 반대로 실물자산(부동산, 금, 예술품 등) 보유자와 채무자는 유리해진다.

수요견인(需要牽引, demanf pull 인플레이션)과 비용상승(費用上昇, cost push 인플레이션)으로 크게 나누어진다. 총수요(일반적으로 소비, 투자, 정부지출, 통화량 등)가 증가하여 야기되는 인플레이션이 수요견인 인플레이션이고 비용(원자재 가격, 이자율, 임금, 환율 등)이 증가하여 야기되는 인플레이션이 비용상승 인플레이션이다. 1970년대 오일쇼크, 2022년 우크라이나 전쟁 등으로 인한 물가상승은 비용상승 인플레이션으로 분류할 수 있다. 한편 1976년 노벨경제학상 수상자인 밀톤 프리드만(Mil-

---

1 한국은행, 『알기쉬운 경제지표해설』, 2014, p.219.

2 한국은행 홈페이지(www.bok.or.kr) 경제용어사전을 참고하였음.

ton Friedman, 1912~2006)은 "인플레이션은 언제나 어디서나 통화적인 현상이다(Inflation is always and everywhere a monetary phenomenon)"라는 유명한 말을 남겼다.

세계의 일부 중앙은행에서는 인플레이션 타기팅(inflation targeting)을 시행하고 있다. 통화당국이 일반적으로 1년이나 수년간의 목표 인플레이션율을 공표하고, 실제 인플레이션율을 목표 인플레이션율 가까이 설정한 특정 범위로 유지하기 위해 이자율 목표를 선택한다. 경제여건에 따라 목표 인플레이션율을 변경하고 있다. 우리나라에서는 최근 2% 정도를 목표로 삼아왔다. 인플레이션 타기팅이 좋은 생각인지에 대해서는 많은 논란이 있다. 이 정책이 인플레이션의 변동을 감소시키는 데는 기여할 수 있으나 생산감소를 감수해야 할 수도 있기 때문이다.

인플레이션은 기대 인플레이션을 야기시키고 관성을 갖고 있어 물가상승의 악순환이 계속된다. 그래서 백약이 무효라는 말도 있을 정도이다. "인플레이션은 공공의 적 제1호다"라는 말이 괜히 만들어진 말이 아니다. 이 말은 '국내'만을 염두에 두고 만들어졌지만 오늘날과 같이 세계화된 경제에서는 다른 나라의 영향에서 자유로울 수 없기 때문에 "인플레이션은 글로벌 경제의 공공의 적 제1호다"라는 말로 수정되어야 할 것이다.

2) 여러 물가지수 관련 용어들

• 디플레이션(deflation)

물가가 지속적으로 하락하는 현상으로 인플레이션에 반대되는 용어이다. 디플레이션이 발생하는 원인은 생산물의 과잉 공급, 자산 거품의 붕괴, 과도한 통화 긴축정책, 생산성 향상 등 다양하다. 그러나 궁극적으로는 유통되는 통화의 양이 재화 및 서비스의 양보다 적기 때문에 화폐 가치는 상승하고 반대로 물가는 하락하는 디플레이션이 발생한다는 점에 이견이 없다. 디플레이션이 발생하면 통화의 가치는 상승하고 실물자산의 가치는 하락함에 따라 인플레이션과 반대 방향으로 소득 및 부의 비자발적 재분배가 발생한다. 이외에도 실질금리 상승에 따른 총수요 감소, 실질임금 상승에 따른 고용 및 생산 감소, 소비지출 연기에 따른 경제활동 위축, 부채디플레이션에 따른 총수요 감소, 통화정책 및 재정정책 등 정책적 대응 제약, 디플레이션 악순환 가능성 등의 문제를 일으킬 수 있다.

• 스테그플레이션(stagflation)

침체를 뜻하는 스태그내이션(stagnation)과 인플레이션을 합성한 용어이다. 1970년대 중반 두 차례 석유파동을 겪은 후 실업률 상승과 인플레이션이 동시에 발생하는 현상을 설명하기 위해 만들어진 용어로, 당시로서는 신조어였다.

• 디스인플레이션(disinflation)

물가수준이 지속적으로 높아지고 있으나 물가상승률은 둔화되는 현상을 말한다. 예를 들어 2020년 소비자물가상승률이 5.0%였으나 2021년에는 3.5%, 2022년에는 2.0% 등으로 낮아지는 경우 매년 물가상승률이 0보다 크기 때문에 상품과 서비스의 가격 수준은 지속적으로 상승하고 있지만, 상승률은 5.0%→3.5%→2.0%로 낮아지고 있는데 바로 이러한 현상을 디스인플레이션이라 한다. 디스인플레이션은 단기간에 그치면 크게 걱정할 일은 아니다. 예를 들어 에너지가격 하락이나 생산성 증대 등 공급요인으로 인한 일시적인 물가상승률의 둔화는 경제에 이로울 수 있다. 그러나 디스인플레이션이 계속돼 물가상승률의 추가적인 하락이 전망되는 경우에는 가계와 기업이 소비와 투자를 미룸으로써 수요의 위축을 초래하여 디플레이션 압력을 보다 크게 할 수도 있다. 이 같은 상황에서는 경제주체들의 물가상승률 예상치가 더 낮아지지 않도록 사전에 통화·재정정책 면에서 적극적으로 대응하는 것이 중요하다.

• 기대 인플레이션

경제주체들이 현재 알고 있는 정보를 바탕으로 주관적으로 예상하는 미래 물가상승률을 말한다. 기대 인플레이션은 기업, 투자자, 노동자, 소비자의 행동에 강한 영향을 미치며, 실제 인플레이션에 상당한 영향을 미친다. "경제는 심리다."라는 말에서 알 수 있듯이 사재기, 가수요의 발생으로 인해 물가상승을 더욱 부채질하게 된다. 물가안정을 추구하는 중앙은행이 관심을 기울이고 안정적으로 관리해야 하는 핵심지표 중 하나이다.

• 하이퍼 인플레이션(hyper inflation)

물가상승이 통제를 벗어난 상태로 수백 퍼센트의 인플레이션율을 기록하는 상황을 말한다. 하이퍼 인플레이션이 일어나는 시기는 대부분 전쟁이나 혁명 등 사회가 크게 혼란한 상황 또는 정부가 재정을 지나치게 방만하게 운용해 통화량을 대규모로 공급할 때 등이다.

독일은 1차 세계대전 패전 직후인 1920년대 바이마르 공화국이 출범했지만 막대한 전쟁 배상금을 물어야 했던 탓에 정부가 화폐 발행을 남발했고 이에 따라 하이퍼 인플레이션이 발생했다. 1922년 5월 1마르크였던 신문 한 부 가격은 1년여 후인 1923년 9월 1,000마르크로 1,000배나 뛰었다. 이어 신문값이 100만 마르크로 다시 1,000배가 뛰는 데에는 한 달밖에 걸리지 않았다.

당시 화폐 가치가 곤두박질치면서 액면가 100조 마르크 지폐가 발행됐을 정도다. 또 2차대전 직후인 1946년 헝가리에서는 무려 4,200조%에 달하는 사상 최악의 슈퍼 인플레이션이 발생했다. 터키는 1990년대 후반 방만한 재정 운용으로 대규모 재정수지 적자를 기록해 하이퍼 인플레이션을 겪었다. 1980년대 멕시코 브라질 아르헨티나 볼리비아 등 남미 국가들은 정부의 포퓰리즘 정책으로 재정을 방만하게 운용했고 그 결과 하이퍼 인플레이션과 외채 위기를 경험했다. 하이퍼 인플레이션 문제는 단순히 화폐 액면 단위만을 변경시키는 디노미네이션으로 쉽게 해결되지 않는다.

• 근원인플레이션율(core inflation rate)

물가 변동을 초래하는 여러 요인들 가운데 일시적인 공급충격의 영향을 제외한 기조적인 물가상승률을 말한다. 대부분은 전체 소비자물가 상승률에서 농산물 가격, 국제원자재가격 등의 변동 부분을 제거하여 계산한다. 우리나라는 근원인플레이션 지표로 농산물 및 석유류 제외지수를 작성해 왔으며, 2010년 기준 지수부터 OECD 방식에 의한 식료품 및 에너지 제외지수를 추가로 작성하고 있다. 근원인플레이션율은 물가에 미치는 단기적 충격이나 불규칙 요인이 제외되어 기조적인 물가상승의 흐름을 포착할 수 있다는 장점을 가진 반면 일반 국민이 실제 느끼는 체감물가와 괴리될 가능성을 내포하고 있다.

이렇게 다양한 원인이 물가를 상승시키고 있어 그 원인이 되는 재화나 서비스를 접두어(接頭語)로 하여 뒤에 플레이션(flation)을 붙이는 신조어가 만들어지고 있다. 누들플레이션(noodleflation), 슈거플레이션(sugarflation), 애그플레이션(agflation) 등이 좋은 예인데, 우윳값이 상승하면서 물가상승이 이어지는 현상을 밀크플레이션(milk-flation), 심지어는 미국에서 팁이 상승하면서 팁플레이션(tipflation)이라고 부르고 있다. 그렇다면 책이 많이 팔려 종잇값이 오르는 고사성어 낙양지가귀(洛陽紙價貴)는 '북플레이션(bookflation)'이라고 부르면 어떨까 하는 생각이 든다.

• 누들플레이션(noodleflation)

면류 등 밀가루를 주원료로 하는 곡물 가격 상승 현상이 다른 소비자 물가 상승의 방아쇠가 되어 라면, 국수나 빵과 같은 식품 물가가 치솟고 있고, 이에 따라 국내 경제 전반에 인플레이션이 확산되는 현상을 일컫는다.

• 애그플레이션(agflation)

농업(agriculture)과 인플레이션(inflation)의 합성어로, 농산물 가격 급등으로 일반 물가가 상승하는 현상을 뜻하는 신조어이다. 비용이 상승함으로써 발생하는데, 그 구체적인 원인으로는 지구 온난화와 기상 악화로 인한 농산물의 작황 부진에 따른 생산량 감소, 바이오 연료 등 대체 연료 활성화, 농산물 경작지 감소, 육식 증가로 인한 가축 사료 수요의 증가, 중국과 인도 등 브릭스 국가들의 경제 성장으로 인한 곡물 수요 증가, 국제 유가 급등으로 곡물 생산, 유통 비용 증가, 유동성 증가에서 비롯된 투기자본의 유입, 식량의 자원화 등을 들 수 있으며 엎친 데 덮친 격으로 2022년 2월부터 시작된 우크라이나 전쟁이 그 심각성을 배가시켰다.

• 슈거플레이션(sugarflation)

설탕값이 상승함에 따라 과자, 빙과류, 빵, 음료수 등의 가공식품 가격도 줄줄이 올라가는 현상을 지칭하는 용어이다. 세계적 고온 현상과 폭우 등으로 생산량이 급감함에 따라 나타난 현상이다. 2023년 초 국제선물 시장에서 백설탕은 1톤당 515달러선이었으나 3월 들어 700달러를 넘어 12년 만에 최고치를 찍더니, 여전히 600달러 후반대에 머무르고 있다.

3) 지출목적별 소비자 물가지수

〈표 12.3〉을 보면 2020년 물가수준을 100으로 삼았을 때 2023년 5월 소비자 (총)물가지수는 111.13으로 11.13% 상승하였다. 식료품 및 비주류 음료는 115.81로 15.81%나 상승하였다. 반면 통신요금은 0.72% 상승에 그쳤다. 세계 최고 곡창지대인 우크라이나에서 전쟁이 발발한 탓에 밀을 비롯한 곡물 가격이 급상승하였고, 그 파급효과는 식품에까지 미치고 있다. 이에 따라 도미노 현상이 발생하면서 물가가 상승하고 있다.

학생들이 주로 소비하는 라면을 비롯한 여러 음식물 값이 2022년 러시아-우크라이나 전쟁 이후 크게 올라 2023년 1분기 전년 동기 대비 라면 12.4%, 과자와 빵은 각각 13.1%, 14.3% 올랐다. 여기에 떡볶이 10%, 김밥 10.4%, 맥주와 소주 각각 10.2%, 10.7% 등, 비교적 부담이 적었던 외식 먹거리 가격도 고공행진 중이다. 같은 기간, 한 가구당 오롯이 소비나 저축에 쓸 수 있는 돈, '처분가능소득'의 평균은 386만 원에서 399만 원으로 3.4% 늘어나는 데 그쳤다는 통계청의 발표가 있었다.

평소 배달 음식을 자주 시켜 먹는 D 대학교 학생은 "음식을 주문할 때마다 오른 가격에 배달 음식을 줄여야겠다고 다짐했다. 하지만 이러한 다짐이 무색하게도 계속 인상되어 현실을 체감하게 된다. 개인의 결심과는 별개로 물가는 오르기만 한다"라고 물가 인상에 따른 불만을 토로하고 있다.[3]

표 12.3 지출목적별 소비자 물가지수[4] (자료: 통계청) (2020=100)

	2022년 3월	2022년 9월	2023년 3월	2023년 5월
총지수	105.30	108.93	110.56	111.13
식료품 및 비주류 음료	109.49	116.30	116.43	115.81
통신	99.64	100.23	100.70	100.72

3 대전대학교 신문 2023년 5월 11일.

4 지출목적별 소비자물가지수 항목은 이외에도 주류 및 담배, 의류 및 신발, 주택·수도·전기 및 연료, 가정용품 및 가사 서비스, 보건, 통신, 오락 및 문화, 교육, 음식 및 숙박, 기타 상품 및 서비스 등이 더있으며 전부 12개 항목으로 구성되어 있다.

3. 금융

그림 12.3 한국은행 금융통화위원회 회의 장면 (자료: 한국은행 홈페이지[www.bok.or.kr])

① 금융기관

예금 및 금융채 등의 금융부채를 통해 자금을 조달하고 대출 또는 유가증권 등 금융자산의 취득을 통해 다른 부문에 자금을 공급하는 금융중개활동을 하거나, 금융중개활동을 원활히 촉진시켜 주는 보조적 금융 활동을 수행하는 기관으로 정의된다(〈그림 12.4〉와 〈그림 12.5〉 참고). 이러한 금융기관은 그 기능에 따라 중앙은행, 예금취급기관, 보험회사 및 연금기금, 기타 금융중개기관, 금융보조기관 등으로 분류된다.

② 통화(通貨)

일반적으로 경제주체가 지출행위에 사용할 수 있는 구매력, 즉 법정화폐인 현금과 현금으로 손쉽게 전환할 수 있는 금융자산의 합으로 정의되고 있다. 금융자산을 현

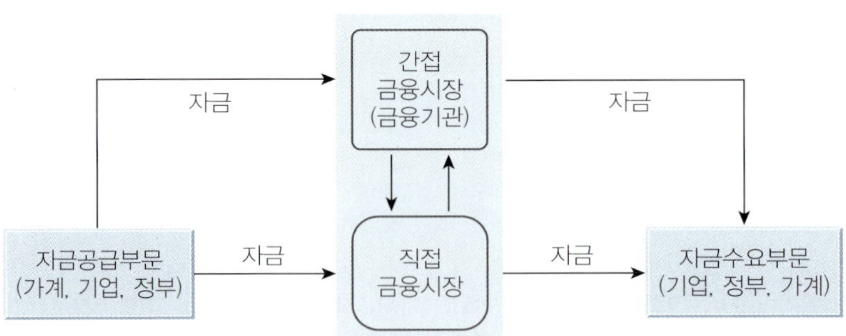

그림 12.4 금융기관과 자금흐름

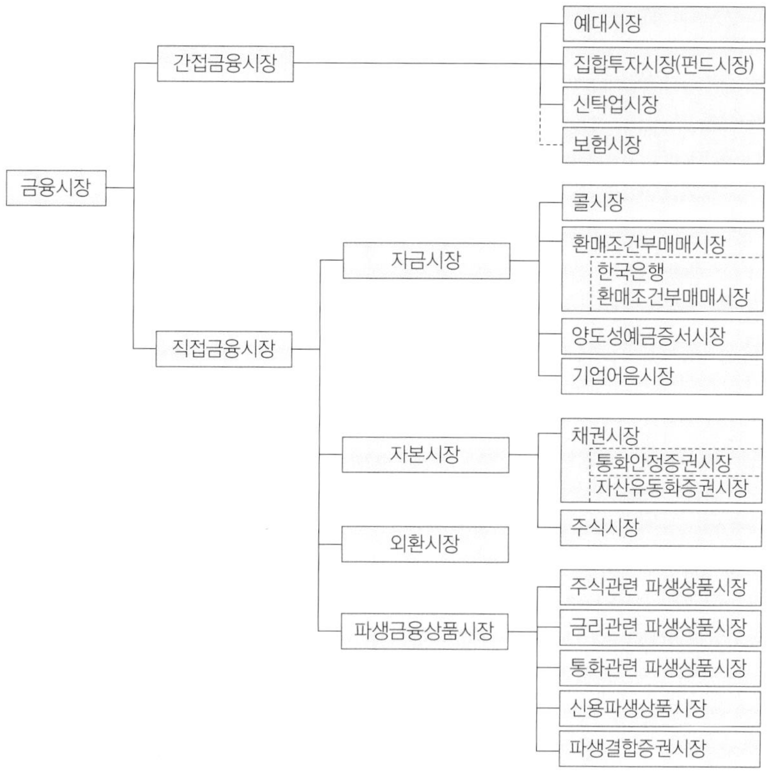

그림 12.5 한국의 금융기관

※ 양도성 예금증서(讓渡性 預金證書, CD, negotiable certificate of deposit): 엄밀하게 말해 은행이 그것에 대한 무기명의 예금증서를 발행하는 특별한 정기예금을 말한다. 예금자가 그것을 금융 시장에서 자유롭게 양도할 수 있다.

금으로 전환할 수 있는 정도를 유동성(流動性, liquidity)이라 한다.

통화지표는 협의 통화(M1), 광의 통화(M2), 금융기관 유동성(Lf), 그리고 광의유동성(L)으로 나누어 파악하고 있으며, 서로 보완적으로 쓰이고 있다. 테이퍼링(tapering)은 경기침체기에 경기회복을 위해 썼던 각종 완화정책과 과잉 공급된 유동성을 경제에 큰 부작용이 생기지 않도록 서서히 거두어들이는 출구전략을 일컫는 용어이다.

③ 한국은행[5]의 기준금리와 이자율

한국은행의 기준금리(基準金利, basement rate)는 한국의 금리 체계의 기준이 되는

5 우리나라의 중앙은행인 한국은행은 1950년 6월 12일에 창립되엇다.

금리로 한국은행 내의 금융통화위원회는 통화정책의 목표인 물가안정을 달성하기 위해 매월 물가 동향, 국내외 경제 상황, 금융 시장 여건 등을 종합적으로 고려하여 기준금리를 결정한다. 기준금리 결정은 1년에 8회 이루어진다.[6] 결정된 기준금리는 초단기금리인 콜금리에 영향을 주고, 다시 장단기 시장금리, 예금 및 대출 금리 등의 변동으로 이어져 궁극적으로 실물 경제 활동에 영향을 미치게 된다. 금리는 우리 경제 모든 부분, 모든 사람에게 직간접적으로 영향을 미치는 최고의 거시변수이다. 보통 단 단위로 표시되기 때문에 사람들은 일견 둔감하게 반응하는 경향이 있다.

이자율 상승이 경제에 미치는 영향을 공부해 보기로 하자. 1년 이자율 5%에서 6%로 인상하였다고 하자. 이 경우 1%가 인상된 것이 아니라 1%p 인상된 것이고 20% 인상된 것이다. 20% 인상이라고 하면 화들짝 놀랄 일인데 "겨우 1% 올랐네"라며 크게 느끼지 못한다. 이자율이 5%일 때는 연간 500만 원, 월 약 42만 원을 이자로 지급하였으나 6%가 되면 연간 600만 원, 월 50만 원을 이자로 지급하여야 한다. 불과 1%p 상승했는데, 1년에 100만 원, 한 달에 약 8만 원 이자 부담이 증가하였다. 부담이 20% 증가한 것이다. 이런 부담이 거의 모든 국민들에게 미치게 되고, 이런 추가부담을 남에게 떠넘기려고 한다(전가, 轉嫁). 경제력이 있는 사람일수록 남에게 떠넘기기가 쉽기 때문에 가장 고통받는 사람은 남에게 떠넘길 데가 없는 약자들이다.

금리는 한마디로 돈의 가격이다. 자금이 거래되는 금융시장에서 자금수요자가 자금공급자에게 자금을 빌려준 데 대한 대가로 지급하는 이자율을 뜻한다. 어떤 금융시장에서 형성되느냐에 따라 여러 종류의 금리로 구분될 수 있으며 자금의 용도, 기간, 위험요소, 차입자의 신용도 등에 따라 금리수준이 다르게 결정된다.

콜금리는 초단기금융시장의 대표 금리라고 할 수 있으며 장단기금리차는 중앙은행의 통화정책기조, 시장참가자들의 향후 경기(금리) 전망, 금융 불안 요인 등에 따른 기간프리미엄의 변동 등에 따라 달라지게 되며, 향후의 경기 및 인플레이션에 대한

6 금융위원회(http://www.fsc.go.kr/)는 2008년 (구)금융감독위원회 감독정책기능과 (구)재정경제부 금융정책기능(공적자금관리위원회, 금융정보분석원 포함)을 통합하여 설립한 기관으로 경제활력 뒷받침, 핀테크·금융혁신, 소비자중심 포용적 금융, 공정성·투명성강화를 목표로 하고 있다. 금융위원장과 금감원장의 겸임을 금지하여 정책기능과 집행기능을 분리하기로 결정하였다. 또한 금융감독원(http://www.fss.or.kr/)은 금융기관의 건전성을 확보하고 공정한 시장질서를 확립하며 금융소비자를 보호하기 위하여 설립된 기관이다.

시장참가자들의 기대를 나타내 주는 중요한 정보변수로서의 역할을 한다. 보통의 경우 장기금리가 단기금리보다 높다. 양도성예금증서의 유통수익률은 단기금융시장, 국고채수익률은 장기금융시장의 대표 금리라고 할 수 있다. 3년 만기 국채가 기준 중의 하나이다.

금융시장이 무너지면서 엄청난 사회적 비용이 발생한다는 사실을 우리 국민들이 1989년 외환위기와 2008년 미국발 글로벌 금융위기에서 직접 경험해 보았다. 한국은행은 과거에 비해 훨씬 금융안정을 위해 노력하고 있다. 금융안정이란 금융기관의 안정, 금융시장의 안정 그리고 금융 인프라의 안정을 의미한다.[7]

4. 세금[8]

개요

기업과 관련성이 높은 법인세(法人稅, corporate tax), 소득세(所得稅, income tax), 부가가치세(附加價値稅, value added tax), 개별소비세(個別消費稅, individual consumption tax)에 대해 공부해 보기로 하자.

① 법인세

법인소득세의 준말로 법인이 일정 기간 동안 얻은 수입에서 사업에 들어간 여러 가지 비용을 뺀 것을 과세대상으로 하여 법인에게 부과하는 조세이다. 국세·직접세·보통세에 속하며, 일정한 소득을 과세 대상으로 한다는 점에서 소득세의 성격을 가지지만 소득세보다 복잡하고 기업활동에 영향을 준다.

단순한 세율 구조를 가지고 있으며 누진세율이 적용된다고 할지라도 단계가 적은 것이 특징이다.

2억 원 이하는 9%, 2억 원~200억 원인 경우에는 2억 원 초과하는 금액의 19%,

7 한국은행 홈페이지(www.bok.or.kr)를 참고하였음.

8 국세청 홈페이지(http://www.nts.go.kr/)를 참고하였음.

200억 원~3,000억 원인 경우는 2억 원 초과하는 금액의 21%, 3,000억 원 이상이면 3,000억 원 초과하는 금액의 24%로 규정되어 있다.

우리나라의 법인세율은 높다고 말할 수 없다. 이명박 정권 때 인하한 적이 있다. 법인세율은 기업의 세후 이익(당기 순이익)과 주주의 개인소득에 영향을 준다.

세율이 낮으면 → 단기 순이익 증가 → 배당 증가 → 주주가계의 소득 증가 → 유보이익 증가 → 투자재원 확충 ➡ 경제 성장에 플러스 요인으로 작용한다.

세율이 높으면 → 단기 순이익 감소 → 배당감소 → 주주가계의 소득 감소 → 유보이익 감소 → 투자재원 부족 ➡ 경제성장에 마이너스 요인으로 작용한다. 하지만 ➡ 세수 증대 → 재분배 정책 실시 → 총수요증대 → 경제성장에 플러스 요인으로 작용한다.

따라서 그 효과를 단언(斷言)할 수는 없다.

② 소득세(所得稅, income tax)

일반적으로는 법인소득세와 개인소득세를 포함하는 개념이나 우리나라에서는 개인소득세를 의미한다. 종합소득(이자, 배당, 사업, 근로, 연금, 기타소득 합산), 퇴직소득, 양도소득에 대하여 각각 적용된다. 이자소득과 배당소득은 금융소득이다. 근로소득은 매월 원천징수를 하고 다음 해 정산하는 식으로 운영되고 있다. 누진세율이 적용되고 있다. 또 소득세법 제19조에서 사업소득의 원천을 21개로 규정하고 있다. 프리랜서와 같이 영리를 목적으로 자기의 계산과 책임하에 계속적·반복적으로 행하는 활동을 통하여 얻는 소득도 사업소득으로 과세하고 있다.[9]

9 2023년부터 주식·채권·펀드·파생상품 등 금융투자와 관련해 발생한 양도소득에 대해 과세하는 금융투자소득세(金融投資所得稅, financial investment income tax)를 시행하려고 했으나 2025년부터 시행하기로 연기되었다.

③ 부가가치세(附加價値稅, value added tax)

생산 및 유통과정의 각 단계에서 창출되는 부가가치에 대하여 부과되는 조세다. 부가가치세(VAT)는 국세·보통세·간접세에 속하며 모든 재화 또는 용역의 소비행위에 대하여 부과되는 일반소비세의 성격을 가진다.

부가가치 = 생산으로 얻은 수익 − 구입되는 모든 중간재의 비용

④ 개별소비세(個別消費稅, individual consumption tax)

사치성 상품이나 서비스 소비에 대해서만 별도의 높은 세율로 과세하는 세금으로 국세이며 간접세이다.

보석, 고급모피 제품, 골프용품, 승용차, 휘발유 등과 같은 '특정한 물품', 경마장, 투전기 시설 장소, 골프장, 카지노 등과 같은 '특정한 장소에의 입장 행위', 카바레 요정 등과 같은 '특정한 장소에의 유흥음식 행위'로 규정하고 있다.

기본세율은 물품별로 7~20%이며 장소별로 10~50% 정액세 부과되고 있다.

원래 특별소비세는 1977년 7월 1일 부가가치세의 도입에 따라 조세부담의 역진성 등 부가가치세의 단일세율에서 오는 불합리성을 제거하는 한편, 사치성 물품의 소비를 억제하려는 취지에서 부과하게 된 세금이었으나, 사치품에 대한 소비억제보다는 사회적 비용을 유발하는 자동차·유류 등 일부 개별 품목 등에 부과하는 교정세적 의미가 부각됨에 따라 2008년부터 세금의 명칭을 개별소비세로 바꾸게 되었다.

⑤ 디지털세(digital tax) 도입 예정

특정 국가 내 고정 사업장 보유 여부와 관계없이 매출을 발생시키는 글로벌 IT 기업들에 대하여 법인세와 별도로 세금을 부과하기 위한 조세 제도이다. 애플, 넷플릭스, 구글, 페이스북 같은 빅테크(big tech) 기업을 겨냥한 제도로서 구글세(google tax)라고도 불린다. 유럽연합(EU)을 중심으로 논의되기 시작하였으며 2023년부터 본격 실시 예정이었으나 연기되어 2026년부터 시행될 예정이다.

이 세금은 빅테크 기업이 디지털 서비스를 통해 얻은 광고 수익이나 사용료 수익에 대한 세금을 본사가 있는 나라가 아닌 매출이 발생한 나라에 내게 하는 것이다. 연매출 7, 8조 원을 발생하는 네이버나 카카오는 약 2천억 원 정도의 법인세를 내는데,

이에 못지않은 매출을 발생시키고 있는 구글 코리아는 약 3,449억 원을 신고하고 169억 원밖에 내지 않았다고 한다. 이런 불합리성을 시정하기 위해 이 제도를 도입하자는 것이다. 이 제도가 시행되면 우리나라 기업 중에서는 삼성전자나 SK하이닉스가 다른 나라에 세금을 낼 가능성이 있다고 한다.[10]

최근 법인세와 부가가치세 납부 현황[11]

2022년 법인세를 신고한 법인은 98.2만 개이며, 이 중 47.3만 개인 48.2%의 법인이 총부담세액 87.8조 원을 부담하였다. 법인세 흑자 신고법인은 61.5만 개로 5년 전보다 13.2만 개 증가하였으며, 적자 신고법인은 36.7만 개로 5년 전보다 11만 개 증가하였다. 또 835개의 주권(KOSPI) 상장법인 총부담세액은 30.3조 원으로 전체 법인 총부담세액의 34.5%를 차지하였으며 토지 등 양도소득에 대한 법인세 신고 법인은 14,566개로서 5년 전에 비해 10,588개 증가하였다. 업체별로 보면 법인세 총부담세액을 5년 전과 비교하면 보건업, 음식·숙박업, 서비스업 순으로 증가율이 높게 나타났다.

한편 부가가치세를 보면 거리두기 해제('22.4월)에 따른 경기회복 등으로 부가가치세 신고 사업자 건수 증가, '22년 부가가치세 신고 건수는 전년보다 41만 건 증가한 787만 건으로, 법인사업자는 108만 건(13.7%), 개인사업자는 679만 건(86.3%)이었다. 전문직 업종의 연간 평균 매출금액을 보면 법인은 공인회계사, 변리사, 변호사 순이고 개인은 변리사, 변호사, 공인회계사 순으로 높은 것으로 조사되었다.

최근 창업 세대 경영자의 고령화로 은퇴시기가 도래함에 따라 가업승계가 기업 경영자의 중요한 관심사로 대두되고 있다. 세법상 가업승계 지원제도로 가업상속공제와 가업의 승계에 대한 증여세 과세특례를 시행하고 있다. 2022년 가업승계 세제 혜택 결정 건수는 557건으로 사후관리 기간 단축 등 요건 완화로 5년 전(2018년 307건)과 비교하면 250건(81.4%) 증가하였다.

---

10 2023년 mbc 라디오 〈손에 잡히는 경제〉를 참고하였음.

11 국세청, 「국세통계로 풀어보는 생활 속의 세금 이야기–'23년 2분기 국세통계를 국세통계포털(TASIS)」을 참고하였음.

5. 국제무역

세계화(世界化, globalization)란 '국영, 국적, 종족에 대한 배려를 배제하고 경제적 효율성을 기준으로 의사를 결정하는 것'을 말한다. 즉 '국경을 초월한다(borderless)'는 의미라면 국제화(國際化, internationalization)는 '국경을 가로지른다(across borders)'는 개념으로 단순 수출입에서 시작하여 세계화로 종결된다. 무역은 확대되면서 국가 간 교류가 확대되기는 하였으나, 세계화 시대가 되면서 자금의 이동과 인력의 교류가 활발해지고 일상화되었다. 대학에서도 외국인 학생을 만나는 일이 일상이 되었고 방송에도 우리말을 유창하게 하는 외국인을 너무 쉽게 많이 볼 수 있게 되었다. 물론 중국의 가파른 성장세에 위협을 느낀 미국이 트럼프 등장과 중국과의 패권다툼이 본격화되면서 자국 산업을 중시하는 움직임이 상당히 있기는 하지만 큰 흐름에서 보면 세계화 시대임을 부정하지는 못할 것이다.

국제 무역 기초 이론

① 비교우위론(comparative advantage 比較 優位論)

어느 한 나라(A국)가 어느 한 상품을 생산하는 기회비용(機會費用, opportunity cost)이 다른 나라(B국)가 그 상품을 생산하는 기회비용보다 낮으면 A국이 그 상품에서 비교우위가 있다고 한다. 국제 간 무역패턴은 비교우위에 의해 결정되기 때문에 기술 수준이 낮은 국가들도 비교우위에 있는 상품을 수출할 수 있음을 의미한다. 무역에 참가한 나라는 모두 무역 전보다 높은 수준의 효용수준을 얻는다.

② 핵셔-올린 정리(Heckscher-Ohlin model, H-O model)

두 나라 간에 자유무역이 이루어지는 경우, 만약 생산기술과 국민들의 선호가 같다면, 상대적으로 자본이 풍부한 나라는 자본집약적인 상품을 노동집약적인 상품을 수입한다. 리카도가 주장한 비교우위의 발생원인을 규명하기 위해 고안되었다.

③ 립친스키 정리(The Rybczynski theorem)

립친스키가 1955년 핵셔-올린 정리로부터 이끌어낸 정리다. "재화의 상대가격이 일정한 상태에서 어느 생산요소의 요소부존량이 증가하면, 그 생산요소를 집약적으로 사용하여 생산하는 재화의 생산량은 (절대적으로) 증가하고, 다른 재화의 생산량이 (절대적으로) 감소한다." 이 정리에 따르면 외국인 직접투자는 자본집약적인 산업의 생산량을 증가시키고 노동집약적인 산업의 생산량을 감소시킨다. 또 이민(노동력의 증가)은 노동집약적 산업의 생산량을 증가시키고 자본집약적 산업의 생산량을 감소시킨다. 이 결과는 이민으로 인해 양 산업의 생산량이 감소한다는 단기 특정 요소 모형에서의 결과와 다르다.

④ **요소가격균등화정리**(factor price equalization theorem)

국가 간에 기술 차이가 없는 두 나라가 자유무역을 하는 경우 완전특화가 나타나지 않는다면, 두 나라의 요소가격(자본임대율과 임금률)은 같아진다.

⑤ **스토퍼－새뮤얼슨 정리**(Stolper－Samuelson theorem)

어느 한 상품의 상대가격 상승은 그 상품의 생산에 집약적으로 투입되는 생산요소의 실질적인 수익을 증가시키지만 다른 생산요소의 실질 수익을 감소시킨다. 규모에 대한 보수불변, 완전경쟁시장, 생산물에 대한 생산요소의 양이 같음(equality of the number of factors to the number of products), 노동집약적인 재화의 상대가격이 상승하면 자본가의 후생은 감소하고, 노동자의 후생은 증가한다.

핵셔－오린 정리와 스토퍼－새뮤얼슨 정리를 결합하면 어느 한 나라에 풍부하게 존재하는 생산요소는 무역으로 이익을 얻고(수출품의 상대가격이 상승하기 때문에), 희소하게 존재하는 생산요소는 무역으로 손해를 보게 된다는 결론을 얻을 수 있다.

무역정책의 효과

무역자유화의 효과를 분석해 보기로 하자. 〈그림 12.6〉에서 국내 자동차시장의 수요곡선은 $P=a-bQ(a>0,\ b>0)$이고, 국내 공급곡선은 $P=c+dQ(c>0,\ d>0)$이다. 국내 가격은 P^E이고 거래량은 Q^E이다. 해외시장의 자동차값은 국내 가격보다 낮은 P_f이다. 수입(輸入)을 금지하던 정부가 수입을 자유화한다면, 소비자와 생산자 잉여는 어떻게 변하는가를 분석해 보기로 하자.

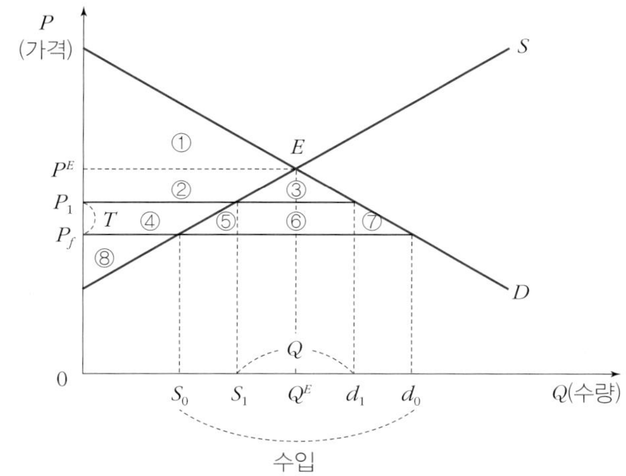

그림 12.6 무역정책의 효과

먼저 자유화 후 국내 자동차 가격은 P_f로 하락한다. 수입은 s_0d_0가 된다.

- 자유화 전: 국내 소비자 잉여 ①, 국내 생산자 잉여 ②+④+⑧
- 자유화 후: 국내 소비자 잉여 ①+②+③+④+⑤+⑥+⑦, 국내 생산자 잉여 ⑧
- 자유화 후: 국내 생산자 잉여는 감소하지만(②+④) 국내 소비자 잉여는 증가(②+③+④+⑤+⑥+⑦)한다.

사회 총후생(생산자 잉여와 소비자 잉여의 합)은 증가(③+⑤+⑥+⑦)한다

무역이 자유화되면서 가격 경쟁력을 가지고 있는 이 산업의 생산자(기업)의 생산량과 수출량이 증가하고 사회 총잉여도 증가한다. 여기에 환율까지 하락하면 생산량, 수출량, 사회 총잉여 모두 증가한다.[12] 하지만 국내 소비가 줄어들어 소비자잉여가 감소하고 있다. 생산자 잉여의 증가분을 국내 소비자에게 혜택으로 갈 수 있게끔 생산자도 정부도 제도적으로 노력을 하여야 할 것이다.

비교우위는 나라마다 다른 부존자원, 생산기술, 그리고 특화의 역사로 인해 발생

12 환율하락은 원화 표시 자동차의 가격을 상승(달러 표시 자동차 가격 하락)시켜 생산자로 하여금 더 많이 수출하게 한다. 생산자잉여는 증가하지만 소비자 잉여는 감소한다. 전자의 증가가 더 크기 때문에 사회 총잉여(소비자 잉여+생산자 잉여)는 증가한다.

한다. 비교우위가 가져다주는 이득으로는 교환과 특화로 인한 이득을 들 수 있다. 자유무역이 보장되면 생산의 특화가 더 진행될 것이고 결과적으로 규모의 경제성을 활용한 생산성 향상이 나타날 것으로 기대된다. 그러나 현실에서는 꼭 그런 것만은 아니다. 건국 초기 미국도, 산업화 초기 독일도, 메이지 초기 일본도 예외 없이 영국이나 유럽에서 몰려오는 공산물의 세례를 막기 위해 보호무역을 실시하였다. 각국은 자신들의 산업과 기업을 보호하기 위한 여러 가지 정책(관세[關稅, tariff], 수입할당[輸入割當, quota, 합법적으로 수입되는 제품의 수량을 제한하는 조치], 보조금[補助金] 수입할당, 보조금 등)을 실시하고 있다.[13, 14] 그 효과를 〈그림 12.6〉을 통해 알아보기로 하자. 재화 1단위당 T만큼의 관세부과로 인해 국내 가격은 $P_1(=P_f+T)$으로 상승하고 소비자잉여는 ④+⑤+⑥+⑦이 감소하는데, 이 중에서 ④는 생산자잉여로, ⑥은 관세수입이 되며, 사중합(사회적 후생손실)은 ⑤+⑦이다. 수입할당으로 s_0d_0만큼 한다면 다른 것은 관세와 같은데(④는 생산자잉여로, 사중합은 ⑤+⑦), ⑥의 관세수입이 수입할당업자의 수입이 된다.

마지막으로 보조금의 효과를 알아보기로 하자. 국내가격과 해외가격은 P_f로 같다. 보조금을 받은 기업은 $P_1(=P_f+T)$이 된다. 따라서 생산자는 생산을 늘리고 수입량은 s_1d_0가 된다. 이 보조금을 위해 손해 보는 소비자잉여는 ④+⑤이다. 여기에서 ④는 생산자 잉여로 이전된다. 보조금으로 인해 발생하는 총손실은 ⑤가 된다. 관세와 수입할당으로 인해 손해 보는 잉여가 같으며 보조금이 가장 적음을 알 수 있다.

2000년대 들어 미중패권전쟁이 본격화되면서 미국은 중국을 견제하기 위한 여러 정책을 내놓고 있다. 2022년 8월부터 발효된 인플레이션 감축법(inflation reduction act, IRA)이 대표적인 예이다.[15] 이 법은 기후변화 대응, 친환경 에너지의 보급, 취약계층 지원 확대, 일자리 창출 및 노동자 보호, 의료비 지원 등을 목표로 세법을 개정

---

13 이외의 규제로는 행정적 규제(복잡한 통관 절차나 기준 등을 강화하는 정책), 기술적 규제(수입품에 대한 안전규제, 위생규제, 원산지 규제 등), 환경적 규제(자국의 환경 보호를 위해 수입을 제한하는 정책) 등이 있다.

14 이렇게 보호무역주의로 성공을 거둔 후 개발도상국에게 자유무역을 강요하는 선진국의 모순적인 태도를 장하준 교수는 '사다리 걷어차기'에 비유하고 있다. 장하준, 『사다리 걷어차기』, 부키, 2020.

15 세계법제정정보센터(https://world.moleg.go.kr/)

하고 연방정부 예산을 사업별로 규정하였다.

미국 정부는 이 법에서 정한 예산에 따라 자금을 에너지·기후·환경, 보건의료, 기반시설 정비 등 각종 분야의 제반 사업에 투입할 것으로 보인다. 이 법에서 정한 세출예산 중 주요 사업별 내역을 살펴보면 다음과 같다.

- 미국 내 친환경 자동차 생산 지원금: 20억 달러(한화 약 2.8조 원)
- 통학버스와 중대형 차량을 친환경 자동차로 교체: 10억 달러(한화 약 1.4조 원)
- 온실가스와 대기오염물질 감축 및 탄소중립: 510억 달러(한화 약 72조 원) 이상
- 기후변화 대응: 45억 달러(한화 약 6.4조 원) 이상
- 건물(주택 포함)의 친환경 설비·자재 및 에너지효율 개선: 114억 달러(한화 약 16조 원) 이상
- 농촌의 에너지 및 환경보호: 430억 달러(한화 약 61조 원) 이상
- 기반시설 정비: 112억 달러(한화 약 16조 원) 이상
- 보건의료: 35억 달러(한화 약 5조 원) 이상
- 취약계층 지원: 34억 달러(한화 약 4.8조 원) 이상

우리나라의 무역 현황

무역의 중요성을 나타내는 무역의존도는 수출입금액을 GNI로 나눈 값이며 〈표 12.4〉에서 볼 수 있듯이 국토가 넓은 나라에서는 낮은 수치를 국토가 좁고 자원비약

표 12.4 주요국의 수출입의 대GNI 비율(2021년) (자료: 통계청[kosis.kr]) (단위: %)

나라 명	수출	수입	무역 의존도	나라 명	수출	수입	무역 의존도
한국	35.60	33.98	69.58	프랑스	12.91	24.31	37.22
중국	18.97	15.16	34.13	독일	38.64	33.62	74.26
일본*	12.72	12.61	25.33	영국	14.69	21.77	36.46
베트남	92.63	91.44	184.07	스페인	30.24	29.97	60.03
미국	7.63	12.77	20.40	이탈리아	29.06	26.22	55.28

* 일본은 2020년 통계임

한 나라에서는 높은 수치를 나타내는 경향이 있다. 개발도상국인 베트남의 무역의존도가 무려 184.07%에 있다. 우리나라는 69.58%로 대단히 높은 편이다. 독일과 스페인이 60%를 넘기고 있다. 높은 무역의존도는 우리나라로서는 양날의 칼과도 같다. 세계시장으로 확대해가는 기회일 수 있지만 외국 사정(전쟁, 경제위기, 자연재해 등)에 의해 우리 경제가 불안정한 위치에 몰리는 경우도 적지 않다. 국가적 차원은 물론 개별 기업 차원에서도 현명한 대처가 요구된다.

〈표 12.5〉에서 볼 수 있듯이 비교우위가 영원하지 않다는 점을 명심하여야 할 것이다. 산업이 수명주기(life cycle)를 가지고 있다면 자연스럽게 그 산업 혹은 품목을 주로 생산하는 기업에도 수명이 있게 마련이다. 개별 기업의 입장에서는 국내외 기술, 소비자의 선호나 태도와 같이 미시적인 분석은 물론 국가의 생산력을 비롯한 세계경

표 12.5 우리나라의 10대 수출 품목 변화 추이 (자료: 한국무역협회[kita.net], MTI 분류체계 3단계 기준)

순위 \ 연도	1990	2000	2005	2010	2015	2022
1	의류	반도체	반도체	반도체	반도체	반도체(13.6%)
2	반도체	컴퓨터	자동차	조선	자동차	자동차(13.6%)
3	신발	자동차	무선통신기기	자동차	조선	석유제품(8.4%)
4	영상기기	석유제품	조선	디스플레이	석유제품	합성수지(4.0%)
5	조선	조선	석유제품	석유제품	디스플레이	자동차부품 (3.7%)
6	컴퓨터	무선통신 기기	컴퓨터	무선통신 기기	무선통신 기기	철강판 (3.3%)
7	음향기기	합성수지	합성수지	자동차부품	자동차부품	평면디스 플레이 및 센서 (3.3%)
8	철강판	철강판	철강판	합성수지	합성수지	선박해양 구조물 및 부품 (3.3%)
9	인조장 섬유직물	의류	자동차 부품	철강판	철강판	무선통신기기 (2.6%)
10	자동차	영상기기	영상기기	컴퓨터	플라스틱 제품	컴퓨터(2.0%)

( ) 안 숫자는 수출액에서 각 품목이 차지하는 비율임

제의 흐름과 추세에 대해서도 관심과 분석이 절대적으로 필요한 시대가 되었다. 개별 기업 혼자의 힘으로 부족한 경우가 많기 때문에 전문기관의 도움을 받는 것도 필요하며 이런 일을 돕는 데 정부도 적극 나서야 할 것이다.

국가마다 다른 산업에 특화하여 교역하는 무역(산업간 무역, 産業間貿易, inter-industrial division of labor)에서 하나의 산업(기업)이 각 공정을 기준으로 또는 차별화된 제품을 기준으로 각각 특화하여 교역하는 산업내 무역(産業內貿易, intra-industrial division of labor)으로 무역형태가 바뀌고 있다. 산업내 무역은 다시 제품차별화 분업과 공정 다각화 분업으로 나누어진다. 제품차별화(製品差別化, product diversification) 분업은 A국에서는 중형차를 주로 생산하고 B국에서는 소형차를 주로 생산하는 예이다. 공정다각화(工程多角化, process diversification) 분업은 연구개발이나 디자인 등 지적이고 창조적인 작업은 A국에서 담당하고 주요 부품은 B국에서 조립은 C국이 담당하는 가치사슬을 이루게 된다.

세계화 시대로 진입하면서 상품의 설계, 부품과 원재료의 조달, 생산, 유통, 판매에 이르기까지 각 세분화된 과정이 어느 한 국가가 아닌 비용 면에서 우위가 있는 국가에서 이루어지면서 각 단계별로 부가가치가 창출되는 세계교역의 새로운 패러다임인 글로벌 가치사슬(GVC, global value chain)이 보편화되고 있다.[16]

오늘날 많은 수출기업들은 비용절감을 위해 생산시설을 해외에 두고 여러 나라들로부터 부품을 조달하여 생산하고 수출(판매)도 현지에서 이뤄진다. 이처럼 제품의 생산과 판매를 위한 다양한 단계들이 각기 다른 국가에서 발생하면서 세계교역구조는 상호 유기적인 연계성을 갖게 되었다. 세계시장에서 경쟁력 있는 제품과 서비스를 생산하려면 기업은 각 단계를 효율적으로 분리하고 최적 국가에서 생산을 통해 부가가치를 극대화할 수 있는 역량의 확보가 무엇보다도 필요하게 되었다. GVC 접근법은 생산의 분절화와 탈집중화, 개발도상국으로의 최종시장의 중심 이동으로 인해 세계경제의 분업이 변모하고 있음을 잘 보여준다.

16 한국은행, 경제용어사전을 참고하였음.

6. 환율

환율의 결정과 영향력

환율(換率, exchange rate)이란 우리나라 화폐와 외국 화폐의 교환비율로서 외국 화폐와 비교한 우리나라 화폐의 상대적 가치를 나타낸다. 물건의 가격이 시장의 수요와 공급에 따라 결정되듯이 환율도 일반적으로 외환시장에서 외환의 수요와 공급에 따라 결정된다. 〈표 12.6〉에서 보듯 외환의 수요와 공급은 국제수지, 국내 물가상승률, 내외 금리차, 정치·사회적 여건 등 여러 가지 요인의 영향을 받는다. 환율은 국제수지, 물가, 내외 금리차, 외환 거래자의 환율 전망 및 외환 당국의 외환시장개입

표 12.6 환율의 결정요인

요인	과정과 결과	요인	과정과 결과
국제수지	적자→외환의 과다 지출→환율상승	국민소득	하락→구매력하락→환율상승
	흑자→외환 유입출→환율하락		상승→구매력상승→환율하락
물가상승	상승→구매력하락→환율상승	금리	하락→외환 유출→환율상승
	하락→구매력상승→환율하락		상승→외환 유입→환율하락

표 12.7 외국 환율 고시표 (자료: 2023년 6월 29일 하나은행 홈페이지)

국가명	통화	매매 기준율	전일비	현찰		송금(전신환)		환가료율	미화 환산율
				사실 때	파실 때	보내실 때	받으실 때		
미국 (USD/KRW)	달러	1,308.50	▼1.50	1,331.39	1,285.61	1,321.30	1,295.70	6.9525	1.00
일본 (JPY100/KRW)	엔	907.01	▲0.03	922.88	891.14	915.89	898.13	2.0205	0.69
중국 (CNY/KRW)	위안	180.57	▼0.30	189.59	171.55	182.37	178.77	4.7189	0.14
유로 (EUR/KRW)	유로	1,427.51	▼2.49	1,455.91	1,399.11	1,441.78	1,413.24	5.386	1.09
영국 (GBP/KRW)	파운드	1,653.55	▼2.55	1,686.12	1,620.98	1,670.08	1,637.02	6.8323	1.26

등 경제적 요인에 의해 수시로 변동될 뿐만 아니라 전쟁, 천재지변, 정치적 불안정 여부 등 비경제적 요인에도 영향을 받아 변동한다.

우리나라의 환율은 '달러당 원'으로 표기되고 있다.[17] 예를 들어 1달러에 1,300원으로 표기된다. 또 100엔에 1,000원으로 표기된다. 따라서 우리 원화의 가치와 환율은 반대로 움직인다. '환율이 올랐다'는 말은 '원화의 대외가치가 내려갔다'는 의미이다. 당장 여행객에게 불리하게 작용한다. IMF 경제위기 때 유학생이나 교환교수들이 큰 고통을 겪었는데, 저자도 그중 한 사람이다. 1달러에 900원 하던 환율이 2,000원으로 오르자, 마치 목이 졸리는 기분이었다. 유학이나 연구년 도중에 귀국한 사람들도 상당히 있었다.

용세가 미국 출장을 가게 되었다고 해보자. 〈표 12.7〉을 만나게 될 것이다.[18] 달러의 매매기준율은 1308.50원이다. 전일 대비 1.5원 하락한 시세이다. 외국환은행에 원화 현금 1,331.39원을 주면 1달러를 받는다는 소리다. 반대로 1달러를 주면 1,285.61원을 받을 수 있다는 뜻이다. 그래서 환전을 해간다면 해외에서 다 쓰고 오는 것이 경제적이다. 송금(전신환)을 할 때는 보낼 때 1,321.30원과 1달러가 교환되고 받을 때는 1달러에 1,295.70원을 손에 쥐게 된다. 환가료(exchange commision)는 외국환은행이 대고객 외국환 거래에 따르는 자금 부담을 보상받기 위하여 징수하는 여신 금리적 성격의 수수료이다. 마지막 항에 있는 미화환산율은 달러를 1로 기준을 잡았을 때 각 통화의 비율을 계산한 것이다. 일본 엔화의 미화환산율은 $0.69(=\frac{907.01}{1,308.50})$이 구해진다.

구매력 평가(購買力評價, purchasing power parity, PPP) 환율은 장기적으로 각국의 물가수준 차이에 의해 환율이 결정된다는 이론에 근거하고 있다. 통상 미국 달러화를 기준으로 각국의 화폐가 어느 정도의 구매력을 가지고 있는가로 평가된다. PPP 환율은 국가 간 화폐의 교환비율이라기보다는 자국 화폐의 실질구매력을 나타내는

17 환율 표시 방법에는 자국통화표시환율 또는 지급환율과 외국통화표시환율 또는 수취환율 두 가지가 있으며 우리나라에서는 전자를 사용하고 있다. 즉 자국통화표시환율을 쓰고 있기 때문에 환율이 올랐다는 것은 원화의 대외가치가 내려갔다는 것을 뜻한다.

18 은행마다 외국 환율을 다른 형태로 고시하고 있다. 하나은행과 달리 스프레드(spread, Bid Price와 Ask Price 두 호가 간 차이를 뜻한다. 매수하려는 통화쌍의 호가 차이이며 브로커에게 지급하는 수수료)를 표시하는 은행도 있다.

빅맥(Big Mac) 지수란 무엇인가

일정 시점에서 미국 맥도널드 사(社)의 햄버거 제품인 빅맥 가격을 달러로 환산한 후 미국 내 가격과 비교한 지수이다. 영국의 경제전문지 《이코노미스트(The Economist)》가 1986년부터 분기마다 1번씩 발표하는 지수로, 미국 맥도널드 사의 햄버거 제품인 빅맥을 기준으로 하기 때문에 이런 이름이 붙었다. 세계적으로 품질·크기·재료가 표준화되어 있어 어느 곳에서나 값이 거의 일정한 빅맥 가격을 기준으로 비교할 경우 각국의 통화가치가 어느 정도인지 알 수 있다는 것이다. 즉, 환율은 각국 통화의 구매력에 따라 결정된다는 구매력평가설과 동일 제품의 가치는 세계 어디서나 같다는 일물일가의 법칙을 전제로 한 산출방식이다. 맥도날드의 빅맥이 세계 어디에서도 팔리고 있기 때문에 가능한 일이다.

2023년 2월 현재 우리나라의 환율은 1달러당 1,313원으로 빅맥지수로는 893.20원 혹은 3.50달러이다. 세계 56번째로 비싼 나라이며 약 32% 평가절하된 것으로 계산된다. 세계에서 가장 비싼 나라는 스위스이고 미국은 6번째 국가이다. 중국은 3.56$로 55위이며 30.93% 평가절하되어 있고 일본은 2.83$로 65위이며 45% 평가절하된 것으로 계산되고 있다.

햄버거의 가격을 정하는 데 인건비나 건물임대료 같은 비교역(非交易財, nontradable goods)의 가격도 중요하고 국가마다 식습관, 음식문화, 관세, 기업 간 경쟁 양태 등이 다르기 때문에 이 지수는 국가 전체를 대표하는 데는 분명 한계가 있다.

최근에는 세계화와 표준화의 결과로 스타벅스 지수(카페라떼 기준), 아이팟 지수, 이케아 지수, 빅맥노동 지수(빅맥 하나를 구입에 필요한 노동시간), 애니콜 지수 등도 계산되고 있다. 앞으로 더 많은 지수가 탄생할 것으로 예상해 본다.

것이다. 실질구매력을 기준으로 국가 간 경제 규모나 소득수준을 비교평가하는 데 사용된다. 예를 들어 미국에서 10달러를 주고 살 수 있는 상품을 우리나라 시장에서는 10,000원으로 살 수 있다면 PPP 환율은 1달러에 1,000원이다.

또한 환율의 변동은 국제수지, 국내 물가, 생산, 고용 등 국민 경제에 많은 영향을 미친다. 〈표 12.8〉에서 볼 수 있듯이 예를 들어 환율이 하락(원화 가치 상승)하면 수출이 줄고 수입이 늘어나 경상수지가 나빠지며 그에 따라 경제성장률이 낮아질 수 있다. 다른 한편으로는 수입 물가가 떨어져 국내 물가가 하락하고 외채 보유 기업의 금융비용 부담이 줄어드는 등 긍정적인 측면도 있다. 반면, 환율이 상승(원화 가치 하락)하면 수출이 늘어나고 수입이 줄어들어 경상수지는 개선될 수 있으나 수입 물가가 올라 국내 물가가 상승하고 기업의 외채상환부담이 커지는 부작용을 초래할 수

표 12.8 환율변동의 효과

	환율하락(=원화 가치 상승)	환율상승(=원화 가치 하락)
수출	수출상품 가격 상승(수출 감소)	수출상품 가격 하락(수출 증가)
수입	수입상품 가격 하락(수입 증가)	수입상품 가격 상승(수입 감소)
국내 물가	수입원자재 가격 하락(물가안정)	수입원자재 가격 상승(물가상승)
외자도입기업	원화환산 외채 감소 (원리금 상환부담 경감)	원화환산 외채 증가 (원리금 상환부담 증가)

도 있다.

원화절상(환율하락)되면 원화 가격경쟁력 하락으로 이어지고 수출감소로 나타난다. 수출기업에는 경영수지 악화로 나타날 것이고 반대로 수입기업에는 수입 물가의 감소로 인해 경영수지를 개선하는 효과가 나타날 것이다. 내수 중심기업은 환율에 간접적인 영향을 받을 것이다. 간접적인 영향으로는 ① 국내 생산요소 중간재 가격 변동 ② 자본이동 ③ 소비자의 선호 변화를 들 수 있다.

국제거래를 하다 보면 '외화로 표시된 계약'이나 '외화 표시의 자산 및 부채'의 가치가 환율변동에 영향을 받는다. 환율이 순수하게 경제변수로만 움직이는 것이 아니기 때문에 환차손(換差損)도 환차익(換差益)이 발생할 수 있다. 환율위험(exchange rate risk) 또는 외환 위험(foreign exchange risk)이라고 부른다. 환율변동이 경영성과에 영향을 미친다. 환율위험의 관리를 위해 전략적 회피(hedge)가 필요한데 ① 선물환 시장을 이용한다거나 ② 외환 다변화를 꾀함으로써 피해를 줄일 수 있다.

원유시장과 환율

국제 유가를 대표하는 세계 3대 원유는 미국산 서부텍사스 중질유(WTI, West Texas Intermediate), 북해산 브렌트유, 중동산 두바이유이다. 품질은 미국산 WTI, 북해산 브렌트유, 중동산 두바이유 순이며 가격도 대체로 이 순서에 따르고 있다. 우리나라는 약 77% 정도를 중동에서 사오고 있기 때문에 중동의 정세에 매우 민감하게 영향을 받고 있다(동남아산 15.1%, 아프리카산 4.6%, 미주·유럽산 3.3%).

석유 수출국 기구(石油輸出國機構, OPEC, organization of the petroleum exporting countries)는 기구 가입국 간의 석유 정책을 조정하기 위해 1960년 9월 14일에 결성된 범국가 단체이다. 결성국은 쿠웨이트, 이란, 이라크, 사우디아라비아, 베네수엘라 등 5개국이었고 현재는 13개국이다.[19] 본부는 오스트리아의 빈에 있다. 담합을 통해 세계를 오일쇼크로 몰아넣었으며 반대 급부로 '오일 머니'를 자랑하고 있다.

2018년 이후 미국 셰일 오일의 부상, 러시아, 멕시코, 말레이시아, 오만, 카자흐스탄 같은 주요 비OPEC 산유국의 성장으로 OPEC이 가지는 카르텔 효과가 상실되자 OPEC 기구 자체는 그대로 두고 OPEC+비OPEC 산유국들이 모여서 회의를 통해 석유 생산량 제한을 논의하는 경우가 많아지고 있다. 비엔나 그룹(Vienna group) 혹은 OPEC+라고 부른다. 세계 석유 공급량의 55%, 매장량의 90%를 차지한다. 다만 OPEC+러시아 정도만 회의에 참석해도 OPEC+라고 부르는 등 확실한 국제기구 형태는 아니다.

우리나라의 휘발유가(P_{lw})는 리터당 원으로 표시하고 있다. 국제 원유가(P_{bs})는 베럴당 달러로 표시되고 있다. 따라서 '리터당 원'을 계산하기 위해서는 '베럴당 달러'로 표시된 국가 원유가에 '환율(E_{bs}, 달러당 원)'과 '리터당 베럴(R_{lb})'을 곱해야만 얻을 수 있다. 즉 $P_{wl}(\frac{₩}{l}) = P_{sb}(\frac{\$}{b}) \times R_{bl}(\frac{b}{l}) \times E_{ws}(\frac{₩}{\$})$이다. 1베럴당 158.98리터인데 이 값은 변하지 않고 있다($\dot{R}_{bl}=0$). 현실적으로는 국내 유가의 변화율($\dot{P}_{wl}$)은 국가 원유가 변화율($\dot{P}_{sb}$)과 환율의 변화율($\dot{E}_{ws}$)의 합으로 계산된다. $\dot{P}_{wl}=\dot{P}_{sb}+\dot{E}_{ws}$이다.

국제유가와 환율변화에 따른 국내유가의 변화는 〈표 12.9〉에서 보는 바와 같이 6가지 경우가 가능하다.

〈경우 1〉과 〈경우 6〉처럼 두 변수 모두 상승하거나 하락하면 국내유가도 확실하게 상승 혹은 하락한다. 하지만 두 변수가 다른 방향으로 움직이면 상대적으로 더 큰 변화율을 나타내는 쪽으로 국내유가가 변하게 된다. 〈경우 2〉에서 〈경우 5〉까지가 이에 해당한다. 만약 국제유가가 올랐지만(5% 상승) 환율이 크게 하락한다면(10% 하락, 원화가 크게 절상한다면), 국내유가는 〈경우 2〉에서 보는 바와 같이 하락하게 될 것이다.

19 가봉, 리비아, 아랍에메리트, 알제리, 나이지리아, 앙골라, 적도기니, 콩고공화국 등이 추가 회원국이다.

표 12.9 국제유가, 환율, 국내유가의 변화

	국제유가	환율	국내유가
경우 1	상승	상승	상승
경우 2	상승	하락	유가 상승률>환율 하락률 → 상승
경우 3	상승	하락	유가 상승률 < 환율 하락률 → 하락
경우 4	하락	상승	유가 하락률>환율 상승률 → 하락
경우 5	하락	상승	유가 하락률 < 환율 상승률 → 상승
경우 6	하락	하락	하락

혼미(昏迷) 상태인 아르헨티나 경제

높은 인플레이션율과 다양한 환율

아르헨티나의 2023년 4월 소비자물가지수(CPI)는 전년 동기 대비 108.8% 폭등하였다. 암시장에서 아르헨티나 페소화 가치는 올해 들어 달러 대비 35% 하락하였고 외환보유액 고갈 등으로 인해 국가 재정이 위협을 받고 있다.

이에 아르헨티나 정부는 금리 조정, 환율 시장에 대한 정부 개입, 채권자와의 신속한 거래 등을 포함한 일련의 정책을 내놨다. 이 대책에는 중앙은행의 금리 인상이 포함되어 있는데 인상률이 6% 포인트가 될 것이며, 이로써 97%에 이를 것이라고 말했다.

또 아르헨티나의 특별환율 종류는 줄잡아 15~17개라고 한다. 달러 부족을 해결하려고 만든 고육책이다. 월 300달러 이상 해외에서 카드 사용 시 적용되는 관광 달러(일명 '카타르 달러'), 해외 아티스트들의 현지 공연, 전시회 혹은 저작권 송금에 사용되는 문화 달러('콜드플레이 달러'), 해외 사치품 구매에 적용되는 럭셔리 달러가 새롭게 추가된 환율 3인방이다.

2022년 현재 공식 환율은 1달러에 151페소지만 암시장의 대표 환율인 '블루환율'은 달러당 280페소에 형성돼 있다. 물가도 기준금리도 살인적인 폭등을 보이고 있어 곳곳에서 "못 살겠다!"라고 아우성이다. 사정이 이렇다 보니 아르헨티나에서 사용되는 달러 환율이 정확하게 몇 개인지를 놓고 전문가들의 의견이 분분할 정도라고 한다. 아르헨티나 환율 춘추시대라고 해도 과언이 아니다.

연습문제

토론(같이 생각하고 이야기해 보기)

1. 국제화와 세계화를 정의하고 차이점을 이야기해보자.

2. 디지털세란? 우리 경제에 미치는 영향에 대해 토론해 보자.

○× 문제

1. 경제 성장률과 그 외 거시지표들은 지속적으로 변동하기 때문에 본질적으로 불안정적이다. (　　)

2. 기준금리는 금융위원회에서 결정한다. (　　)

3. 우리나라는 원유를 주로 중동에서 사오기 때문에 두바이 원유시장의 가격에 가장 영향을 많이 받는다. (　　)

4. 우리나라의 원달러 환율인상은 원화 가치 상승을 의미한다. (　　)

5. 한국은행의 주요 임무는 물가안정과 금융안정이다. (　　)

6. 디스 인플레이션이란 인플레이션의 반대되는 현상을 지칭하는 용어이다. (　　)

단답형 문제

1. 12개월 동안(일정 기간 동안) 한 국가에서 생산된 모든 생산물의 총가치를 무엇이라고 하는가?

2. 무역의 원리를 설명하는 데 있어 (　　　)비용 개념을 근거로 (　　　)의 법칙이 쓰이고 있다.

3. 경제에서 제조업에 의한 생산의 비중이 감소하는 현상을 무엇이라고 하는가?

4. 국제유가가 3% 하락하였지만 환율이 5% 상승한 경우 국내 유가는 몇 % 변화가 있는가?

5. 물가지수 중에서 가장 광범위하게 물가수준을 파악할 수 있는 지수는?

( )

용어설명

1. 개별소비세란?

2. 경기순환이란?

3. 테이퍼링이란?

주관식 문제

1. 한국은행 특히 금융통화위원회의 역할에 대해 이야기해 보자.

2. 증권시장의 의의와 기능에 대해서 설명하시오.

3. 인플레이션이란? 정의, 불리해지는 주체와 유리해지는 주체, 원인, 최근 인플레이션의 특성을 들어보시오.

4. 경제에서 볼 수 있는 상충관계란 무엇인가? 최근 우리 경제의 현실과 연계하여 설명하시오.

5. 원화의 평가절상(환률의 하락)이 우리나라 수출과 수입에 미치는 영향을 쓰시오.

6. 빅맥지수란? 최근 우리나라의 값은 얼마인가? 원화의 가치를 평가해보시오. 이 지수의 한계는 어떤 것인가?

7. 우리나라 GDP에 관한 다음 표를 보고 물음에 답하라.

연도	명목 GDP(10억 조 원)	GDP 디플레이터(기준연도=2015)
2012	1,440	95
2022	2,162	110

(1) 2002~2022년의 명목 GDP의 증가율을 구하라.(힌트: N년 동안의 변수 *X*의 증가율은 [100 × [(*X*의 말년 값/*X*의 초년 값)$^{1/N}$−1]]이다.)

(2) 2012~2022년의 GDP 디플레이터 증가율을 구하라.

(3) 2015년 가격으로 계산한 2012년의 실질 GDP는 얼마인가?

(4) 2015년 가격으로 계산한 2022년의 실질 GDP는 얼마인가?

(5) 2012~2022년의 실질 GDP의 증가율은 얼마인가?

(6) 명목 GDP 증가율은 실질 GDP 증가율에 비해 더 높은가, 낮은가? 그 이유를 설명하라.

영화 〈국가 부도의 날〉을 보고 느낀 바를 이야기해 보자.

에필로그

1. 인간의 탐욕, 막무가내식 투기, 거품, 그리고 거품 붕괴

인류 역사에서 투기 광풍이 불어 경제가 파탄으로 몰고 간 예로, 1636년경 네덜란드의 튤립 투기, 1720년경 영국의 남해회사 거품, 비슷한 시기 프랑스에서 있었던 미시시피회사 거품을 들 수 있다. 비슷한 시기에 비슷한 일이 영국과 프랑스에서 동시에 발생한 것이다. 투기 최고점이었던 1637년 2월 3일 튤립 한 송이의 가격은 3,000길더까지 치솟았는데, 이는 당시 네덜란드 가정의 10년 치 생활비에 해당하는 가격이었다. 튤립 한 송이와 배 한 척의 가격이 엇비슷했으며 가격이 급격하게 오른 한 달 동안 상승률은 무려 2,600%에 달했다고 한다.

남해회사 거품 사건 때는 당시 중력을 발견하고 화폐 영국 주조국 책임자였던 아이작 뉴턴 역시 이 회사에 투자해 2만 파운드를 잃었다. 그는 땅을 치고 후회하며 "천체의 움직임은 계산할 수 있어도 인간의 광기는 측정할 수 없다."라는 유명한 말을 남겼다. 마지막으로 프랑스에서는 미시시피회사를 설립하고 미국에 대한 투자를 적극적으로 하였다. 프랑스 정부가 통화량까지 증가시켰기 때문에 폭발적으로 물가상승이 일어났는데, 불안해진 시민들이 미시시피 주식을 투매하기 시작하면서 치솟았던 미시시피회사 주가가 폭락하였고 경제는 파탄에 이르게 되었다. 이 때문에 광활한 루이지아나의 땅을 미국에 팔았으며, 이후 프랑스 혁명의 한 원인이 되기도 했다.

이러한 거품 붕괴는 과거에 없던 새로운 아이템이 등장하여 인간의 호기심을 자극하고, 근거 없는 지나친 낙관론이 지배하며, 친구 따라 무작정 따라 하기가 성행하고, 일확천금의 도박심리가 팽배하는 등 복합적인 요인이 작용하여 나타난다.

이때 임금과 이자율이 가장 중요한 경제변수이다. 누구나 부자가 되고 싶어 하고 지금보다, 혹은 다른 곳보다 더 높은 임금이나 수익률이 보장되어 있다고 하면 마음이 쏠리기 마련이다. 은행 이자율보다 높은 수익률이 있는 곳에는 반드시 이에 상응하는 위험이 도사리도 있음을 명심하여야 한다. 최저임금 이상을, 혹은 지금보다 높은 보수를 받기 위해 스스로 자격이(?) 되는가를 생각해 봐야 한다. 임금과 수익률은 산술급수적으로 오르고 위험의 가능성은 기하급수적으로 오른다. "세상에 공짜 없다"라는 경제원리가 그냥 나온 것이 아니다.

2. 노무현 대통령이 주장하는 겨루기의 원칙

노무현 대통령이 퇴임 후 2008년 자신의 모교인 대창초등학교 운동회에서 한 연설이다. 세상 살다 보면 승자가 될 때도 있고 패자가 될 때도 있는 법인데, 어떤 마음가짐을 가져야 하는지를 본인의 경험을 토대로 행한 명연설이다. 운동회에서 승패가 나뉘듯 시장에서도 승패가 나뉘게 된다. 이 연설이 주는 메시지는 경쟁(겨루기)도 결국 나와 우리의 발전을 위한 밑거름으로 써야 한다는 것으로, 실로 세상 사는 자세를 잘 전달해준다고 생각한다.

> "내가 선거에서 7번 중 4번 떨어졌거든요. 그래도 대통령을 했어요. 그래서 곰곰이 생각해 보니까 인생은 항상 겨루기지만 반드시 항상 이기는 것만 좋은 것이 아니고 진 사람도 다시 이길 수 있는 기회가 있는 사회, 그 사회가 좋은 사회이고, 한번 겨루기에서 진 사람도 다음 겨루기에 또 이길 수 있는 사람, 그 사람이 훌륭한 사람 아니겠어요.
>
> 오늘 이기는 사람도 다음에 질 수 있기 때문에 기분은 좋지만 겸손하고 또 친구들을 격려할 줄 알고, 오늘 진 사람은 다음에 이길 수 있기 때문에 이긴 친구들을 축하하고 또 앞으로 더 열심히 연습해서 또 이기고…….
>
> 그리고 달리기에서 못 이기면, 공놀이에서 이기고, 공놀이에서 못 이기면 착한 사람 겨루기에서 또 이기고. 그렇게 할 수 있는 거 아니겠어요. 그렇죠?
>
> 그래서 이기고 지는 데 너무 집착하지 말고 여러분, 첫 번째로 최선을 다하시고, 또 첫 번째로 정정당당하게 규칙을 지켜서 오늘 열심히 겨루세요!"

살벌하기까지 한 시장경쟁과 초등학교 운동회에서의 겨루기를 비교한다는 것은 무리가 있다고 생각하지만, "패배가 도약의 기반이 될 수 있다. 최선을 다해 경쟁하고 정정당당하게 경쟁하라. 패자에게도 다시 도전할 수 있는 기회를 주는 사회를 만들자"라고 압축하여 정리해 보았다.

3. 경제학과 기업에 관련된 여러 명언 모음

임상옥(林尙沃, 1779~1855, 조선 후기 만상(灣商)[1]

"재상평여수(財上平如水) 인중직사형(人中直似衡): 재물은 평등하기가 물과 같고, 사람은 바르기가 저울과 같다", "상즉인(商卽人), 장사는 이문을 남기는 것이 아니라, 사람을 남기는 것이다."라는 경영철학을 실천함으로써 지금까지도 많은 사람들에게 칭송받고 있다.

앨프리드 마셜(Alfred Marshall, 1842~1924, 영국의 경제학자)

"차가운 머리(냉정한 두뇌)와 따뜻한 가슴을 가져라."

장하준 교수(張夏準, 1963~)[2]

"경제학에서 절대반지란 없다."

김대중 대통령(金大中, 1924~2009)

"서생적 문제의식과 상인적 현실감각을 가지십시오."

노무현 대통령(盧武鉉, 1946~2009)

"권력이 국가에서 시장으로 넘어갔다."

문재인 대통령(文在寅, 1953~)

"나는 노동자의 편인 동시에 기업가 편입니다."

---

1 만상은 조선 시대에 평안북도 의주(義州)에서 중국과 교역을 하던 상인을 부르는 말이다. 조선 후기에는 상품 화폐 경제가 발달하면서 우세한 자본력과 상권을 갖춘 사상 도고(私商都賈)가 성장하였는데, 대표적인 것이 한양의 경강상인(京江商人), 개성의 송상(松商), 평양의 유상(柳商), 의주의 만상, 동래의 내상(萊商)을 꼽을 수 있다. 또 임상옥을 모델로 하는 소설로는 최인호의 소설 《상도》가 있으며 이 소설을 2001년 SBS에서 드라마로 제작하여 방영하였다.

2 영국 케임브리지 대학교 경제학부 교수. 많은 학술논문과 저서도 있지만 대중들을 위한 『사다리 걷어차기』(2002년), 『나쁜 사마리아인들』(2007), 『그들이 말하지 않는 23가지』(2010), 『장하준의 경제학강의』(2014) 등도 출간하여 경제학의 대중화에 기여하고 있다.

노회찬 의원(魯會燦, 1956~2018)

"삼성이 초일류기업이라고 할지라도 초헌법적 기업은 될 수 없다."

"(6411번 버스를 첫차를 타고 강남 쪽으로 일을 떠나는) 새벽 근로자들은 태어날 때부터 이름이 있었지만, 그 이름으로 불리지 않습니다.…(중략)…존재하되 그 존재를 우리가 느끼지 못하고 함께 살아가는 분들입니다."

프리드리히 리스트(Georg Friedrich List, 1789~1846, 독일의 경제학자)[3]

"기초적인 경제 단위를 개별적으로 인식해서는 안 되며 국가의 한 부분으로 봐야 한다. 기업가나 정치인은 국가의 이익을 위해 모든 것을 한 데 묶는 것에서 보람을 찾아야 할 것이다."

시어도어 루즈벨트(Theodore Roosevelt, Jr. 1858~1919)[4]

"나는 기업이란 객체를 현대 문명사회에 없어서는 안 될 조직으로 이해하고 있다. 그러나 사회 전반에 공익이 침해받지 않기 위해서는 이런 조직에 대한 철저한 규제와 감독이 뒤따라야 할 것이다"[5]

앨프레드 챈들러(Alfred DuPont Chandler, Jr, 1918~2007, 미국의 경영사학자)

"시장의 힘이라는 보이지 않는 손보다는 경영이라는 현실적인 대책이 훨씬 적극적이며 효과적인 시장 대처 수단으로 밝혀지자 기업에는 전에 없던 생동감이 넘치기 시작했다."[6]

존 미클스웨이트· 에이드리언 올드리지(이코노미스트 편집장)

"오늘날 한 국가가 자랑하는 사기업의 숫자가 그 나라가 동원할 수 있는 군함의 숫

---

3 CC TV 다큐 제작팀 지음/허유영 옮김, 『기업의 시대』, ㈜ 다산북스, 2014, P.138.

4 미국 26번대 대통령(1901년~1909년), 25번대 부통령(1901년)이다. 별칭은 테디 루스벨트(Teddy Roosevelt)이고, 테오도어, 테오도르 루스벨트라고도 부른다.

5 CC TV 다큐 제작팀 지음/허유영 옮김, 위의 책, P.249.

6 CC TV 다큐 제작팀 지음/허유영 옮김, 위의 책, P.99.

자보다 국력을 가름하는 잣대로서 보편타당성이 훨씬 크다."[7]

존 케네기 갈브레이스(John Kenneth Galbraith, 1908~2006, 미국의 경제학자)

"미국은 자비로운 형태로 위장한 독과점 기업에 의해 운영되고 있다."[8]

"'경제는 도덕이란 바다에 떠 있는 섬'이며, 윤리와 도덕 위에 토대를 두지 않는 경제발전은 사상누각일 뿐이다."

에드워드 설로 경(Thurlow, 1731~1806, 영국의 재무장관)

"기업이라고 하는 것이 처벌받아야 할 육신을 가지고 있는 것도 아니고, 그렇다고 비난을 받아야 할 혼을 가지고 있는 것도 아니다. 마음 가는 대로 행동하는 불투명체일 뿐이다."[9]

록펠러(Rockefeller, 1839~1937)

"그들은 스탠다드 오일 트러스트를 독점이라고 부르지만 나는 사업(enterprise)이라고 부른다.", "모든 권리에는 책임이, 모든 기회에는 의무가, 소유에는 그에 상응하는 임무가 따른다.", "내가 처음 석유에 손을 댔을 때, 석유의 질은 매우 나빴고 값도 비쌌다. 지금 내가 파는 석유는 질도 표준화되어 있고 값도 싸다. 그 혜택을 미국인만이 누리고 있다."

플랭클린 루스벨트(Franklin Roosevelt, 1882~1945)

"이미 많이 가진 이들이 더 풍족하게 했느냐가 아니라, 덜 가진 이들에게 충분히 주었느냐가 우리 발전의 기준이다."

---

7 존 미클스웨이트·에이드리언 울드리지 지음/유경찬 옮김, 앞의 책, p.13.

8 존 미클스웨이트·에이드리언 울드리지 지음/유경찬 옮김, 위의 책, p.170

9 존 미클스웨이트·에이드리언 울드리지 지음/유경찬 옮김, 위의 책, p.65.

앤디 워홀(Andy Warhol, 1928~1987, 미국 팝아트의 제왕)

"돈 버는 일은 예술이고, 일하는 것도 예술이고, 잘 되는 비즈니스는 최고의 예술이다."

김홍국[10]

"사람은 자기가 좋아하는 것을 하다 보면, 저절로 천재성이 나타난다."

손종현 회장(대전향토 기업 남선기공)

"어렵다고 피하면 아무것도 얻는 것이 없고, 어려워도 끈기를 갖고 도전하고 싸우다 보면, 세월이 흘러 블루 오션에 서게 된다."

조웅래 회장(대전지역 소주회사 맥키스 컴퍼니)[11]

"매년 계족산 황토길을 보수하고 관리하는 데 상당한 돈이 듭니다. 그래도 계속할 겁니다. 시민과의 약속이고 제 자신과의 약속이기도 하지요."

박태준(1927~2011)[12]

"식민지 배상금은 조상의 피의 대가이므로, 제철소가 실패하면 오른쪽으로 돌아 나아가 영일만에 빠져 죽자"

폴 크루그먼(Paul R. Krugman, 2008년 노벨경제학상 수상자)[13]

"국가는 회사가 아니다. 뛰어난 기업가를 만드는 기질은 있지만, 일반적으로 그것은 뛰어난 경제 분석가가 되는 기질과는 다르다. 예컨대 10억 달러를 벌어들이는 기

10 김홍국은 하림 창업자로 2016년 MNB가 뽑은 자수성가형 기업자 중 랭킹 1위에 오른 인물이다.

11 경북대학교 전자공학과를 졸업하고 삼성전자와 LG전자에서 근무하다 서른세 살의 나이에 700-5425 창업을 시작했다. 큰 성공을 거둔 후 대전충남지역소주회사를 인수하였다. '이제우린' 소주 1병당 5원씩 적립하여 대전, 세종, 충남의 15개 시군에 지역사회 인재양성을 위한 장학금 기부 캠페인을 실시하고 있으며 2022년 기준 적립·기부한 장학금은 약 7억 2천여만 원이다. 계족산 황토길을 사비로 조성하여 전국적인 명소로 만들었다.

12 처음 제철소를 건설하려고 할 때 투자가를 구하지 못하여 좌초 일보직전에 있었으나 대일청구권자금을 전용함으로써 자금을 확보할 수 있었다. 그래서 조상의 피의 대가라는 표현이 쓰이게 된 것이다.

13 폴 크루그먼, 『국가는 회사가 아니다』, 유중 옮김, 스마트비즈니스

업가가 6조 달러 규모의 국가경제에 대해 조언하기에 적절한 사람인 경우는 좀처럼 보기 드문 일이다."

이정철(한국국학진흥원 연구원)[14]

"불교를 국시로 했던 고려에 사찰이 중요했고 유학을 국시로 했던 조선에 서원이 중요했다면 지금 그에 상응하는 사회적 기관은 기업이라 할 수 있을 것이다. 기업이야말로 자본주의의 핵심기관이기 때문이다. (중략) 사찰과 사원보다 기업에 대한 비판적 시각이 더 엄격해야 할 이유가 이것이다. 기업을 위해 사회가 존재하는 것이 아니라 사회를 위해서 기업이 존재하기 때문이다"

라이시[15]

"과거 독점기업은 생산을 통제했지만 신흥 독점기업은 네트워크를 통제하고 있다. 과거 독점기업은 반 독점법에 발목이 잡혀 무릎을 꿇을 때가 많았지만 신흥 독점기업은 반독점법을 무력화시킬 만큼 막강한 영향력을 소유했다."(69쪽)

"대기업에서 일하는 사람은 더더욱 공직자처럼 행동해달라는 기대를 저버리지 말아야 한다. (……) 지성이 있는 기업가라면 누구나 이 점을 인식해서 자신의 '책임'과 '청지기 정신'을 더욱 강조한다", "기업 자체가 살아남으려면 대기업의 '통제'가 순수하게 중립적인 기술 관료제로 발전해 지역사회에 속한 다양한 집단이 제기한 여러 주장을 조화롭게 반영하고, 사적인 탐욕이 아니라 공공 정책에 근거해 소득 흐름의 일부를 각 집단에게 배분해야 한다."(164쪽)

신장섭(싱가포르 대학 교수)[16]

"기업은 원래 위계조직이다. 사장은 사원투표로 뽑지 않고 사장은 사원에 대해 임사권을 행사한다. 기업을 마치 정치조직인 듯이 다루면 혁신을 위한 조직통합력은 오히 떨어진다. 생산과 분배는 고차방정식이다. 단순한 일차방정식이 아니다."

---

14 2017년 8월 30일 경향신문.

15 로버트 라이시, 안기순역, 『자본주의를 구하라』, 김영사, 2016, p..69

16 매일경제신문, 2018년 7월 16일자.

저자의 의견

자영업자들은 "종업원이 속 썩여 장사 못 해먹겠다"라고 하소연하고, 종업원들은 "사장 갑질에 더러워서 못 해먹겠다"라고 불평입니다. 제3자인 저자로서는 어느 쪽이 옳은지 알 수 없습니다만, 서로 역지사지의 정신으로 한 발씩 양보하면 서로에 대한 불만토로는 줄어들지 않겠는가 생각합니다.

또 장사하는 분 사이에는 "장사하려면 간도 쓸개도 내놓아야 한다."라고 합니다. 손님들의 막무가내식 태도나 행동을 하더라도 참고 손님의 비위를 맞추라는 말입니다. 주인이나 종업원이 인격적으로 하대를 당하고 비굴해져야 한다는 말입니다. 그러나 주인이나 종업원이 내 부모형제이거나 지인이라고 생각해 보면, 손님이 함부로 행동을 하고 막무가내식 태도를 취할 수 없습니다. 돈이 거래되는 곳에 돈만 거래되는 것이 아니라 서로의 인격이 교류하고 있다는 사실을 명심하여, 시장에서 재화만 몰인정하게 거래되는 세상에서 거래 당사자간(주인·종업원과 손님)의 상호존중의 미덕이 교류하는 곳으로 바꾸어가기를 희망합니다. 교사는 공교육서비스 생산자이고 학부모는 소비자입니다. 학부모들의 무분별한 민원과 행동이 교권 침해로 이어져 교사들이 교육 현장을 떠나고 심지어 안타까운 죽음으로 끝나는 교육 현실을 보면 상대에 대한 존중 문화의 중요성은 아무리 강조해도 지나치지 않은 듯합니다.

사람은 누구나 독점하고자 하는 본성을 가지고 있습니다. 동업자는 나의 몫을 빼앗아 가는 존재로 인식되기 쉽습니다. 사실 그런 면이 없지 않습니다. 그래서 수단과 방법을 가리지 않고 동업자의 몫을 적게 하고자 노력하게 됩니다. 과당허위광고, 동업자와 거래하는 사람에게 피해주기 등 불공정한 거래를 하고 싶은 유혹에 빠지게 됩니다. 반대로 동업자와 짜고 제품값이나 거래조건을 자신들에게 유리하게 만들고 싶은 욕심도 생깁니다. 이런 상반된 마음은 230년 전인 1776년 영국에서 아담 스미스 시절에도 있었습니다. 국부론에서 "같은 동업자들은 친목이나 기분전환을 위해서도 잘 만나지 않는다. 그러나 그들의 대화는 대중의 이익에 반하는 음모를 꾸미거나 가격을 올리는 가격을 올리는 짓을 하는 것으로 끝난다."라고 적고 있습니다.

인간은 누구나 자신의 노력이든 그러지 않던 다른 사람보다 유리한 위치에 이르게 되면 자신도 모르게 다른 사람을 무시하게 되는 속성, 농단(壟斷)하고 싶은 악한 마음이 들고, 이는 소위 '갑질'로 이어지기 쉽습니다. 노동자, 동업자, 거래처, 소비자 등에게 군림하려는 태도를 보이게 됩니다. 문제는 이런 갑질을 하여도 본인이 그 사실을 깨닫지 못한다는 데 있습니다. 저자 역시 학생들에게 교수의 권위를 앞세워 갑질을 하고 있지 않나 반성할 때가 없지 않지만, 뒤돌아서면 또 비슷한 짓을 하였음을 고백하지 않을 수 없습니다. 말 한마디, 생각 없이 한 행동에 큰 경제적 이익이 왔다 갔다 하는 비즈니스의 세계에서 여러 면에서 우위에 있는 경제주체가 도덕군자처럼 행동하기란 사실 매우 어려운 일입니다. 그래서 자본가나 경영자가 힘든 것입니다. 이런 어려운 일을 슬기롭게 행하는 인물이 있다면 당연히 존경받아 마땅하지 않을까 생각합니다.

현재 대한민국의 경제적 부를 이룬 1세대들은 대부분 1910~1920년대 생으로 일제 강점기에 태어나 제대로 된 자본주의 경제 교육을 받지 못하였습니다. 근검절약하고 새로운 시장이 눈에 보이면 물불 가리지 않고 진출하고, 그래서 성공을 거두었고 그들의 성공은 대한민국의 성공으로 그대로 이어졌습니다. 그 후손들은 이미 기득권 위에서 창업주에 비해 편안하게 수성하였습니다. 사실 수성도 결코 쉬운 일이 아닙니다. 하지만 당연히 창업의 열정과 기업가정신은 점점 후퇴하고 알게 모르게 특권의식과 지위만 남게 됩니다. 당연한 권리로 받아들일 뿐 역지사지로 노동자의 처지, 중소업자의 처지, 소비자의 처지, 저소득자의 처지 등 사회경제적 약자에 대해서는 심각하게 고민하지 않습니다. 한편으로는 엄청난 기득권을 가지고 있기 때문에 상대적으로 적은 노력으로 시장을 장악할 힘을 가지고 있습니다.

부모 교육, 학교 교육, 사회 교육에서 역지사지로 생각하고 고민할 기회를 제공하여야 한다고 봅니다. 자본가에게만 필요한 것이 아니라 노동자에게도 필요합니다. 여러 투자 대안 중에서 고민한 어려움, 노사관계의 어려움, 동업자나 거래자와의 관계에서 어려움 등 자본가들의 고민과 고뇌에 대해서도 노동자들도 느껴 보아야 합니다. 노동자들도 막무가내식 반자본 운동도 경계하여야 하지만 무턱대고 친자본 태도를 보이는 것도 경계해야 합니다. 전자는 필요 없는 갈등을, 후자는 비굴함을 낳아 누구에게도 좋지 않습니다. 저자는 교육내용으로 다음의 3가지를 제안 아닌 제안을 하고 싶습니다.

1) 초중고 교육과정에 역할극(役割劇, role playing)을 적극 도입하여 자본가 역할과 노동자 역할을 번갈아 가며 해보면 서로의 고충을 알 수 있는 매우 소중한 기회가 될 것이라고 믿습니다. 실제 독일에서 시행하고 있으며 효과도 만족할 만하다고 합니다.
2) 모범적인 자본가와 노동자를 발굴하고 존경하는 분위기를 조성하여야 합니다. 롤모델(role model)을 만들어 사회자산으로 삼아야 합니다.
3) 어렸을 때부터 경제활동의 중요성을 강조하고 바른 직업관을 갖게 하고, 다양한 직업을 체험할 기회를 만들어주어야 합니다. 너무 어린 나이에 시험을 통해 성공하게 하는 현재의 시스템은 문제가 있다고 봅니다.

자본주의 사회는 사유재산제도에 기반을 두고 자율과 균형이 작동하는 시장경제체제를 그 기본 틀로 하는 사회이며 정치적으로는 민주주의를 지향하고 있습니다. 자본주의의 3위 일체라고 할 수 있는 사유재산제도, 시장경제체제 그리고 정치적 민주주의를 사회 구성원들(경제주체)이 어떻게 운용하느냐가 그 사회의 현재는 물론 미래도 결정합니다.

기업이라고 하면 삼성전자, 현대자동차 등을 연상하고 우리 자신은 소비자로서만 역할을 축소하여 생각하는 경향이 있습니다. 우리 모두 한 사람도 예외 없이 생산자인 동시에 소비자입니다. 지금 이 순간 저자는 기업경제학이라는 책을 생산하는 생산자이고 독자들은 이 책의 (잠재적)소비자이지만 다른 책의 생산자가 될 수 있습니다. 아침에 일어나 힘들게 출근하는 내 직장이 바로 생산의 현장입니다. 기업은 먼 곳에 있지 않습니다. 내가 일하는 기업부터 성공적으로 이윤을 내고, 노사가 형식적 실질적 평등을 유지하고 소비자에게 좋은 평판을 얻고, 자본가와 노동자가 서로 존경과 존중하고, 지역사회 발전에도 기여하며, 더 나아 환경문제 해결에도 앞장서는 기업으로 발전시켜야 합니다. 자본가와 노동자를 포함한 기업 종사자 모두가 합심하여 기업의 사적 가치와 사회적 가치를 극대화할 때 기업의 경쟁력, 산업 경쟁력, 국가 경쟁력이 향상될 것으로 확신합니다.

"'경쟁과 협력의 조화' '이기심과 이타심의 조화'가 필요한 시대다."

"기업가는 존경받고, 노동자는 존중받아야 한다. 그러려면 기업가는 존경받을 수 있게 노동자는 존중받을 수 있게 생각하고 행동하여야 한다."

마지막으로 아담 스미스의 명언을 다시 한번 적어보았습니다. "인간은 이기심(利己心)만 가진 존재가 아니다. 인간은 동정심(同情心)에 기초해 도덕적으로 판단을 내린다." 우리가 모르는 '보이지 않는 손(invisible hand)'은 도덕적 범위 내에 있어야 한다는 주장입니다.

찾아보기

ㅇ

ㅈ

ㅊ

ㅋ

ㅌ

기업경제학

저　　자　임상일
발 행 인　김지영
발 행 처　자유아카데미
주　　소　경기도 파주시 회동길 37-42
　　　　　파주출판도시
전　　화　031-955-1321
팩　　스　031-955-1322
홈페이지　www.freeaca.com
전자우편　main@freeaca.com (대표)
　　　　　editor@freeaca.com (편집)
　　　　　crm@freeaca.com (영업)
등　　록　제406-2003-017호, 1980. 7. 12
제1판1쇄　2023년 9월 15일 발행

ISBN 979-11-5808-521-6 93320